송자대전

한국고전번역원 한국문집번역총서

송자대전 1

宋子大全

송시열 지음
宋時烈

김성애 옮김
양기정
홍기은

일러두기

1. 이 책은 선역(選譯)한 《국역 송자대전》(1981~1988)의 내용을 수정하여 번역하고 미번역 부분을 모두 번역한 《송자대전》 완역서이다. 《국역 송자대전》의 역자와 그 약력은 책 말미에 소개하였다.
2. 이 책의 번역 대본은 한국고전번역원에서 간행한 한국문집총간 108~116집 소재 《송자대전(宋子大全)》으로 하였다. 번역 대본의 원문 텍스트와 원문 이미지는 한국고전종합DB(http://db.itkc.or.kr)에서 확인할 수 있다.
3. 역주는 내용이 간단하면 간주(間註)로, 길면 각주(脚註)로 처리하였다.
4. 한자는 필요한 경우 이해를 돕기 위하여 넣었으며, 운문(韻文)은 원문을 병기하였다.
5. 맞춤법과 띄어쓰기는 '한글 맞춤법'을 따르고, 한글 어휘는 '표준어 규정'을 따르는 것을 원칙으로 하였다.
6. 문장 부호는 '한글 맞춤법'에 규정된 용법을 따라서 사용했으며, 그 밖에 새로 만들거나 용법을 달리하여 사용한 부호는 다음과 같다.

   …… : 번역문에서 원문의 '云云'을 처리할 때, 각주에서 긴 인용문을 처리할 때, 각주의 표제어가 네 어절 이상일 경우 생략되는 말을 처리할 때 사용한다.

   – – : 본문에서 소자(小字) 원문 주(註)의 처음과 끝에 사용한다.

차례

송자대전 권수

송자대전 제1권

부 賦

시 詩

오언 고시 五言古詩 **부 사언** 附四言

송자대전 제2권

시 詩

오언 절구 五言絶句

칠언 절구 七言絶句

해제

송자대전, 조선 후기 정치와 학술 연구의 보고(寶庫)

최채기 | 한국고전번역원 수석연구위원

1. 머리말

우암(尤菴) 송시열(宋時烈, 1607~1689)은 기호학파(畿湖學派)의 종장이자 노론의 영수로 활동하면서 조선 후기 학문과 정치에 큰 발자취를 남겼다. 《송자대전(宋子大全)》은 그의 높은 위상에 걸맞게 번역도 일찍 착수되어 1981년부터 1988년까지 8년에 걸쳐 민족문화추진회(현 한국고전번역원)에서 15책으로 번역한 바 있다. 당시의 번역은 예산과 인력의 부족으로 인해 중요한 문집 위주로 주요 작품 일부를 가려 뽑아 번역하는 이른바 선역(選譯)의 방식으로 진행하였다. 그 후 《퇴계집》, 《율곡집》 등 《송자대전》보다 앞서 선역된 문집들은 1990년대 이후 대부분 완역(完譯)이 이루어졌으나[1] 《송자대전》은 방대한 분량으로 인해 완역이 되지 못하고 여전히 선역본이라는 불완전한 형태로 연구자와 일반 독자들에게 제공되어 왔다. 그 결과 권상하(權尙夏)의 《한

1 민족문화추진회 초기에 선역한 문집은 《송자대전》 외에 이황의 《퇴계집》, 이이의 《율곡집》, 유성룡의 《서애집》, 허목의 《미수기언》, 정제두의 《하곡집》, 최익현의 《면암집》 등으로 주로 1960년대 후반부터 1980년대에 번역한 책들이다. 이 가운데 《퇴계집》은 퇴계학연구원에서 2001년에 완역하였고, 《율곡집》은 한국정신문화연구원(현 한국학중앙연구원)에서 1996년에 완역하였으며, 《서애집》은 서애선생기념사업회에서 2001년에 완역하였고, 《기언》은 민족문화추진회에서 2008년에 완역하였다.

수재집(寒水齋集)》을 비롯하여 우암의 학통을 이어받은 문인과 후학들의 문집은 완역이 된 반면, 정작 그들의 학문적 원류에 해당하는 우암의 문집은 전체의 3분의 1밖에 번역되지 않는 기이한 현상을 낳았다. 이 때문에 학계에서는 《송자대전》 완역의 필요성을 꾸준하게 제기해 왔다. 한국고전번역원은 이러한 요구에 부응하여 《송자대전》 선역을 완료한 지 30년이 지난 2019년에 문집 전체를 대상으로 다시 번역 사업에 착수하였고, 이 완역본 《송자대전》의 첫 결실이 마침내 세상에 나오게 된 것이다. 이에 권두에 해제를 덧붙여 우암 송시열과 그의 문집 《송자대전》, 그리고 《송자대전》 완역의 의의에 대해 간략히 소개하고자 한다.[2]

2. 송시열의 생애

우암 송시열은 1607년(선조40) 충청도 옥천(沃川)의 구룡촌(九龍村) 외가에서 태어났다. 자는 영보(英甫), 호는 우암(尤菴)·우재(尤齋)·파옹(巴翁)·화양동주(華陽洞主)·남간노수(南澗老叟)·교산노부(橋山老父)이며, 시호는 문정(文正), 본관은 은진(恩津)이다. 증조부는 종묘서 봉사 송귀수(宋龜壽)이고 조부는 의빈부 도사 송응기

2 《송자대전》 편찬·간행의 경위와 수록 내용에 대해서는 선역본 《송자대전》과 《한국문집총간해제》에 수록된 〈송자대전 해제〉, 그리고 신승운과 오항녕의 논문에 자세히 언급되어 있으므로 이 4종의 연구를 바탕으로 정리하되 일부 내용을 보완하는 방식으로 기술하였다.

(宋應期)이며 부친은 사옹원 봉사를 지낸 송갑조(宋甲祚)이다. 모친 선산 곽씨(善山郭氏)는 임진왜란 때 조헌(趙憲)과 함께 금산(錦山) 전투에서 전사한 곽자방(郭自防)의 따님이다. 공자가 제자들을 거느리고 집으로 찾아온 꿈을 부친이 꾸고서 해산 소식을 들었다 하여 어릴 때 이름을 성인이 내려 준 아들이라는 의미로 성뢰(聖賚)라 하였다.

1633년(27세) 생원시에서 장원하여 경릉 참봉(敬陵參奉)에 제수되었으나 보름 만에 사직하였고, 2년이 지난 1635년(29세) 대군사부(大君師傅)에 제수되어 1년 동안 봉림대군(훗날 효종)에게 학문을 가르쳤다. 이때의 인연으로 효종 즉위년인 1649년(43세) 왕의 부름을 받았고, 그해 6월 장문의 〈기축봉사(己丑封事)〉를 올려 자신의 정치적 견해를 밝혔다. 이 〈기축봉사〉에서 청나라에 대한 복수설치(復讎雪恥)를 역설한 것이 효종의 북벌 의지와 부합하여 두터운 신임을 받았다. 그러나 효종과의 의기투합은 그리 오래가지 못했다. 이듬해 초에 스승인 김집(金集)이 대동법(大同法) 시행을 놓고 잠곡(潛谷) 김육(金堉)과 정치적 갈등을 벌이다 물러나고, 이어 김자점(金自點) 일파가 효종이 신진 인물을 등용하여 북벌을 도모한다고 청나라에 밀고하여 청나라 사신이 직접 조사를 나오게 되자 우암은 2월 6일 벼슬을 버리고 낙향하였다.

그 뒤로 충주 목사, 사헌부 집의, 동부승지, 이조 참의에 연이어 제수되었으나 사양하고 향리에서 강학에만 몰두하였다. 1657년(51세) 세자시강원 찬선에 제수되자 사직소와 함께 〈정유봉사(丁酉封事)〉를 지어 19조의 시무책(時務策)을 건의하였다. 1658년(52세) 7월 다시 찬선으로 부름을 받고서 상경하여 9월 이조 판서에 제수되었고, 이듬해 5월 효종이 세상을 떠날 때까지 왕의 확고한 신임 속에 정치 쇄신과 북벌 정책을 추진하며 정국을 주도하였다.

효종이 승하한 후 인조비 자의대비(慈懿大妃)의 복제(服制) 문제로 1차 예송인 기해예송(己亥禮訟)이 일어나자 1년의 기년복(朞年服)을 주장하여 윤휴(尹鑴)의 삼년복(三年服)을 꺾고 기년복을 관철하였다. 그 후 윤휴와 함께 남인의 대표적 이론가인 허목(許穆)과 윤선도(尹善道)의 주장을 차례로 제압하였으나, 이 과정에서 김육의 아들이자 현종의 장인인 김우명(金佑明)과의 갈등이 더욱 깊어지고, 거기에다 효종의 장지(葬地)를 잘못 정했다는 비판을 받게 되자 결국 충청도 회덕(懷德)으로 낙향하였다.

이후 우의정과 좌의정에 임명되어 잠시 출사한 것을 제외하고 현종이 재위한 15년 동안 대부분의 시기를 회덕, 여산(礪山), 화양동(華陽洞) 등지로 거처를 옮겨 다니며 재야에서 삶을 보냈으나 여전히 서인의 영수로서 중앙 정치에 절대적인 영향력을 행사하였다. 이 시기에 그는 동문수학한 윤선거(尹宣擧, 1610～1669), 권시(權諰, 1604～1672), 송준길(宋浚吉, 1606～1672)을 차례로 떠나보냈다. 1673년(67세)엔 윤선거의 비문 문제를 둘러싸고 이른바 회니시비(懷尼是非)가 일어났고, 이 과정에서 제자이자 윤선거의 아들인 윤증(尹拯)과 극심한 갈등을 겪기도 했다.

현종 말년인 1674년(68세) 효종의 비 인선왕후(仁宣王后)가 승하하자 다시 상경하였다. 이번에도 자의대비의 복제 문제가 제기되어 2차 예송인 갑인예송(甲寅禮訟)이 일어났다. 우암은 9개월의 대공복(大功服)을 주장하였으나 기년복을 주장하는 남인의 주장이 채택되었다. 이로 인해 서인이 실각하고 우암은 예를 그르쳤다는 이유로 삭탈관직되어 이듬해 초 함경도 덕원(德源)에 유배되었다가 다시 경상도 장기(長鬐)에 위리안치되었다. 1679년(73세) 4월 거제도(巨濟島)로 유배지를 옮겼다가 1680년(74세) 5월 다시 청풍(淸風)으로 옮기라는 명을 받았으나 경신환국(庚申換局)으로 서인이 다시 집권함에 따라 6월 회덕으로 돌아왔다. 그해 10월 상경하여 영중추부사가 되었고, 1683년(77세)에는 벼슬을 내놓고 국가 원로에게 주는 명예직인 봉조하(奉朝賀)가 되었다. 1686년(80세)에는 주자(朱子)의 촌사(村舍)를 본떠 회덕에 남간정사(南澗精舍)를 지어 놓고 주자의 남간시(南澗詩)를 읊으며 만년을 보냈다. 1689년(83세) 1월 숙종이 두 살의 장희빈 아들(훗날 경종)을 원자(元子)로 정하자 시기가 너무 이르다는 이유로 반대 상소를 올렸다가 제주(濟州)에 유배되었다. 얼마 후 국문을 받으라는 명을 받고 다시 서울로 올라오던 중 6월 8일 전라도 정읍(井邑)에서 사약을 받고 세상을 떠났다.

1694년(숙종20) 갑술환국(甲戌換局)으로 노론이 집권함에 따라 사후에 관직이 회복되었고, 수원의 매곡서원(梅谷書院), 정읍의 고암서원(考巖書院), 충주의 누암서원(樓巖書院), 덕원의 용진서원(龍津書院), 괴산의 화양서원(華陽書院) 등 각지에 서원이 세워져 제사를 지냈으며, 정암(靜菴) 조광조(趙光祖)를 모신 도봉서원(道峯書院)에 배향되었다. 만년의 거처인 화양동의 화양서원에는 숙종이 친히 편액을 써서 승지를 보내 걸게 하였다. 1756년(영조32) 공자의 사당인 문묘(文廟)에 배향되고 영의정에 추증되었으며, 정조가 즉위한 1776년에는 효종의 묘정(廟庭)에 배향됨으로써 국가로부터 학문적으로나 정치적으로나 최고의 인정을 받았다.

3. 송시열의 학문과 사상

우암은 조광조(趙光祖), 이이(李珥), 김장생(金長生), 김집(金集)으로 이어지는 기호학파의 학통을 계승한 조선 주자학의 대학자이다. 그가 기호학통을 계승하게 된 바탕에는 충청도 회덕에서 집안 대대로 이어 온 가학(家學)과 김장생·김집 부자에게 전수받은 주자학이 있었다.

은진 송씨(恩津宋氏) 가문은 우암의 8대조인 쌍청당(雙淸堂) 송유(宋愉)가 개성(開城)에서 회덕의 송촌(宋村)으로 입향(入鄕)하면서 번창하기 시작했다. 송유의 5대손인 대사헌 송인수(宋麟壽)와 이조판서 송기수(宋麒壽)를 비롯하여 우암 이전에 11명의 문과 급제자를 배출할 정도로 명문이 된 것이다.[3] 우암의 종증조부가 되는 송인수는 16세기 사림파의 중심인물로 성균관 대사성과 사헌부 대사헌을 지냈으며 윤원형(尹元衡)을 탄핵하다 을사사화 때 파직되어 낙향하였고, 얼마 후 양재역 벽서 사건으로 사사(賜死)되었다. 그는 주자학의 연구와 보급에 앞장서 사림의 추앙을 받은 큰 학자였다. 우암은 그에 대해 "우리 왕조의 유현(儒賢) 가운데 도(道)로써 자임하신 분으로 앞에는 조정암(趙靜菴)이 있고 뒤에는 선생이 있다."[4]라고 할 정도로 높이 평가하였다. 또한 손자들에게 준 시에서 "누가 규암(圭庵)과 서부(西阜)의 학문을 이을까."[5]라고 하면서 가학의 계승을 걱정하였는데, 여기서

3 이영춘, 〈우암 송시열 가문의 계보와 가학〉, 한국계보연구 제5호, 2014, 123~125쪽.

4 《宋子大全》 卷201 〈圭庵先生墓表陰記〉, "蓋我朝儒賢, 以道自任者, 前有靜菴, 後則先生."

5 《宋子大全》 卷4 〈示諸孫〉, "誰紹圭庵、西阜學?"

규암은 송인수의 호이고 서부는 송인수의 형이자 우암의 증조부인 송귀수(宋龜壽)의 호이다. 우암의 이 시로 볼 때 우암의 학문은 증조부 형제의 학문을 이은 가학적 전통이 바탕이 되었음을 알 수 있다.

우암은 8세 때 집안의 어른인 송이창(宋爾昌)에게 나아가 그의 아들 송준길(宋浚吉)과 함께 학문을 시작하였다.[6] 12세에는 부친으로부터 조광조의 전기가 수록된 《기묘록(己卯錄)》과 이이의 《격몽요결(擊蒙要訣)》을 배웠으며, 그 후 율곡의 적전(嫡傳) 제자로 충청도 연산(連山)에 살고 있는 사계(沙溪) 김장생을 찾아가 25세까지 10년 동안 스승으로 모시면서 《근사록(近思錄)》, 《심경(心經)》, 《가례(家禮)》 등 주자학의 기본서들을 학습하였다. 김장생이 세상을 떠난 후에는 송준길, 이유태(李惟泰), 윤선거, 유계(兪棨) 등과 함께 신독재(愼獨齋) 김집의 문하에서 학문을 연마하였으며, 청음(淸陰) 김상헌(金尙憲)을 찾아가 학문을 묻기도 하였다. 김장생이 세상을 떠나자 황간(黃榦)이 그의 스승 주자에게 한 대로 기년복을 입었으며, 김집과 김상헌에 대해서는 석 달 동안 심상(心喪)을 하였다.

우암의 학문과 사상은 크게 주자학과 춘추대의(春秋大義)로 표현할 수 있다. 이 두 가지는 우암이 목숨을 바치면서까지 평생 변치 않고 지켜 온 것이다.[7] 우암은 김장생과 김집 부자로부터 주자학을 전수하였고 김상헌으로부터는 춘추대의를 배웠다.

6 송이창은 김장생의 사촌 매제(妹弟)로 우암과 김장생을 연결하는 매개 역할을 한 것으로 보인다. 송준길은 우암보다 한 살 연상에 집안 항렬상으로도 높았으나 이때부터 서로 벗이 되어 평생 동안 학문과 정치적인 입장을 공유한 지기(知己)가 되었다.

7 《宋子大全》 續拾遺 附錄 卷2 〈墓誌(尹鳳九撰)〉, "朱子之學、春秋之義, 實我老先生所以殉身而不貳也."

주자학의 계승이란 측면에서 우암은 많은 저술을 남겼는데, 특히 유배지에서 편찬한 저술이 많다. 2차 예송의 여파로 일어난 갑인환국(甲寅換局)으로 장기에 유배되었을 때는《주자대전차의(朱子大全箚疑)》를 지어《주자대전》에 나오는 어려운 단어나 구절들을 뽑아 주석을 달았으며, 북송의 정호(程顥)·정이(程頤) 형제의 문집인《이정유서(二程遺書)》와《이정외서(二程外書)》, 그리고《이정수언(二程粹言)》의 내용을 주제별로 분류하여《정서분류(程書分類)》를 편찬하였다. 거제로 유배지를 옮긴 뒤에는《주자어류(朱子語類)》의 내용을 유형별로 분류하여《주자어류소분(朱子語類小分)》을 편찬하였고, 주자의 실기(實紀)와 연보(年譜)를 합쳐《문공선생기보통편(文公先生紀譜通編)》을 지었다. 또 기사환국으로 유배 간 제주에서는 주자의《논맹혹문(論孟或問)》과《논맹정의(論孟精義)》를 합편하여《논맹혹문정의통고(論孟或問精義通考)》를 편찬하였다. 그 밖에도 이황(李滉)의《주자서절요(朱子書節要)》와 정경세(鄭經世)의《주문작해(朱文酌海)》를 합하여《절작통편(節酌通編)》을 만들었으며, 김장생과 정엽(鄭曄)의 작업을 이어받아《근사록석의(近思錄釋疑)》를 완성하고, 박세채(朴世采)와 함께 이황의《심경부주석의(心經附註釋疑)》를 교정하여 간행하기도 하였다.

한편 우암의 춘추대의는 여러 가지로 나타났다. 본래 공자가 주창한 춘추대의는 존왕양이(尊王攘夷), 즉 중화의 정통 왕조를 보존하고 이적을 물리치는 것을 의미한다. 우암은 당시 조선의 상황에 적용하여 만주족이 세운 청나라를 정벌하여 명나라의 원수를 갚는 것, 즉 북벌론(北伐論)을 주장하였다. 또 이를 학문 세계로 확장하여 주자의 학설을 따르지 않은 윤휴와 박세당(朴世堂)을 사문난적(斯文亂賊)으로 공격하는 이론적 근거로 삼았고, 정치에 적용하여 서인과 노론의 입장에서 남인과 소론을 배척하는 논리적 정당성을 확보하였다. 그 가운데 북벌론은 김상헌의 척화론(斥和論)을 계승한 것으로 이는 다시 구한말 이항로(李恒老)를 중심으로 한 위정척사론(衛正斥邪論)으로 이어진다.[8]

4. 《송자대전》의 편찬과 간행

우암은 1689년(숙종15) 세상을 떠나면서 제자들에게 《주자대전차의》를 비롯한 저술들의 마무리를 부탁하였다. 이에 이듬해인 1690년부터 권상하를 중심으로 김창협(金昌協), 이희조(李喜朝), 이기홍(李箕洪), 최방언(崔邦彦) 등이 주축이 되어 우암의 손자 송주석(宋疇錫)과 함께 저서의 수습 작업에 착수하였다. 아울러 생전에 써 놓은 각종 시문(詩文) 단편의 정리도 함께 이루어졌는데, 이 일은 제천(堤川) 황강(黃江)의 권상하와 서울의 이희조가 중심이 되어 추진하였다. 1691년에 권상하는 40여 책의 문집 초본(草本), 즉 황강본(黃江本) 초본을 만들었고 같은 해에 송주석이 별도로 75책을 수습해 놓았는데, 1711년 권상하가 두 본을 바탕으로 110여 책의 황강본 중초본(中草本)을 완성하였다.

한편 권상하와 이희조는 문집의 간행을 두고 견해를 달리하였다. 이희조는 시문의 내용을 대폭 산절(刪節)하여 일부만이라도 조속히

8 이영춘, 〈우암 송시열 가문의 계보와 가학〉, 한국계보연구 제5호, 2014, 132쪽; 정만조, 〈천하의리의 주인, 우암 송시열〉, 우암논총 제8집, 2015, 16쪽.

간행하자고 하였고, 권상하는 전고(全稿)를 정밀하게 교정한 다음 신중히 간행해야 한다고 주장하였다. 서울에서 노론을 이끌고 있던 이희조의 입장에서는 우암의 문집을 빨리 간행함으로써 노론의 입지를 보다 공고히 하고자 했다. 반면 황강의 권상하는 당시 노론과 소론이 극한 대립을 하고 있고, 게다가 1716년 윤선거의 문집과 판목이 불태워지는 훼판화서(毁板火書) 사건이 발생한 상황에서 더욱 신중을 기할 수밖에 없었다.

이렇게 양자의 의견 대립이 지속되는 가운데 1717년 7월 민진후(閔鎭厚)가 숙종에게 문집의 간행을 건의함으로써 새로운 전기를 맞았다. 송준길의 《동춘당집(同春堂集)》을 왕명으로 간행한 전례에 따라 교서관(校書館)에서 문집을 간행하라고 숙종이 지시한 것이다.[9] 이에 증손인 송무원(宋婺源)과 이희조가 중심이 되어 문집의 교정과 편차를 담당하여 2년 뒤인 1719년에 원집 158권, 별집 9권 도합 167권 63책의 《우암선생문집(尤菴先生文集)》을 교서관 철활자로 간행하였다. 이를 교서관의 별칭인 운각(芸閣)의 이름을 따서 운각본(芸閣本)이라 부른다. 이 운각본 가운데 별집은 〈기축봉사(己丑封事)〉, 〈정유봉사(丁酉封事)〉와 같이 북벌이나 숭명배청(崇明排淸)과 관련한 내용으로 시휘(時諱)에 저촉되는 작품을 초출하여 별도로 수록하였다. 운각본 《우암선생문집》은 권상하의 황강본에 비해 그 분량이 절반밖에 되지 않을 정도로 많은 산삭(刪削)이 이루어졌다.[10] 조속히 간행하자는 이희조와

9 《肅宗實錄》 43年 7月 4日, "閔鎭厚曰: '先正臣宋時烈, 歿已久矣, 而文集尙未刊行, 誠是欠事. 今聞其子孫、門生, 方欲付之剞劂, 而卷帙浩大, 未易始工云. 自校書館刊行, 似爲得宜矣.' 上曰: '曾前《同春集》, 亦以特命刊出矣. 今亦分付校書館刊行.'"

민진원 등 서울 제자들의 견해가 반영된 결과라 할 수 있다. 이는 나중에 전고를 수록한 문집이 간행되어야 하는 중요한 이유가 되었다.

《우암선생문집》의 원집과 별집이 간행되고 11년이 지난 1730년(영조6) 《경례문답(經禮問答)》 24권 10책이 증손 송무원에 의해 활자로 간행되었다. 이는 우암이 경전(經傳)과 예법(禮法)에 대해 제자들과 편지로 문답한 것을 모아서 편집한 책이다. 송무원은 원집의 권차(卷次)를 그대로 이어받아 권159에서 권182로 이를 편차함으로써 원집 속에 포함시켰다. 그는 또 2년 후인 1732년에 손자 송주석이 편차한 연보 5책을 다시 정리하여 활자로 간행하였다. 이로써 우암의 문집은 원집, 별집, 연보의 체제를 갖추게 되었다. 뒤에 간행되는 《송자대전》과 구별하여 이 합본을 구본(舊本)이라 부른다.

서울 제자들이 중심이 되어 간행한 《우암선생문집》은 우암의 시문 전체를 수록하지 않고 절반 가까이 산절하여 편집되었다. 《경례문답》이 나중에 추가되기도 했지만 수록하지 못한 시문이 너무나 많았다. 그래서 다시 편차한 것이 《우암선생후집(尤菴先生後集)》이다. 이 후집은 현재 3종이 전해지고 있다. 국립중앙도서관의 《일서(逸書)》 40권 20책(貴423-한46-가1424), 서울대학교 규장각한국학연구원의 《대로일고(大老逸稿)》 40권 40책(奎4855), 미국 버클리대학 소장의 《송자대전속(宋子大全續)》 40권 20책(아사미문고본) 등으로 표제(表題)는 서로 다르지만 본문의 권수제(卷首題)는 모두 '우암선생후집'으로 되어 있다.

10 《宋子大全》 卷首 〈凡例〉, "門人文純公權尙夏裒粹繕寫, 合爲數百卷, 此所謂黃江本, 而活印時, 事役甚遽, 未盡消詳, 以致印本之於黃江本, 殆逸其半."

정조는 왕위에 오르기 이전부터 우암을 존모하여 23세 때인 1774년 주자와 우암의 글을 뽑아 《양현전심록(兩賢傳心錄)》을 엮었고, 〈우암전(尤菴傳)〉과 〈우암집서(尤菴集序)〉를 지었다. 그리고 즉위하자마자 우암을 효종의 묘정에 배향하고 만동묘(萬東廟)에 어필 액자를 하사하였다. 아울러 6대손 송택규(宋宅圭)를 임천 군수(林川郡守)로 임명하고 누락된 유문의 수집을 지시하였다. 이에 5대손 송환기(宋煥箕)를 중심으로 유문의 편차에 착수하여 권상하가 선사(繕寫)해 놓은 황강본과 교서관에서 간행한 운각본을 합치고, 여기에 수집된 유문을 추가하여 전고(全稿)를 수록한 정본(正本)을 만들었다. 이 정본을 바탕으로 평안 감사 조경(趙璥)이 봉급을 희사하여 간행을 계획하였으나 실행에 옮기기 전에 체직되어 중앙으로 올라가는 바람에 중단되었다가 후임 이명식(李命植)이 1787년(정조11) 9월 판각을 완료하였다. 서명은 '송자대전'이고 분량은 목록 2권, 원집 215권, 부록 19권 도합 236권 102책으로 우리나라에서 가장 방대한 시문집(詩文集)이 탄생하였다. 이 판본은 평양에서 간행되었다 하여 기영본(箕營本)이라 하기도 하고 구본인 《우암선생문집》과 구별하여 신본(新本)이라 부르기도 한다.

이 기영본 《송자대전》은 이전의 운각본 《우암선생문집》과 편집상에서 몇 가지 중요한 차이를 보인다.

첫째, 서명을 '우암선생문집'에서 '송자대전'으로 변경하였다. 《퇴계집》이나 《율곡집》처럼 문집 이름에 더 이상 호를 쓰지 않고 학자로서 최고의 존칭인 '자(子)'를 붙여 '송자(宋子)'라 하였고 '문집'이나 '유고(遺稿)'라 하지 않고 '대전(大全)'이라 한 것은 주자의 문집인 《주자대전》을 다분히 의식한 것이라 하겠다. 〈송자대전 범례〉에 의하면, 이 문집 명칭은 정조 당시의 간행 주체들이 정한 것이 아니라 선배 학자들이 이미 정해 놓은 것이요 사림(士林)이 모두 동의한 사안이라고 하였다. 후학들에게 우암은 《송자대전》 간행 이전부터 이미 퇴계와 율곡을 넘어서는 인물로 인식되었던 것이다.

둘째, 서명이 변경됨에 따라 편집 방식도 바뀌었다. 《우암선생문집》이 송나라 장식(張栻)의 《남헌집(南軒集)》을 전범으로 삼아 편집된 반면, 《송자대전》은 《주자대전》의 체제를 따라 편집하는 것으로 기본 원칙을 정했다. 《주자대전》의 체제를 따른 대표적인 예는 편지의 편집 방식이다. 《우암선생문집》의 경우 같은 수신자의 두 번째 편지 이하는 모두 '우(又)'라는 글자로 표시함으로써 수신자가 누구인지 시각적으로 잘 드러나지 않는 단점이 있었는데, 이를 편지마다 수신자가 포함된 완전한 제목을 하나하나 기입함으로써 찾아보기 쉽게 하였다.

그런데 《주자대전》의 체제를 따른다는 편집의 기본 원칙은 실제 편집 과정에서 제대로 지켜지지 못했다. 예를 들어 시(詩)는 《남헌집》이 고시(古詩), 율시(律詩) 등 시체별(詩體別)로 편차된 반면에 《주자대전》은 시기순(時期順)으로 배열되어 있었다. 따라서 시체별로 배열된 《우암선생문집》의 시들을 《송자대전》에서 시기순으로 재편집해야 하는데 모든 시들의 저작 시기를 정확하게 파악하기는 역부족이어서 《우암선생문집》의 시체별 배열을 그대로 유지하였다. 편지 역시 《주자대전》을 따른다면 '시사출처(時事出處)', '육진변답(陸陳辨答)' '지구문인문답(知舊門人問答)'처럼 주제별로 편집해야 하지만 하나의 편지에 여러 개의 주제가 포함된 것들이 많아 어쩔 수 없이 구본대로 인물별로 편집하였다.

셋째, 《송자대전》은 권상하의 황강본과 교서관에서 간행한 운각본을 대교하여 광곽 상단에 두주(頭註)의 형식으로 교감주(校勘註)를 달아 놓았다. 이는 중국본《주자대전》의 체제가 그런 것이 아니라 1575년(선조8) 유희춘(柳希春)이 교서관에서 을해자로 간행한 조선본《주자대전》의 체제를 따른 것이다.[11]

넷째, 구본 연보에서 기사 제목에 해당하는 강(綱)은 대자(大字)로 쓰고 세부 내용인 목(目)은 두 줄의 소자(小字)로 처리하였으나《송자대전》에서는 모두 같은 크기의 대자를 써서 한 줄로 처리하였다.

이렇게 간행된 기영본《송자대전》판목은 화양동의 환장사(煥章寺), 즉 지금의 채운사(彩雲寺)에 옮겨 보관하였는데, 1907년 정미칠조약에 반대하여 의병이 봉기했을 때 환장사가 의병의 근거지라 하여 불태워지는 바람에 장판각에 보관되어 있던 책판이 모두 소실되었다. 그 후 후손과 유림들의 노력으로 1927년에 대전의 남간정사에서 목판으로 중간되었는데, 기영본을 그대로 번각(飜刻)하였기 때문에 내용과 판의 형식이 모두 동일하다. 이와 함께《송서습유(宋書拾遺)》와《송서속습유(宋書續拾遺)》도 함께 간행되었다.

《송서습유》는 우암의 9대손인 송병선(宋秉璿)이 1872년경에 황강본 가운데《송자대전》에서 누락된 시문과 다른 문헌에서 찾아낸 유문을 수집하여《주서습유(朱書拾遺)》의 체제에 따라 9권 4책으로 편차한 것을 1927년에《송자대전》원집과 함께 남간정사에서 목판으로 간행하였다.

《송서속습유》는《송자대전》원집을 중간할 때 각처에서 보내온 유문과 관계 기록을 9대손 송병기(宋秉夔)가 수집 편차하여《송서습유》에 이어 1929년에 남간정사에서 간행하였다.

11 최채기, 〈한국에서의 주자문집 수용방식〉, 서지학연구 제60집, 2014, 179~181쪽.

《송자대전수차(宋子大全隨箚)》는 송자대전의 주해서(註解書)이다. 본래 《우암선생문집》을 대상으로 만든 송주상(宋周相)의 《담곡수차(潭谷隨箚)》를 송근수(宋近洙)가 《송자대전》에 맞게 증보, 재편하고 〈목록(目錄)〉을 대폭 증보하여 1867년에 활자로 간행한 후, 송병선이 이를 다시 정리하여 1901년 화양동에서 13권 6책의 목판본으로 중간하였다. 체제는 《송자대전》의 권차에 따라 나누고 또 해당 판차 표시를 음각으로 인쇄하여 찾아보기 쉽게 하였다. 오탈자에 대한 교정주(校正註), 글자의 음과 뜻을 설명한 훈고주(訓詁註), 출현 인물에 대한 간략한 인물주(人物註), 난해 어구나 전거, 시대적 정황에 대한 해설주(解說註)가 고르게 나타난다. 송근수는 송주상이 초기에 난해 어구에 중점을 두어 주해를 한 것에서 한 단계 더 나아가 우암 당시의 시대적 정황, 즉 시사출처(時事出處)에 대한 해설주를 집중적으로 증보하였고,[12] 자신이 추가한 주석은 표제어 앞에 권점을 찍어 구분해 놓았다. 《담곡수차》가 퇴계의 《주자서절요기의(朱子書節要記疑)》의 주석 방식을 따랐다면 이 《송자대전수차》는 우암의 《주자대전차의(朱子大全箚疑)》 체제를 따른 것이다. 마지막으로 500여 명의 인물 정보를 별도로 수록한 〈목록〉을 제작하였는데, 이는 《송자대전》에 수록된 편지의 수신자에 대하여 각각의 인물 정보를 편지의 순서에 따라 정리한 것이다. 이 역시 《주자서절요》의 〈제자목록(諸子目錄)〉을 그대로 본떠 만든 것이다.[13]

12 《宋子大全》〈宋子大全隨箚凡例〉, "潭谷所箚, 只解古人文字引用, 而竊念古書中句語, 博識者皆可知之, 至於時事, 則有難考證於久遠之後, 故今輒添入而尤加詳焉."

13 최채기, 〈주자서절요 초기 판본에 나타난 퇴계 주석의 증보 양상〉, 고전번역연구 제5집, 2014, 302쪽.

5. 《송자대전》의 구성과 내용

이번에 완역한 《송자대전》은 전근대 시기에 제작된 우리나라 시문집 가운데 가장 방대한 문헌이다. 전체적인 구성은 목록(目錄) 2권, 원집(原集) 215권, 부록(附錄) 19권, 송서습유(宋書拾遺) 9권, 송서속습유(宋書續拾遺) 3권, 송자대전수차(宋子大全隨箚) 13권으로 도합 261권 130책으로 편차되어 있다. 수록된 내용을 일별해 보면 다음과 같다.

권수(卷首)에는 정조가 우암의 묘소와 우암을 향사(享祀)하는 서원 및 사당에 내린 어제비명(御製碑銘)과 사제문(賜祭文) 8편이 연대순으로 수록되어 있다. 임금이 직접 지어서 내린 글이므로 권말의 부록과 구분하여 책의 첫머리에 수록한 것이다.

권1~4는 시부(詩賦)로 620제(題) 856수(首)가 수록되어 있다. 시의 배열은 오언 절구, 칠언 절구 등 시체(詩體)별로 편집되어 있다. 시를 주고받은 사람은 박세채(朴世采), 윤선거(尹宣擧), 김수항(金壽恒), 김수증(金壽增), 이희조(李喜朝), 이유태(李惟泰) 등이며 손자 송주석(宋疇錫)에게 준 시가 특히 많다.

권5~26은 봉사(封事), 소차(疏箚), 계사(啓辭), 헌의(獻議) 등 임금에게 올리는 주의류(奏議類)의 글이다.

권5에는 저자의 정치적 소신을 밝힌 〈기축봉사(己丑封事)〉와 〈정유봉사(丁酉封事)〉 2편이 수록되어 있다. 〈기축봉사〉는 1649년에 사헌부 장령에 임명되어 올린 것이고, 〈정유봉사〉는 1657년에 세자시강원

찬선을 사직하며 올린 것으로 당시의 시사(時事)를 논하면서 북벌(北伐)의 의미와 중요성을 강조하였다.

권6~21(전반부)에는 소차 334편이 수록되어 있다. 1645년에 지은 〈봉림대군(鳳林大君) 보양관을 사직하는 상소〔辭輔導東宮之命疏〕〉부터 1689년 정읍(井邑)에서 사약을 받았을 때 지은 〈절명(絶命)할 때에 임하여 쓴 상소〔臨命時遺疏〕〉까지 연도순으로 수록되어 있는데, 유배 기간을 제외하고는 거의 해마다 실려 있다.

권21(후반부)~25에는 계사 203편이 연도순으로 수록되어 있다. 모두 1649~1687년 사이에 올린 계사이다.

권26에는 1659~1687년 사이에 올린 헌의 36편이 수록되어 있다. 이 가운데 〈자의대비의 복제를 논한 헌의〔慈懿殿服制議〕〉에서 〈연복의 변개와 허목의 도설을 변파한 헌의〔練服變改及許穆圖說辨破議〕〉까지는 효종(孝宗)의 상(喪)에 대한 자의대비(慈懿大妃)의 복제(服制)를 논한 것으로 허목(許穆) 등 남인 측에서 삼년복을 주장하고 나서자 경전을 인용하여 기년복을 주장한 내용이다.

권27~129는 서(書)이다. 총 5500여 편의 편지가 수록되어 원집 215권 가운데 절반에 가까운 103권(48%)을 차지하고 있다. 《주자대전》 121권 가운데 58권(48%)이 편지이고, 《퇴계집》 49권 가운데 32권(65%)이 편지인 것과 그 맥을 같이한다. 문집에서 편지의 분량이 이렇게 많은 것은 주자, 퇴계, 우암에게 편지가 단순히 안부나 묻는 통신수단이 아니라 학문을 교류하는 주요 토론의 장 역할을 하였기 때문이다.

권27에는 김상헌(金尙憲), 김집(金集), 안방준(安邦俊), 이경여(李敬輿) 등 4명에게 보낸 편지가 수록되어 있다. 뒤에 편차된 편지들처럼 수신자에게 '답하다〔答〕'라거나 '주다〔與〕'라는 표현을 쓰지 않고 '올리다〔上〕'라고 하였으며, 특히 김상헌과 김집에게는 자호(字號)나 관직명 대신 '선생'이란 호칭을 붙여 최고의 존경심을 표하였다.

권28～41에는 김장생, 김집 문하의 선배 동문인 김경여(金慶餘)와 이후원(李厚源)에게 보낸 편지와 같은 연배의 송준길(宋浚吉), 유계(兪棨), 홍명하(洪命夏), 정양(鄭瀁), 윤상거(尹商擧), 윤문거(尹文擧), 윤선거(尹宣擧), 권시(權諰), 이유태(李惟泰) 등에게 보낸 편지가 수록되어 있다.

권42～111에는 후배나 문인인 이정기(李廷夔), 이상(李翔), 이단하(李端夏), 김수증(金壽增), 김수흥(金壽興), 김수항(金壽恒), 민정중(閔鼎重), 민유중(閔維重), 박세채(朴世采), 송규렴(宋奎濂), 이단상(李端相), 이지렴(李之濂), 김만균(金萬均), 이선(李選), 김만기(金萬基), 김익렴(金益廉), 조근(趙根), 신계징(申啓澄), 김만증(金萬增), 김만준(金萬埈), 윤이건(尹以健), 권상하(權尙夏), 이기홍(李箕洪), 김창협(金昌協), 이희조(李喜朝), 황세정(黃世楨), 윤증(尹拯) 등에게 보낸 편지가 실려 있다.

권112～129에는 기타 인물 및 서원(書院)과 가족에게 보낸 편지가 수록되어 있다. 가족 중에는 아우 송시도(宋時燾)와 송시걸(宋時杰), 아들 송기태(宋基泰), 손자 송은석(宋殷錫)과 송주석(宋疇錫)에게 보낸 편지가 많다.

권130～136은 잡저(雜著)로 총 89편이다. 경서에 대한 논변을 비롯하여 예설(禮說), 자설(字說), 시사(時事)에 관한 설 등 다양한 주제의 글들이 수록되어 있다.

권130의 〈호연장에 대한 질의〔浩然章質疑〕〉는 《맹자》 〈호연장(浩然章)〉의 각 구절에 대하여 자신의 의견을 개진한 글이고, 〈주자언론동이고(朱子言論同異攷)〉는 《주자대전》과 《주자어류》 사이에 서로 차이가 나는 글들을 모아 정리한 것으로, 우암 말년에 미완의 상태로 중단되었다가 문인 권상하를 거쳐 한원진(韓元震)에 의해 최종 완성되었다.

권131의 〈간서잡록(看書雜錄)〉은 경서와 주자학 관련 서적을 읽으면서 오래도록 기억해 둘 필요가 있는 구절이나 생각들을 메모해 둔 것이다. 예를 들어 "주자의 학설 가운데는 초년과 만년의 차이가 꽤 있고, 또 《주자어류》와 《주자대전》 간에도 차이가 있어서, 하나를 가지고 이것은 맞고 저것은 틀렸다고 보아서는 안 되며 의리가 합당한 곳을 천천히 보아야 한다."라는 기록이 있는데, 이는 우암이 《주자대전》과 《주자어류》를 보고서 적어 놓은 것이다. 얼마 후 이러한 생각을 반영하여 정리한 것이 바로 〈주자언론동이고〉이다.

권133의 〈퇴계의 사서질의에 대한 의의〔退溪四書質疑疑義〕〉는 퇴계의 《사서질의(四書質疑)》에 대한 의문점을 초록하고, 이에 대한 자신의 견해를 피력한 것이다.

권137~150은 서(序), 기(記), 발(跋), 명(銘), 잠(箴) 등이다.

권137~139에는 104편의 서문이 수록되어 있다. 정몽주(鄭夢周)의 《포은선생시집(圃隱先生詩集)》, 강항(姜沆)의 《수은집(睡隱集)》, 이식(李植)의 《택당집(澤堂集)》 등 문인 학자들의 시문집에 대한 서문이 가장 많으며, 다음으로 〈은진송씨족보서(恩津宋氏族譜序)〉와 〈진주소씨족보서(晉州蘇氏族譜序)〉 등 문중 족보의 서문이 많으며, 〈농가집성서(農家集成序)〉와 〈여사제강서(麗史提綱序)〉와 같이 각 분야별 문헌에 대한 서문이 다수 수록되어 있다.

권140~145에는 188편의 기문(記文)이 수록되어 있다. 남양주 석실(石室)의 김상헌 묘소 아래에 지은 도산정사(陶山精舍)에 대한 사연을 기록한 〈도산정사기(陶山精舍記)〉와 같이 누정(樓亭), 서재, 사당, 재실, 객사 등 건축물에 대한 기문이 대부분을 차지한다.

권146~149에는 242편의 발문(跋文)이 수록되어 있다. 《토정선생유고(土亭先生遺稿)》, 《명신언행록(名臣言行錄)》, 《청음선생필적(淸陰先生筆蹟)》의 발문처럼 시문집이나 독립 저작 또는 서화(書畫)의 말미에 쓴 발문이 대부분을 차지한다.

권150에는 김수흥의 지지와(知止窩)와 김수항의 감형와(坎亨窩)에 대한 당명(堂銘)을 비롯한 명(銘) 12편, 잠(箴) 1편, 찬(贊) 4편, 전(箋) 1편, 혼서(婚書) 7편, 상량문(上樑文) 5편이 수록되어 있다.

권151~153은 축문(祝文), 제문(祭文), 애사(哀辭)이다.

권151에는 김굉필, 조광조, 이황, 이이, 성혼, 김장생, 김집 등의 신주를 서원과 사우에 봉안하는 고유축문(告由祝文)과 조상의 사당이나 묘소에 고하는 축문 78편이 수록되어 있다.

권152~153에는 114편의 제문과 김수항의 딸에 대한 애사 1편이 수록되어 있다. 제문은 김장생, 김상헌 등 스승에 대한 제문과 유계, 윤선거, 권시, 송준길, 이유태 등 동문수학한 친구들에 대한 제문이 연도순으로 정리되어 있고 1677년 장기(長鬐) 유배 시에 사망한 부인과 이듬해 죽은 큰 딸에 대한 제문이 실려 있다.

권154~201은 비(碑), 묘갈(墓碣), 능지(陵誌), 묘지(墓誌), 묘표

(墓表)이다.

권154~171에는 정몽주, 윤탁(尹倬), 김세필(金世弼), 조식(曺植), 김인후(金麟厚), 백인걸(白仁傑), 박순(朴淳), 정철(鄭澈), 김집(金集) 등 2품 이상의 벼슬을 한 인물의 신도비명(神道碑銘) 97편, 자운서원(紫雲書院), 돈암서원(遯巖書院), 석실서원(石室書院) 등의 서원 앞에 세운 묘정비(廟庭碑)와 박팽년, 성삼문, 조광조와 관련된 유적지에 세운 유허비(遺墟碑) 등 25편이 수록되어 있다.

권172~180에는 성수침(成守琛), 성운(成運), 정황(丁熿), 송익필(宋翼弼), 권필(權韠), 선우협(鮮于浹) 등의 묘갈명 108편이 수록되어 있다. 이 가운데 윤선거의 묘갈명은 윤증의 부탁으로 지은 것으로, 내용과 형식의 문제로 사제 간의 갈등을 야기했고, 이는 결국 서인이 노론과 소론으로 분당하는 중요한 단초를 제공하였다.

권181에는 효종의 〈영릉지문(寧陵誌文)〉과 현종비 명성왕후(明聖王后)와 숙종비 인경왕후(仁敬王后)의 지문 등 능지 3편이 수록되어 있다. 〈영릉지문〉은 효종의 북벌 의지를 명백하게 써서 후세에 전하라는 현종의 지시에 따라 쓴 것이다.

권182~188에는 묘지 73편이 수록되어 있다. 김상헌, 김집, 송준길, 김수항의 묘지명을 가장 앞쪽에 배치하였다. 김상헌과 김집은 우암이 스승으로 존경하는 인물이고 송준길은 평생 뜻을 함께한 가장 절친한 벗이다. 그리고 김수항은 기사환국으로 우암이 제주로 유배 갈 때 진도로 갔다가 우암보다 두 달 먼저 사약을 받은 정치적 동지로서, 그의 묘지명은 우암이 세상을 뜨기 5일 전에 지은 것이다.

권189~201에는 윤탁, 정철, 조헌, 김상헌 등의 묘표 248편이 수록되어 있다. 묘표는 무덤 앞에 세우는 표석(表石)의 좌우와 뒷면에 망자의 행적을 간략하게 기술한 글이다.

권202~211은 시장(諡狀)과 행장(行狀)이다.

권202~205에는 송인수(宋麟壽), 송상현(宋象賢), 이식(李植), 이명한(李明漢) 등의 시장 13편이 수록되어 있다. 시장은 2품 이상의 관직을 역임하거나 학문과 절의가 뛰어난 인물에 대해 국가에서 시호를 하사해 줄 것을 청하기 위해 당사자의 행적을 기술한 글이다.

권206~211에는 박소(朴紹), 신응시(辛應時), 이후백(李後白), 윤황(尹煌) 등의 행장 27편이 수록되어 있다.

권212~215는 유사(遺事), 어록(語錄), 전(傳)이다.

권212에는 송준길의 유사 1편과 김장생, 김집, 김상헌의 어록 3편이 수록되어 있으며, 권213~215에는 병자호란으로 심양에 잡혀간 홍익한(洪翼漢), 윤집(尹集), 오달제(吳達濟)의 행적을 다룬 〈삼학사전(三學士傳)〉을 비롯하여 18편의 전기(傳記)가 수록되어 있다.

부록은 총 19권으로 구성되어 있다.

권1은 교서(敎書)와 사제문(賜祭文)이고, 권2~12에는 연보(年譜)가 수록되어 있다. 교서는 1683년 우암이 치사(致仕)할 때 숙종이 내린 교서와 문묘에 종사할 때와 효종의 묘정에 배향할 때 각각 내린 영조와 정조의 교서 등 3편이고, 사제문은 숙종부터 정조 때까지 우암을 모신 서원에 내린 제문 12편이다. 연보는 손자 송주석이 편차한 초본을 송무원이 1732년에 활자로 간행하였고 이를 송환기가 증보한 것이다. 우암이 태어난 1607년부터 《송자대전》이 평양 감영에서 간행되고 정조가 대로

사(大老祠)에 치제한 1787년까지 연월일순으로 상세히 기록되어 있다.

권13에는 권상하가 지은 묘표 1편과 권상하, 정호(鄭澔), 김창협이 지은 화상찬(畫像贊) 3편이 수록되어 있다.

권14~18은 권상하, 정호, 이선 등 14명의 문인이 기록한 우암의 어록이며, 마지막 권19는 기술잡록(記述雜錄)으로 제자와 재전제자 23명이 우암에 대한 기록을 각종 자료에서 뽑아 정리한 것이다.

송서습유(宋書拾遺)는 9권 4책으로 《송자대전》 원집에서 누락된 시문을 수집하여 간행한 것이다.

권1~6에는 시(詩) 13편, 서계(書啓) 3편, 서(書) 448편이 수록되어 있다. 이 가운데 권5의 〈혹인에게 답하는 편지〔答或人〕〉에서 우암은 윤선거를 언급하며 그가 이미 훼절하였으므로 나중에 아무리 가언선행(嘉言善行)을 한들 그것은 창녀가 예서(禮書)를 읽고 백정이 예불(禮佛)하는 꼴에 지나지 않는다고 신랄하게 비판하였다.

권7~8에는 잡저(雜著), 서(序), 발(跋), 축문, 묘지명, 묘표, 유사 등 33편이 수록되어 있다. 이 가운데 잡저의 〈고산구곡가 번역문〔高山九曲歌翻文〕〉은 한글로 지은 율곡의 〈고산구곡〉을 한문으로 번역한 글이며, 〈기보통편서(記譜通編序)〉는 《주자실기(朱子實記)》와 《주자연보(朱子年譜)》를 합하여 하나의 책으로 편집한 《주자기보통편》의 서문이다.

권9는 효종, 현종, 숙종 연간에 경연에 참여하여 강의한 내용을 정리한 〈경연강의(經筵講義)〉이다.

송서속습유(宋書續拾遺)는 3권 2책으로 습유 이후에 저자의 유문과 관계 기록을 다시 수집하여 간행한 것이다. 수록된 저자의 유문은 시 7편과 서(書) 56편, 문익점(文益漸)의 유사(遺事)와 구혜(具譓)의 묘갈명 각 1편이다. 편지의 수신자는 원집에 잘 보이지 않는 인물들이며, 내용은 대체로 안부를 묻는 짧은 편지들이다. 나머지 2권은 부록이다. 권1은 영조에서 고종까지 임금이 내린 사제문이고, 권2는 우암이 정읍에서 사약을 받을 때부터 제자들이 상례를 치르고 장사를 지내기까지의 정황을 상세히 기록한 〈초산일기(楚山日記)〉와 윤봉구(尹鳳九)가 쓴 우암의 묘지가 수록되어 있다.

마지막 송자대전수차(宋子大全隨箚)는 13권 6책으로 《송자대전》의 주해서(註解書)이다. 권1~12에는 각 권의 판차(板次)별로 난해 어구, 오탈자, 시사(時事)와 관련한 주석을 달아 놓았으며, 권13 〈목록〉에는 《송자대전》의 편지 수신자 500여 명에 대한 인물 정보가 수록되어 있다.

6. 《송자대전》 완역의 의의

이 책은 한국문집총간본 《송자대전》을 대본으로 하여 번역한 것으로, 원 저본은 1787년에 간행한 기영본 《송자대전》에 1901년 중간한 《송자대전수차》, 1927년 간행한 《송서습유》, 1929년 간행한 《송서속습유》가 합부되어 있다.

1980년대에 출간된 선역본 《송자대전》은 전체의 내용 가운데 3분의 1만을 가려 뽑아 번역한 것이다.(표1 참조)

표1 선역본 《송자대전》 선역 비율

문체	원문 글자 수	선역 글자 수	선역 비율(%)
시부(詩賦)	54,264	26,933	49.6
서(書)	1,505,173	357,813	23.8
봉사(封事) 소차(疏箚) 서계(書啓) 헌의(獻議)	279,690	143,470	51.3
잡저(雜著) 기서발(記序跋) 제문(祭文) 등	349,666	169,263	48.4
묘도문(墓道文) 어록(語錄) 전(傳)	791,372	275,297	34.8
부록(附錄) 연보(年譜)	282,651	273,635	96.8
습유(拾遺) 속습유(續拾遺)	173,328	56,487	32.6
수차(隨箚)	331,112	-	-
범례(凡例) 권수(卷首)	2,161	-	-
합계	3,769,417	1,302,898	34.6

번역에는 권정안, 김동주, 김신호, 김윤수, 김재열, 김주희, 맹천술, 박소동, 성백효, 송기채, 신승운, 안승춘, 양홍렬, 이기석, 이동희, 이상돈, 이성우, 이승창, 이식, 이익성, 이재수, 이정섭, 이종덕, 이해권, 임정기, 장순범, 정기태, 정태현, 조명근, 조성래, 조창래, 하진규, 허호구(가나다순) 등 33명의 역자가 참여하였고,[14] 당시 원로 한학자인 정일태, 오호영이 난해한 내용에 대한 자문에 응하였다.(표2 참조)

14 김성애, 〈선역국역서의 완역 방안에 대한 고찰-송자대전을 중심으로〉, 민족문화 제52집, 59~61쪽.

표2 선역본《송자대전》참여 역자 현황

집수	출간 연도	권수	문체	역자
1집	1988	권1~12 습유1 속습유1	시부 봉사 소차	이성우, 성백효, 김동주
2집	1982	권13~21 권26	소차 헌의	정태현
3집	1984	권27~64	서(書)	김주희, 이식, 정태현, 조명근 장순범, 조창래
4집	1984	권65~91	서(書)	이재수, 허호구, 맹천술, 김신호 김재열
5집	1985	권92~107	서(書)	장순범, 이재수, 허호구, 송기채 김재열
6집	1986	권108~129	서(書)	정기태, 이승창, 송기채, 임정기 박소동
7집	1983	권130~138	잡저 서(序)	권정안, 이동희, 안승춘, 신승운
8집	1982	권139~153	서(序) 기(記) 발(跋) 제문	이익성, 이기석, 정태현
9집	1982	권154~171	비(碑)	이재수, 임정기, 이승창
10집	1982	권172~205	묘갈 묘지 묘표 시장	양홍렬, 조창래, 박소동, 조성래 송기채, 김윤수
11집	1983	권206~215	행장 유사 전(傳)	신승운, 정태현
12집	1980	부록 권2~6	연보	김주희, 이정섭, 이재수
13집	1981	부록 권7~12	연보	이정섭, 신승운, 정태현
14집	1981	부록 권14~19	어록 기술잡록	김동주, 성백효, 이승창, 김재열 이종덕, 허호구, 이해권, 송기채 하진규, 이상돈, 조창래
15집	1988	습유 권7~9 속습유 부록 권2	잡저 경연강의 초산일기	성백효
16집	1995		색인 해제	신승운

따라서 이번에 《송자대전》 전체를 대상으로 번역을 함에 있어 이미 번역된 부분에 대해서는 완전히 새로 번역하는 재번역의 방식을 취하지 않고 옛 선학들의 번역 성과를 최대한 활용하였다. 다만 오역과 결역은 바로잡아 정확성을 높이고 미비한 주석은 보충하여 전문성과 학술성을 제고하는 수정번역의 방식으로 진행하였다. 그와 함께 현대에 맞게 표현을 다듬어 보다 읽기 쉽게 하였다.

선역본이 나온 1980년대와 3, 4십 년이 지난 지금은 번역 환경이 많이 바뀌었다. 먼저 전통 한학자 위주에서 현대학문 종사자로 번역자의 완전한 세대교체가 이루어졌고, 검색 기술의 발전으로 각종 참고자료들이 데이터베이스를 통해 예전보다 훨씬 빠르고 다양하게 활용되고 있다. 선역본 번역 당시에 가장 어려웠던 글은 소차(疏箚), 서계(書啓)와 같은 왕에게 올리는 상소류와 주변 인물들과 주고받은 시사(時事) 관련 편지였다. 우암이 활동하던 때의 정치적인 상황과 인적 교유 관계에 대한 기반 지식이 부족한 데서 오는 어쩔 수 없는 한계였다. 하지만 지금은 조선왕조실록, 《승정원일기》와 같은 여러 국가기록문헌을 통해 당시의 정치적 상황을 보다 깊이 이해함으로써 상소류 번역의 어려움을 다소 해결할 수 있게 되었고, 한국문집총간과 각종 문집 번역서를 통해 우암 당시의 주변 상황에 대해 보다 용이하게 접근할 수 있어 과거에 겪었던 편지 번역의 난점 또한 어느 정도 극복할 수 있게 되었다. 그럼에도 불구하고 《송자대전》은 다른 일반 문집에 비해 그 분량이 방대한 까닭에 그 속에 다루고 있는 아주 다양한 주제들과 서울과 충청도 각지를 오가며 접촉한 수많은 인물들과의 소소한 사연, 그리고 함경도에서 경상도와 제주도까지 유배지에서 일어난 갖가지 사건이 번역자들을 수시로 곤혹스럽게 하였다. 이로 인해 발생한 번역상의 부족함에 대해서는 독자들이 넓은 아량으로 이해해 주기를 바란다.

우암 송시열은 임진왜란 직후에 태어나 인조-효종-현종-숙종으로 이어지는 17세기 조선의 복잡다단한 시기에 활동한 대표적 정치가이자 학자이다. 정치가로서 우암은 서인과 남인, 노론과 소론 사이의 갈등이 격화된 당쟁의 중심에 서 있었고, 학문적으로는 조광조, 이이로 내려오는 기호학과 주자학을 집대성하여 후학에게 물려주었다. 따라서 그의 문집 《송자대전》에는 조선 후기의 정치 상황과 학술 추이를 살펴볼 수 있는 수천 편의 상소와 편지들이 수록되어 있다. 그 외에도 다양한 서발문과 전기 자료는 한국의 문헌학과 인물사 연구에 중요한 자료가 되고 있으며, 200편에 가까운 기문(記文)은 지방화 시대에 걸맞게 향토사 연구와 지역의 품격을 높이는 데 큰 기여를 할 것이다. 아울러 《송자대전》의 방대한 분량과 난해한 내용으로 인해 그동안 미약했던 우암 송시열에 대한 연구가 이 번역서를 통해 활성화되기를 기대한다.

참고문헌

김성애, 〈선역국역서의 완역 방안에 대한 고찰—송자대전을 중심으로〉, 민족문화 제52집, 한국고전번역원, 2018.

김성애, 〈송자대전 해제〉, 《한국문집총간해제 3》, 민족문화추진회, 1999.

신승운, 〈송자대전 해제〉, 《송자대전 16(색인)》, 민족문화추진회, 1995.

신승운, 〈송자대전의 편간과 그 전기자료적 가치〉, 서지학연구 제13집, 1997.

오항녕, 〈우암 송시열 문집의 편찬과 간행〉, 한국사학보 제33호, 2008.

이영춘, 〈우암 송시열 가문의 계보와 가학〉, 한국계보연구 제5호, 2014.

정만조, 〈천하의리의 주인, 우암 송시열〉, 우암논총 제8집, 2015.

최채기, 〈주자서절요 초기 판본에 나타난 퇴계 주석의 증보 양상〉, 고전번역연구 제5집, 2014.

최채기, 〈한국에서의 주자문집 수용방식〉, 서지학연구 제60집, 2014.

송자대전 범례
宋子大全凡例

1. 금상(今上 정조)이 직접 짓고 쓰신 묘비명(墓碑銘)과 묘정비명(廟庭碑銘), 효종 밀찰(密札)에 대한 발문 및 전후로 직접 지은 사제문(賜祭文)을 본집 제1권의 앞에 게재하여 권수(卷首)로 삼고, 또 목록도 따로 만들었다.

2. 문집의 제목은 '송자대전(宋子大全)'이라고 썼는데, 이는 선배들이 이미 결정한 의론이자 사림이 다 같이 동의한 논의를 따른 것이다.[1]

3. 이미 '대전(大全)'이라고 명칭하였으니 편차의 규모도 일체 《주자대전(朱子大全)》의 예를 따라야겠지만 간간이 적용하기 어려운 부분이 있어 대략 구본(舊本)의 사례를 남겨 두었다.

4. 구본은 숙종조 정유년(1717, 숙종43)에 특별히 왕명으로 교서관에서 활자로 인행한 것이다. 이보다 앞서 문인 문순공(文純公) 권상하(權尙夏)가 원고를 모아 선사(繕寫)해 놓은 것이 도합 수백 권이나 되었으니, 이것이 이른바 황강본(黃江本)[2]이다. 활자로 인행할 때 일이

1 문집의……것이다 : '송자대전'이란 제명에 대해 〈송자대전수차서(宋子大全隨箚序)〉에서는 정조가 지시한 것처럼 되어 있으나, 정조는 오히려 '대전(大全)'이란 이름이 관례에 맞지 않고 우암에게 욕을 끼칠까 우려하였다는 기록이 있다. 《弘齋全書 卷162 日得錄》 '송자(宋子)'라는 존칭과 '대전'이란 명칭은 《우암후집(尤菴後集)》을 편차할 때부터 노론 학파 내에서 쓰였던 듯하다. 이 때문에 범례에서 "선배들이 이미 정한 의론"이라고 표현한 것이다.

2 황강본(黃江本) : 권상하는 1690년부터 우암의 유고 수습에 착수하여 1691년에 이미

너무 갑작스럽게 진행되어 미처 상세히 다 살피지 못하였기에 인본(印本)의 분량이 황강본에 비해 거의 반밖에 되지 않았다. 지금 이 신본(新本)은 황강본과 인본을 합하여 대략 정리를 해서 전질(全帙)을 완성한 것이고 여기저기서 모아서 첨입한 것도 있다. 그중 산절(刪節)한 것은 중요하지 않거나 중복된 글, 잘못 편입된 글 약간 편에 불과하다.

5. 구본은 원집(原集), 별집(別集), 경례문답(經禮問答)을 각각의 편으로 분류하였으나[3] 지금은 통합하였다. 이는 황강에서 모아 놓은 원고본도 애초 편을 나누지 않았기 때문이다.

6. 구본의 목록은 시(詩)나 부(賦) 등의 글자를 극항(極行)하여 써 놓아서 층을 나누어 한 줄에 두 개씩 써넣은 각 글의 제목과 체제가 맞지 않았다.[4] 따라서 한결같이 《주자대전》 목록의 예를 따라서 바로

40책의 초본을 정리하였고, 이후 송주석(宋疇錫)과 함께 정리에 박차를 가하여 1711년에는 이미 110여 책의 중초본이 정리되었다. 현재 '우암유고(尤菴遺稿)'란 제명으로 국립중앙도서관(한귀 고조46-가886)에 40책의 초고본이 소장되어 있는데 이것이 황강본 초본이다. 송주석과 함께 정리한 황강본 중초본은 현재 63책만 "우암선생문집"이란 제명으로 연세대학교(811.98 송시열 우필1~63)에 소장되어 있다.

3 구본은……분류하였으나 : 구본은 《송자대전》 이전에 활자로 발간된 《우암선생문집》 등을 말한다. 원집은 숙종의 명으로 송무원(宋婺源), 이희조(李喜朝) 등이 주축이 되어 1717년 교서관 활자로 인행한 《우암선생문집》이다. 원집 간행 당시 청나라나 당쟁과 관련된 일부 기휘 문자(忌諱文字)를 《우암선생별집》 9권으로 편차하여 같이 간행하였다. 또 1730년(영조6) 우암과 제자 간에 편지로 경례(經禮)에 대해 문답한 《경례문답》 24권 10책을 활자로 인행하였다. 이렇게 원집, 별집, 《경례문답》을 모두 구본이라 통칭하였는데, 하나의 문집으로 통합해 편집하지 않고 각각 편차하여 간행한 것을 지적한 것이다.

4 구본의……않았다 : 《우암선생문집》의 목차는, 첫 줄에 권차를 한 칸 내려 쓰고, 다음 줄에 시(詩), 부(賦) 등 문체를 기입한 부분은 줄의 제일 꼭대기에 쓰고, 다음

잡았다.

7. 구본의 시편(詩篇)은 오칠언(五七言) 고시(古詩)와 율시(律詩)로 나누어 편집하였는데 이는 《주자대전》의 예가 아니다. 그러나 지금 작품을 지은 시기의 순서를 다 조사할 수가 없기 때문에 어쩔 수 없이 구본의 체제대로 유형별로 편집하였다.

8. 서간문 중에서 지인(知人)과의 편지, 시사(時事)를 논한 편지로 분류하여 의당 《주자대전》의 예에 따라야 하지만 간간이 하나의 편지인데도 내용의 맥락이 각각 달라서 지인과 시사로 나누어 분류하기 곤란한 점이 있었다. 이 때문에 단지 구본의 체제를 따르고 내용에 따라 분류하는 양식을 쓰지 않았다.

9. 구본은 사실 《남헌집(南軒集)》의 범례를 모방하여 같은 사람에게 보내는 두 번째 편지 이하는 모두 '또〔又〕'라는 글자만 써서 결국 살펴보기에 불편한 점이 있었다. 이제 《주자대전》의 예를 따라서 모든 편지마다 '아무에게 보내다', '아무에게 답하다'라고 제목을 넣어 주었다.

10. 시권(詩卷) 중 다른 사람과 수작하거나 증여한 시는 제목 아래에 상대의 이름을 써 두었으므로 서간문의 제목 아래에 굳이 그 사람의 이름을 다시 쓸 필요가 없다. 그러나 책을 펼치자마자 환하게 드러나서 살펴보기에 편리하게 하기 위하여 중복을 꺼리지 않고 번번이 상대의 이름을 써 두었다.

11. 구본에는 애초 부록이 없었고 연보(年譜) 5책은 추후에 인행하였으니[5] 곧 별편(別編)으로 만든 것이다. 금본에서는 부록을 원집 뒤에

줄에 각 시의 제목을 한 칸 내려서 썼다. 시의 제목은 한 줄에 두 개씩 위아래로 나누어 써넣어 목차 체제가 일목요연하게 정리되지 못하였다.

이어 붙이고 연보를 그 가운데 편입하였다.

12. 이제 이 부록도 권수가 많으므로 따로 목록을 만들었다.

13. 부록은 제일 앞에 신하가 임금 대신 지은 글을 싣고[6] 그다음에 연보를 두었다. 또 그다음에는 묘표(墓表), 상찬(像贊), 어록(語錄), 기술잡록(記述雜錄) 등 몇 편만을 수록하였으니, 체모를 보존하여 근엄함을 취하기 위해서이다.[7]

14. 연보는 구본을 바탕으로 첨삭하였는데 삭제한 것이 태반이고 첨가한 것은 몇몇 조항에 불과하다. 이는 구본이 지나치게 상세히 기술하느라 간결함이 부족하고 또 간간이 소루한 것이 있었기 때문이다.

15. 구본 연보에서는 강(綱)을 별행하지 않고 연이어서 쓰고 목(目)을 주(注)로 달았다. 금본에서는 강을 모두 별행하여 나열해 쓰고 목도 단행으로 쓰되 글자의 크기는 강과 목을 같게 하였다.[8]

5 연보(年譜)……인행하였으니 : 《우암연보》는 본래 손자 송주석이 5책으로 편차해 정리하였는데 후에 증손 송무원이 다시 정리해 1732년(영조8) 활자로 인행하였다.

6 신하가……싣고 : 《송자대전》 부록 권1에 지제교 조지겸(趙持謙)・남유용(南有容)・김희(金憙)가 임금 대신 지은 교서(敎書) 3편과 김몽신(金夢臣) 등이 대신 지은 사제문(賜祭文) 12편이 실려 있다.

7 묘표(墓表)……위해서이다 : 부록에는 일반적으로 신도비명, 시장, 행장, 묘갈명, 묘지 등의 묘도 문자가 실리고 이어서 문인, 지인의 만사와 제문이 실리기 마련인데 《송자대전》은 왕이 내린 교서나 사제문 외에는 일절 개인의 문자를 기재하지 않아 문집의 체례를 엄중하게 하였다는 의미이다. 〈초산일기(楚山日記)〉에 따르면 당시 정읍(井邑)에서 연산(連山)까지 상여를 옮기고 장사를 치르는 동안 수천 명이 조문하였다고 했으므로 제문과 만사가 많았을 텐데 습유나 속습유의 부록에도 일절 싣지 않아 이러한 기조는 계속 유지되었다.

8 구본……하였다 : 구본 연보와 신본 연보의 체제 차이를 설명한 것이다. 구본은 한 해의 '주요 기사〔綱〕'를 대자(大字)로 기술하고 아래로 '상세 기사〔目〕'를 소자 쌍행(小

16. 구본 연보는 영종조 병오년(1726, 영조2)까지의 기사만 기재되어 있는데 금본은 영종조 경오년(1750)부터 이어서 금상 정미년(1787, 정조11)까지 뒤이어 수록하였다.

17. 원집과 연보 중의 오자는 황강본과 인본을 참고하였는데, 개정하지 못한 것은 책 상단에 표기(標記)하기를 "아무 자는 잘못된 듯하다."[9] 또는 "아무 자는 아무 자인 듯하다."[10]라고 하거나 "아무 자는 아무 자가 되어야 한다."[11]라고 하였고, 구본에서 본문 내에 주를 달았던 예를 따르지 않았다.

18. 지금 이 신본은 권질이 이미 많은 데다 또 정본(正本)을 선사하기 전에 이미 상의 예람을 거쳤다. 따라서 당초 여기저기서 모아 첩입한 것 외에 편지, 서기발 및 묘도 문자 등을 경향(京鄕)의 사우들이 가져와 보여 준 덕분에 아직도 빠진 글이 있다는 것을 알았지만 감히 번번이 다시 첩입하지 못하였다. 후일 다시 더 수습하여 속집(續集)을

字雙行) 형식으로 주석을 달았는데, 주요 기사가 여러 조항이 있어도 별행하지 않았다. 신본 연보는 주요 기사마다 별행을 하고 상세 기사는 한 칸 내려서 같은 대자로 기록하였다.

9 아무……듯하다 : 교감 형식을 기술한 것이다. 예를 들면, 《송자대전》 권28 〈답이사심(答李士深) 1646년 4월 5일〉에서 '모수불무(某雖不武)'라고 한 부분에 두주(頭註)로 "'모(某)' 자는 잘못된 듯하다."라고 하였다.

10 아무 자는 아무 자인 듯하다 : 예를 들면, 《송자대전》 권28 〈답이사심(答李士深) 1646년 4월 7일〉에서 "축단표기(逐段標起)"라고 한 부분에 두주로 "'기(起)' 자는 '기(記)' 자인 듯하다."라고 하였다.

11 아무 자는 아무 자가 되어야 한다 : 예를 들면, 《송자대전》 권4 〈강절의 수미음에 차운하다〔次康節首尾吟韻〕〉에서 "정완기시청인사(訂頑旣是淸人事)"라고 한 부분에 "'청(淸)' 자는 '성(聖)' 자가 되어야 할 듯하다."라고 하였다.

편성할 수 있을 것이다. 부록 중에 다 기록해 넣지 못한 것과 추록(追錄)해야 할 것도 속집이 만들어지기를 기다린다.

송자대전

권수

비명 碑銘

발 跋

사제문 賜祭文

어제 묘비명[1] 병서○금상 기해년(1779, 정조3)

御製墓碑銘 幷序○今上己亥

유명 조선국 좌의정 우암 송 선생의 묘〔有明朝鮮國左議政尤菴宋先生之墓〕-어필로 비 앞면에 대자로 쓰다.-

공은 명나라 만력(萬曆) 정미년(1607, 선조40)에 태어나 숙묘 기사년(1689, 숙종15)에 명을 마쳤으니 바로 숭정(崇禎) 기원으로 62년이 되던 해이다. 인조(仁祖), 효종(孝宗), 현종(顯宗), 숙종(肅宗) 네 조정을 섬기어 벼슬이 의정부 좌의정에 이르렀고, 시호는 문정(文正)이며 학자들은 우암(尤菴) 선생이라 일컬었다. 문묘에 종사되었으며 후에 또 효종 묘정에 추배(追配)되었다.

공은 일찍부터 유학에 뜻이 맞아서 무릇 성명(性命)의 깊은 이치에 대해 잠심하여 연구하고 힘써 탐구하지 않음이 없었다. 심신 안팎을 모두 수양하여 행동할 때나 고요할 때나 차이가 없었으니 그 공부가 축적되어 순수하면서 완숙하였고, 그 효과는 굳세고 정밀하였다. 또 춘추대의(春秋大義)에 성심을 다하여 이치를 밝히고 인륜을 바로잡아 중화(中華)를 높이고 이적(夷狄)을 물리치는 일을 자신의 책임으로 삼았다.

아아, 그때는 남한산성(南漢山城)의 항복이란 치욕을 당한 때였다. 우리 효종대왕은 영특하고 호방한 자질로 밤낮없이 분발하여 설욕할

1 어제 묘비명 : 《홍재전서》 권15에는 〈문정공 송시열 신도비명(文正公宋時烈神道碑銘)〉으로 실려 있다.

마음을 지니고 공을 조정에 등용해 가까이 맞아들여 두고서 무거운 짐을 맡겼으니, 긴밀한 계획을 바깥사람들은 알 수가 없었다. 공 또한 명을 받고 황공하여 목숨을 다해 보답하는 의리를 바칠 것을 기약하였으나, 성지(聖志)를 미처 펴 보기도 전에 효종이 갑자기 승하하였다.

슬프다. "하늘이 실로 이렇게 한 것이니 말해 무엇 하랴."[2]라는 말이 이를 두고 한 것이 아니겠는가. 공의 묘소는 공의 유의(遺意)대로 봉분 앞에 비석을 세우지 않았다. 그 후 91년이 지난 기해년(1779)에 조정의 신하가 과인에게 말하기를 "옛날 제왕은 공을 세운 옛 신하를 높여 몸소 그를 위하여 빗돌 머리의 글을 쓴 일이 있는데, 하물며 선현의 무덤이겠습니까." 하자, 내가 곧 공의 빗돌 앞면을 쓰고 글을 지어 공의 행적을 서술하였다. 아아, 이것을 두고 다 때가 있다고 하는 것인가. 또 세상을 함께하지 못한 데 대한 감회가 있다고 이를 만하다.

공의 이름은 시열(時烈)이고 계파는 은진 송씨(恩津宋氏)이다. 젊어서 문원공(文元公) 김장생(金長生)을 사사하였는데 김장생의 학문은 문성공(文成公) 이이(李珥)에게서 나왔다. 명은 다음과 같다.

이곳이 문정공의 유택이라	是惟文正之宅
후세인들은 공경할지어다	後之人其可式

2 하늘이……하랴 : 《시경》〈패풍(邶風) 북문(北門)〉에 "북문으로 나오니 마음에 근심이 많기도 해라. 종내 궁하고 가난한데도 나의 어려움 아는 이 없구나. 그만두자, 하늘이 실로 이렇게 한 것이니 말해 무엇 하랴.〔出自北門, 憂心殷殷. 終窶且貧, 莫知我艱. 已焉哉! 天實爲之, 謂之何哉!〕"라고 한 구절을 인용한 것이다. 어진 사람이 조정에 출사(出仕)하여 뜻을 이루지 못했을 때의 불우한 심정을 표현한 말이다.

어제 어필 대로사 묘정비명 병서○금상 정미년(1787, 정조11)
御製御筆大老祠廟庭碑銘 幷序○今上丁未

대로사비〔大老祠碑〕-임금이 쓰신 전자(篆字)를 비 표면에 대자로 쓰다.-

천하의 큰 가르침 다섯 가지 중에 선현을 제사하는 것이 그 하나이다.[3] 현자는 교화가 흥기하게 되는 유래이니, 전향(羶薌)을 태운 향기로 그의 정기(精氣)에 보답하고,[4] 빈번(蘋蘩)과 온조(薀藻)로 그의 덕에 보답하고, 보궤(簠簋)와 변두(籩豆)로 그의 문장에 보답하고, 정성스럽고 황홀한 마음으로 그의 공경에 보답한다. 그렇게 한 뒤에야 현자의 정령이 돌아보고 흠향할 것이다. 그러나 제사에는 반드시 의의가 있으니, 그 의의는 이뿐만이 아니다. 주공(周公)의 사당을 반드시 낙양에

3 천하의……하나이다 : 《예기》 〈제의(祭義)〉에 "천자가 명당에서 제사를 지내는 것은 제후에게 효를 가르치는 것이요, 삼로와 오경을 태학에서 대접하는 것은 제후에게 공손함을 가르치는 것이요, 서학에서 선현을 제사하는 것은 제후에게 덕을 존중하는 것을 가르치는 것이요, 적전(耤田)을 경작하는 것은 제후에게 봉양을 가르치는 것이요, 조근은 제후에게 신하의 도리를 가르치는 것이니, 이 다섯 가지는 천하의 큰 가르침이다.〔祀乎明堂, 所以教諸侯之孝也; 食三老五更於大學, 所以教諸侯之弟也; 祀先賢於西學, 所以教諸侯之德也; 耕耤, 所以教諸侯之養也; 朝覲, 所以教諸侯之臣也. 五者天下之大教也.〕" 하였다. 여기에서는 이 가운데 세 번째인 선현을 제사하는 것을 통해 덕을 높여야 함을 가르치는 것을 말한다.

4 전향(羶薌)을……보답하고 : 전향은 오곡의 향기이다. 일설에는 소나 양의 기름을 태우는 냄새라고도 한다. 《예기》 〈제의〉에 "전향을 태워 쑥 향기를 드러내어 그로써 기에 보답한다.〔燔燎羶薌, 見以蕭光, 以報氣也.〕" 하였다.

세우고[5] 제갈 무후(諸葛武侯)의 사당을 반드시 영안(永安)에 가까이 둔 경우[6]와 같은 것이니, 이것을 의의라고 하는 것이다.

우리 효종대왕(孝宗大王)은 1000년에 하나 있을까 말까 한 성인으로서 극심한 국가 위기를 만나 고달픈 백성들을 돌보면서 은밀히 궁중에서 계책을 도모하였다. 그때 뜻이 맞는 신하가 있어 물고기와 물이 서로 의탁하듯이 하며 《춘추》의 도를 가지고 앞뒤에서 이끌어 주고 뭇 신하를 거느리고 왕을 따라 떳떳한 가르침으로 인도한 이가 바로 선정(先正) 송우암(宋尤菴)이었다. 효종이 승하하자 선정은 홀로 서서 돌아갈 곳이 없었다. 그리하여 왕릉을 여주(驪州)로 옮겨 모실 때[7] 능자리 가까이에서 송백(松柏)을 바라보고 눈물지으며 떠난 임금을 못 잊어 하는 마음을 부쳤기에 사람들이 지금까지도 그 자리를 지적하며 뜻이 맞았던 군신(君臣) 사이를 생각하는 것이다.

이제 선정이 떠난 지도 어언 100년이 되었다. 그가 태어나고 자란 고향, 공부하고 수양하던 곳, 학문을 전수받은 곳, 발자취가 머물던 곳에서 오직 선정만을 향사하기도 하고 배식(配食)하기도 하였으니,

5 주공(周公)의……세우고 : 주공이 노(魯)나라에 봉해졌으므로 그 사당이 바로 노나라의 태묘인데, 주공이 생전에 무왕(武王)과 성왕(成王)을 도와 주나라를 안정시킨 공을 기려 낙양에도 두었다.

6 제갈 무후(諸葛武侯)의……경우 : 영안은 바로 중국 사천성(四川省) 백제성(白帝城)이다. 이곳에 촉한(蜀漢)의 선제인 유비(劉備)의 사당이 있고 옆에 제갈량의 사당도 같이 있으므로 가까이 두었다고 한 것이다. 뜻을 함께한 군신이므로 죽어서도 같은 지역에 사당을 두었다는 의미인데 효종의 능과 우암의 대로사가 모두 여주에 있으므로 제갈량과 유비의 경우에 비의한 것이다.

7 왕릉을……때 : 효종의 능은 본래 동구릉(東九陵) 자리에 조영하였는데 석물에 틈이 생겨 빗물이 스며들 염려가 있다 하여 1673년(현종14) 여주로 옮겼다.

도를 닦고 덕을 밝혀 현인을 높이고 보답하는 전례에 거의 유감이 없을 것이다. 다만 사람들이 지적하던 여주의 그곳은 지난 을묘년(1735, 영조11)에 사우(祠宇)를 세우려다가 곧 조정 논의가 어지러워지는 바람에 중도에 그만두고 말았다.

무릇 사원(祠院)의 설립은 본래 옛날의 상서(庠序)의 유제에서 나온 것으로, 원(院)에 반드시 사우를 둔 것은 실로 미름(米廩)으로 고종(瞽宗)에서 제사하던 뜻[8]을 취하였으니, 이 사람을 이곳에서 제사하는 것은 진실로 정밀한 의리가 있는 것이다. 더구나 선정과 영왕(寧王 효종)의 관계는 주공이 성왕(成王)을 돕고 무후가 소열제(昭烈帝)를 보좌했던 것과 같으니, 어디에든 있는 영령이 단 하루라도 하늘을 오르내리시는 영왕의 신령 곁에 있으려 하지 않겠는가. 아, 다른 곳의 사당을 그만둘지언정 여주의 사당만은 세우지 않으면 안 된다.

내가 즉위한 지 3년째인 기해년(1779)에 길일을 물어 영릉(寧陵)을 배알하고 여주 청심루(淸心樓)에 머물 때 많은 선비들이 일제히 한목소리로 선정의 사우를 세우자고 간청하기에 즐거이 듣고 허락하였다. 7년 후인 을사년(1785)에 사우가 비로소 낙성되어 그제야 선정의 영령을 그 사우에 모시고 '대로사(大老祠)'라 명명하였다. 또 3년 후인 올해 정미년(1787)은 선정이 탄생한 지 세 주갑(周甲) 되는 해이기에 뜰에

8 미름(米廩)으로……뜻 : 미름은 우순(虞舜) 시대 학교 이름이다. 주대(周代) 노(魯)나라에서도 그 이름을 답습하였는데 선조를 제사하는 쌀을 보관해 두었다고 한다. 고종은 은나라 학교의 이름이다. 《주례》〈춘관종백(春官宗伯) 대사악(大司樂)〉에 "도가 있고 덕이 있는 사람에게 가르치게 하고, 그가 죽으면 악조로 받들어 고종에서 제사지낸다.〔凡有道有德者使教焉, 死則以爲樂祖, 祭於瞽宗.〕" 하였다. 여기에서는 미름에 보관해 두었던 곡식으로 고종에서 현인을 제사하는 것이 학궁의 본래 의의임을 밝힌 것이다.

다 비를 세우고 그 제사 지내는 의의를 갖추어 이르는 것이다.

사우는 고을 관아에서 몇백 보 떨어져 청심루 서쪽에 위치하고 있으며, 영릉과의 거리는 2리 정도로 가깝다. 뒤로는 1000길이나 되는 낭떠러지의 우뚝한 학록(鶴麓)이 버티고 서서 지키고, 앞으로는 만번을 꺾여도 반드시 동쪽으로 흐르는 도도한 여강(驪江)이 휘감아 흐르며, 남쪽에는 하봉(霞峯)과 순택(蓴澤)이 손 모아 읍하듯 기이한 경치를 드러내고 있고, 북쪽에는 연탄(鳶灘)과 용문(龍門)이 서로 아름다움을 다투듯이 둘러싸고 있으니, 그 자리의 뛰어난 형세가 마치 오늘을 기다린 듯이 더욱 빛을 내고 있다.

그렇지만 선정의 사우를 지키고 선정의 학문을 강론하는 우리가 진실로 해와 별처럼 빛나는 대의(大義)를 가슴에 새기고 낙민(洛閩)의 통서(統緖)를 살펴보고 감화되지 못하여 진퇴와 읍양(揖讓)을 하는데 겉만 의젓하고 마음은 태만하거나 사시사철에 따라 시(詩)와 예(禮)를 익히는 데 시작만 부지런히 하고 끝에 가서 흐지부지해 버린다면, 어찌 그것이 선정의 가르침을 체득하는 길이겠으며, 향사하는 의의도 거의 사라져 버리는 것이 아니겠는가. 현자를 향사하는 것이 가르침이 되는 까닭은 그 의의를 생각하기 때문이니, 제생(諸生)은 그 점에 유의해야 할 것이다. 마침내 다음과 같이 명(銘)을 짓는다.

불세출의 인재는	命世之出
반드시 성왕을 기다리는 법	必待聖王
명군과 양신이 기뻐하고 흥기하여[9]	喜起明良

9 명군과……흥기하여 : 임금과 신하의 뜻이 서로 잘 어우러져 훌륭한 정치를 이룬다

예로부터 한자리에 모였었지	自古一堂
우리 영인[10]을 돕고	佑我寧人
우리 선공(先公)[11]을 도와	錫我宗公
구름이 용을 따르고 바람이 범을 따르듯	雲龍風虎
성대하게 법도에 부합하였네	蔚焉合章
저 중국 형세를 돌아보면	瞻言神京
만사가 그저 답답할 뿐이라	萬事於悒
무엇으로 밝혀야 하겠는가	何以明之
《춘추》의 대의(大義) 수십 가지라[12]	春秋數十
돌아가신 선왕을 붙잡을 길 없어	龍髯莫攀
담비 갖옷은 습의(襲衣)가 되었네[13]	貂裘在襲

는 뜻이다. 이 구절은 모두 《서경》 〈익직(益稷)〉의 "대신들이 기뻐하면 임금이 흥기하고 백관도 화락하리라.〔股肱喜哉, 元首起哉, 百工熙哉.〕"라는 순 임금의 노래와 고요(皐陶)가 화답한 "임금님이 밝으시면 신하들도 훌륭하여 만사가 편안하리라.〔元首明哉, 股肱良哉, 庶事康哉.〕"라는 구절에서 유래한 것이다.

10 영인(寧人) : 선왕을 의미하는 말로 효종을 가리킨다.

11 선공(先公) : 숙종을 가리킨다.

12 춘추(春秋)의……가지라 : 《근사록집해》 〈이천선생춘추전서(伊川先生春秋傳序)〉에 "《춘추》의 대의가 수십 가지이니, 그 의리가 비록 크나 해와 별처럼 밝아서 알기 쉽고, 오직 은미한 말씀과 숨겨진 뜻으로 때에 따라 조처해 알맞게 하는 것은 알기 어렵다.〔春秋大義數十, 其義雖大, 炳如日星, 乃易見也. 惟其微辭隱義, 時措從宜者, 爲難知也.〕라고 한 글에서 인용한 구절이다.

13 담비……되었네 : 담비 갖옷은 효종이 우암에게 내려 준 초구(貂裘)를 말한다. 효종이 우암에게 초구를 내려 주며 함께 북벌을 행할 것을 다짐하였는데, 후에 우암이 사사된 뒤에 제자들이 장례를 치르며 유지에 따라 초구의 안감 명주만을 떼 내어 단의(單衣)를 만들어 염하는 데 사용하였다. 《宋子大全 續拾遺 附錄 卷2 楚山日記》

노신은 피눈물 흘리며	老臣血淚
여강에서 노를 젓노라니	驪江之楫
창오가 한눈에 들어와서[14]	蒼梧入望
그 모습 잡힐 듯 가깝구나	耿光孔邇
산에는 개암이요 펄에는 도꼬마리라[15]	山榛隰苓
그 누구를 그리는가	伊誰云思
남기신 자취 없어지지 않아	不沫遺躅
선비들이 유풍에 감동받아	風動多士
발자취가 머물던 곳마다	杖屨攸止
사우가 우뚝이 들어섰네	有祠特起
청심루[16] 갠 하늘의 달빛이여	淸心霽月
선정의 덕스러운 모습과 비슷하구나	彷彿德容
학문은 주자의 학문과 부합하고	學符紫陽
연원은 율곡의 학통을 이었도다	派接栗翁

14 창오(蒼梧)가 한눈에 들어와서 : 창오는 순 임금이 묻힌 곳이다. 여기에서는 효종이 묻힌 영릉을 비의해 말한 것이다.

15 산에는……도꼬마리라 : 《시경》 〈패풍(邶風) 간혜(簡兮)〉에 "산에는 개암이 있고, 진펄에는 도꼬마리가 있다네. 내 누구를 생각하겠는가, 서방의 그리운 님이로다.〔山有榛, 隰有苓. 云誰之思? 西方美人.〕"라고 하였는데, 이는 위(衛)나라가 어진 자를 등용하지 않은 것을 풍자한 시로, 쫓겨난 현신이 주군을 그리워하는 내용이다. 여기에서는 우암이 승하한 효종을 그리워하는 심정을 표현하는 말로 인용한 것이다.

16 청심루(淸心樓) : 여주에 있는 누대인데, 우암이 여주에 은거할 적에 항상 이곳에서 효종의 능을 바라보며 그리워했다고 한다. 《송자대전》 권4에 〈밤에 청심루에 앉아 영릉을 바라보며 감회에 젖어 두 수를 짓다〔夜坐淸心樓瞻望寧陵感賦二首〕〉라는 시가 실려 있다.

오직 곧을 직 자를 진결로 삼아[17]	直字眞訣
몽매한 무리에게 은택을 끼쳤으니	衣被群蒙
이 세상 모든 군자들이	凡百君子
어찌 축종[18]으로 삼지 않으리	曷不祝宗
한결같이 밝게 제사 모시니	一體明禋
백대를 두고 그 공이 빛나리라	百代敉文
전생의 인연으로 마음이 통하여	昭融宿契
길이 제향(祭香)을 가까이하게 되었네	長近苾芬
남달리 내가 광세지감 느낀 것은	偏予曠感
일찍부터 그 가르침에 심복해서라	早服典訓
이 비를 우뚝이 높이 세워	岌峙牲石
새긴 글 후세에 보여 주리라	刻示無垠

17 곧을……삼아 : 우암이 임종 시 제자들에게 "천지가 만물을 내는 것과 성인이 만사를 수응하는 것은 오직 직(直)일 뿐이다. 공자와 맹자 이후로 전수해 온 것이 다만 하나의 직 자이고, 주자가 임종하실 때 문인들에게 말한 것도 이 직 자에서 벗어나지 않았다."라고 유명을 내렸다. 《宋子大全 附錄 卷11 年譜》

18 축종(祝宗) : 기도를 해 주는 사람이다. 춘추 시대 진(晉)나라 대부 범섭(范燮)이 진나라에 장차 큰 환란이 일어날 것을 알고는, 자신이 빨리 죽어서 그 난리를 눈으로 보지 않을 수 있도록 신령에게 빌어 달라고 축종에게 간청했던 고사가 전한다. 《春秋左氏傳 成公17年》 여기에서는 모든 선비들이 우암에게 제사를 올리고 기도한다는 의미로 쓴 것이다.

어제 어필 효종대왕 밀찰에 대한 발문 금상 병신년(1776, 정조 즉위년)

御製御筆孝宗大王密札跋 今上丙申

우리 효종대왕이 선정 송 문정공(宋文正公)에 대해 예우하고 뜻이 잘 맞았던 것을 후대 사람들은 물고기가 물을 만난 것에 비의하였다. 효종대왕이 하사한 수찰(手札)이 모두 몇 통이나 되는데 원본을 공의 후손이 조정에 바쳐서 앙실(央室)에 두었다가 중간에 잃어버렸으니, 지금 남아 있는 것은 모사본이다.

나는 조정에 이런 훌륭한 보필이 있었다는 것을 우러러 흠모하고 선정(先正)과 같은 시대에 함께하지 못함을 유감스럽게 여겨 편지를 가져오라 명하여 살펴보니 보배로운 글자가 하늘을 돌며 빛나는 은하처럼 휘황찬란하였다.

군신 간에 함께 의리를 밝히고 국정을 바로잡으려는 고심(苦心)과 지극한 정성을 100년이 지난 뒤에도 상상해 보면 흥기되는 마음을 금하지 못하였다. 여러 번 편지를 받들어 열람하면서 차마 손에서 놓지 못하겠기에, 대략 몇 자 적어 후세에서 감명받은 뜻을 기록한다.

어제 화양서원 사제문 금상 계묘년(1783, 정조7)

御製華陽書院賜祭文 今上癸卯

아득한 황제의 영령을	僾僾皇靈
만동묘의 하늘에 모셨도다[19]	萬東之霄
계림에서 순 임금을 제사하고	桂林享舜
초나라에서 주 소왕(周昭王)을 제향하였지	楚鄕祭昭
인정에 따라 의를 세웠으니	緣情義起
백대 뒤에라도 의심할 것 없어라	俟百無疑
배신을 서원에 제향하고	陪臣院享
그 사당을 가까이 두었네	隣近其祠
공은 세상에 드문 기상을 타고나	公維間氣
동방의 대현이었으니	大賢東方
의리는 춘추대의를 주장하고	義則春秋
학문은 주자(朱子)를 존숭했네	學則紫陽
무너진 윤리와 끊어진 학문이	淪彝絶學
공에게 힘입어 실추되지 않았으니	賴以不墜
내 실로 흠모하는 마음으로	予實興慕

19 아득한……모셨도다 : 화양동은 일찍이 우암이 은거하며 학문을 강론하던 곳인데 명나라가 망하자 마지막 황제 의종(毅宗)의 '비례부동(非禮不動)' 4자의 필적을 구하여 화양 계곡의 암벽에 새겨 놓고 친히 '대명천지 숭정일월(大明天地 崇禎日月)'이라고 각자(刻字)하여 존명대의(尊明大義)를 밝혔고, 후에 만동묘(萬東廟)를 세워 명나라 황제를 제사하였으므로 황제의 영령을 모셨다고 말한 것이다.

묘정에 배향하고 묘비를 세웠네　　配廟題隧

덕적이 선대의 음덕을 빙자하여　　德賊藉蔭

가문의 명성에 욕을 끼쳤는데[20]　　玷辱家聲

잘못 불러 우대해 등용하였으니　　誤加虞旌

도리어 도적에게 병기를 준 격이었네　　反資寇兵

권간[21]과 표리가 되어　　表裏權姦

사주를 받고 투서를 자행하여　　受嗾投匭

나의 내치를 방해하고　　讎我內治

나의 대계를 저해하였네　　沮我大計

도리어 네 글자의 주를 달아서　　反註四字

사람들을 속이고 선동하여　　以訛以煽

서로 모여 통문을 발하니　　聚首發通

이 서원을 더럽힐 뻔하였다　　幾汙斯院

주모자를 섬멸하고 종범을 용서하였으나　　殲魁赦從

어떤 이는 감격하고 두려워하지 않아　　罔或感憚

택홍[22]이 흉계를 드러내고　　澤泓逞凶

20 덕적(德賊)이……끼쳤는데 : 덕적은 우암의 현손인 송덕상(宋德相)을 말한다. 1779년(정조3) 후계 문제를 언급한 〈청광저사소(請廣儲嗣疏)〉로 인하여 탄핵을 받고 역적으로 몰렸다. 특히 이 상소에 소주(小註)로 달린 “모양도리(某樣道理)”라는 네 글자는 홍국영이 끼워 넣었다고 하는데, 은언군(恩彥君) 이인(李䄄)의 아들 이담(李湛)을 원빈(元嬪)의 양자로 삼아 완풍군(完豐君)에 봉하고 왕의 후계자로 삼으려고 한 일을 의미한다 하여 논란이 되었다. 《果菴集 卷14 年譜》

21 권간(權姦) : 홍국영(洪國榮)을 말한다.

22 택홍(澤泓) : 대본에는 ‘澤弘’으로 되어 있는데 《홍재전서》 권20 〈화양서원 치제문

인경[23]이 난을 도모하였네 仁京謀亂
천 갈래 만 갈래로 어지러워도 千岐萬徑
모두 동일한 자취였으니 同湊一轍
공이 세상에 살아 있었다면 公而在世
손수 먼저 처단하였으리라 手先剿絶
우산[24]이 난을 일으켰으나 禹山作逆
박륙[25]은 부끄러울 것이 없고 博陸無愧
탁주[26]가 나라를 어지럽혔으나 侂胄亂國

(華陽書院致祭文)〉에 근거하여 '弘'을 '泓'으로 바로잡아 번역하였다. 이택징(李澤徵)과 권홍징(權泓徵)을 말한다. 1782년 5월 이택징이 상소를 올렸는데, 송덕상을 비호하였다는 죄로 친국을 당하였다. 또 7월 공산(公山)의 업유(業儒)인 권홍징이 상소를 올리고 친국을 당하자 이택징과 전후로 호응하였다고 자백하였다. 《正祖實錄 6年 5月, 8月》

23 인경(仁京) : 문인방(文仁邦)과 이경래(李京來)를 말한다. 문인방은 이택징의 인척이며 송덕상의 제자로, 인척인 이경래와 함께 송덕상을 위해 기병하기로 역모를 꾸미다가 발각되어 친국당하였다. 《正祖實錄 6年 11月, 12月》

24 우산(禹山) : 한나라 때 곽우(霍禹)와 곽산(霍山)을 말한다. 곽우는 곽광(霍光)의 아들로 선제(宣帝) 때 우장군에 임명되고, 곽광 사후에 대사마에 올랐다. 곽산은 곽광의 증손자로 곽광의 공으로 낙평후(樂平侯)에 봉해졌다. 이들은 뒤에 모반을 꾀하다가 모두 죽음을 당하였다. 《漢書 霍光傳》

25 박륙(博陸) : 박륙후(博陸侯)로, 한나라 곽광을 말한다. 무제의 유조(遺詔)를 받들어 소제(昭帝)를 잘 보필한 공으로 대사마 대장군에 임명되고 박륙후에 봉해졌다.

26 탁주(侂胄) : 송나라 한탁주(韓侂胄)로, 명재상 한기(韓琦)의 증손이다. 평원군왕(平原郡王)에 봉해져서 전횡을 일삼았으며, 도학(道學)을 위학(僞學)이라 배척하여 많은 선비를 해쳤으며, 후에 공을 세워 자신의 지위를 공고히 하려고 금나라를 칠 것을 주장하여 전쟁을 일으켰다가 패하자 그 죄로 죽음을 당하였다. 《宋史 姦臣列傳 韓侂胄》 훌륭한 조상을 두었으나 자손은 대역죄로 죽음을 당한 사례로 우암과 송덕상의 관계를 설명하기 위해 인용한 것이다.

위공[27]에게야 무슨 누가 되겠는가 魏公何累

더구나 내가 공을 존중하고 숭상하는 마음은 矧予尊尙

시종 변함이 없으니 終始無斁

속마음을 이에 다 기울여 中心是罄

밝으신 혼령이 이르길 바라노라 明靈庶格

27 위공(魏公) : 송나라 한기의 봉호(封號)이다. 당시에 범중엄(范仲淹)과 함께 훌륭한 재상으로 명망을 나란히 하였고, 위국공(魏國公)에 봉해졌으며 시호는 충헌(忠獻)이다. 《宋史 韓琦列傳》

어제 석담서원 사제문 금상 계묘년(1783, 정조7)
御製石潭書院賜祭文 今上癸卯

공은 효종의 묘정에 배향되고	享配孝廟
내가 묘소에 신도비를 지었으니	石題湖阡
평소에 공경하고 우러르는 마음이	平生景仰
이 회천에 있도다	在玆懷川
학문은 주자를 종주로 하고	學宗考亭
의리는 《춘추》의 대의를 잡았네	義秉麟經
기상은 태산 교악처럼 높았고	氣象喬泰
덕업은 해와 별처럼 밝았네	德業日星
어찌 알았으리 현자의 문하에	豈意賢門
곧 난적이 생겨날 줄이야[28]	乃生亂賊
나라를 배반하고 조상을 망각하여	背國忘祖
흉적에게 붙어서 사악함을 이루었네	附凶濟惡
거짓말로 사람을 그르치고	訛言誤人
세상에 큰 해독을 끼쳤으니	湖海最毒
영령이 만일 지각이 있다면	靈如有知
반드시 먼저 벌하여 죽였으리	必先誅殛
무용지물을 끊어 냄과 같으니	如拇割騈

28 어찌……줄이야 : 우암의 후손인 송덕상이 역적으로 몰려 치죄받은 것을 지적한 것이다. 78쪽 주20 참조.

공에게야 무슨 손상 있으리	在公何損
장차 화양서원에 제사 지낼 것이니	將祭華陽
나의 정성을 다 기울이노라	罄竭予悃

어제 대로사 사제문 금상 을사년(1785, 정조9) 사액할 때 지음
御製大老祠賜祭文 今上乙巳宣額時

아, 우리 영릉께서	猗我寧陵
크게 설욕을 도모하셨으니	宏謨復雪
가슴에 품은 춘추대의가	一部陽秋
긴 밤의 해와 달처럼 밝았도다	長夜日月
뜻을 같이하는 신하가 있어	有臣同德
암혈(巖穴)[29]에서 일어났는데	起自巖扃
농산과 수수의 기운[30]을 타고나	氣鍾農洙
주자와 정자의 학문을 계승하였네	學印朱程
도도히 흐르는 강한이여	滔滔江漢
만번 꺾이어도 바다에 이르나니	萬折朝宗
두 사람이 한마음을 쏟음에	一心兩注
위로 푸른 하늘에 닿았네	上薄蒼穹
담비 갖옷을 하사하자마자	裘方賜貂
갑자기 승하하여 하늘로 오르시니	髯遽攀龍
청심루의 새벽달에 잠 못 이루고	淸心曉月

29 암혈(巖穴) : 일반적으로 산속의 은거하는 곳을 말하는데, 우암이 기거하던 화양동에 암서재(巖棲齋)가 있었으므로 이를 포함해 중의적으로 말한 것으로 보인다.

30 농산(農山)과 수수(洙水)의 기운 : 농산은 공자가 자로(子路), 자공(子貢), 안회(顔回)와 노닐던 곳이고, 수수는 공자가 제자들에게 가르침을 베풀던 곳이다.

능묘의 울창한 송백에 눈물지었네 陵柏鬱蒼
시로써 혈성(血誠)을 쏟아 내고 詩以瀉血
곧바로 백운향에 호소하니 直訴雲鄕
땅이 영안에 열려[31] 地闢永安
곧 곁에 사당을 세우게 되었네 卽祠于旁
지난 일이 눈앞에 밝게 보이는 듯한데 往事昭森
구름과 강물이 다 같이 하얗구나 雲水同白
공의 정령(精靈)이 고륜[32]을 타고 箕驂尻輪
아침저녁으로 오고 가리 以朝以夕
내가 선침을 배알할 적에 予謁仙寢
많은 선비들의 말을 들었는데 多士是聽
중간에 사우를 지으려다 만 것이 中間作輟
어느덧 사십여 해나 되었네[33] 周四十星
옛터를 손으로 가리키니 指點古墟

31 땅이 영안(永安)에 열려 : 영안은 영안궁(永安宮)으로, 촉한(蜀漢)의 유비(劉備)가 죽은 곳이다. 유비의 승상이던 제갈량(諸葛亮)의 사당이 여기서 가까운 곳에 세워졌다. 여기에서는 효종의 능인 영릉(寧陵)이 여주(驪州)에 있어서 대로사(大老祠)를 이 곳에 세우게 되었음을 말한다.

32 고륜(尻輪) : 조물주의 조화로 만든 거마(車馬)이다. 《장자(莊子)》 〈대종사(大宗師)〉에 "조물주가 점차 나의 엉덩이로 수레를 만들고 정신으로 말을 만든다면 나는 이로 인하여 거마를 탈 것이니 어찌 다시 멍에를 메우려고 할 것이 있으랴.〔浸假而化予之尻以爲輪, 以神爲馬, 予因以乘之, 豈更駕哉?〕"라고 한 말에서 유래하였다.

33 중간에……되었네 : 대로사는 본래 영조 때에 설립을 논의하다가 조정에서 논의가 귀일되지 않아 중단되었는데, 정조 때에 건립되었으므로 이렇게 말한 것이다. 자세한 내용은 69쪽 〈어제 어필 대로사 묘정비명(御製御筆大老祠廟庭碑銘)〉에 나온다.

잡초가 우거지고 나무가 빽빽하네　草鞠樹密
향기로운 자취를 돌아보며　眷言芬躅
누차 윤음을 내렸네　屢勤綸綍
전해 온 초상은 엄숙하고 맑으며　肅淸遺像
새로운 창문은 나래를 펼친 듯하네　有翼新牖
왕릉이 지척에 있고　珠丘咫尺
아름다운 난간이 좌우에 있네　玉欄左右
이미 태실에 배향되고　旣侑太室
또한 문묘에 올랐도다　又躋文廡
보답하는 제사가 부족하지 않으니　匪乏報祀
진실로 이 땅을 아름다이 여겨서라　洵美玆土
내외가 융합하고 군신 간에 뜻이 맞아　昭融契合
신과 인간 사이에 틈이 없으니　罔間神人
만고에 길이 이웃하여　萬古長隣
다 같이 밝은 제사를 누리리라　一體明禋
내가 선생을 사모함은　予慕先生
대의와 정학 때문이니　大義正學
묘비를 새겨서 세웠고　墓刻竪碑
사당의 편액을 써서 걸었네　廟名書額
내 손수 유편을 초록했으니　手鈔遺編
《양현전심록(兩賢傳心錄)》이네　兩賢傳心
남송의 주자와 조선의 우암을　南宋東魯
내가 자나 깨나 흠앙하였네　寤寐予欽
천하의 대로는　天下大老

주나라의 태공이라 하는데	曰周太公
지금에도 그런 분 있으니	今焉有之
좌해의 동쪽에 있네	左海之東
백년 천년 후까지	後千百年
이 사당에 엄연히 존재하리라	有儼斯宮

어제 고암서원[34] 사제문 금상 을사년(1785, 정조9)

御製考巖書院賜祭文 今上乙巳

이곳에 초산(楚山)이 있어 有山曰楚

호수가 둘러 있는데 惟湖環之

문정공의 사당이 생긴 뒤로 自廟文正

남쪽 지방에 명망이 드러나게 되었네 望于南維

내가 어린 시절에 予在童丱

이 현인을 자나 깨나 잊지 못하였으니 寤寐伊賢

진정한 영웅호걸을 眞正英豪

책 속에서 얻었다오 得之遺編

명나라의 일민이요 皇朝逸民

주자 문하의 충신이었으니 朱門忠臣

통종회원[35]의 뜻 깨달아 統宗會元

34 고암서원(考巖書院) : 1695년(숙종21) 전북 정읍에 건립한 사액 서원이다. 우암이 정읍에서 사사되었으므로 이곳에 서원을 세워 제향하고, 1785년 우암에 대한 치제문을 내리면서 제자인 권상하(權尙夏)도 같이 배향하였다.

35 통종회원(統宗會元) : 주희가 주돈이(周敦頤)의 〈태극도설(太極圖說)〉을 해설한 〈태극후론(太極後論)〉에 "일물 가운데에 천리가 완전히 갖추어져서 서로 빌리지도 않고 서로 빼앗지도 않으니, 이것이 바로 통(統)에 종(宗)이 있게 된 까닭이요, 회(會)에 원(元)이 있게 된 까닭이다.〔一物之中, 天理完具, 不相假借, 不相陵奪, 此統之所以有宗, 會之所以有元也.〕"라고 하였다. 《性理大全 卷1 太極圖說》 여기에서는 이 구절을 줄여서 썼는데, 대개 통회(統會)는 개별적이고 구체적인 현상을 가리키는 분수(分殊)에 해당하고, 종원(宗元)은 근본적인 원리라는 말로 이일(理一)에 해당한다.

강상 인륜을 부지하였네	遂扶常倫
기상은 산악이 치솟은 듯하고	氣象嶽峙
조예는 바다와 같이 넓었는데	造詣海涵
백 년 후에야 의론이 정해지니	百年乃定
세상에서 우암을 칭송하네	世誦尤菴
모두들 이를 준거로 삼아	壹是之準
그를 배우고 스승으로 본받으니	學焉則師
하도(河圖)와 낙서(洛書)의 성인 가르침이	龜圖馬書
아득히 멀어진 오늘날에	逖矣今時
공을 높은 산처럼 공경하여 우러름은	高山景仰
곧 성조의 마음을 체득해서라	寔體聖祖
세상에 드문 감격도 어제만 같아	隔晨曠感
마치 아침저녁 사이에 만난 듯하네[36]	若朝暮遇
할 수 있는 전례를 모두 거행하여	靡典不擧
곧 그 보답을 성대하게 하였으니	載崇厥報
묘정에서는 태실에 배향하고	庭侑太室
사당에는 대로사란 편액 걸었네	祠揭大老
훌륭한 제자가 있었으니	曰有賢弟
형 땅에서의 채침(蔡沈)이요 광 땅에서의 안회(顏回)로다	衡蔡匡顏

36 마치……듯하네 : 세대를 뛰어넘어 자기를 이해해 주는 사람을 만나게 된 기쁨을 비유하는 말이다. 《장자(莊子)》 〈제물론(齊物論)〉의 "만세의 뒤에라도 이 해답을 아는 대성인을 만나게 된다면, 이것도 아침저녁 사이에 만나는 것이라고 할 것이다."라는 말에서 나왔다.

광림의 가을밤에	桄林秋夜
북두성이 난간을 비추네	星斗闌干
손을 잡고 의발(衣鉢)을 전함에	執手傳鉢
다만 직(直) 자 하나뿐이었는데[37]	一箇直字
이 땅에 영광이 더하고	有光玆土
사문이 실추하지 않았네	斯文不墜
사람의 마음과 신의 이치가	人情神理
서로 간에 멀지 않으니	可胥無遠
선비들이 대궐 문에 호소하였는데	衿紳叫閽
어찌 이렇게 늦게 들렸던가	何聞之晩
이에 길일을 가려서	乃選吉日
일체로 제사를 드리니	一體禋享
땅은 익히 발자취가 남은 곳이고	地慣笻屐
자리는 스승에게 여쭙던 곳이라	席疑函丈
덕은 이웃이 있어 외롭지 않고	德隣不孤
의식이 갖추어져 부족함 없으니	儀備罔缺
내가 이 예를 거행하면서	吁予是擧
뜻을 부침이 또한 간절하네	寄意也切
해와 별 같은 덕을 드러내어	式表日星

37 손을……하나뿐이었는데 : 우암이 정읍에서 후명(後命)을 받고 적전(嫡傳) 제자라 할 수 있는 권상하와 영결할 때 "주자가 임종할 때에 '직(直)' 자 하나로써 문인들에게 말씀해 주었는데, 내가 하고 싶은 말도 오직 이 한 글자뿐이다."라고 유명을 전하였다. 《宋子大全 續拾遺 附錄 卷2 楚山日記》

어두운 길을 밝게 깨우치리	以牖衢昏
근신으로 하여금 대신 잔을 올리게 하니	近臣替酹
멀리서 드리는 잔을 흠향하기 바라노라	尙歆泂樽

어제 대로사 사제문 금상 정미년(1787, 정조11) 11월 12일

御製大老祠賜祭文 今上丁未十一月十二日

지난번 내가 지은 명문은	曩予銘之
대로사의 비문이었지	于祠之石
주공(周公)은 성왕(成王) 치세의 기반이 되었고	周秩成治
제갈량은 죽어서도 유비 사당 옆에 있었지	武隣昭祫
효종대왕의 시대에는	寧陵之世
우리 대로가 있었도다	曰我大老
효종이 가실 적에 따르지 못하고	仙遊莫攀
밀찰을 가슴에 간직한 채	密札在抱
잣나무 어둡고 달빛조차 침침한데	柏暗月沈
어느 곳에서 꿇어앉아 아뢸 것인가	何處跪陳
땅은 인물을 통해 드러나고	地以人顯
예는 마음을 따라 베풀어지는 법	禮隨情伸
아, 이 정밀한 의리여	噫玆精義
천대의 세월이 흐른 뒤에도	千世在後
조금도 사정(私情)이 아니라 나랏일이니	匪或私公
전수받아 온 근거가 있다오	厥有所受
지난 정미년(1607, 선조40)	太歲維丁
대로가 탄생한 해 돌아왔으니	嶽降辰回
세 번째 주갑이 되는 때라	周三舊甲
백 년이 넘어가매 감회가 새롭네	曠百新懷

거센 물결에 버티는 지주이고	洪河砥柱
한겨울에 굳건한 한송이었네	大冬寒松
주자의 적전(嫡傳)을 이었고	考亭其嫡
율곡 문하의 종통이었네	栗門其宗
하늘이 큰 임무를 맡김이	天之降任
이날로부터 비롯되었도다	肇自是日
자나 깨나 융숭하게 보답하려 하니	寤寐崇報
감히 마치지 않을 수 있겠는가	敢其不卒
초산에는 서원이 있고	楚山有院
화양에는 사당이 있으니	華陽有祠
비유컨대 물이 땅속에 있어서	譬水在地
어디에서든 알맞은 것과 같다네	無適匪宜
그러나 어찌 여호의 대로사가	曷如驪湖
길이 교산 가까이 있는 것만 하리오[38]	長近喬山
이치가 멀다고 이르지 말지어다	理弗云遐
영령이 반드시 이에 편하리라	靈必斯安
높은 비석이 우뚝 섰으니	穹龜有屹
이미 다듬고 이미 쪼았는지라	旣磨旣琢
많은 선비들 여기에서 덕을 살피고	多士考德
자손들은 역사(役事)를 도왔네	雲孫相役
곧 제물을 높이 쌓아 제사를 받드니	載峙載享

38 어찌……하리오 : 우암을 제향하는 여주의 대로사가 여주에 있는 효종의 영릉(寧陵) 가까이에 있음을 말한 것이다.

부디 감응하여 통하길 바라노라	尙庶感通
큰 강의 흐름으로 짐작하건대	酌以大江
만번 굽더라도 동쪽으로 향하네	萬折而東

송자대전

제1권

詩시 賦부

부 賦

감춘부[1]에 차운하다

次感春賦

세상 혼란함이 슬프도다	悲天下之澒洞
누구와 함께 바로잡을까	謇誰與而易之
경서(經書)를 품고 자취를 숨겨도	抱遺經而潛藏
황하수는 맑아질 기약 없어라[2]	俟河淸乎其未期
요 임금이 돌아가심은 애통하지만	痛放勛之殂落
순 임금이 이어받음은 경사로워라[3]	慶同冒之受替
상차(喪次)에서 부르심을 공경히 받드니[4]	祗虞旌於諒陰

1 감춘부(感春賦) : 주희(朱熹)가 무함(誣陷)을 입고 관직에서 물러나 숭안(崇安)으로 낙향해 있던 1183년 봄에 지은 부이다. 세도(世道)를 근심하는 내용을 담고 있다. 《朱熹年譜長編, 束景南, 華東師範大學出版社, 2001》

2 황하수(黃河水)는……없어라 : 이적(夷狄)인 청나라를 몰아내고 중화(中華)를 회복할 기약이 없음을 한탄한 말이다. 황하는 물이 늘 누렇게 탁한데, 이 강물이 맑아지는 것은 태평 시대가 도래할 조짐이라고 한다.

3 요(堯)……경사로워라 : 1649년(인조27) 5월 인조가 승하하고 효종이 즉위한 것을 가리킨다.

평소의 뜻을 진언하기를 바랐네　冀一罄乎素志

《춘추(春秋)》의 대의를 펼치니[5]　敷麟經之大義

왕춘에 대한 긴 탄식이 나오네[6]　發長歎於王春

바야흐로 임금님 마음이 감개하셨으나　方荃心之感慨

태평 시대에 홀연 간악한 자에게 놀랐네[7]　泰忽愕其匪人

나아가 이룬 것 없이 질책만 받았으니　進不及而罹尤

물러가 옛 가르침을 받들어 닦으련다　退將服修乎古訓

그지없이 드높은 도체를 생각하매　念道體之峻極

뉘라서 척촌으로 헤아릴 수 있겠는가　疇可量以尺寸

구몽의 유풍(遺風)[8]을 찾아보기도 하고　尋龜蒙之遺響

누항의 외로운 거문고도 타 보았네　賡陋巷之孤琴

때마침 포근한 봄기운 돌아오니　時藹藹其回春

참으로 내 마음에 느낌 있어라　諒有感於余心

4 상차(喪次)에서……받드니 : 인조의 상중(喪中)에 있던 효종이 1649년 6월 우암을 불러 관직을 제수한 일을 가리킨다.

5 춘추(春秋)의 대의를 펼치니 : 중화를 높이고 이적을 물리치자는 것이 《춘추》의 대의이다. 우암은 1649년 8월에 올린 〈기축봉사(己丑封事)〉에서 "정사를 닦아 이적을 물리치십시오."라고 북벌(北伐)을 건의하였다.

6 왕춘(王春)에……나오네 : 중화가 망함을 탄식한다는 뜻이다. 왕춘은 공자(孔子)가 《춘추》를 편찬할 때 주(周)나라 왕실을 높이고 대일통(大一統) 사상을 드러내기 위해 매년 정월에 '춘왕정월(春王正月)'이라고 쓴 것을 가리킨다.

7 태평……놀랐네 : 우암이 〈기축봉사〉를 통해 북벌을 역설하여 효종의 신임을 받았으나, 1650년(효종1) 2월 김자점(金自點) 일파가 청나라에 이러한 동향을 밀고하여 우암을 포함한 산당(山黨) 일파가 모두 조정에서 물러났던 일을 가리킨다.

8 구몽(龜蒙)의 유풍(遺風) : 구몽은 노(魯)나라의 산으로 공자의 유풍을 말한다.

맑은 풍광의 변화를 음미하며	撫淑景之氤氳
무성한 대나무에 기대어 서서	倚脩篁之悄蒨
우주를 우러르며 길이 읊으니	仰宇宙而長吟
복희씨 신농씨를 꿈에 만나기도 했네	或羲農之夢見
세월은 흘러 늘그막이 되었으니	顧年歲之遲暮
엄자산[9]에 지는 해를 탄식하노라	歎崦嵫之藏光
원컨대 미인께서는 젊은 시절에	願美人之撫壯
강남의 명주(明珠)를 몸에 차소서[10]	佩江南之明瑺
그만이구나 내 누구에게 귀의하랴	已焉哉吾誰與歸
회옹[11]만은 감히 잊지 못하겠네	惟晦翁其不敢忘
담계는 맑고 무이산은 깊으니[12]	潭溪淸兮武夷深
그 즐거움을 찾으면 끝이 없으리	溯其樂兮將何極
홍경의 눈물과 노백의 읊음[13]이여	鴻慶淚兮老柏吟

9 엄자산(崦嵫山) : 해가 들어간다는 전설상의 산이다. 만년(晩年) 또는 노년을 비유하는 말로 쓰인다.

10 미인(美人)께서는……차소서 : 미인은 임금을 가리키고 명주는 훌륭한 덕을 뜻한다. 굴원(屈原)의 〈이소(離騷)〉에 "초목에 낙엽 지니 미인께서 늙어 가심 두렵다."라고 하였고, 조식(曹植)의 〈낙신부(洛神賦)〉에는 "강남의 명주를 바친다."라는 말이 있는데, 여기에서 온 말이다.

11 회옹(晦翁) : 주희의 호이다.

12 담계(潭溪)는……깊으니 : 담계와 무이산(武夷山)은 주희가 낙향해 살던 복건성(福建省) 숭안현(崇安縣)에 있던 시내와 산이다.

13 홍경(鴻慶)의……읊음 : 홍경은 남경(南京)에 세웠던 궁전의 이름으로, 남송(南宋) 때 멀리 원묘(原廟)를 바라보며 제사를 지내던 곳이다. 주희가 만년에 그 궁관(宮官)에 제수되어 "옛 서울의 원묘는 연진에 막혔으니, 백발로 사관이 되어 감개가 새롭

당시를 생각하면 마음만 상하누나　想當時兮心獨傷

다.〔舊京原廟隔煙塵, 白髮祠官感慨新.〕"라는 시를 지어 친구에게 보내면서 눈물을 흘린 고사가 있다. 노백(老柏)의 읊음은 주희가 만년에 누대 아래에 누워 북쪽을 바라보며 "내가 늙어서 중원(中原)이 회복되는 광경을 못 보겠구나."라고 탄식하면서 두보(杜甫)의 〈고백행(古柏行)〉을 읊었다는 고사에서 온 것이다. 〈고백행〉은 성도(成都) 남쪽에 있는 제갈량(諸葛亮)의 사당인 무후사(武侯祠) 곁에 서 있는 오래된 측백나무를 빗대어 지사(志士)의 충정(忠貞)을 읊은 시이다. 《宋子大全箚疑 卷1》

시 詩

오언 고시 五言古詩 부 사언 附四言

권사성[14] 시 에게 답장을 보내다

謝東權思誠 諰

언제나 그리워라 화락한 사람	常思豈弟人
시의에 순응하여 오복 누리네	順時受五福
그대를 찾아가 노닐고 싶어도	欲往從之遊
길이 먼지라 그럴 수 없고	路遠不可得
혼자 사는 시름만 품고 있으니	只抱離索憂
누가 나를 부축하고 이끌어 주랴	誰我掖且誘
물욕의 각축장에 오래 머물러	長居物欲場

14 권사성(權思誠) : 권시(權諰, 1604~1672)로, 본관은 안동(安東), 자는 사성, 호는 탄옹(炭翁)이다. 박지계(朴知誡)의 문인이다. 천거로 대군사부(大君師傅)에 제수되고 좌윤(左尹)에 이르렀다. 남인으로서 예송(禮訟) 논쟁 때 윤선도(尹善道)를 옹호하였다. 아들 권유(權惟)가 우암의 딸과 혼인하였다. 문집으로 《탄옹집(炭翁集)》이 전한다. 《宋子大全 卷197 炭谷權公墓表》

고명한 내 벗에게 부끄러웠네　　愧我高明友
찾아온 백미[15]를 홀연히 만나　　忽逢白眉來
배고픈 고통을 기쁘게 면했고　　喜失飢餓迫
다시 시를 담은 편지 받아서　　又奉有韻書
어둡고 막힌 곳에 여유 생겼지　　昏塞爲間隙
충신하고 독경하라는 성현 가르침[16]　　忠信篤敬訓
어찌 품에 새겨 두지 않았으랴만　　豈不存諸思
어이하나 이 좁고 괴팍한 성질　　奈此褊駁性
게다가 성냄과 기뻐함도 많아　　又多怒與喜
다잡았던 마음이 잠깐 사이에　　操心頃刻間
홀연히 제멋대로 풀어져 버리네　　忽然隨手散
세월은 훌쩍 흘러 늘그막이라　　歲月倏已晩
빈한한 오두막의 탄식[17]만 간절한데　　徒切窮廬歎

15 백미(白眉) : 여러 형제 중에 가장 뛰어난 사람을 말한다. 중국 삼국 시대 촉한(蜀漢) 사람 마량(馬良)의 다섯 형제가 모두 재주가 뛰어났다. 그중에 흰 눈썹을 지닌 마량이 가장 뛰어나서 당시에 "마씨 다섯 형제 중에 흰 눈썹〔白眉〕이 가장 뛰어나다."라는 말이 유행하였다. 《三國志 蜀書 馬良傳》 여기에서 백미는 권시를 가리킨다. 권시도 다섯 형제 중에 막내였다.

16 충신(忠信)하고……가르침 : 공자가 제자 자장(子張)에게 "말이 충성스럽고 믿음직하며 행실이 독실하고 공경스러우면, 오랑캐 나라에 가더라도 제대로 행세할 수가 있다.〔言忠信, 行篤敬, 雖蠻貊之邦, 行矣.〕"라고 말한 것을 가리킨다. 《論語 衛靈公》

17 빈한한 오두막의 탄식 : 젊을 때 부지런히 학문에 힘쓰지 않은 것을 후회하며 탄식하는 것이다. 촉한의 승상 제갈량(諸葛亮)이 자식들을 경계하여 지은 글에 "나이는 때와 함께 치달리고 뜻은 해와 함께 떠나가서 마침내 시들어 버리게 되면 빈한한 오두막에서 슬피 탄식한들 장차 무슨 수로 되돌릴 수 있겠는가."라고 하였다. 《小學 嘉言》

아, 나의 운수도 궁색하여라 吁嗟命道窮
어지러운 이때를 다시 만났네 復遭此亂時
산림조차도 조용하지 않으니 山林亦非靜
허둥지둥 어디로 가야 하는가 遑遑何所之
굴원의 유람[18]을 본받으려 해도 欲效屈原遊
고향에 연연하여 떠날 수 없고 懷土去未能
노재의 출사를 본받으려 해도 欲從魯齋仕
없는 재주로는 감당할 수 없네[19] 無才任難勝
사마는 학문의 힘을 믿은지라 司馬恃學力
도둑 많던 고향도 떠날 것 없었지[20] 不要盜鄉違

18 굴원(屈原)의 유람 : 굴원은 전국 시대 초(楚)나라 사람이다. 회왕(懷王)의 신임이 두터웠는데 참소를 당하여 강남(江南)에 귀양을 가서 멱라수(汨羅水)에 빠져 죽었다. 당시 하소연할 곳 없는 암울한 현실을 벗어나 세상 밖을 유람하고 싶은 염원을 〈원유부(遠遊賦)〉를 지어 노래하였다.

19 노재(魯齋)의……없네 : 노재는 송말 원초의 학자 허형(許衡, 1209~1281)의 호이다. 성리학에 전념하여 북방에 성리학을 일으켰으나, 후대에 송나라를 저버리고 원나라에 출사했다는 비난을 받았다. 여기에서는 우암이 후금(後金)의 침입을 겪은 뒤로 출사하지 않으려는 뜻이 있었음을 보인 것이다.

20 사마(司馬)는……없었지 : 사마는 송나라 때의 문신이자 역사가인 사마광(司馬光)을 가리킨다. 아래 원주(原註)에 이와 관련한 사마광의 고사를 수록하였으나, 그 출전은 찾지 못하였다. 이이(李珥)의 《율곡전서(栗谷全書)》에도 이와 유사한 고사를 인용하였는데, 다음과 같다. "송나라 때에 강도 무리가 있었는데, 사마 온공(司馬溫公)을 납치하여 두목으로 삼으려고 꾀한 일이 있었다. 온공의 친구가 온공을 만나 말하기를 '내가 들으니, 강도 무리들이 공을 납치해 가려고 꾀한다고 하니, 매우 근심이 됩니다.' 하니, 온공이 대답하기를 '이 일은 어렵지 않습니다. 단지 죽으면 그뿐인데 무슨 어려운 일이 있습니까.'라고 하였다." 《栗谷全書 卷32 語錄上》

원컨대 우리 노형 모시고서 願奉吾老兄
이 사람이 함께 돌아가리라 此人與同歸
그 밖에 마음속에 담아 둔 일은 自餘心中事
남겨서 나중 만남을 기약하려네 留以待後會
맹하의 달이 그믐이 되려는 때 孟夏月將晦
강가에서 동쪽 향해 절을 올리네 江上東向拜

사마(司馬)가 장차 고향으로 돌아가려고 하자, 누군가 그를 말리며 말하기를 "향리에 도적이 많은데, 장차 어찌하시렵니까?" 하니, 사마가 말하기를 "평생 독서한 것을 어디다 쓰려는가?" 하였다. 이는 죽음이 있을 뿐임을 말한 것이다. 지난달 누님 병문안을 갔던 길에 청음(淸陰)[21]을 찾아뵙고 이별할 적에 이것을 드렸다.

21 청음(淸陰) : 김상헌(金尙憲, 1570~1652)의 호이다. 본관은 안동(安東), 자는 숙도(叔度), 다른 호는 석실산인(石室山人)이다. 병자호란 때 끝까지 주전론(主戰論)을 펴다가 인조가 항복하자 안동으로 낙향하였으며, 1640년(인조18) 청나라가 명나라를 공격하기 위해 요구한 출병에 반대하다가 청나라에 압송되어 6년 만에 풀려났다. 대표적인 척화신(斥和臣)으로, 관직이 좌의정에 이르렀다. 문집으로 《청음집(淸陰集)》이 전한다.

박화숙[22] 세채 이 보낸 시에 차운하다 경술년(1670, 현종11) 4월
次朴和叔 世采 寄示韻 庚戌四月

낙산에 마른 소나무 있고[23] 洛山有枯松
파산에 그윽한 풀 있네[24] 坡山有幽草
좋은 곳에 뿌리박지 못했지만 不得好托根
천년토록 길이 서로 좋아하리라 千載永相好
머뭇거리다 세월이 저물었는데 徘徊歲云暮
공연히 제결을 일찍 울게 했어라[25] 空令鶗鴂早
말랐어도 봄꽃 원치 않고 枯不願春華
그윽해도 큰길 원치 않네 幽不願周道

22 박화숙(朴和叔) : 박세채(朴世采, 1631～1695)로, 본관은 반남(潘南), 자는 화숙, 호는 현석(玄石)·남계(南溪)이다. 김상헌의 문인이다. 1648년(인조26) 진사시에 합격하고, 1659년(효종10) 천거로 익위사 세마(翊衛司洗馬)에 처음 제수되고, 숙종조에 좌의정에 이르렀다. 문묘(文廟)에 배향되었고, 시호는 문순(文純)이다. 문집으로 《남계집(南溪集)》이 전한다.

23 낙산(洛山)에……있고 : 낙산은 우암이 살던 괴산(槐山) 화양동(華陽洞)의 주산인 낙양산(洛陽山)이고, 소나무는 자신을 비유한 말이다. 《宋子大全隨箚 卷1》

24 파산(坡山)에……있네 : 파산은 박세채가 살던 파주(坡州)이고, 그윽한 풀은 박세채를 비유한 말이다. 《宋子大全隨箚 卷1》

25 제결(鶗鴂)을……했어라 : 일찍이 충직한 사람을 해치는 참소가 있었다는 말이다. 제결은 두견새로, 이 새가 울면 꽃이 시든다고 한다. 굴원(屈原)의 〈이소(離騷)〉에 "제결이 먼저 울어 저 백초들이 꽃 피우지 못할까 두려워라.〔恐鶗鴂之先鳴兮, 使夫百草爲之不芳.〕"라는 말이 나온다.

낮게 읊조리며 외로이 바라보니　沈吟騁孤眺
옛 시내에 푸른 이끼도 늙어 가누나　澗古蒼苔老

두 번째 其二

이소에 향초의 향기로움 일컬었으나　離騷稱物芳
마침내는 난초도 부끄럽게 여겼네[26]　終亦恥蘭草
처음에는 아름답게 빛나더니만　始也耀猗猗
이제는 좋은 향기마저 사라졌다네　今無馨德好
사물의 본성이 이러하니　物性有如此
사람도 초년과 만년이 다르다네　人亦異晩早
애석하여라 영음 사람이여　可惜穎陰人
끝내 이천의 도에 부끄러웠네[27]　終愧伊川道

26 이소(離騷)에……여겼네 : 〈이소〉는 굴원이 소인(小人)들에게 참소를 당하여 쫓겨난 뒤 자신의 고뇌를 표현한 작품이다. 향초(香草)와 길조(吉鳥)를 가지고 자신의 충정(忠貞)을 비유하고, 악초(惡草)와 악조(惡鳥)를 가지고 소인을 비유하였다. 그 내용 중에 "난초와 지초가 변해서 이제는 향기가 없고, 전초와 혜초가 변하여 띠풀이 되었도다. 예전에는 그토록 향기를 내뿜더니, 지금은 그저 이런 잡초가 되었는가.〔蘭芷變而不芳兮, 荃蕙化而爲茅. 何昔日之芳草兮, 今直爲此蕭艾也?〕"라는 구절이 나온다.

27 영음(穎陰)……부끄러웠네 : 영음 사람은 상질(常秩)을, 이천(伊川)은 정이(程頤)를 가리킨다. 두 사람 모두 송나라 때의 학자로 신종(神宗)의 부름을 받았다. 이때 상질은 봉록(俸祿)을 받았고, 이천은 사양하고 받지 않았다. 양시(楊時)가 이를 두고 평하기를 "도학이 밝지 못하여 군자의 사수(辭受)와 취사(取捨)에 대해 사람들이 모르므로 상공(常公)이 받은 것을 그르게 여기지 않고, 이천이 사양한 것을 옳게 여기지 않는다." 하였다. 《宋子大全隨箚 卷1》

분분한 고금의 일일랑은　　紛紛古今事
창주 노인(滄洲老人)[28]에게 질정하게나　　請質滄洲老

28 창주 노인(滄洲老人) : 주희를 가리킨다. 주희가 만년에 고정(考亭)에 살 때 창주 정사(滄洲精舍)를 짓고 자신을 창주 병수(滄洲病叟)라고 칭하였다. 《宋子大全隨箚 卷1》

홍원구[29] 석기 영공이 근일 후운정[30]에 머물면서 누차 나를 찾아왔다. 그때마다 뒤이어 시를 보내오곤 하였는데, 어제 또 44운을 보내왔다. 재삼 읊조리노라니 묵은 병이 사라지는 듯하였다. 드디어 어린 손자 주석[31]과 함께 연구로 차운하여 전후의 정중한 뜻에 감사를 표하다

洪元九 錫箕 令公比住後雲亭 累次見訪 輒以詩什隨之 昨者復以四十四韻寄示 諷誦再三 不覺沈痾去體 遂與小孫疇錫聯句以次 奉謝前後鄭重之意

영공이 남방에서 태어남은	夫公起南服
거룩한 땅에 좋은 재목이 자람이라	厚地出豫章
소년 때부터 뜻이 장하였으니	弱齡思卽壯
글을 지으면 〈장양부〉[32]와 비슷했다네	吐辭逼長楊

29 홍원구(洪元九) : 홍석기(洪錫箕, 1606~1680)로, 본관은 남양(南陽), 자는 원구, 호는 만주(晩洲) · 후운옹(後雲翁)이다. 1641년(인조19) 문과에 장원으로 급제하였다. 관직은 참의에 그쳤다. 시재(詩才)가 있었으며, 기절(氣節)을 숭상하였다. 문집으로 《만주유집(晩洲遺集)》이 전한다.

30 후운정(後雲亭) : 홍석기가 만년에 청주(淸州) 검단산(檢丹山) 아래에 지은 정자이다. 화양동에서 30리 떨어진 곳이고 최치원(崔致遠)이 왕래한 곳으로 전해 온다. 《宋子大全隨箚 卷1》

31 손자 주석(疇錫) : 우암의 손자 송주석(宋疇錫, 1650~1692)이다. 자는 서구(敍九), 호는 봉곡(鳳谷)이다. 1683년(숙종9) 문과에 급제하고, 홍문관 수찬, 용담 현령(龍潭縣令) 등을 역임하였다. 우암이 덕원(德源), 장기(長鬐), 거제도(巨濟島), 제주(濟州) 등에 유배되었을 때마다 시종(侍從)하였다. 시호는 정간(貞簡)이다. 문집으로 《봉곡집(鳳谷集)》이 전한다. 《淵齋集 卷4 先祖鳳谷府君墓表》

홀로 활보하던 수십 년 동안 獨步數十年
다른 사람들이 모두 우러렀으니 餘子皆望洋
분분하게 재주 자랑하는 무리들은 紛紛伎倆輩
물고기와 새들의 놀음에 불과했네 魚頡與鳥頏
과거 보는 자리에 우뚝이 앉으니 試席坐傲兀
구경꾼들이 담장처럼 에워쌌는데 觀者如堵墻
한걸음에 장원급제 차지하기를 一蹴據龍首
간장[33]으로 단칼에 베듯이 했네 快劑如干將
영광스레 돌아와 부모님 뵈니 榮歸拜高堂
찬란한 광채가 고향에 흘러넘쳤네 光耀溢舊鄕
친구들은 부러움으로 들썩거렸고 儕流喘吹筒
선배들도 예를 갖춰 대우하였네 先輩敬折行
치관 쓰고 미원에 들어가니[34] 豸冠入薇垣
한 시대의 명망이 보통 아니었네 時望出尋常

32 장양부(長楊賦) : 서한(西漢)의 양웅(揚雄)이 지은 글이다. 장양은 장양궁(長楊宮)으로, 진한(秦漢) 때 황제가 수렵을 나가 머물던 행궁(行宮)이다. 양웅은 이 글에서 장양궁의 수렵을 배경으로 삼아 한나라 역대 군주의 업적을 찬양하고 아울러 성제(成帝)의 실정(失政)을 풍자하였다.

33 간장(干將) : 옛 명검(名劍)의 이름이다. 춘추 시대 오(吳)나라의 장인(匠人) 간장과 막야(莫邪) 부부가 칼을 잘 만들었는데, 오왕(吳王) 합려(闔閭)를 위해 검 두 자루를 주조하여 양(陽)의 검을 '간장', 음(陰)의 검을 '막야'라고 불렀다고 한다. 《吳越春秋 卷4 闔閭內傳》

34 치관(豸冠)……들어가니 : 사간원(司諫院)의 관원이 되었다는 뜻이다. 치관은 해치(獬豸)의 가죽으로 만든 관인데, 이 짐승이 정직하지 못한 사람을 치받는다는 속설에서 유래한 것이다. 미원(薇垣)은 사간원의 별칭이다.

사단의 청포(靑蒲)[35]에 엎드린 것이 몇 번이고	幾伏史丹蒲
순모의 광주리[36]를 얼마나 준비했던가	累具郇模筐
뭇 현인들이 원대한 계책을 진달하고	衆賢陳謨遠
성군께서도 창성할 운수를 만났으니	聖主撫運昌
충성을 바치고 싶은 마음 없었으랴만	豈無願忠志
세상사 부침이란 하늘의 뜻인걸	升沈有上蒼
여기저기 고을살이로 전전하여도	低徊歷郡邑
조정에 이끌어 주는 사람 없었네	援引阻廟廊
아깝구나, 가생의 재주로도	惜哉賈生才
다시 선실에 나갈 희망 없어라[37]	宣室無復望
다만 시를 즐기는 성벽이 있어	惟有耽詩癖
작품이 언제나 주머니에 가득하였네	所作輒成囊
아마도 하늘이 그를 곤궁케 하여	豈天困其身
대시인(大詩人)을 없어지지 않게 함이리라	大雅賴不亡

35 사단(史丹)의 청포(靑蒲) : 사단은 한 원제(漢元帝)의 신하이다. 원제가 태자를 폐하려 하니 사단이 청포에 엎드려 머리를 조아리고 울며 간하였다. 《漢書 元帝本紀》

36 순모(郇模)의 광주리 : 순모는 당 대종(唐代宗) 때 사람인데, 광주리에다 계책을 담아 올렸다고 한다. 《舊唐書 代宗本紀》

37 가생(賈生)의……없어라 : 가생은 전한(前漢) 때 사람 가의(賈誼)이다. 20세 때 박사(博士)에 제수되고, 문제(文帝)의 신임을 받아 태중대부(太中大夫)에 올랐으나, 주발(周勃)과 관영(灌嬰) 등의 참소를 입고 장사왕(長沙王)의 태부(太傅)로 쫓겨났다. 선실(宣室)은 한나라 때 미앙궁(未央宮) 안에 있던 선실전(宣室殿)을 일컫는다. 가의가 좌천된 지 얼마 뒤에 문제는 그가 생각나서 불러올렸다. 문제가 선실전에서 가의를 만났을 때 귀신의 근본에 대해 물어보았는데, 가의가 자세히 대답하니, 문제가 밤이 늦도록 가의의 말을 경청하였다고 한다. 《漢書 賈誼傳》

시는 교제와 묘제에 올릴 만하고	行將薦郊廟
성률은 성당을 뛰어넘었어라	聲律軼盛唐
지난날 간쟁하던 신하가	昨來諫諍臣
남쪽 지방을 진무할 적에	旌節鎭南方
어머니께 성대히 수연(壽筵) 베풀어	盛陳壽母筵
나라 위해 화기와 상서를 도왔네	爲國助和祥
공이 그 일을 서술하니	公爲賦其事
문장이 별빛과 광채를 다투었지만	文字爭星芒
탄핵하는 상소가 홀연 빗발쳐	彈章忽交加
성대한 일이 도리어 빛을 잃었네[38]	盛事還無光
시론이 점점 시끄럽게 들끓어	時論漸崢嶸
급박하기가 이리를 때려잡는 듯하자[39]	急如搏豺狼
창황한 심정으로 고향에 돌아오니	蒼黃指故山
상수리로도 양식이 넉넉하였네	茅栗有餘粮
시 때문에 화를 산 것 스스로 우습지만	自笑詩媒禍
어찌 오솔길이 황폐해짐을 걱정하랴[40]	寧憂逕就荒

38 지난날……잃었네 : '간쟁하던 신하'는 김징(金澄)을 가리킨다. 1670년(현종11) 전라도 관찰사 김징이 임지에서 모친의 회갑연을 베풀었는데, 대간(臺諫)들이 그 잔치가 지나치게 사치스러웠고 수령들에게 많은 뇌물을 걷었다는 혐의로 그를 탄핵하였다. 이로 인해 김징은 배천(白川)에 유배되었고, 연회에 참석했던 수령들도 처벌을 받았는데, 영광 군수(靈光郡守)로 있던 홍석기도 참석하여 축하하는 글을 지었다가 탄핵을 받고 파직되었다. 《晩洲遺集 卷6 湖南巡察使大夫人壽宴詩序》

39 이리를 때려잡는 듯하자 : 사마상여(司馬相如)의 〈상림부(上林賦)〉에 천자의 사냥을 묘사하여 "표범을 산 채로 잡고, 이리를 몽둥이로 때려잡고, 곰을 손으로 쳐서 잡고, 들양을 발로 밟아 잡는다.〔生貔豹, 搏豺狼, 手熊羆, 足野羊.〕"라고 한 데서 온 말이다.

합포에 구슬 돌아오게 하고[41]	合浦還明珠
진나라 관문 벗어난 맹상군 되었네[42]	秦關脫孟嘗
내가 지금 거문고와 책을 가지고	我時携琴書
화양동에 자리 잡았는데	卜築於華陽
맑은 시로 지난 일을 징계치 않고	淸詩不懲前
나에게 자주 보내 초당을 빛내는구려	頻投賁草堂
우뚝한 옥산의 계수나무[43]여	迢遞玉山桂
골짝 풀도 모두 향기 머금었네	谷草盡含香
온갖 새 울음에 싫증 난 지 오래다가	久厭百鳥喧

40 어찌……걱정하랴 : 잠시 관직에서 물러났으나 아직 은거할 시기가 아니었다는 말이다. 홍석기는 파직되고 나서 다시 기용되어 남원 부사(南原府使)를 역임하였다. 진(晉)나라 도잠(陶潛)의 〈귀거래사(歸去來辭)〉에 "세 갈래 오솔길이 황폐해졌으나, 솔과 국화는 아직 남아 있네.〔三逕就荒, 松菊猶存.〕"라는 말이 있다.

41 합포(合浦)에……하고 : 부임한 고을에서 치적(治績)이 있었다는 말이다. 합포는 원래 진주(眞珠)가 많이 나는 곳이었다. 한나라 때 맹상(孟嘗)이 합포 태수가 되기 전에 전임 태수가 탐욕을 부려 끝없이 캐내자 진주가 모두 이웃 고을로 옮겨 갔었는데, 맹상이 부임해 와서 이전의 폐단을 개혁하고 선정을 베푸니 구슬이 다시 돌아왔다. 《後漢書 循吏列傳 孟嘗》

42 진(秦)나라……되었네 : 사환(仕宦)의 풍파에서 벗어나 고향으로 돌아왔다는 뜻이다. 진나라에서 맹상군(孟嘗君)을 옥에 가두었는데 그를 수행했던 식객(食客) 가운데 도둑질에 능하고 닭 울음소리를 잘 내는 사람이 있어 무사히 진나라를 탈출하여 자신의 고향인 제(齊)나라로 돌아온 고사에서 인용한 말이다. 《史記 孟嘗君列傳》

43 옥산(玉山)의 계수나무 : 특출한 인물을 비유하는 말로, 홍석기를 가리킨다. 진 무제(晉武帝) 때 극선(郤詵)이 현량 대책(賢良對策)에서 장원을 하고는 소감을 묻는 무제의 질문에 "신이 현량 대책에서 천하제일이 되었으나, 계수나무 숲의 나뭇가지 하나이고 곤륜산의 옥돌 한 조각일 뿐입니다.〔臣擧賢良對策, 爲天下第一, 猶桂林之一枝, 崑山之片玉.〕"라고 답변한 고사에서 유래한 것이다. 《晉書 郤詵列傳》

갑자기 한 마리 봉황을 본 듯하여라　忽如覩孤凰
다만 괴이하게도 나에게 벼슬하라니　但怪勸我仕
초광의 말[44]을 듣지 못했는가　胡不聞楚狂
이는 늙은 말을 채찍질하여　是欲策老馬
먼 길에 쓰러지는 꼴 보려 함인가　長途任顚僵
돌아보건대 나는 소유한 것 없고　顧我無所有
단지 하나의 묵장[45]만 있을 뿐이나　但有一墨莊
그 속에 주공과 공자의 도가　其中周孔道
찬란하게 빛나고 있고　炳炳而琅琅
염계와 이천과 관민[46]에게서　濂伊與關閩
전수한 가르침 또한 휘황하도다　垂訓又輝煌
단지 그 속에서 좀벌레 되어　只願作蠹魚
씹고 먹으면서 끝내 잊지 않으려네　咀嚼終無忘
근래에 괴상한 일이 생겨　日者怪事發
모함 입었으나 상처 없었네[47]　欺誣幸無傷

44 초광(楚狂)의 말 : 초광은 초(楚)나라 사람인 접여(接輿)를 가리키는데, 광인(狂人)인 척하며 세상을 피하였다. 《논어》〈미자(微子)〉에 "접여가 노래하며 공자 앞을 지나면서 '그만두어라, 그만두어라. 지금 정치에 나서는 자는 위태롭다.〔已而, 已而! 今之從政者殆而.〕' 하였다."라고 한 데서 온 말이다.

45 묵장(墨莊) : 장서실(藏書室)을 가리킨다. 본래는 송나라 때 문인 유청지(劉淸之) 집안의 장서실 이름이다. 《晦菴集 卷77 劉氏墨莊記》

46 염계(濂溪)와 이천(伊川)과 관민(關閩) : 염계는 주돈이(周敦頤)의 호이고, 이천은 정이(程頤)의 호이다. 관민은 장재(張載)가 살던 관중(關中)과 주희가 살던 민(閩) 즉 복건(福建)으로, 장재와 주희를 가리킨다. 이들은 모두 송나라 때 이학(理學)을 주도한 사람들이다.

마른 띠풀에서 새싹이 무성히 돋으니	繁華茁枯荑
임금님 은덕이 하늘 땅 같고	聖德齊玄黃
대신은 원기를 잘 짐작하여	大臣斟元氣
북두 자루가 오르내리는 듯하네	如斗柄低昂
은혜에 감격하여 눈물만 흘릴 뿐	感恩涕空流
임금님 도와드릴 길 없어라	無路補舜裳
해는 저물고 거센 바람 심한데	歲暮疾風多
천지의 물색은 아득하기만 하다	天地色蒼茫
한가한 속에 온갖 생각 일어나니	端居百感集
깊은 밤에 부질없이 격양되네	中夕徒激揚
임금님 따라 죽지 못함이 가장 한스러우니[48]	最恨未褥蟻
길이 우리 임금님을 생각하노라	永念我寧王
큰 뜻과 사업을 바야흐로 넓혀 가다가	志業方恢張
어찌하여 갑자기 거두어 버리셨나	如何遽收藏
북쪽으로 창오[49]의 구름을 바라보니	北望蒼梧雲
피눈물 통한이 엄숙한 조정에 길이 서렸네	血泣長廷翔

47 모함……없었네 : 1670년(현종11) 9월 이세직(李世直)이라는 지관(地官)이 우암의 집에 충청도 관찰사와 병사(兵使) 등이 모여 역모를 꾀하였다고 고발하였으나, 무고로 밝혀졌다. 《顯宗實錄 11年 9月 15日》

48 임금님……한스러우니 : 우암이 효종(孝宗)을 따라 죽지 못한 것을 한탄한 말이다.

49 창오(蒼梧) : 임금의 죽음을 뜻하는데, 여기에서는 효종의 영릉이 있는 곳을 가리킨다. 《사기(史記)》 〈오제기(五帝紀)〉에 "순(舜)이 황제의 자리에 오른 지 39년 만에 남쪽을 순행하다가 창오의 들에서 붕어하니, 강남(江南) 구의산(九疑山)에 장사 지냈다."라는 말이 나온다.

홍원구가 손자 주석에게 보낸 20운에 차하다
次洪元九寄疇孫二十韻

노숙한 문장가가 젊은이와 재치를 겨루니, 이는 초 패왕(楚伯王)이 누번(樓煩)과 다투는 격이다.[50] 왕복한 시편(詩篇) 가운데 자못 사람으로 하여금 눈물 흘리게 하는 곳이 있기에 그 운자를 사용해서 내 자신의 슬픈 마음을 풀어 보니 바로잡아 주기 바란다.

옛날 우리 효종 임금이	維昔我寧王
순 임금처럼 선왕의 사업을 받들었네	重華述而祖
장차 큰 무공 선양해서	又將宣大武
중국도 회복하려 했는데	中土成邦賦
어찌 순 임금 나이 반도 못 되어	胡不舜年半
소상강 가에 눈물 뿌릴 줄이야[51]	雨泣瀟湘浦

50 초 패왕(楚伯王)이……격이다 : 초 패왕은 초왕(楚王) 항우(項羽)이고, 누번(樓煩)은 당시 북방 민족의 이름인데, 활을 잘 쏘아 이후로 활을 잘 쏘는 사람을 이렇게 불렀다. 초나라와 한나라 군대가 오랫동안 대치하던 상황에서 항우가 장사(壯士)를 시켜 한나라 군대를 도발하게 하였다. 한왕(漢王) 유방(劉邦)이 누번을 보내 그 장사를 쏘아 죽이게 하니, 항우가 크게 노하여 자신이 직접 출전하였다. 누번이 항우에게 활을 쏘려고 하자, 항우가 눈을 부라리며 크게 소리치니, 누번이 감히 바로 쳐다보지 못하고 성안으로 도주하였다.《漢書 項籍列傳》

51 소상강(瀟湘江)……줄이야 : 순 임금이 창오(蒼梧)의 들에서 붕어하니 아황(娥皇)과 여영(女英) 두 후비(后妃)가 슬피 울며 소상강 가에서 눈물을 흘렸다는 고사로, 효종의 승하를 가리킨다.

그 공업 이루지는 못했지만	雖其勳未集
백세에 훌륭한 가르침을 세웠다네	百世風聲樹
법도를 이미 밝게 펼치셨으니	憲章旣昭陳
새것으로 옛것을 바꾸어선 안 되리라	不宜新代故
그 위령 하늘 위에 계시리니	威靈在天上
아마도 한번 크게 노하시리	猶疑赫一怒
상제가 좌우에 두시고	上帝置左右
다시 임금 노릇 못 하게 하시어	不復爲民主
혼탁한 세상 이 지경 되었으니	昏墊遂至今
우리 백성 누구에게 의지할쏜가	下民焉所傅
상제 계신 곳 어찌 그리도 먼지	帝居何崇絶
답답해도 호소할 길 없구나	躑躅無由訴
효종께서는 불쌍히 여기시어	寧王哀愍之
제때에 좋은 비바람 내리시니	時降好風雨
논밭에는 벼와 기장 자라나고	田原禾黍長
도랑마다 물 넘쳐흘러	溝澮可沿泝
비록 흉년이 들더라도	縱有衰惡年
백성들 믿어 두려움 없네	黎庶恃無懼
슬프구나, 죽지 못한 이 신하	嗟余未死臣
흐르는 피눈물 땅속에 스미고	血淚流入土
남기신 그 뜻 항상 품고 있지만	遺弓常在抱
충심을 피력할 길이 없어라	無路丹衷露
저 새로 귀해진 사람들[52]	彼哉新貴人
그 기세가 하늘을 가로질러	志氣橫天宇

지초 난초도 향기롭지 않다 하고 芝蘭謂不芳
까마귀는 희고 해오라기는 검다 하네 素烏黔振鷺
전하는 말에 회계공[53]이 傳聞會稽公
동남 지역에서 위력을 편다 하나 杖鉞東南路
우리나라는 도와줄 길이 끊겨 本朝絶壺漿
일어나 함께 호응하지 못하였네 不與共呑吐
해외에서 늙은 원성[54]이 海外老元城
누대 아래에서 주자를 읊노라 樓下吟晦父
화답한 시를 다시 홀로 읽으며 賡詞還自讀
배회하는 가운데 해는 저물어 가네 徘徊歲將暮

52 새로 귀해진 사람들 : 《송자대전수차(宋子大全隨箚)》 권1에서는 윤휴(尹鑴)와 허목(許穆) 등을 가리킨다고 하였다.

53 회계공(會稽公) : 명나라 영원 총병(寧遠摠兵) 오삼계(吳三桂)를 가리킨다. 그의 성이 오(吳)이고 오나라 서울이 회계(會稽)였으므로 회계공이라 일컬은 것이다. 《宋子大全隨箚 卷1》

54 늙은 원성(元城) : 원성은 송나라 때 문신 유안세(劉安世, 1048~1125)의 호이다. 성품이 매우 강직하여 직언(直言)을 잘하였다. 일찍이 장돈(章惇), 채경(蔡京) 등 간신을 신랄히 탄핵했다가 그들의 미움을 사서 7년 동안 여러 험악한 지역에 유배되었다. 하지만 유배 기간 동안 하루도 병든 일이 없었는데, 누가 그 원인을 묻자 오직 정성(精誠)일 뿐이라고 답하였다. 《宋史 劉安世列傳》 여기에서는 우암이 자신을 그에 빗대어 쓴 말이다.

철령에 올라 읊다[55] 을묘년(1675, 숙종1) 1월 24일

登鐵嶺吟 乙卯正月二十四日

철령 마루 걸어 오르니	行登鐵嶺顚
내 마음도 철석 같아지네	我心還如鐵
기지 같은 정성[56]은 모자라지만	縱乏器之誠
서산의 피[57]는 견딜 수 있으리	却耐西山血
머리 돌려 서방을 바라보니	回首望西方
음산한 구름 걷히지 않네	陰雲壅不決
원컨대 서방의 사람[58]이시어	願言西方人
붉은 노을에 밝은 달 지니소서	丹霞佩明月

55 철령(鐵嶺)에 올라 읊다 : 남인들이 우암을 효종과 인선왕후(仁宣王后)의 국상(國喪) 때 잘못된 예법을 주장했다는 죄목으로 탄핵하자, 1675년 1월 숙종이 우암을 함경도 덕원(德源)으로 유배하였다. 이 시는 우암이 유배를 가던 길목인 철령에 올라 지은 것으로, 철령은 강원도와 함경도의 경계에 있다.

56 기지(器之) 같은 정성 : 기지는 송나라 때 문인 유안세(劉安世)의 자이다. 117쪽 주54 참조.

57 서산(西山)의 피 : 서산은 송나라 때 문인 채원정(蔡元定, 1135~1198)의 호이다. 자는 계통(季通)이다. 주희의 제자로 한탁주(韓侂胄)에게 몰려 도주(道州)로 귀양을 가다가 발에서 피가 흘렀다 한다. 《宋史 蔡元定列傳》

58 서방(西方)의 사람 : 《시경》 〈패풍(邶風) 간혜(簡兮)〉에 "산에는 개암나무, 진펄에는 감초로다. 누구를 그리 생각하시는가, 서방의 고운 님이로다. 저 고운 우리 님은, 서방의 사람이로다.〔山有榛, 隰有苓. 云誰之思? 西方美人. 彼美人兮, 西方之人兮.〕"라고 한 데서 온 말로, 임금을 가리킨다.

환란 속에 상종한 것은 성인도 잊지 못하였는데,[59] 더구나 생사가 목전에 걸린 때에 난관을 헤치고 천 리 밖에서 상종한 사람이야 더 말할 것이 있겠는가. 제군(諸君)이 각각 내 시의 운(韻)에 차하여 종이 위에 시를 썼는데 나의 아우와 손자의 시도 그 가운데 있다. 훗날 읽어 보면 또한 필시 이때의 일에 느끼는 점이 있을 것이다. 그러나 사람들에게 보이지는 말아야 하니, 진소양(陳少陽)[60]처럼 될까 두렵기 때문이다. 을묘년 봄 누인(纍人)[61]이 기록한다.

59 환란……못하였는데 : 공자가 "진나라와 채나라에서 나를 따르던 자들이 모두 문하에 남아 있지 않구나.〔從我於陳蔡者, 皆不及門也.〕"라고 말했던 것을 가리킨다. 공자가 일찍이 진나라와 채나라 사이에서 환란을 당했을 때 자신을 따르던 제자들이 많았는데, 이를 회고하던 때에는 그 제자들이 남아 있지 않음을 한탄하며 그리워한 말이다. 《論語 先進》

60 진소양(陳少陽) : 송나라 진동(陳東, 1086~1127)으로, 소양은 그의 자이다. 남송 고종(南宋高宗) 원년에 태학생(太學生)으로서 글을 올려 채경(蔡京), 왕보(王黼) 등 육적(六賊)을 베라고 청하다가 구양철(歐陽澈)과 함께 처형되었다. 《宋史 陳東列傳》

61 누인(纍人) : 구금된 사람이라는 뜻으로, 우암 자신이 유배 중에 있었으므로 이렇게 말한 것이다.

김중화[62] 창협 의 운에 화답하다

和金仲和 昌協 韻

앵앵거리는 수천 마리 날파리들	蚊蚋百千鬧
내가 입이 있어도 무슨 말을 하랴	我有口何言
근래에 새로 귀해진 사람들	向來新貴人
기세가 참으로 등등하구나	氣勢正桓桓
다투어 태평성대 노래하며	爭誦康衢謠
굴뚝에서 불이 번져도 모르누나[63]	不知竈突然
수염 없는 내시들 무리 많아	無鬚兒衆多
앙화가 날마다 하늘에 닿네	其禍日稽天
묵묵히 생각하니 걱정거리	嘿嘿念憂端
종남산 꼭대기만 하여라	可齊終南巓
저 지비공[64]에게는	惟彼紙鼻公

62 김중화(金仲和) : 김창협(金昌協, 1651～1708)으로, 본관은 안동(安東), 자는 중화, 호는 농암(農巖)·삼주(三洲)이다. 좌의정 김상헌(金尙憲)의 증손자이고, 김수항(金壽恒)의 아들이다. 벼슬이 판서에 이르렀다. 숙종의 묘정에 배향되었으며, 시호는 문간(文簡)이다. 문집으로 《농암집(農巖集)》이 전한다.

63 굴뚝에서……모르누나 : 나라가 잘못되는 줄도 모르고 있음을 풍자한 말이다. 가의(賈誼)의 상소에 "굴뚝이 무너져 기둥이 불에 타고 있어도 들보에 사는 제비는 어미와 새끼가 즐거워하기만 한다."라는 말이 나온다. 《漢書 賈誼傳》

64 지비공(紙鼻公) : 코에 종이를 붙인 사람이라는 뜻으로, 곧 미수(眉叟) 허목(許穆)을 가리킨다. 미수가 일찍이 코에 병이 나 종이를 붙인 일이 있었으므로 지비공이라 한 것이다. 《宋子大全隨箚 卷1》

허자[65]라는 선조가 예전에 있어 祖磁在其前
을사사화를 빚어냈으니 釀成乙巳禍
그 교훈을 잊을 수 없으리 遺敎未能諼
저 구동[66] 집의 문을 바라보니 試瞻狗之門
안장 얹은 말들 구름같이 모였구나 鞍馬如浮雲
사화의 꾀[67]를 몰래 답습하려 하지만 盜襲士華謀
사람들 모두 속마음 알아본다네 人皆見肺肝
날카로운 어금니에 칼과 톱 늘어놓고 利牙刀鉅陳
으르렁거리며 사람을 겁주고 죽여 狺然怖殺人
조그마한 은혜와 원한에 대해서도 一飯與睚眦
서둘러 이때에 갚으려 드네 汲汲要及時
충현[68]은 밝은 태양 아래 누워 忠賢白日臥

65 허자(許磁) : 1496~1551. 본관은 양천(陽川), 자는 남중(南仲), 호는 동애(東崖)이다. 허목의 증조부이다. 중종(中宗) 때 급제해서 벼슬이 찬성(贊成)에 이르렀다. 대사헌으로 있을 때 이기(李芑), 정순붕(鄭順朋) 등과 함께 을사사화를 일으켰다.

66 구동(狗洞) : 윤휴(尹鑴)가 살던 마을 이름으로, 윤휴를 가리킨다. 우암이 민유중(閔維重)에게 보낸 편지에 "윤휴를 구동이라고 칭한 것은 서울에 있는 젊은 사람들에게서부터 시작되었는데, 구동이 듣고 싫어한다."라고 한 말이 있다. 《宋子大全隨箚 卷1》

67 사화(士華)의 꾀 : 사화는 기묘사화(己卯士禍)를 일으킨 남곤(南袞)의 자이다. 남곤이 초립을 쓰고 남 서방(南書房)이라 하면서 재상들 집을 출입하며 기묘사화를 모의하여 일으켰는데, 윤휴도 윤 생원(尹生員)이라 자칭하면서 밤에 몰래 분주히 돌아다닌 것이 서로 같기 때문에 한 말이다. 《宋子大全隨箚 卷1》

68 충현(忠賢) : 김수항(金壽恒, 1629~1689)을 가리킨다. 김수항은 본관은 안동, 자는 구지(久之), 호는 문곡(文谷)이다. 1674년(숙종 즉위년) 예송(禮訟)에서 서인이 패해 영의정이던 형 김수흥(金壽興)이 쫓겨나자 이듬해 좌의정으로 임명되었다가, 남인의 미움을 받아 영암(靈巖)에 유배되었다. 1680년 경신대출척이 일어나 서인이 집권

눈물 흘릴 뿐 말이 없어라　涕淚流無辭
적석이 횡역을 당하여[69]　赤舃困橫逆
떠나려다 다시 머뭇거렸는데　欲去還遲遲
흰 망아지 잡아맴을 보지 못하고[70]　未見白駒維
부질없이 호마 울음만 듣게 되었네[71]　空聞胡馬嘶
아홉 관문을 호표가 지키니[72]　九關虎豹守
임금께 알릴 길 없구나　無路聖明知
세월 갈수록 탁주는 주자를 무함하고[73]　歲轉侂誣朱

하자 영의정이 되었고, 1689년 기사환국이 일어나 남인이 다시 집권하자 탄핵을 받아 진도(珍島)로 유배되었다가 사사되었다. 현종의 묘정에 배향되었으며, 시호는 문충(文忠)이다. 문집으로 《문곡집(文谷集)》이 있다.

69 적석(赤舃)이 횡역을 당하여 : 적석은 귀인(貴人)이 신는 붉은 신으로 김수항을 가리킨다. 1673년(현종14) 4월 조위봉(趙威鳳)이 김수항을 비롯한 대신(大臣)들을 영릉(寧陵)을 부실하게 봉심(奉審)하였다는 이유로 탄핵하자, 김수항이 도성을 나가 대죄하였다. 《顯宗實錄》

70 흰……못하고 : 김수항이 조위봉의 상소로 인해 관작이 삭탈되어 향리로 물러났던 일을 가리킨다. 흰 망아지는 현자(賢者) 즉 김수항을 비유한 말이다. 《시경》〈소아(小雅) 백구(白駒)〉에 "깨끗한 흰 망아지가 채소밭 망친다는 구실을 붙여, 붙잡아 매어 두고 오늘 못 떠나게 하고는, 그분이 우리 집에서 소요하게 하리라.〔皎皎白駒, 食我場苗. 縶之維之, 以永今朝. 所謂伊人, 於焉逍遙.〕"라고 한 데서 온 말이다.

71 부질없이……되었네 : 1673년 향리로 물러나 있던 김수항이 9월에 특명으로 서용되고, 바로 사은사(謝恩使)로 차임되어 청나라에 다녀온 것을 가리킨다.

72 아홉……지키니 : 간신이 조정을 마음대로 하는 것을 뜻한다. 《초사(楚辭)》〈초혼(招魂)〉에 "호랑이와 표범이 아홉 겹의 하늘 문을 지키면서, 아래 세상 사람들이 못 들어오게 잡아먹네.〔虎豹九關, 啄害下人些.〕"라는 말이 나온다.

73 탁주(侂冑)는 주자(朱子)를 무함하고 : 남송 때 재상 한탁주(韓侂冑)가 주희를 위학(僞學)이라 비방한 것을 말한다.

형세 믿고 영씨는 양을 공갈하네[74] 勢成嬴喝梁
민생에게 무슨 죄 있던가 民生有何辜
하늘의 뜻 알 수 없어라 天意不可詳
무슨 이유로 이런 무리 낳아서 何故生此輩
서로 잇따라 나오게 했는가 項與背相望
꽃무늬 벽돌과 고운 담요[75] 사이에 花甎細氈間
담장처럼 빽빽이 늘어섰으니 簇立如堵墻
하늘이 저들의 마음을 개도하여 願天誘其衷
우리 동방을 보존케 해 주소서 保我東魯疆

74 영씨(嬴氏)는 양(梁)을 공갈하네 : 강자가 약자를 협박한다는 의미이다. 진 소왕(秦昭王)이 조(趙)나라를 치면서 위왕(魏王)에게 위나라가 조나라를 구원하면 군사를 옮겨 먼저 치겠다고 위협하였다. 영(嬴)은 진나라의 성(姓)이고 양(梁)은 위나라의 수도이다. 《史記 魏公子列傳》

75 꽃무늬……담요 : 조정을 가리킨다.

윤자상[76] 박 에 대한 만사
尹子上 搏 挽

이 세상 살면서 지금 사람 보았고	生世見今人
글 읽어 옛사람도 알았네만	閱書知古昔
고금의 인물을 두루 살펴보아도	歷數古今人
그대 같은 이 어디서 얻으리	如君何處得
온화하고도 박잡하지 않으니	溫然且不駁
아름다운 바탕은 금옥 같았네	美質如金玉
지극한 행실은 가정에서 드러났고	至行見家庭
누구보다 더욱 거상(居喪)을 잘하니	善喪尤無匹
겹친 상사(喪事) 사 년이 지나도록	重憂涉四年
한결같이 슬픈 눈물을 흘렸다네	血泣如一日
나에게 온 지 삼십 년 동안	就我三十年
어떤 잘못도 본 적 없었는데	曾未見瑕謫
이제 구원으로 갔다는 소식 들으니	今聞去九原
내 눈물이 가슴을 적시네	我淚濕胸臆
누가 그대의 사실을 기록하리	誰能記事實
나도 죽을 날 곧 다가오는데	我死如紙隔

76 윤자상(尹子上) : 윤박(尹搏, 1628~1675)으로, 본관은 파평(坡平), 자는 자상, 호는 매촌(梅村)이다. 윤문거(尹文擧)의 아들이며, 우암의 문인이면서 사위이다.

여러 노선생이 차운한 〈자극궁〉[77]의 운을 써서 삼가 농수정 주인[78]에게 증정하다

用諸老先生所次紫極宮韻 謹呈籠水亭主人

회옹(晦翁 주희)이 진동보(陳同甫 진량(陳亮))에게 보낸 편지에 "〈포슬음(抱膝吟)〉은 오래도록 완성하지 못하고 있습니다. 진부량(陳傅良)과 섭적(葉適)이 지은 시 두 편을 먼저 보내 주지 말았어야 합니다. 두 편에서 할 말을 모두 차지해 버려 내가 손을 댈 곳이 없게 되었습니다."라고 하였네. 바다같이 넓고 하늘같이 높은 회옹의 재주로도 시 두 편이 먼저 차지한 것 때문에 이와 같이 말씀하였는데, 하물며 열세 편이나 보냈으니, 나 같은 재주로 어떻게 손을 댈 곳이 있겠는가. 그러나 여러 차례 독촉을 받았으므로 끝내 저버릴 수 없어 이렇게 써 보내네. 다만 할 말이 있네. 이 시는 청련(青蓮 이백(李白)) 이하 모든 사람들이 49세에 지은 것인데, 연지(延之 김수증(金壽增))가 그보다도 20년이나 더 지난 사람에게 요구함은 무엇 때문인가?

77 자극궁(紫極宮) : 이백(李白)의 〈심양자극궁감추작(尋陽紫極宮感秋作)〉을 가리킨다.

78 농수정(籠水亭) 주인 : 김수증(金壽增, 1624~1701)이다. 농수정은 김수증이 곡운(谷雲)에 지은 정자 이름으로, 우암이 기문(記文)을 지어 주었다. 김수증은 본관은 안동(安東), 자는 연지(延之), 호는 곡운(谷雲)이다. 김상헌(金尙憲)의 손자이다. 1650년(효종1) 생원시에 합격하고, 여러 관직을 역임했다. 1675년(숙종1) 성천 부사(成川府使)로 있을 때 남인이 집권하여 동생인 김수항(金壽恒)과 우암이 유배되자 벼슬을 그만두고 춘천 화악산(華岳山) 기슭의 곡운에 들어가 살았다.

이미 그 나이가 지난 사람에게 요구했다면, 당연히 그 나이가 못 된 사람에게도 요구해야 할 것이네. 장공(長公)[79]의 근엄함으로 문곡(文谷 김수항(金壽恒)) 부자에게도 부탁해서 그것을 모두 보여 줄 수 있겠는가? 간곡히 부탁하네. 소손(小孫)[80]은 스물세 살이 모자라는데도 전일에 경솔히 차운했다 하여 매우 부끄러워하네.–어떤 책에는 "내가 49세 때 청련의 〈자극궁〉 시에 화답하고자 했었지만 옛말에 '한 문공(韓文公 한유)의 발 아래에서는 글을 쓰기가 어렵다.'라고 하였고, 또 주 선생(朱先生)도 일찍이 '지금 사람들이 입만 열면 이백(李白)과 두보(杜甫)를 말하지만, 꿈에서 그분들의 발바닥이라도 본 적이 있던가.'라고 하였는데, 하물며 나같이 못난 사람이 어찌 감히 붓을 댈 수 있겠는가. 그런데 이제 외람되이 연지의 계속되는 독촉을 받고 끝내 사절하지 못하였다. 이미 49세가 지난 사람이 소급해서 짓는다면 49세가 못 된 문곡 부자도 지어야 마땅하다. 드디어 고루함을 무릅쓰고 써 보내면서 문곡에게도 청한다."라고 되어 있다.–

천고의 미묘한 한 근원	千古一源妙
기록으로 표현하기 어렵네	難形帛與竹
없다 하면 다시 무엇이 존재하며	謂無復何存
있다고 한들 손으로 잡을쏜가	謂有寧可掬
존양과 성찰을 겸해야 하며	要當存省兼

79 장공(長公) : 원래 소식(蘇軾)을 높여 일컫던 말이다. 소식이 소순(蘇洵)의 장자인 데다 그 문장이 백대의 으뜸이라고 할 만했기 때문에 그를 장공이라고 하고, 그의 아우 소철(蘇轍)은 소공(少公)이라고 하였다. 여기에서는 김수증을 가리킨다.

80 소손(小孫) : 우암의 손자 송주석(宋疇錫)이다. 이 시는 우암이 경상도 장기(長鬐)에 유배되어 있던 1675년에 지은 것으로, 송주석은 당시 나이가 26세였다.

두려워하며 홀로 있을 때 삼가야지 戒懼而謹獨
그런 뒤에 높은 경지에 올라 보면 然後卓然見
옛 성현도 가까이 느껴지리라 古聖如隔宿
성인 문하엔 가르치는 방법도 많아 聖門教多術
재주에 따라 자장과 자하[81] 일깨웠지만 隨材警顓卜
오직 전수하신 법은 惟其傳授法
안연의 극기복례가 제일이라네[82] 莫如顏克復
아, 나는 늙도록 이룬 것 없어 嗟余老無成
새로 다시 시작하더라도 一簣平地覆
죽을 때까지 노력하리니 雖然斃後已
돌피가 익는 것[83]은 원치 않노라 不要稊稗熟

두 번째 其二

옛날 궁중에서 숙직하던 날 憶昔禁直日

81 자장(子張)과 자하(子夏) : 자장은 성이 전손(顓孫)이고 자하는 성이 복(卜)인데, 모두 공자의 제자이다.

82 안연(顏淵)의 극기복례가 제일이라네 : 안연이 공자에게 인(仁)을 묻자, 공자가 "사욕을 이기고 예를 회복함이 인이니, 하루만이라도 사욕을 이기고 예를 회복하면 온 천하가 인에 귀의할 것이다.〔克己復禮爲仁, 一日克己復禮, 天下歸仁焉.〕"라고 하였다. 《論語 顏淵》

83 돌피가 익는 것 : 돌피는 유학의 입장에서 바르지 못한 이단의 학문이나 어설픈 학문을 가리킨다. 《맹자》〈고자 상(告子上)〉에 "오곡은 종자 중에 아름다운 것이지만 만약 익지 않으면 돌피만도 못하니, 인 또한 익숙히 함에 달려 있을 뿐이다.〔五穀者, 種之美者也. 苟爲不熟, 不如荑稗, 夫仁亦在乎熟之而已矣.〕"라고 한 데서 온 말이다.

담장 대나무에 홀로 기대 있을 때 獨倚宮墻竹
세자께서 편지를 내리시므로 儲君授天札
꿇어앉아 받드니 두 손에 가득 跪受盈兩掬
감히 남들에게 말하지 못하고 不敢向人道
남이 볼세라 몰래 읽었지 暗誦於幽獨
낮에는 품속에 넣어 두고 晝日懷著胸
밤에는 안고서 잤네 夜則抱而宿
그 말씀 이루리라 굳게 맹세했건만 誓心負斯誥
형편없는 복국(卜國)[84]처럼 되고 말았네 有如末之卜
음과 양은 쉼 없이 변하는지라 陰陽無停機
칠 일 만에 회복되길[85] 기다렸더니 會待七日復
십칠 년이 지난 지금 至今十七年
모든 일 엎질러진 물이 되었고 萬事成水覆
단지 새로 귀하게 된 사람들이 徒看新貴人
남을 베고 단잠 자는 꼴만 보네[86] 枕人睡正熟

84 형편없는 복국(卜國) : 우암이 효종의 기대에 부응하지 못했음을 비유한 말이다. 노 장공(魯莊公)이 송(宋)나라와 승구(乘丘)에서 싸울 때 복국이 장공의 병거(兵車) 오른쪽에 탔다. 전투 중에 말이 놀라는 바람에 장공의 수레가 전복되고, 장공이 수레에서 떨어졌다. 장공이 복국을 꾸짖기를 "형편없구나, 복국이여!〔末之, 卜也!〕"라고 하였다. 《禮記 檀弓上》

85 칠……회복되길 : 좋은 운이 돌아옴을 비유한 말이다. 《주역》〈복괘(復卦)〉에 "그 도(道)를 반복하여 7일 만에 와서 회복하니, 가는 바를 둠이 이롭다.〔反復其道, 七日來復, 利有攸往.〕"라고 하였다. 이는 음양이 소장(消長)하는 도가 반복되어 양이 없어진 지 7일 만에 다시 돌아온다는 의미이다.

86 새로……보네 : 지금 조정에서 새로 권력을 쥔 사람들이 청나라에 대한 복수는 뒷전으로 미룬 채 안일하게 지내고 있다는 말이다.

김생[87] 간 이 〈철령〉에 차운한 시에 보운하다

步金生 榦 所次鐵嶺作

일찍이 돈옹[88]의 말씀 지키어	早守遯翁說
간과 심장이 철석 같았고[89]	肝石而心鐵
분명한 책속의 가르침을	分明簡編裏
하나하나 착실히 수용하였지	一一如掌血
사설(邪說)이 모처에서 일어나고	詖淫起處起
세도는 거의 다 무너졌어도	世道多崩缺
천년 전 성인의 마음은	雖然千載心
차가운 물에 비친 가을달이네	寒水照秋月

두 번째 其二

나의 벗 청풍자[90]여	我友淸風子
철 같은 공리[91]를 천히 여기길 배워	學賤功利鐵

87 김생(金生) : 김간(金榦, 1646~1732)으로, 본관은 청풍(淸風), 자는 직경(直卿), 호는 후재(厚齋)이다. 우암과 박세채(朴世采)의 문인이다. 학행(學行)으로 천거되어 벼슬이 우참찬에 이르렀다. 시호는 문경(文敬)이다. 문집으로 《후재집(厚齋集)》이 전한다.

88 돈옹(遯翁) : 주희의 호이다.

89 간과……같았고 : 철석(鐵石)처럼 굳센 의지와 지조가 있다는 뜻이다.

90 청풍자(淸風子) : 김간이 청풍 김씨(淸風金氏)였으므로 이렇게 부른 것이다.

한창 젊은 나이지만	方在少壯年
혈기에 휘둘리지 않네	不使於氣血
금옥 소리가 장차 울려 퍼지리며[92]	金玉聲且振
덕이 온전하여 모자람이 없으리라	德全期無缺
그대 그리워도 만날 수 없어	思之不可見
맑은 밤에 밝은 달과 함께한다네	淸宵共明月

세 번째 其三

십훈[93]이 가장 두렵고 두려운데	十暈最怕怕
탁록에서 철액과 전투를 벌였네[94]	涿鹿戰額鐵
태양이 찔려서 상처를 입고	太陽刺見夷
들판은 검고 누른 피로 물들었네[95]	野塗玄黃血

91 철 같은 공리(功利) : 주희가 진량(陳亮)에게 보낸 편지에 공리를 철(鐵)로, 도의(道義)를 금(金)으로 비유한 내용이 있다. 《晦庵集 卷34 答陳同甫》

92 금옥(金玉)……퍼지리며 : 김간이 재주와 학문으로 세상에 명성을 떨칠 것이라는 말이다.

93 십훈(十暈) : 열 가지의 다양한 햇무리 모양인 침(祲), 상(象), 휴(鑴), 감(監), 암(闇), 몽(瞢), 미(彌), 서(敍), 제(隮), 상(想)을 가리킨다. 이 중에 세 번째인 휴는 태양을 찌르는 운기(雲氣)로서, 윤휴(尹鑴)의 이름과 같다. 임금의 측근에서 권세를 부리고 있는 윤휴를 비유한 말이다. 《周禮註疏 卷25 春官宗伯》

94 탁록(涿鹿)에서……벌였네 : 황제(黃帝)가 탁록이라는 벌판에서 치우(蚩尤)와 전투를 벌였다. 이때 치우가 큰 안개를 일으켜 병사들이 길을 잃자, 황제가 지남거(指南車)를 만들어 마침내 치우를 잡아 죽였다. 철액(鐵額)은 치우의 별칭이다. 치우는 동두철액(銅頭鐵額) 즉 머리는 구리로, 이마는 쇠로 되어 있었다고 한다. 《史記 五帝本紀》

바라건대 덕망 높은 성상께서는	我願聖上德
모두 정도로써 하여 결함 없게 하소서	咸以正罔缺
요망한 햇무리와 큰 안개가	妖祲與大霧
감히 해와 달을 가리지 못하리이다	不敢欺日月

95 들판은……물들었네 : 《주역》 〈곤괘(坤卦) 육오(六五)〉에 "용이 들판에서 싸우니, 그 피가 검고 누렇다.〔龍戰于野, 其血玄黃.〕"라고 한 데서 온 말로, 권신이 임금의 권위를 위협하여 조정이 위태로움을 비유한 말이다.

윤증[96]의 〈영지삼장〉에 차운하다 병진년(1676, 숙종2)
次尹拯靈芝三章韻 丙辰

자인(子仁)이 세상 물정을 돌아보지 않고 천 리 먼 길을 찾아왔다. 그것만도 너무 감사한데, 또 〈영지삼장(靈芝三章)〉 시[97]를 지어 주어 규계(規戒)하는 뜻을 담았으니, 이를 통해 근후(勤厚)함을 더욱 알 수 있다. 삼가 이것으로 -원문 결락- 화답한다. 주 선생(朱先生)의 경원(慶元) 이후 의리[98]는 화숙(和叔 박세채(朴世采))이 들으면 다시

96 윤증(尹拯) : 1629~1714. 본관은 파평(坡平), 자는 자인, 호는 명재(明齋)이다. 성혼(成渾)의 외증손이고, 윤선거(尹宣擧)의 아들이다. 우암의 문인이었으나, 우암이 지은 윤선거 묘갈명의 내용이 문제가 되어 서로 사이가 벌어졌다. 이후로 소론(少論)의 영수로 추대되어 노론인 우암과 대립하였다. 학행으로 우의정에 이르렀으나 나아가지 않았다. 시호는 문성(文成)이다. 문집으로 《명재유고(明齋遺稿)》가 전한다.

97 영지삼장(靈芝三章) 시 : 윤증이 남조(南朝) 양(梁)나라 시인 심약(沈約)의 〈별범안성(別范安成)〉 시에 차운하여 지은 것으로, 《명재유고》에는 실려 있지 않은 것으로 보아 전하지 않는 듯하다. 1676년 2월 윤증이 장기(長鬐)에 유배되어 있던 우암을 방문하고 이별할 때 이 시를 지어 주었다. 영지는 절의 이름이다. 주희가 경원 연간(1195~1200) 초에 한탁주(韓侂胄)의 무함을 입고 도성을 떠날 때 사원(史院)의 동료들과 전당(錢塘)의 영지사(靈芝寺)에서 이별하였다. 이때 좌중의 누군가 심약의 이 시를 읊으니, 주희가 직접 종이에 쓰고 발문을 붙여 문인(門人) 이벽(李壁)에게 주었다. 《晦庵集 卷29 與李季章書》

98 주 선생(朱先生)의……의리 : 경원은 송 영종(宋寧宗)의 연호이다. 주희가 만년에 한탁주의 모함을 입고 물러나자 제자들이 화를 피하기 위해 두문사객(杜門謝客)하라고 권하니, 주희가 "지금 화를 피하라는 말은 정말 서로 아끼는 마음에서 나온 것이지만, 이러한 때에 내가 천 길 벼랑처럼 우뚝 솟아 의연하게 대처한다면 우리 도학이 더욱 빛나지 않겠는가."라고 한 것을 가리킨다. 《朱子語類 卷107》

노(魯)나라 남자의 고사[99]를 가지고 꾸짖지 않을는지 모르겠다. 자인의 〈영지삼장〉은 각 장마다 한 가지 일이므로 나 또한 각 장마다 한 가지 일을 가지고 받들어 답하였지만, 두 번째 장의 끝 구절은 박절한 듯하다. 이 또한 나의 고치기 어려운 기질 때문일 것이다. 그러나 주 선생은 편의를 취하는 것이 학자들의 큰 병통이라고 힘써 말씀하셨는데, 나의 망녕된 생각에 자인도 조금은 그러한 의사를 가지고 있는 듯하므로-이를테면, 어버이의 뜻에 따라 임시방편으로 과거에 응하는 것은[100] 작은 일이지만 소홀히 해서도 안 되는 것이다.- 감히 숨기지 않았다. 타산지석(他山之石)에 견준다면 혹시라도 성덕(盛德)에 보탬이 없지 않을 것이다.

옛날 글 배우던 처음에는　　念昔挾書初
현인이나 성인을 기약했는데　　賢聖以爲期
이렇게 늙은 날을 당하니　　及此荒耄日
젊어서 때 놓친 것 뉘우치네　　悔失少壯時
여기 유배지에서 대죄하면서도　　伏兹待刑地

99 노(魯)나라 남자의 고사 : 노나라에 홀로 사는 남자가 있었는데, 이웃의 과부가 비바람에 집이 무너지자 그 남자 집으로 들어와서 의탁하려 하니, 그 남자가 못 들어오게 했다. 과부가 "그대는 왜 유하혜(柳下惠)처럼 하지 않는가?"라고 하니, 그 남자가 "유하혜는 할 수 있어도 나는 할 수 없다. 나는 나의 불가(不可)함으로써 유하혜의 가(可)함을 배우고자 한다."라고 하였다. 유하혜는 한겨울 밤에 곽문(郭門)에서 잘 때에 함께 묵던 여자가 추위에 얼어 죽을까 봐 품에 안고 옷으로 덮어 주었는데, 아침이 될 때까지 문란한 일이 없었다고 한다.《孔子家語 卷2 好生》

100 어버이의……것은 : 대본에는 '任親權科'로 되어 있는데,《송자대전수차(宋子大全隨箚)》 권1에도 '미상(未詳)'이라고 되어 있어 문맥을 살펴 번역하였다.

순수하고 우직함을 오히려 견지하니	純愚猶自持
혼연함을 진실로 바라긴 어려워도	渾然固難望
기상 우뚝한 증자와 자사를 사모한다네	壁立慕曾思

주자는 "크고 굳세다〔弘毅〕", "생사의 큰일을 당하다〔臨大節〕", "사자를 손을 저어 나가게 하다〔摽使〕", "어찌 감히 벗으로 삼을 수 있겠는가〔何敢友〕" 등의 말을 가지고 두 부자(夫子)의 우뚝한 기상이 드러난 근거로 삼았다.[101]

101 주자는……삼았다 : "크고 굳세다"는 《논어》 〈태백(泰伯)〉의 "선비는 크고 굳세지 않을 수 없으니, 책임이 중하고 길도 멀기 때문이다.〔士不可以不弘毅, 任重而道遠.〕"라는 증자(曾子)의 말에 나온다. "생사의 큰일을 당하다"는 《논어》 〈태백〉의 "육 척의 어린 임금을 부탁할 만하고, 제후국의 정치를 맡길 만하며, 생사의 큰일에 당해서도 그 뜻을 뺏을 수 없다면, 군자다운 사람인가? 군자다운 사람이다.〔可以託六尺之孤, 可以寄百里之命, 臨大節而不可奪也, 君子人與? 君子人也.〕"라는 증자의 말에 나온다. "사자를 손을 저어 나가게 하다"는 《맹자》 〈만장 하(萬章下)〉의 "노 목공(魯繆公)이 자사(子思)에게 자주 문안드리고, 자주 삶은 고기를 보내 드렸다. 자사는 기뻐하지 아니하고 나중에는 사자를 손을 저어 대문 밖으로 나가게 하고 임금 계신 북쪽을 향하여 두 번 절하면서 받지 않았다.……〔繆公之於子思也, 亟問, 亟餽鼎肉. 子思不悅, 於卒也, 摽使者出諸大門之外, 北面稽首拜而不受……〕"라는 고사에 나온다. "어찌 감히 벗으로 삼을 수 있겠는가"는 《맹자》 〈만장 하〉에 나오는 말로, 노 목공이 "옛날에 천승(千乘)의 군주가 선비와 벗하였으니, 어떻습니까?"라고 물으니, 자사가 "옛사람의 말에 '섬긴다'라고는 하였을지언정 어찌 '벗한다'라고 했겠습니까.〔古之人有言曰, 事之云乎, 豈曰友之云乎?〕"라고 하였는데, 맹자는 자사의 이 마음을 "지위로 보면 그대는 군주요 나는 신하이니, 내 어찌 감히 군주와 벗할 수 있겠는가. 덕으로 보면 그대는 나를 섬기는 자이니, 어찌 나와 더불어 벗할 수 있겠는가.〔以位, 則子君也, 我臣也, 何敢與君友也? 以德, 則子事我者也, 奚可以與我友?〕"라고 헤아린 데서 온 말이다. 주희는 증자에 대해 "증자의 학문은 대개 맹자의 용기와 같다. '크고 굳세다.'라는 말과 '생사의 큰일에 당해서도 그 뜻을 뺏을 수 없다.'라는 말과 《맹자》에서 인용한 증자의 '그들이 부유함을 내세우면 나는 나의 인을 내세울 것이다.〔彼以其富, 我以吾仁.〕'라는 말을 보면 그 용기

두 번째 其二

《맹자》에서 성인의 무리라 함은　　鄒書聖徒云
사람들과 함께하기를 기대한 것[102]　　蓋與衆人期
난신적자는 즉시 토벌해야 하니　　亂賊卽當討
어찌 법관까지 기다리랴　　奚須司寇時
위대하여라 주 부자는　　大哉閩夫子
이 의리 더욱 굳게 지켰네　　此議尤堅持
그대도 편의만 생각하지 말고　　君勿占便宜
맹자와 주자를 생각하기 바라네　　孟朱要當思

세 번째 其三

처음엔 대방 사람[103]과 함께　　始與帶方人
옛 도를 기약했는데　　古道與相期

를 알 수 있다."라고 평가하였고, 자사에 대해 "《맹자》에서 인용한 '사자를 손을 저어 대문 밖으로 나가게 하고 임금 계신 북쪽을 향하여 두 번 절하면서 받지 않았다.'라는 말과 '섬긴다고는 하였을지언정 어찌 벗한다고 했겠는가.'와 같은 말을 하였으니, 이 얼마나 강하고 굳센가."라고 평가하였다. 《朱子語類 卷35, 卷93》

102 맹자에서……것 : 이단(異端)은 아무라도 칠 수 있다는 뜻이다. 《맹자》〈등문공 하(滕文公下)〉에 "양주와 묵적을 막아야 한다고 말하는 자는 성인의 무리이다.〔能言距楊墨者, 聖人之徒也.〕"라는 말이 나온다.

103 대방(帶方) 사람 : 윤휴를 가리킨다. 대방은 남원(南原)의 옛 이름으로, 윤휴의 본관이 남원이다. 《宋子大全隨箚 卷1》

어찌 알았으랴 효경[104] 같은 마음이 豈料梟獍心
젊어서부터 있었던 줄을 已在勝冠時
혼미함은 참으로 나의 죄이지만[105] 昏迷固吾罪
세도를 누가 부지하겠는가 世道誰扶持
한스럽게도 우리 그대들은 恨我二三子
소인이 준동함을 전혀 개의치 않네 羸孚皆莫思

104 효경(梟獍) : 효(梟)는 어미를 잡아먹는 새이고, 경(獍)은 아비를 잡아먹는 짐승이다. 흉악해서 인륜을 저버리는 사람을 비유한다.

105 혼미함은……죄이지만 : 1675년(숙종1) 윤5월 대사헌 윤휴 등이 "송시열은 혼미하고 공손하지 못하여 고쳐서 뉘우치는 마음이 없습니다. 북도(北道)는 인심이 순후하고 풍속이 소박한데, 송시열이 여기에 있게 되면서 어리석은 백성들을 속이고 유혹하여 순박한 풍속을 어지럽게 하였습니다."라고 숙종에게 아뢰었던 일을 가리킨다. 이로 인해 우암이 함경도 덕원에서 경상도 장기로 이배(移配)되었다. 《肅宗實錄 閏5月 15日》

곡운 김연지 수증 가 회옹의 〈와룡암〉[106]의 운을 사용해 지은 시에 차운하다

次谷雲金延之 壽增 所用晦翁臥龍菴韻

무후가 남양에 있을 적엔[107]	武侯在南陽
오직 밭 가는 일만 했었지	所事惟耕鑿
군신의 수어지교 은근했으나	慇懃魚水契
장군별 떨어짐을 문득 보았네[108]	遽見將星落
여산에 빼어난 경치 있어	廬山有奇勝
주자가 깊은 골짜기 찾아	晦父尋幽壑
이름 따라 작은 암자 지으니	循名架小菴
아득해라 어제 일이 아니로다	渺茫已非昨
나의 벗이 묵은 책 속에서	我友陳編上
당년의 작품을 낭랑히 읊고	朗吟當年作

106 와룡암(臥龍菴) : 주희가 지남강군(知南康軍)으로 재임하던 1179년에 여산(廬山)의 와룡담(臥龍潭) 부근에 와룡암을 지어 삼국 시대 촉한(蜀漢)의 재상인 제갈량(諸葛亮)을 향사하였다. 〈와룡암〉은 당시에 주희가 지었던 시 〈와룡암무후사(臥龍菴武侯祠)〉이다. 《晦庵集 卷7》

107 무후(武侯)가……적엔 : 무후는 제갈량의 시호이다. 유비에게 발탁되기 전에는 남양(南陽)에 은거하여 농사를 짓고 살았다.

108 장군별……보았네 : 제갈량의 죽음을 가리킨다. 제갈량이 일찍이 오장원(五丈原)에 진을 치고 위(魏)나라의 사마의(司馬懿)와 대치하였다. 그러던 어느 날 밤에 큰 별이 동북쪽에서 날아와 그의 진영으로 떨어졌는데, 얼마 뒤에 제갈량이 죽었다. 《三國志 蜀書 諸葛亮傳》

배회하며 지난 일 회상하면서	徘徊撫遺事
조금이나마 그분을 배우려 하네	謂言海可酌
더구나 이러한 오랑캐 세상에	況玆羯奴時
우리 삶이 즐겁지 아니한데	我生非所樂
고결한 초상을 새 거처에 거니[109]	淸高揭新居
의기가 사막을 가로지르네	意氣橫沙漠

109 고결한……거니 : 김수증이 자신이 은거하던 화악산 곡운 계곡에 유지당(有知堂)이라는 사당을 지어 제갈량과 김시습(金時習)의 초상을 모셨다. 김수증의 조카 김창협(金昌協)이 지은 〈유지당기(有知堂記)〉에 "오직 우리 동방은 아직까지 의관과 예악을 갖추는 나라이고, 또 이 곡운은 세속과 거리가 먼 깊숙한 산골의 고요한 곳으로 일체의 혼탁하고 더러운 기운이 미치지 못하는 데다, 또 선생이 주인이 되고 매월공이 이웃이 되었으니, 이 점을 가지고 말하면 드넓은 천하의 그 어디에도 이곳보다 더 무후의 고결한 초상을 걸어 놓기에 적합한 곳이 없을 것이다."라는 말이 있다. 《農巖集 卷24 有知堂記》

곡운 김연지, 퇴우 김기지,[110] 수흥 문곡 김구지 수항 가 〈남간〉[111]의 운을 사용해 지은 시에 차운하다

次谷雲金延之退憂金起之 壽興 文谷金久之 壽恒 所用南磵韻

그대 집안 백씨 중씨 계씨는	君家伯仲季
모두 문정공[112] 계실 때 태어나	皆逮文正時
앞뒤의 옷자락 서로 붙들면서	前衿又後裾
화락한 기운으로 어울렸었네	和樂吹參差
타고난 성품이 모두 총명하여	賦性各聰明
학업에 스승도 피로함을 몰랐네	學業師不疲
장성하여 조금도 하자가 없으니	長大絶瑕纇
밝은 옥이 맑은 물에 잠긴 듯했지	瑩璧沈寒漪
출세하여 세도를 담당하니	出當世道重
해와 별처럼 찬란히 빛났네	爛若日星垂

110 김기지(金起之) : 김수흥(金壽興, 1626~1690)으로, 본관은 안동(安東), 자는 기지, 호는 퇴우당(退憂堂)이다. 김상헌(金尙憲)의 손자이다. 김수증(金壽增)이 형이고, 김수항(金壽恒)이 동생이다. 1655년(효종6) 문과에 급제하였고, 벼슬이 영의정에 이르렀다. 1674년(숙종 즉위년) 복제(服制) 문제로 춘천에 유배되었다가 1680년 서인이 재집권하자 다시 영의정에 올랐으나, 1689년 남인이 다시 집권하자 장기(長鬐)에 유배되어 이듬해 배소에서 죽었다. 시호는 문익(文翼)이다. 문집으로 《퇴우당집(退憂堂集)》이 전한다.

111 남간(南磵) : 유종원(柳宗元)이 지은 〈남간중제(南磵中題)〉 시를 가리킨다.

112 문정공(文正公) : 청음(淸陰) 김상헌의 시호이다.

홀연히 일이 크게 어긋나서 俄然事大謬
다른 사람과 뜻이 맞지 않았네 不與他人宜
백씨 중씨는 고난 속에 형통했고 伯仲習坎亨
계씨는 뒤늦게 절개가 드러났네 季也歲寒知
서로 할아버지 공렬을 빛내리니 相將光祖烈
멀리 옛사람과 함께하길 기약하리 邈與古人期

박화숙[113]이 보낸 12편에 차운하다
次朴和叔所寄十二篇

삼가 좋은 시 12장(章)을 받고 보니, 실로 황산곡(黃山谷)의 시를 써서 운을 나눈 것이었네. 그러나 주자의 "귀신을 울린다."라는 평이 없다면 여기에 마음을 쓸 필요가 무에 있겠는가.[114] 마음 내키는 대로 화답하여 보내니 수정해 주기 바라네. 그 내용 중에 "하늘가에는 옅은 구름뿐〔天際輕陰〕"[115]이라는 시구와는 차이가 매우 많은 것은 내가 끝내 기질을 변화시키기 어려움이 있어서 그러하니, 아울러 바로잡는 방법을 제시해 주는 것이 어떻겠는가?

검은 하늘과 누런 땅은　　玄渾與黃矩

113 박화숙(朴和叔) : 자가 화숙인 박세채(朴世采)를 가리킨다. 105쪽 주22 참조.

114 황산곡(黃山谷)의……있겠는가 : 황산곡은 북송 때의 문인 황정견(黃庭堅)으로, 호가 산곡이다. 황정견이 자신의 누이가 시댁의 박대를 받다가 강에 빠져 죽자, 누이를 기리며 〈훼벽(毁璧)〉이라는 시를 지었는데, 그 내용에 "돌아가 소요하게나, 서강의 물결은 언제나 잠잠해질까.〔歸來兮逍遙, 西江波浪何時平?〕"라는 구절이 있다. 주희가 이 구절을 두고 "참으로 귀신을 울릴 만하다.〔眞可以泣鬼神.〕"라고 평하였다. 《古今事文類聚 後集 卷11 毁璧》《晦庵集 別集 卷1 林井伯》

115 하늘가에는 옅은 구름뿐 : 송나라 원풍(元豐) 2년(1079) 정호(程顥)를 비롯한 제현(諸賢)이 낙원(洛園)에서 계(契)를 맺었다. 그 자리에서 정호가 "해 저무는 것 시름할 것 없어라, 하늘가에는 옅은 구름뿐.〔未須愁日暮, 天際是輕陰.〕"이라는 시구를 지으니, 양시(楊時)가 그의 온유함과 충후함에 경탄하였다 한다. 《宋名臣言行錄 外集 卷2》

안팎으로 서로 의지하고	外內自相依
음과 양이 서로 왕래하니	陰陽相往來
협력하여 서로 나무람이 없네	合同無誚譏
만물은 각기 제자리가 있는 것	衆萬各有止
어찌 꼭 천 리 기내일 뿐이랴[116]	何必千里畿
육경에 밝은 법이 실려 있건만	六籍著明法
현명한 이 따르고 우둔한 이 어기네	賢愚自從違
모든 이치 이 몸에 갖추었으니	萬理具此身
조심조심 살다가 온전히 가야 하리	淵氷要全歸

두 번째 其二

양의는 어찌 한결같이 곧으며	陽儀何一直
음의는 누가 나누어 열었나	陰儀孰分開
자연히 단도 되고 탁도 되니[117]	自然單而拆
사람의 안배를 기다리지 않는 것	不待人剪裁
단은 선의 뿌리가 되고	單爲善之根
탁은 바로 악의 싹이라네	拆是慝之胎

116 어찌……뿐이랴 : 《시경》 〈상송(商頌) 현조(玄鳥)〉에 "나라의 기내 천 리는 백성들이 사는 곳이네.〔邦畿千里, 維民所止.〕"라는 말이 나온다.

117 단(單)도……되니 : 음양의 변화를 말한다. 예전에 동전을 던져 양효(陽爻)와 음효(陰爻)를 정하였는데, 동전의 뒷면을 홀수로 삼고 앞면을 짝수로 삼아 동전 세 개의 앞면과 뒷면을 합계하는 방식이다. 홀수이면 양으로 삼아 단이라 부르고, 짝수이면 음으로 삼아 탁(拆)이라고 불렀다.

성인은 조화를 주지하여 聖人秉元化
악은 억제하고 선은 북돋우네 彼抑此焉培
어찌하여 하늘은 희롱이 많아 如何化兒劇
대가 가면 소가 꼭 오게 하는가[118] 大往小必來

세 번째 其三

옛 성인이 밝은 교훈 전하였으니 古聖垂明訓
간곡함이 귀에다 속삭이는 듯하네 丁寧如耳提
경계함과 두려움으로 천리를 보존하고 戒懼存天理
인욕에 어두워짐을 용납하지 않으니 不容人欲迷
참으로 이 말대로 종사한다면 苟能事斯語
성스럽고 공경함이 날로 상승하리 聖敬可日躋
이 학문을 계승한 자 누구이던가 此學繼者誰
주자 정자 그리고 장횡거로다 閩洛洎關西
누가 큰 나무를 흔들 수 있으랴 誰能撼大樹
저 개미놈들 애처롭기만 하여라[119] 哀彼蜉蝣兮

118 대(大)가……하는가 : 군자와 소인이 번갈아 오고, 치란(治亂)이 반복된다는 뜻이다. 《주역》 〈비괘(否卦)〉에 "대가 가면 소가 온다.〔大往小來.〕"라고 하였는데, 대는 양을 말하고 소(小)는 음을 말한 것이다.

119 누가……하여라 : 한유(韓愈)가 장적(張籍)을 조롱한 〈조장적(調張籍)〉 시에 "개미가 큰 나무를 흔들려고 하니, 자기 역량 모르는 게 가소롭구나.〔蚍蜉撼大樹, 可笑不自量.〕"라고 한 데서 온 말로, 제 역량을 모르고 함부로 날뛰는 자들을 비유한 말이다. 《韓昌黎集 卷5》

네 번째 其四

정일로 마음의 묘법을 전한 것은	精一傳心妙
멀리 요순 시대부터였고[120]	遠自唐虞朝
명과 성 그리고 인과 의는	明誠及仁義
자사 맹자 말씀에 더욱 넉넉하네[121]	思孟說更饒
주자 정자 이를 간직하고 따랐으므로	周程寔持循
국과 담장에서도 늘 요 임금을 보았네[122]	羹墻每見堯
끝내 신기한 것 만들지 않아	終不創新奇
옛 도가 더욱 밝아졌나니	古道益以昭
양강에서 지은 시에	不如楊江詩
요자 버리고 소자만 쓴 것과 같지 않다네[123]	去遙獨用逍

120 정일(精一)로……시대부터였고 : 순(舜) 임금이 우(禹)에게 선위(禪位)하면서 "인심은 위태하고 도심은 은미하니, 오직 정밀하고 일관되게 하여 그 중도(中道)를 진실로 잡아야 한다.〔人心惟危, 道心惟微, 惟精惟一, 允執厥中.〕"라고 하였다. 《書經 大禹謨》

121 명(明)과……넉넉하네 : 자사(子思)가 지었다고 전하는 《중용》에 "하늘의 참됨으로 말미암아 인간이 저절로 밝아지는 것을 성(性)이라 하고, 인간이 밝힘으로 말미암아 하늘의 참됨을 회복하는 것을 교(敎)라고 하니, 참되면 밝아지고 밝아지면 참되게 마련이다.〔自誠明謂之性, 自明誠謂之敎, 誠則明矣, 明則誠矣.〕"라는 말이 나오고, 맹자는 공자의 사상을 계승하여 인의(仁義)를 강조하였다.

122 국과……보았네 : 흠모의 마음이 항상 지극했다는 말이다. 요(堯) 임금이 죽은 뒤에도 순(舜) 임금이 요를 너무나 그리워하여 자리에 앉으면 담에 요의 모습이 나타나는 듯하고 밥을 먹으면 국그릇 속에도 요의 모습이 비치는 듯하였다는 고사에서 온 것이다. 《後漢書 李固列傳》

123 양강(楊江)에서……않다네 : 양강은 양근(楊根) 부근의 남한강(南漢江)을 가리

다섯 번째 其五

총령[124]이 울창하고 드높은데 蔥嶺鬱嵯峨
중화에서 아득한 만 리 길이라 中華萬里遼
거기서 황당한 사람을 낳으니 鍾生荒唐人
높은 푯대 하나 달리 세웠네 別揭一高標
흘러들어 온 지 천년도 넘어 漂流千百載
그 학설 뻗어 나가 번성하였네 其說蔓且饒
상산이 만약에 돌아오려 했다면 象山如肯歸
주자가 어찌 끝내 허물했으랴[125] 晦父豈終招
건어로 가리고 관진을 지나가니[126] 遮鮝過關津

킨다. 박세채는 1674년(숙종 즉위년) 10월부터 1675년 12월까지 양근에 우거(寓居)하였다. 박세채가 우암에게 보낸 12편의 시는 박세채가 양근에 우거할 때에 지어 보낸 것이고, 12편 중에 네 번째 편의 마지막 구절에서 "천년의 경사가 여기에 모였으니, 한 구역 사람들이 기뻐 서로 소요하네.〔千載慶斯會, 一域喜相逍.〕"라고 하여, 소요(逍遙)를 '소(逍)' 한 글자만 사용하여 파격적으로 표현하였기 때문에 농담 삼아 이렇게 말한 것이다.《南溪年譜》《南溪集 卷3 山谷有歸來兮逍遙……寄懷南海》

124 총령(蔥嶺) : 지금의 파미르(Pamir) 고원으로, 부처가 태어난 서역(西域)을 가리킨다.

125 상산(象山)이……허물했으랴 : 상산은 남송의 학자 육구연(陸九淵)의 호이다. 본심(本心)이 곧 천리(天理)라는 '심즉리(心卽理)'를 주장하여 '성즉리(性卽理)' 곧 인간의 본성(本性)이 바로 천리라는 주장을 펼친 주희로부터 선학(禪學)에 물들었다는 비판을 받았다. 이 구절은 육구연이 회개하여 성리학으로 돌아온다면 주희가 지난 잘못을 허물하지 않았을 것이라는 말이다.

126 건어(乾魚)로……지나가니 : 주희가 육구연이 주장하는 학문이 내용은 선학이면서 유학(儒學)을 표방하는 것을 비판하면서, 그의 학문을 사염(私鹽)을 파는 상인이

날로 도에서 멀어져 갔네　去道日益遙

여섯 번째 其六

주자는 공자를 따랐으니　晦父踵尼父
계승하고 열어 준[127] 공덕이 같다오　繼開功相齊
모든 이치 다 드러내어　萬理呈露皆
다시 숨겨진 실마리 없는데　無復隱端倪
어찌 초려 같은 무리는　如何草廬輩
허공에 사다리를 세우려 했나[128]　欲架虛空梯
상채의 객과 같은 점이 있나니　有同上蔡客
책을 불살라 백성 우롱함이 같구려[129]　雜燒愚黔黧
중국에서 하나였던 학통이 갈라져　中州一統分
강서[130]로 끊임없이 돌아갔다네　亹亹歸江西

세금을 징수하는 관리의 눈을 피하기 위해 소금 위를 건어로 덮어 가리고 지나가는 것에 비유하였다. 관진(關津)은 세금을 징수하는 관리이다. 《朱子語類 卷124》

127 계승하고 열어 준 : 선인의 업적을 계승하고 후인의 미래를 열어 주었다는 말이다.

128 어찌……했나 : 초려(草廬)는 원나라 초기의 학자 오징(吳澄)의 호이다. 육구연의 고향인 강서(江西)에서 태어나 육구연의 학문을 추종하였다. 우암은 오징이 허황된 학설을 지어냈다는 의미로 "허공에 사다리"라는 표현을 쓴 것이다.

129 상채(上蔡)의……같구려 : 상채의 객은 진 시황(秦始皇) 때 정치가 이사(李斯)를 가리킨다. 그가 상채 사람이기 때문에 이렇게 불렀다. 이사는 진 시황에게 책을 불살라 우민 정치(愚民政治)를 시행하도록 하였는데, 육구연이 주장한 학설의 폐해가 그와 같다는 뜻이다.

130 강서(江西) : 육구연의 학설을 가리킨다. 강서는 육구연이 살았던 곳으로, 그의

일곱 번째 其七

양천[131]이 선한 사람 죽이니 陽川鏖善流
그 기세 끝내 꺾기 어려웠고 氣勢終難降
대방은 걸왕의 잔혹함 도와 帶方助桀虐
천륜끼리 서로 치고받게 했네[132] 天倫相擊撞
사악한 기운 마침내 뭉쳐서 戾氣終有鍾
효경[133]이 그 뱃속에서 태어났다네 梟獍生其腔
붕당 이룬 간인들이 대를 이어 가 朋姦濟其世
정도(正道)를 없애니 나라가 흉해지네 蔑貞凶于邦
그 화가 이미 하늘에 닿아 其禍已滔天
넓고 넓은 파도를 삼키네 浩浩呑濤江

여덟 번째 其八

성조께서는 촉주 유비가 聖祖慕蜀主

학파를 강서학파(江西學派)라고도 한다.

131 양천 : 허목(許穆)의 본관인데, 여기에서는 허목의 선조인 허자(許磁)를 가리킨 것이다. 121쪽 주65 참조. 《宋子大全隨箚 卷1》

132 대방(帶方)은……했네 : 대방은 남원(南原)의 고호(古號)로, 남원 윤씨인 윤휴의 아버지 윤효전(尹孝全, 1563~1619)을 가리킨다. 그가 광해군에게 임해군(臨海君)을 모함하여 죽게 하고, 그 공으로 대원군(帶原君)에 녹훈되었다고 한다. 《宋子大全隨箚 卷1》

133 효경(梟獍) : 효(梟)는 어미를 잡아먹는 새이고, 경(獍)은 아비를 잡아먹는 짐승이다. 흉악한 사람을 비유하는 말로, 여기에서는 허목과 윤휴를 가리킨다.

칼 잡고 민산 아미산에 섰던 일 사모하셨지[134] 仗劍立岷峨
인의를 군사로 삼으면 仁義以爲兵
숫자는 많지 않아도 되는 것 所用豈在多
맹세코 오랑캐 무리 쓸어 내면 誓掃戎虜群
마치 단비가 내린 듯하여 將如時雨過
바로 탕왕 무왕의 공렬을 이으리니 直繼湯武烈
한나라 당나라 정도에 그치고 말겠나 肯墮漢唐窠
중도에서 홀연히 붕어하시니 中途忽崩殂
온 나라에 눈물이 바다를 이루었네 率土淚成波

아홉 번째 其九

성고께서는 기해년 여름에 聖考己亥夏
비통한 얼굴로 은 고종처럼 거상하셨지[135] 深墨殷宗諒
감반 옛 스승[136]이 있음에 힘입어 賴有甘盤舊

134 성조(聖祖)께서는……사모하셨지 : 효종(孝宗)이 한나라 왕실의 회복을 위해 노력한 유비(劉備)의 의리와 기개를 사모했다는 말이다. 민산(岷山)과 아미산(峨眉山)은 모두 유비가 건국한 촉한(蜀漢) 지역에 있던 대표적인 명산이다.

135 성고(聖考)께서는……거상하셨지 : 기해년(1659) 5월 효종이 승하하고 현종이 왕위에 오른 것을 말한다. 《예기》 〈상복사제(喪服四制)〉에 "은나라 고종이 양암에서 거상하며 3년 동안 말하지 않았다.〔高宗諒闇, 三年不言.〕"라는 《서경》의 말이 인용되어 있다.

136 감반(甘盤) 옛 스승 : 감반은 은 고종(殷高宗)의 태자 시절 스승이다. 여기에서는 현종의 세자 시절 스승이었던 송준길(宋浚吉)을 가리킨다.

처음에 하는 일마다 합당하였네 初服事皆當
염매처럼 군신의 정 깊었으니[137] 鹽梅契深密
누가 천지 같은 도량 엿보았을까 孰窺天地量
옆에서 엿보던 자들이 何意旁觀者
화단을 몰래 빚어낼 줄 누가 알았으랴 禍端潛培養
심하게 해를 끼침이 황천까지 미쳤으니[138] 深嚌及重泉
참소가 크게 풍파를 일으킨 것이라네 貝錦太飜浪

열 번째 其十

진중한 반남 박씨의 아들[139] 珍重潘南子
단정히 살아온 세월이 많았네 端居歲月多
조용하게 공맹의 말씀 찾았고 幽尋洙泗響
몇 번이나 용문의 노래에 화답하였나[140] 幾賡龍門歌
항시 이르기를 주자 이후에는 每謂晦父後

137 염매(鹽梅)처럼……깊었으니 : 염매는 소금과 매실인데 음식의 양념으로 쓰며, 전하여 군신(君臣)의 좋은 관계를 뜻한다. 《서경》 〈열명 중(說命中)〉에 은 고종이 재상인 부열(傅說)에게 "여러 가지 양념을 넣고 국을 끓일 때면, 그대가 간을 맞출 소금과 매실이 되어 주오.〔若作和羹, 爾惟鹽梅.〕"라고 하였다는 데서 온 말이다.

138 심하게……미쳤으니 : 1675년(숙종1) 남인이 정권을 잡아, 효종의 국상 때 자의대비(慈懿大妃)의 복제(服制)를 기년(期年)으로 정한 것을 죄목으로 삼아 송준길의 관작을 추탈(追奪)한 것을 가리킨다.

139 반남 박씨(潘南朴氏)의 아들 : 박세채가 반남 박씨이므로 일컬은 말이다.

140 몇……화답하였나 : 박세채가 정주학(程朱學)을 계승하였다는 의미이다. 용문(龍門)은 낙양(洛陽) 남쪽의 지명으로, 정이(程頤)가 만년에 거처하던 곳이다.

모든 이치가 조금의 착오도 없다 하여　萬理一無差
바야흐로 깊은 재주 기울이려 하거늘　方將竭淵才
사람들은 학술이 잘못되었다 하누나　人謂學術訛
봉황새는 본래 쥐를 먹지 않는데　鵷雛本不鼠
올빼미는 뺏길까 봐 어찌 겁내는가[141]　鴟嚇欲攘何

열한 번째 其十一

영북도 멀다 여기지 않았거늘　不遠嶺之北
어찌 바닷가를 꺼리겠는가　寧憚海之湄
한스러운 점은 젊어서 힘쓰지 않아　所歎少不力
늙어 갈수록 처음 뜻이 무너지는 것　老去初志隳
다행히도 이 백아가 종자기를 만났으니[142]　幸此牙遇期

141 봉황새는……겁내는가 : 박세채가 세속의 권력과 명성 따위에 관심이 없는데도, 사람들은 그를 경계한다는 말이다. 《장자》〈추수(秋水)〉에 "남방에 새가 있는데, 그 이름이 원추(鵷鶵)이다. 그대는 아는가? 저 원추가 남해를 출발하여 북해로 날아갈 적에 오동나무가 아니면 쉬지 않고 대나무 열매가 아니면 먹지 않으며, 단물이 나오는 샘이 아니면 마시지 않는데, 썩은 쥐를 얻은 올빼미가 마침 그 위를 지나가는 원추를 보고는 제 썩은 쥐를 빼앗길까 '꽥' 하고 을러댔다.〔南方有鳥, 其名鵷鶵. 子知之乎? 夫鵷鶵發於南海而飛於北海, 非梧桐不止, 非練實不食, 非醴泉不飮. 於是, 鴟得腐鼠, 鵷鶵過之, 仰而視之曰: "嚇."〕"라고 한 데서 온 말이다. 원추는 봉황의 다른 이름이다.

142 백아(伯牙)가 종자기(鍾子期)를 만났으니 : 마음을 알아주는 친구를 만났다는 말로, 우암이 박세채를 알게 된 것을 가리킨다. 백아와 종자기는 춘추 시대 초(楚)나라 사람이다. 백아가 산을 두고 거문고를 타면 종자기가 "높은 산이 우뚝 솟았도다."라고 하였고, 물을 두고 타면 종자기가 "물이 넘실넘실 흐르도다."라고 했다는 고사가 있다. 《呂氏春秋 本味》

채택이 범저를 설복했던 일 아랑곳없네[143] 不管蔡傾雎
옛글에다 마음과 힘을 다하고 簡編專心力
언행에 의심나고 위태한 것은 뺄지니[144] 言行闕殆疑
거백옥의 일과 무공의 경계[145]도 蘧寡與武戒
모두 말년의 일이었다네 俱是耄期時

열두 번째 其十二

예악은 누가 제작했으며 禮樂誰制作

143 채택(蔡澤)이……아랑곳없네 : 종자기처럼 마음으로 알아주는 벗을 만났으니, 채택이 언변(言辯)으로 범저(范雎)를 설득했던 일을 할 필요가 없다는 말이다. 채택은 전국 시대 연(燕)나라의 변사(辯士)로, 사방에 유학하고 여러 제후에게 유세하였으나 채용되지 않자 진(秦)나라에 들어가 당시 재상이던 범저를 설득하여 그의 소개로 객경(客卿)이 되었다가 곧 재상이 되었다. 《史記 蔡澤列傳》

144 언행에……뺄지니 : 자장(子張)이 봉록(俸祿)을 얻는 방법을 배우려 하자, 공자가 "많이 들어서 의심나는 것은 빼 버리고 그 나머지를 신중히 말하면 허물이 적을 것이며, 많이 보아서 위태로운 것은 빼 버리고 그 나머지를 신중히 행하면 뉘우침이 적을 것이다. 말에 허물이 적고 행실에 뉘우침이 적으면 봉록이 그 가운데 있을 것이다.〔多聞厥疑, 愼言其餘則寡尤; 多見闕殆, 愼行其餘則寡悔. 言寡尤, 行寡悔, 祿在其中矣.〕"라고 한 데서 온 말이다. 《論語 爲政》

145 거백옥(蘧伯玉)의……경계 : 춘추 시대 위(衛)나라 대부(大夫) 거백옥이 공자에게 사자(使者)을 보냈을 때에 공자가 "선생께서는 어떻게 지내십니까?"라고 물으니, 사자가 "선생께서는 허물을 적게 하려고 하지만, 아직 잘하지는 못합니다.〔夫子欲寡其過而未能也.〕"라고 대답한 고사가 전한다. 《論語 憲問》 위 무공(衛武公)은 95세가 되었는데도 자신을 경계하는 〈억(抑)〉 시를 지어 사람을 시켜 날마다 곁에서 외게 하여 스스로를 경계하였다고 한다. 《詩經 大雅 抑》

시서는 누가 편찬하였나 詩書孰經營
안연과 민자건은 어찌 문을 닫았으며[146] 淵騫戶何閉
우 임금과 후직은 어찌 갓끈만 매었나[147] 禹稷冠何纓
성인의 도가 생각이 가지각색이지만[148] 聖道雖百慮
요체는 모두 천명을 따르자는 것이네 要皆率天明
저 괴이한 것만 찾는 무리들은 彼哉索隱徒
말을 내뱉으면 귀신도 놀란다지만 出言鬼神驚
오직 자신을 연마하는 공부라야 惟玆爲己功
공손함을 돈독히 하여 천하가 평정되네[149] 篤恭天下平

146 안연(顔淵)과……닫았으며 : 안연과 민자건(閔子騫)은 공자의 제자 가운데 덕행(德行)이 제일 뛰어났다. 그들이 당시 제후나 대부에게 벼슬하지 않았으므로 한 말이다.

147 우(禹)……매었나 : 우 임금과 후직(后稷)은 모두 요순(堯舜) 때 신하이다. 갓끈만 매었다는 것은 예모를 제대로 돌아보지 않고 허겁지겁 세상을 구제한 것을 말한다. 《맹자》 〈이루 하(離婁下)〉에 "지금 한집안 사람의 싸움을 말릴 경우에는 머리카락을 풀어 흩뜨린 채로 갓끈만 매고 가서 말리더라도 괜찮지만, 향리와 이웃에 싸우는 자가 있을 경우에 머리카락을 풀어 흩뜨린 채로 갓끈만 매고 가서 싸움을 말린다면 이는 미혹된 행동이니, 비록 문을 닫고 가만히 있어도 괜찮다.〔今有同室之人鬪者, 救之, 雖被髮纓冠而救之可也, 鄕隣有鬪者, 被髮纓冠而往救之則惑也, 雖閉戶可也.〕"라고 한 데서 온 말이다.

148 성인의……가지각색이지만 : 《주역》 〈계사전 하(繫辭傳下)〉에 "세상의 일을 보면 귀결점은 같은데 가는 길이 다르고, 모두 하나로 돌아가는데 생각은 가지각색이다.〔天下同歸而殊塗, 一致而百慮.〕"라고 한 데서 온 말이다.

149 공손함을……평정되네 : 《중용장구》 제33장에 "《시경》에 이르기를 '드러나지 않는 덕을 제후들이 본받는다.'라고 하였으니, 이 때문에 군자가 공손함을 돈독히 하면 천하가 화평해진다.〔詩曰: "不顯惟德, 百辟其刑之." 是故君子篤恭而天下平.〕"라는 말이 나온다.

박 상사 사술[150] 광후 이 익양 사군[151]의 시에 차운한 시에 화운하여 언실의 담대[152]가 보인 정중한 뜻에 사례하다

和朴上舍士述 光後 所次翼陽使君韻 以謝偃室澹臺鄭重之意

옛날 우리 자양옹께서	昔我紫陽翁
대은병 봉우리에 거처할 적에[153]	身居大隱屛
도가 완전하여 집대성하니	道全集大成
온 천하를 다 포괄하였네	乾坤涵八溟
경원 연간에 낭패를 당해	顚躓慶元間
적막하게 순녕으로 돌아가시니[154]	寂寞歸順寧

150 박 상사 사술(朴上舍士述) : 박광후(朴光後, 1637～1678)로, 본관은 순천(順天), 자는 사술, 호는 안촌(安村)이다. 우암의 문인이다. 1666년(현종7) 생원시에 합격하였으나, 갑인년(1674) 이후 벼슬할 뜻을 버렸다. 문집으로 《안촌집(安村集)》이 전한다.

151 익양 사군(翼陽使君) : 당시 광주 목사(光州牧使)로 있던 이민서(李敏敍)를 가리킨다. 익양은 광주(光州)의 별호이다.

152 언실(偃室)의 담대(澹臺) : 언실은 공자 제자인 언언(言偃), 즉 자유(子游)의 방이라는 뜻으로, 후대에는 지방 수령의 거처를 뜻하는 말로 쓰였다. 담대는 담대멸명(澹臺滅明)이다. 공자가 무성(武城)의 수령인 자유에게 제대로 된 인재가 있느냐고 묻자, 자유가 담대멸명을 거론하면서 "길을 다닐 때는 지름길로 다니지 않고, 공적인 일이 아니면 언의 방에 찾아온 적이 없습니다.〔行不由徑, 非公事, 未嘗至於偃之室也.〕" 라고 한 고사가 《논어》 〈옹야(雍也)〉에 보인다. 여기에서는 광주 목사 이민서와 관련하여 박광후를 지칭한 말이다.

153 옛날……적에 : 자양(紫陽)은 주희의 별호이다. 주희가 무함(誣陷)을 입고 관직에서 물러나 있던 1183년 무이산(武夷山) 제5곡의 봉우리인 대은병(大隱屛) 아래 무이정사(武夷精舍)를 짓고 저술과 강학에 전념하였다.

이천 문도들이 눈물을 흘렸건만	二千徒弟泣
하늘은 귀 기울여 듣지 않았네	天不傾耳聽
허나 우리는 남겨진 책을 품고	而我抱遺編
묻고 생각하길 멈추지 않으니	問思兩無停
표범 반점 하나도 아직 못 봤으나[155]	雖未一斑窺
배고픔에 초평이 생각나는 듯하네[156]	如飢憶楚萍

154 경원(慶元)……돌아가시니 : 경원은 남송 영종(南宋寧宗)의 연호(1195~1200)이다. 남송 영종 연간에 한탁주(韓侂胄)와 조여우(趙汝愚)가 권력 쟁탈전을 벌였는데, 주희는 조여우의 편이었다. 1195년 한탁주가 조여우를 몰아낸 뒤에, 주희를 중심으로 한 이학가(理學家) 59명을 위학(僞學)으로 규정한 '위학역당(僞學逆黨)'이라는 당적(黨籍)을 반포하고 주희의 학문을 금지하였다. 이 사건을 '경원당금(慶元黨禁)'이라고 부르는데, 주희는 당금 중인 1200년 3월 세상을 떠났다. 순녕(順寧)은 송나라 장재(張載)가 지은 〈서명(西銘)〉에 "살아서는 순리를 따를 것이요, 죽어서는 편안하리라.〔存吾順事, 沒吾寧也.〕"라고 한 데서 온 말로, 주희가 부인 유씨(劉氏)를 장사 지내고, 그 무덤가에 순녕암(順寧菴)이라는 건물을 지었는데, 나중에 주희도 부인과 합장(合葬)되었다.

155 표범……봤으나 : 주희의 학문이 깊고 넓어 자신의 좁은 식견으로는 일부도 파악하지 못했다는 말이다. 진(晉)나라 왕헌지(王獻之)가 소년 시절에 도박하는 것을 옆에서 지켜보다가 훈수를 두자, 도박하던 이가 "대롱으로 표범을 보면 반점 하나만 보인다.〔管中窺豹, 時見一斑.〕"라고 한 데서 온 말이다. 《世說新語 方正》

156 배고픔에……듯하네 : 주희의 학문이 배고플 때 생각나는 평실(萍實)같이 배우는 자들에게 절실하다는 의미이다. 초평(楚萍)은 초나라 평실이다. 춘추 시대 초왕(楚王)이 강을 건너다가 둥글고 붉은 말(斗)만 한 물체를 보고, 그것을 주워 사람을 시켜 공자(孔子)에게 물어보게 하니, 공자가 "이것이 이른바 평실이라는 것으로 쪼개서 먹을 수가 있는데, 이것을 얻은 것은 길한 조짐이다."라고 했다는 고사가 있다. 《孔子家語 致思》 두보(杜甫)의 〈독좌(獨坐)〉 시에 "노인을 다습게 하자니 연옥이 생각나고, 주린 배를 채우려니 초나라 평실이 생각나네.〔煖老思燕玉, 充饑憶楚萍.〕"라고 한 구절을 차용하였다. 《杜少陵詩集 卷20》

진중한 광산백[157]이여	珍重光山伯
일찍 스스로 학문의 방도를 세우고	早自立門庭
더하여 우뚝이 높은 뜻 지녔으니	還將壁立志
죽을 때까지 시들지 않으리라	抵死未凋零
백록동 학규[158]를 다시금 천명하여	更闡白鹿規
선비들이 엄숙히 경서 끼고 공부하니	章甫儼橫經
세대는 달라도 즐거움은 실로 같은데	異世諒同符
어느덧 이미 천년이 흘렀어라	不覺已千齡
생도들 모두가 걸출한 인재인지라	生徒皆俊彦
애초에 회초리 가르침 필요가 없지	初不煩教刑
그대 만나 터득한 바 시험해 보니	逢君徵所得
넓게 트인 것이 청천을 오른 듯	豁若陞青冥
돌아가서 함께 멀리 찾아보세나	歸哉共遐尋
성인의 문은 본디 빗장이 없다네	聖門元不扃

157 광산백(光山伯) : 광주 목사 이민서를 가리킨다. 광산은 광주의 별칭이다.

158 백록동(白鹿洞) 학규(學規) : 백록동서원(白鹿洞書院)의 학규를 말한다. 주희가 지남강군(知南康軍)에 부임하였을 때 백록동서원을 중건하고 직접 강학하면서 학규를 제정하였다. 그 내용은 오교(五教)의 조목, 학문을 하는 차례, 수신(修身)의 요체, 처사(處事)의 요체, 접물(接物)의 요체로 이루어져 있다.

신 시직[159] 석형 에 대한 만사

申侍直 碩亨 挽

사람에게 사랑받지 못했으니	不爲人所憐
귀신에게 사랑받아야 했거늘	宜爲鬼所憐
귀신도 사랑하지 않아	鬼亦不之憐
끝내 요절하고 말았네	終然夭其年
장한 뜻은 천고에 묻히고	壯志埋千古
높은 재주는 구천에 갇혔어라	高才閟九泉
처량히 옛일 그리며 흘리는 눈물	凄涼懷古淚
산에 걸린 구름 향해 흩뿌리네	洒向嶺雲邊

159 신 시직(申侍直) : 신석형(申碩亨, 1605~?)으로, 본관은 평산(平山), 자는 자진(子晉)이다. 1633년(인조11) 진사시에 합격하였다. 상주(尙州)에 세거했는데, 이이(李珥)와 성혼(成渾)을 변무(辨誣)하는 상소를 올렸다가 도(道)에서 쫓겨나는 벌을 받았다. 음관으로 세자익위사 시직(世子翊衛司侍直)을 지냈다. 《孝宗實錄》《司馬榜目》

무오년(1678, 숙종4) 10월에 손자 주석을 회덕으로 보냈는데, 돌아가서는 도중에서 지은 106운을 보내왔기에 차운하여 보여 주다

戊午十月 送疇孫歸懷德 旣歸 以沿道作百六韻 見寄 聊步還示之

내가 주석을 전송한 날이	我送疇錫歸
겨울 시월 초엿새였지	冬十月初六
서울에 이르러 집 문 들어서면	至畿還入戶
마치 괴안국[160]에 앉은 듯하리라	怳坐槐安國
조용히 음양의 이치 생각건대	靜念幽明理
어디가 나의 참된 집인가	孰是吾眞宅
홀로 깊은 탄식을 하노니	獨有深所歎
유배 와 있기 때문은 아니라네	匪爲來楚澤
젊어서는 공자의 담장 바라보고	少小望孔墻
당에 오르고 방에 들기 바랐으며[161]	冀升堂入室
머리 숙이고 경서를 배울 뿐	屈首受經訓

160 괴안국(槐安國) : 당(唐)나라 때 순우분(淳于棼)이란 사람이 괴목(槐木) 아래에서 술에 취해 잠들었다. 꿈속에서 검은 옷을 입은 사자(使者)를 따라 괴안국에 가서 국왕의 사위가 되고 남가군(南柯郡)의 태수가 되어 부귀영화를 다 누리고 깨어 보니 꿈이었다는 고사가 있다. 《古今事文類聚 後集 卷21 大槐宮記》

161 당(堂)에……바랐으며 : 유학의 심오한 경지에 오르기를 바랐다는 말이다. 공자가 제자 자로(子路)를 두고 말하기를 "당에는 올랐고 아직 방에는 들어가지 못했다.〔升堂矣, 未入於室也.〕"라고 한 데서 나온 말이다. 《論語 先進》

청탁하여 벼슬 얻는 일은 생각지 않았네	絶意事干謁
도시락 밥에 바가지 물을 마시면서	守簞食瓢飮
비굴하고 굽실거리는 태도 비웃으니	唾奴顔婢膝
스스로 생각해도 이 몸이 미미하여	自謂此身微
천지 사이의 일개 사물이지만	雖兩儀一物
천지와 함께 참여할 수 있는 건	能與天地參
실로 학문의 근면에 달려 있다네	諒在勉吾學
날마다 주공 공자의 글 가지고	日取周孔書
깊이 생각하고 골똘히 읽으매	仰思而俯讀
어찌 돌피가 익기를 바라리오	豈願稊稗熟
나는 이 가곡을 좋아한다네[162]	自喜此嘉穀
무엇보다 이욕과 의리 사이에서	最於利義交
섬세히 분변하여 제일 조심했노라	分別如縷刻
그중에도 장횡거의 정완[163]과	就中張訂頑
주염계의 〈태극도설〉[164]은	與周翁太極

162 어찌……좋아한다네 : 돌피는 유학의 입장에서 바르지 못한 이단의 학문이나 어설픈 학문을 가리키고, 가곡(嘉穀)은 오곡(五穀)을 총칭한 말로 유학을 비유한 것이다. 《맹자》 〈고자 상(告子上)〉에 "오곡은 종자 중에 아름다운 것이지만 만약 익지 않으면 돌피만도 못하니, 인 또한 익숙히 함에 달려 있을 뿐이다.〔五穀者, 種之美者也. 苟爲不熟, 不如荑稗, 夫仁亦在乎熟之而已矣.〕"라는 말이 나온다.

163 장횡거(張橫渠)의 정완(訂頑) : 장횡거는 송나라 때의 학자 장재(張載)로, 호가 횡거이다. 그는 서재(書齋) 양측에 자신의 좌우명(座右銘)을 붙였는데, 오른쪽에 붙인 것이 〈정완〉, 왼쪽에 붙인 것이 〈폄우(砭愚)〉이다. 나중에 정이의 권유로 〈정완〉은 〈서명(西銘)〉, 〈폄우〉는 〈동명(東銘)〉이라고 제목을 고쳤다.

164 주염계(周濂溪)의 태극도설(太極圖說) : 주염계는 송나라 때의 학자 주돈이(周

그 일은 일용 생활에서 드러나고	其事著日用
그 이치는 본래 만물을 길러 내네	其理本亭毒
체와 용[165]은 원래 넓고 넓으니	體用元浩浩
누가 밖에서 녹아 들어온다 하는가[166]	孰云由外鑠
기어코 이러한 안목을 간직하여	期將此眼藏
감히 시종일관 변하지 않았노라	不敢渝[167]始卒
우둔한 자질을 지녔을 뿐이지만	只是鈍根質
학문의 열정에 마음이 달았으니	憤悱心內熱
세월이 흘러 늦었다 하더라도	晼晩年歲逝
스승 찾기를 감히 소홀히 하랴	求師詎敢忽
드디어 사계 선생[168]을 찾아가서	遂就溪上宅
높이고 믿어 혈성으로 섬겼네	尊信誠如血
선생께서 가르칠 만하다 하여	先生謂可敎

敦頤, 1017~1073)로, 호가 염계이다. 〈태극도설〉을 지어 태극과 음양(陰陽), 오행(五行), 그리고 만물의 생성 과정을 그림으로 그리고 해설하였다.

165 체(體)와 용(用) : 체는 사물의 근본 이치이고, 용은 그 이치가 외적으로 드러나는 현상을 가리킨다.

166 누가……하는가 : 맹자가 "인의예지가 밖으로부터 나를 녹여 들어오는 것이 아니라, 나에게 고유한 것이지만, 생각하지 못할 뿐이다.〔仁義禮智非由外鑠我也, 我固有之也, 弗思耳矣.〕"라고 한 데서 온 말이다. 《孟子 告子上》

167 渝 : 대본에는 '偸'로 되어 있는데, 두주(頭註)에 "'偸'는 '渝'인 듯하다."라고 한 것에 근거하여 고쳤다.

168 사계(沙溪) 선생 : 김장생(金長生)을 가리킨다. 우암이 24세 때인 1630년(인조 8) 계상(溪上)으로 김장생을 찾아가 《근사록(近思錄)》, 《심경(心經)》, 《가례(家禮)》 등을 배웠다. 《宋子大全 附錄 卷2 年譜》

밤낮으로 자리 곁에 두셨네	日夕置坐側
의지할 곳 얻음을 스스로 축하하고	自慶得依歸
몽매함을 깨우치길 바랐거늘	庶以開蒙塞
사문을 하늘이 저상시키려 하였던지	斯文天欲喪
가마하고 무덤에서 통곡하였네[169]	加麻哭窀穸
무덤가에 집 짓고 살지 못하여	不得場築室
옛사람 했던 일에 부끄러웠네[170]	忸怩愧古昔
궁한 사람처럼 불쌍한 처지에서	恤恤若窮人
누가 나를 다시 훈육해 주셨던고	誰復我教育
우리 문경공[171]께서 계시어	粤惟文敬公
옛 스승 자리에 이어서 오르셨네	繼臨舊丈席
후생을 계도하여 주시되	啓佑後之人
모두 정도로써 결함 없게 하시니	咸以正無缺
성과 명 그리고 경과 의 같은	誠明與敬義
사법이 다시 크게 활기 찾았지[172]	死法還甚活

169 가마(加麻)하고 무덤에서 통곡하였네 : 김장생이 세상을 떠나자, 우암이 김장생을 위해 복을 입은 것을 말한다. 가마는 오복(五服) 이외에 스승이나 친구 혹은 친진(親盡)한 사람을 위해 두건(頭巾)과 행전(行纏)을 사용하는 복을 말한다.

170 무덤가에……부끄러웠네 : 공자(孔子)가 별세하고 3년 뒤에 문인(門人)들이 각자 짐을 챙겨 고향으로 돌아갔는데, 자공(子貢)은 다시 돌아와 무덤가에 움막을 짓고서 홀로 3년을 거처하고서 돌아갔다는 고사가 있다. 《孟子 滕文公上》

171 문경공(文敬公) : 김장생의 아들인 김집(金集)의 시호이다.

172 성(誠)과……찾았지 : 주희가 1188년 남송의 효종(孝宗)에게 올린 〈무신봉사(戊申封事)〉에 "지금 논의하는 자들은 한낱 노자(老子), 석가(釋迦)의 고원함과 관중(管仲), 상앙(商鞅)의 편리함만을 볼 뿐이고, 성현이 전수한 명선(明善), 성신(誠身),

법도가 볼수록 더욱 친밀해져서	規繩看益親
추환을 좋아함[173]에 비할 정도가 아니었네	不翅芻豢悅
또한 망녕되이 스스로 대단하다 여겨	而亦妄自大
굴원 장자 열자도 섭렵했는데	汎濫屈莊列
오래되자 편벽됨을 깨우쳤으니	久久覺偏側
한가운데 있는 숭산 낙양과는 달랐도다[174]	正中異嵩洛
분발하여 속히 지엽을 떨어 버리고	發憤亟刊落
오로지 성인의 정도만 찾아	專尋聖轍迹
단지 사서만을 가지고	只將四子書
정좌하여 아침저녁 연구했노라	兀兀窮晨夕
맛이 없는 가운데 맛을 구하였으니	無味求有味
책 엮은 끈이 끊어지기도 했었지	編繩斷復續
비첩들이 시 송독에 맞춰 절구질하니	婢妾詩相春

제가(齊家), 치국(治國), 평천하(平天下)같이 애초에 신기하거나 좋아할 만한 것이 없는 설을 마침내 평범한 말이나 사법(死法)으로 여겨서 배울 것 없다고 여깁니다. 평범한 말 속에 절로 묘한 이치가 있고 사법 가운데 절로 활법(活法)이 있어 진실로 노자, 석가, 관중, 상앙같이 비루한 자들이 만분의 일도 흉내 낼 수 있는 것이 아니라는 것을 저들이 어찌 알겠습니까."라고 한 데서 온 말이다. 《晦庵集 卷11》

173 추환(芻豢)을 좋아함 : 추는 풀을 먹는 짐승이고 환은 곡식을 먹는 짐승으로 추환은 맛있는 음식을 뜻한다. 《맹자》〈고자 상(告子上)〉에 "의리가 마음을 즐겁게 하는 것이 추환이 입을 즐겁게 하는 것과 같다.〔義理之悅我心, 猶芻豢之悅我口.〕"라고 한 데서 온 말이다.

174 한가운데……달랐도다 : 숭산(嵩山)은 중국 하남성(河南省) 정주(鄭州)에 있는 산으로 오악(五岳)의 중앙이고, 낙양(洛陽)은 숭산 서쪽에 있는 고도(古都)로 예로부터 중원(中原)의 중심으로 여겨졌다. 유학을 숭산과 낙양에 비유한 것이다.

즐거운 얼굴로 빈 골짜기에 살았네　　歡顏在空谷
나물 뿌리도 싫어할 줄 모르니　　菜根不知辛
보는 사람들은 미치광이로 여겼지　　見者謂狂易
인하여 급히 이루려는 병증 생기니　　因成助長病
편협하다는 걸 깨닫지 못했었네　　不悟其偏迫
인이 작은 온정인 줄 생각하기도 했고　　或謂仁煦煦
의가 작은 선행인 줄 여기기도 했네　　或謂義孑孑
악인 끊기는 끓는 물에서 손 떼듯 했고　　或絶人如熱
선인 좋아함은 갈증에 물 찾듯 했지　　或就人如渴
좁은 마음 스스로 나무랐지만　　褊心雖自咎
병을 치료할 좋은 비결 없었네　　治病無眞訣
경을 견지하는 공부가 적어서　　蓋少持敬功
희로가 더욱 쉽게 발했던 게지　　喜怒尤易發
《중용》을 읽지 않은 것은 아니건만　　非不讀中庸
남방과 북방의 강함[175]을 분변치 못했도다　　未辨强南北
더구나 과거에 합격하고픈 마음은　　又況場屋心
바로 심을 굽혀 척을 폄[176]이라　　是枉尋直尺

175 남방(南方)과 북방(北方)의 강함 : 《중용장구(中庸章句)》 제10장에 자로(子路)가 강(强)함을 묻자, 공자가 "남방의 강함인가, 북방의 강함인가? 아니면 너의 강함인가? 너그럽고 유순히 하여 가르쳐 주고, 무도함에 보복하지 않는 것은 남방의 강함이니, 군자가 이에 처한다. 병기와 갑옷을 깔고 자서 죽어도 싫어하지 않음은 북방의 강함이니, 강한 자가 이에 처한다.〔子曰: 南方之强與? 北方之强與? 抑而强與? 寬柔以敎, 不報無道, 南方之强也, 君子居之. 衽金革, 死而不厭, 北方之强也, 而强者居之.〕"라고 하였다.

한창 자랄 때도 어려움은 있는 법　　朋來旣有咎
겨우 싹틀 때에 어찌 탈이 없을쏜가　　出入寧無疾
천리와 인욕의 다툼을 깊이 생각하니　　深惟理欲爭
용이 시월에 싸우는 듯하였네[177]　　似龍戰十月
칠 일에 회복함을 자주 생각하니[178]　　亟思七日復
봄기운 불어와 만물이 자라났네　　春噓而物茁
때마침 중씨 형님[179]께서　　維時仲氏兄
얼굴에 슬픈 빛을 띠고　　面有惻愴色
나에게 앞으로 오라 하시며　　謂余汝來前
말씀하려다가 도로 참더니　　欲語還掩抑
이윽고 말씀하시길, 나의 아우야　　乃言曰余弟
너는 끝내 명예만 추구치 말거라　　爾無終沽激

176 심(尋)을……폄 : 심은 여덟 자이고 척(尺)은 한 자이니, 잃는 것은 크고 얻는 것은 적다는 뜻이다. 《맹자》 〈등문공 하(滕文公下)〉에 "만일 이끗만 가지고 말하자면 심을 굽혀 척을 펴서 이끗을 얻는 경우라도 그렇게 할 수 있단 말인가.〔如以利, 則枉尋直尺而利, 亦可爲與?〕"라는 맹자의 말이 나온다.

177 용이……듯하였네 : 용은 양물(陽物)이요 시월은 순음(純陰)의 계절이니, 음이 양과 겨루어 싸움이 일어난다. 《주역》 〈곤괘(坤卦) 상육(上六)〉에 "용이 들에서 싸우니 그 피가 검고 누르구나.〔龍戰于野, 其血玄黃.〕"라고 하였다. 여기에서는 선한 생각과 악한 생각이 서로 얽힌다는 뜻이다.

178 칠……생각하니 : 《주역》 〈복괘(復卦)〉에 "음양이 소장(消長)하는 도가 반복되어 양이 없어진 지 칠 일 만에 다시 돌아온다.〔反復其道, 七日來復.〕"라고 하였는데, 이는 괘가 6획으로 되어 있으므로 일곱 번 변하면 다시 돌아오기 때문에 한 말이다. 여기에서는 불선(不善)에서 선으로 돌아올 것을 생각한다는 말이다.

179 중씨(仲氏) 형님 : 우암의 둘째 형 송시묵(宋時默)을 가리킨다.

어머니 연세가 이제 높으시고　　親年今益高
생활은 날마다 어려워지는구나　　生理日以棘
우리들이 하늘의 도움 받지 못해　　吾儕丁不弔
일찍 어린 나이에 아버지 잃고　　早歲深罪逆
과부와 고아가 눈물로 마주 대하며　　煢孤血相視
하늘에 호소하며 늘 동동거렸는데　　呼天常躑躅
우리 잘못이 무엇인지 물어보아도　　我罪問伊何
태양은 부질없이 비추기만 하누나　　白日臨徒赫
거친 밥도 더러는 잇대지 못하고　　蔬糲或不繼
서로 얼굴빛 검어짐 보고 있으니　　相看面生黑
무엇으로 어머니를 위로할거나　　何以慰慈顏
우리들 마음이 타는 듯하구나　　我心如焚灼
너는 어찌 뜻만 고상하게 가질 뿐　　爾何徒尚志
풍수의 곡조[180]를 들어 보지 못했는가　　罔聞風樹曲
눈물을 머금고 이 말씀 받아들여　　含淚受玆言
고집을 잠깐 사이 얼음 녹듯 풀었네　　滯固暫氷釋
마침내 다시 과거 공부 노력하여　　遂復尋擧業
행여 붉은 옷 입은 사람 보길 바랐지[181]　　冀幸朱衣覯

180 풍수(風樹)의 곡조 : 공자(孔子)가 길을 가다가 고어(皐魚)라는 사람이 칼을 안고 슬피 우는 것을 보고 까닭을 물으니 "나무는 고요하고자 하여도 바람이 그치지 않고 자식이 봉양하고 싶어도 어버이는 기다려 주지 않는다.〔樹欲靜而風不止, 子欲養而親不待.〕"라고 대답한 것을 가리킨다.《韓詩外傳 卷9》 생전에 부모에게 효성을 다하지 못해 사후에 슬퍼하는 마음을 표현한 것이다.

181 붉은……바랐지 : 과거(科擧)에 합격하기를 바랐다는 말이다. 송나라 때 구양수

조금씩 풍진세상을 견디어 가며	稍稍耐塵垢
부지런히 적막한 삶을 피하였노라	勉勉辭寂寞
일거에 많은 선비들 중 으뜸이 되니[182]	一擧冠多士
어찌 사람들의 미워함이 없을 것인가	詎無人惡斁
게다가 도가 동방에 있다는 이름 얻으니[183]	又得道東名
내 처지가 더욱더 위태로웠네	蹤跡尤扤捏
이어서 관직을 얻게 되었으니[184]	因仍沾秩祿
큰 부끄러움 이루 말할 수 없었으나	皇愧難究悉
다만 모친 연세가 황혼에 가까워서	顧惟西日迫
남들 비난을 돌아볼 겨를 없었다네	譏議吾遑恤
점차로 학문은 거칠어져 갔으니	駸駸學日荒
걱정스러운 마음 항상 불안하였네	憂心常汩汩
젊은 시절 마음을 돌이켜 생각하니	回顧少壯心
숨은 용의 확고함에 부끄러웠다[185]	慙愧潛龍確

(歐陽脩)가 지공거(知貢擧)로 답안지를 채점할 적에 자신의 등 뒤에서 붉은 옷을 입은 사람 하나가 머리를 끄덕끄덕하는 것을 느낄 때마다 그 답안지가 합격되곤 하였는데, 이상하게 느껴져서 뒤돌아보면 아무도 없더라는 '주의점두(朱衣點頭)' 고사에서 온 말이다. 《天中記 卷38 侯鯖錄》

182 일거에……되니 : 우암이 27세 때인 1633년(인조11) 생원시에서 장원한 것을 가리킨다.

183 도(道)가……얻으니 : 우암이 생원시에 응시했을 때 시관(試官)인 최명길(崔鳴吉)이 우암이 제출한 시권(試券)을 보고 "우리 도가 동방에 있다."라고 칭찬하였다고 한다. 《宋子大全 附錄 卷19 記述雜錄》

184 이어서……되었으니 : 우암이 생원시에 합격하고 한 달 뒤에 경릉 참봉(敬陵參奉)에 제수되었다가 보름 만에 사직하고 돌아왔다. 《宋子大全 附錄 卷2 年譜》

하늘과 땅이 홀연 뒤집히니[186] 天地俄翻覆
움츠린 몸이 어디로 가겠는가 蹩躄安所適
깊은 산과 큰 골짜기에서 深山與長谷
조용하고 편함을 선택했는데 靜便惟所擇
무인의 정함[187]을 점쳐 얻으니 占得武人貞
벗이 나에게 《주역》을 알려 주었네 故人告我易
기축년 여름 오월에 己丑夏之仲
구오의 성인이 나오시니[188] 九五聖人作
만민이 함께 우러러보았지만 萬物雖共覩

185 숨은……부끄러웠다 : 《주역》 〈건괘(乾卦) 문언(文言)〉에, 공자(孔子)가 잠룡(潛龍)을 설명하면서 "세상을 피해 숨어 살면서도 근심이 없고, 남의 인정을 받지 못해도 근심이 없다. 즐거우면 행하고 걱정되면 떠난다. 그의 뜻이 확고해서 동요시킬 수가 없다. 이것이 숨은 용이다.〔遯世無悶, 不見是而無悶. 樂則行之, 憂則違之, 確乎其不可拔, 潛龍也.〕"라고 한 데서 온 말이다.

186 하늘과……뒤집히니 : 병자호란이 일어난 것을 말한다. 우암은 병자호란이 일어나자 인조를 호가(扈駕)하여 남한산성에 들어갔다가, 1637년 이후로는 황간(黃澗) 냉천리(冷泉里)로 들어가 숨어 살았다. 《宋子大全 附錄 卷2 年譜》

187 무인(武人)의 정(貞)함 : 《주역》 〈손괘(巽卦) 초육(初六)〉에 "나아가고 물러감이니, 무인의 정함이 이롭다.〔進退, 利武人之貞.〕"라고 한 것을 가리킨다. 이에 대해 《주역전의(周易傳義)》에서는 "나아가고 물러가서 편안함을 알지 못하는 것은 마음에 의심하고 두려워하기 때문이니, 무인의 강함과 정고(貞固)함을 써서 그 뜻을 세운다면 뜻이 다스려질 것이다."라고 풀이하였으니, 이 점괘는 무인 같은 강한 결단으로 뜻을 세우라는 의미이다.

188 기축년……나오시니 : 기축년(1649) 5월 효종이 왕위에 오른 것을 말한다. 구오(九五)는 《역(易)》의 괘효(卦爻)에서 양(陽)이면서 다섯 번째인 효(爻)를 말하는데, 《주역》 〈건괘(乾卦) 구오〉에 "용이 날아올라 하늘에 있으니, 대인을 만나는 것이 이롭다.〔飛龍在天, 利見大人.〕"라고 한 데서 유래하여, 제왕(帝王)의 자리를 의미한다.

은둔할 마음을 품고 있었네　六藏是所蓄
우연히 두 노인 돌아오는 때를 만나[189]　偶值二老歸
임금과 백성의 법도를 살피려 하였는데　欲觀君民法
재주 없는 나도 외람되이 함께 나아가　不才辱茅茹
때로는 임금님을 뵙기도 하였노라　時亦叨晉接
참소하는 말이 외환을 불러들이니　讒言挑外患
재앙이 홀연 조정에 가득하였지[190]　釁孽忽充塞
돌아와서 사립문 닫고 있으니　歸來翳蓬蓽
혼도 놀라고 마음도 산란하였네　魂驚意思惡
임금께서 다시 밀유를 내리시니[191]　聖上復密諭
인자는 예로부터 적이 없는 법　仁者古無敵
믿는 바는, 사람의 계책 옳다면　所恃人謀臧
어찌 하늘의 화를 두려워하랴　寧懼天禍酷
드디어 밝은 뜻에 응해 일어났으나　遂膺明旨起
재주와 힘이 미약함을 탄식하였네　自歎才力弱

189 두……만나 : 효종이 즉위하여 김상헌(金尙憲)과 김집(金集)을 조정으로 부른 것을 가리킨다.

190 참소하는……가득하였지 : 효종이 즉위하여 우암을 비롯한 여러 유신(儒臣)들을 불러 북벌을 논의하고, 청나라를 등에 업고 권세를 부리던 김자점(金自點)을 유배 보냈다. 김자점이 역관 이형장(李馨長)을 시켜 효종이 새로 초빙한 신하들과 함께 청나라를 치려는 모의를 한다고 청나라에 고발하니, 청나라가 즉시 군대와 사신을 파견해 조사하였다. 《孝宗實錄》《宋子大全 附錄 卷2 年譜》

191 임금께서……내리시니 : 1657년(효종8) 11월 초에 효종이 시골에 물러나 있던 우암에게 밀유(密諭)를 내려 정사를 가다듬고 외적을 물리치는 의리에 대해 논하였다. 《宋子大全 附錄 卷2 年譜》

하양에서 밥 짓는 일이라도 한다면[192]	謂備河陽炊
그래도 충성을 바칠 수 있다 생각하였지	猶可效忠益
임금님 마음이 참으로 일월 같았으니	聖心眞日月
상천에 두 눈이 온전한 것과 같았네	上天完兩目
하늘의 뜻이 끝내 돌아서지 않아	天意竟莫回
임금님 수명이 겨우 불혹이셨네	聖壽才不惑
이십 년 세월이 흐르는 동안	荏苒二十年
천지신명의 이치를 알기 어려웠지	神理難窮賾
난수가 침범하기를[193]기다리지 않고	不待灤水齧
다시 영릉의 역사[194]를 일으켰는데	再起寧陵役
현종께서 연이어 승하하셨고	顯宗又禮陟
새 임금께선 영명한 자질 갖추셨네	恤宅英睿質

192 하양(河陽)에서……한다면 : 미약한 힘이라도 보탠다는 뜻이다. 두보(杜甫)의 〈석호리(石壕吏)〉 시에 "급히 하양의 전쟁터에 나가게 되면, 그래도 새벽밥은 지을 수 있을 것이오.〔急應河陽役, 猶得備晨炊.〕"라고 한 구절에서 온 말이다. 당시 당나라에서 벌어진 전란에서 많은 장정들이 죽어 사람이 부족하자, 늙은 부인이 하양의 전쟁터에 가서 밥이라도 지어 주겠다고 청했다는 고사이다.

193 난수(灤水)가 침범하기를 : 무덤이 수해(水害)로 손상되는 것을 말한다. 중국 회하(淮河)의 지류인 과수(渦水)의 끝에 난수가 있는데, 주 문왕(周文王)의 아버지 왕계(王季)를 그곳에 장사 지냈다. 그 뒤에 난수에 의해 그 무덤이 깎여 나가 관이 드러나자, 문왕이 "선군께서 뭇 신하와 백성들을 한번 보고 싶어 하시므로 하늘이 난수로 하여금 드러나게 한 것이다."라고 하고, 관을 열어 백성들이 보게 하였다는 고사가 있다. 《呂氏春秋 卷21 開春》

194 영릉(寧陵)의 역사(役事) : 영릉은 효종의 능이다. 처음에 양주(楊州) 건원릉(健元陵) 서쪽에 조성하였다가 석물(石物)에 틈이 생겨 빗물이 스며들자 수해를 입을 우려가 있다는 이유로 1673년(현종14) 여주(驪州) 영릉(英陵) 옆으로 옮겼다.

새로 귀해진 사람 다투어 벼슬 오르니 新貴競扶珪
죽은 귀신조차 높은 품계를 받았네[195] 舊鬼亦盛秩
해 곁에선 구름 기운이 일어나고[196] 日旁雲氣起
장돈과 채경[197]이 떨치고 나와 -원문 결락- 奮發章蔡-缺-
외로운 신하는 영북에 유배되었고 孤臣投嶺北
바다는 깊이를 헤아릴 수 없었는데 滄溟深不測
세상 사람이 다투어 죽이려 하니 世人爭欲殺
누가 내 죄를 감해 주려 했겠는가 誰肯減而末
임금님 비답이 더욱 엄중해지니 聖批又嚴重
마음을 썩이고 이도 악물었다네 心腐齒亦切
드디어 풍토병 지역으로 옮겨 갔다가 遂移炎瘴地
장기 고을에 위리안치되었네[198] 栫棘長鬐邑

195 새로……받았네 : 1674년의 갑인예송(甲寅禮訟)에서 남인이 승리하고, 연이어 숙종이 즉위하여 예를 잘못 인용한 죄로 서인을 축출하였다. 이때 남인인 윤휴(尹鑴)가 요직에 오르고, 이미 죽은 윤선도(尹善道)에게 이조 판서가 추증되었다.

196 해……일어나고 : 임금의 총명을 간신들이 가리는 것을 비유한 말이다.

197 장돈(章惇)과 채경(蔡京) : 송 철종(宋哲宗) 때의 간신으로 왕안석(王安石)의 신법(新法)을 복구하고 동문관옥(同文館獄)을 조작하여 유현(儒賢)인 사마광(司馬光), 유지(劉摯), 양도(梁燾), 여대방(呂大防) 등을 축출한 장본인들이다. 여기에서는 윤휴를 비롯한 남인을 비유한 것이다.

198 풍토병……위리안치(圍籬安置)되었네 : 우암이 1675년(숙종1) 1월 함경도 덕원(德源)으로 유배되었다가, 그해 윤5월 충청도 웅천(熊川)으로 배소(配所)가 변경되었다. 당시 영의정 허적(許積)이 웅천은 풍토병이 심하여 연로한 우암을 유배하기에 적합하지 않다는 차자를 올리자, 유배지가 경상도 장기(長鬐)로 바뀌어 위리안치되었다. 《肅宗實錄》

처지를 편히 여김이 배운 바이니 安土是所學
어찌 불평한 생각을 품었겠는가 何曾懷鬱悒
더구나 이 주자의 글은 況此晦翁書
성인의 도통이 담겨 있는데 聖統之所託
저 요망한 자들이 트집 잡으니 彼妖妄索瘢
늘 내 마음에 슬픔이 되었노라 常爲我心惻
저들의 기세가 하늘에 닿았으니 而彼勢滔天
우 임금과 맹자라도 이기기 어렵도다 禹孟亦難克
나는《주자대전》을 가지고 我取大全集
오자 찾아내어 정리하고자 魚魯要整飭
읽어 보고 또 읽어 보았으며 看來又看去
의미를 반복하여 곱씹어 봤네 理趣仍反覆
때로 마음에 깨닫는 곳 있으면 時當會心處
게으른 마음 절로 격동되었고 不覺懶衷激
의심나고 모르는 곳도 많아서 亦多疑晦處
깊이 생각하면서 두려워했네 淫思仍怵惕
다행히도 주석이 배움이 있어 幸而疇有學
나를 깨우침이 참으로 적지 않았네 牖我諒非一
절차탁마는 진정 즐거운 일이니 磋切眞樂事
책상 마주하면 언제나 만족했노라 對床常得得
부지런히 노력하여 게으름 모르니 孜孜不知倦
세월이 부족함을 탄식할 뿐이네 顧歎年不足
늙은 나는 이미 어찌할 수 없지만 老我已無及
너는 나의 전철을 경계하여라 勉爾戒前覆

북풍에 돌아가고픈 생각 동하니　　北風動歸思
이별의 마음이 자못 울적하였다　　別意殊忽忽
네 가는 길 어려움을 생각하니　　緬懷行路難
내 마음이 철석같기 어렵더구나　　我心難如鐵
오직 질병 있을까 걱정할지언정　　惟其惟疾憂
여물 먹는 수치[199]는 걱정치 않네　　不虞莝豆辱
네가 앓는 병이 낫지 않기에　　所患病因循
떠날 때 실수 없도록 경계했는데　　臨行戒墜失
홀연 큰 시편을 지어 보내오니　　忽投大篇來
쌓였던 내 근심이 위로되누나　　慰我勞心積
편수는 강좌의 관리에 필적하고[200]　　數敵江左掾

199 여물 먹는 수치 : 여색(女色)에 빠지는 것을 경계한 말이다. 송나라 때 문신 호전(胡銓)이 금나라와의 화친을 주장하는 진회(秦檜)의 머리를 베자는 봉사(封事)를 올리고 귀양 갔다가 10년 만에 풀려나 돌아오는 길에 매계관(梅溪館)의 기생 여천(黎倩)과 술 마시고 정을 통하였다. 그 이튿날 여천의 남편이 그 사실을 알고는 호전에게 말이 먹는 여물을 내놓으며 "이것을 먹지 않으면 죽이겠다."라고 협박하므로 호전이 이를 먹는 치욕을 당하였다. 그 뒤에 주희가 그곳을 지나다가 "십 년 동안 호해에선 한 몸 한가했는데, 풀려나 돌아오다가 여천의 보조개 보고 욕정 일었네. 세상길 인욕보다 더 험한 것 없으니, 몇몇이나 이로 인해 일생을 망쳤던가.〔十年湖海一身輕, 歸對黎渦却有情. 世路無如人欲險, 幾人到此誤平生?〕"라는 시를 지었다. 《宋子大全隨箚 卷1》《晦庵集 卷5 宿梅溪胡氏客館觀壁間題詩自警二絶》

200 편수(篇數)는……필적하고 : 강좌(江左)는 장강(長江) 동쪽을 말한다. 진 원제(晉元帝) 사마예(司馬睿)가 강좌에 동진(東晉)을 건국하자, 진동사마(鎭東司馬) 왕도(王導)가 인재를 등용할 것을 건의하였다. 이때 발탁한 사람이 조협(刁協), 왕승(王承), 변곤(卞壼), 제갈회(諸葛恢) 등 106명이었으므로 당시 사람들이 이들을 '백육연(百六掾)'이라고 불렀다. 《資治通鑑綱目 卷18 晉懷帝》 송주석이 보내온 시가 106운이

이치는 구색[201]을 능가함이 기쁘네　　理喜勝丘索

었으므로 한 말이다.

201 구색(丘索) : 구구팔색(九丘八索)의 줄임말이다. 중국 구주(九州)에 대한 기록물을 구구(九丘)라고 하고 팔괘(八卦)에 대한 설(說)을 팔색(八索)이라고 한다고 한다. 일반적으로 고전(古典)을 의미한다.

손자 주석이 산방에 올라갈 때 도중에 지은 시에 차운하다
次疇孫上山房時途中韻

재주 좋은 신령이 어찌하여 뒤엉키게 하며　巧靈何轇轕
궁하게 하는 귀신은 어찌하여 획획 나타나나[202]　窮鬼何砉欻
인간사를 곰곰이 살펴보니　點檢人間事
득도 없고 실도 없구나　無得亦無失
주 선생의 〈태극도설〉[203]을 궁구해 보고　窺觀周太極
장 선생의 《경학이굴》[204]에 침잠하거라　沈潛張理窟
더욱이 정자와 주자의 성리서는　況復程朱書
성인의 가르침을 극도로 발휘했으니　聖訓極揮發
칠원리[205]가 다시 태어나더라도　漆園雖復生
또한 무릎을 꿇고 말 것이며　亦且屈其膝

202 재주……나타나나 : 세상의 혼란함과 자신의 곤궁함을 한탄한 말이다.

203 주 선생(周先生)의 태극도설(太極圖說) : 주 선생은 북송의 성리학자 주돈이(周敦頤)이고, 〈태극도설〉은 태극과 음양(陰陽), 오행(五行), 그리고 만물의 생성 과정을 그림으로 그리고 해설한 글이다.

204 장 선생(張先生)의 경학이굴(經學理窟) : 장 선생은 북송의 성리학자 장재(張載)이고, 《경학이굴》은 정치 제도, 경학, 예학 등 다양한 분야에 대한 장재의 학설을 문인들이 분류하여 정리한 책이다. 〈주례(周禮)〉, 〈시(詩)〉, 〈서(書)〉, 〈종법(宗法)〉, 〈예악(禮樂)〉, 〈기질(氣質)〉, 〈의리학(義理學)〉, 〈대원(大原)〉, 〈자도(自道)〉, 〈제사(祭祀)〉, 〈월령통(月令統)〉, 〈상기(喪紀)〉의 12편으로 구성되어 있다.

205 칠원리(漆園吏) : 장자(莊子)를 말한다. 장자가 일찍이 몽(蒙)이란 곳에서 칠원(漆園)의 관리가 되었기 때문에 이렇게 부른다.

순자와 양웅 같은 무리들도	而荀與揚輩
땀을 흘리며 쓰러지리라	汗流顚且蹶
나는 오랫동안 꿈속을 헤매며	惟我長夢寐
염계와 이천 그리고 민월[206]을	濂伊泊閩越
헤엄치고 또 거슬러 올랐으나	游泳復沿溯
나도 몰래 항구가 끊어졌어라[207]	不覺港之絶
세상 사람이 누가 모르겠나	世人誰不識
성내고 떠들도록 버려두노라	任其嗔且喝
너는 자못 독서하길 좋아하니	伊汝頗喜書
내 뜻을 계승할 수 있으리라	吾意庶能述
한공의 〈부독서성남〉 시[208]는	韓公符讀書
저급하니 말할 것이 무에 있으랴	鄙卑何須說
옛 성인의 마음을 힘써 추구하라	勉求古聖心
눈 비비며 돌아올 날을 기다리노라	刮目期歸日

206 염계(濂溪)와……민월(閩越) : 염계는 주돈이가 만년에 살던 곳이자 그의 호이고, 이천도 정이(程頤)가 거주하던 곳이자 그의 호이다. 민월은 주희가 살던 지금의 복건성(福建省) 지역으로, 주희를 가리킨다.

207 나도……끊어졌어라 : 학문의 근원에는 도달하지 못하였다는 말이다.

208 한공(韓公)의 부독서성남(符讀書城南) 시 : 당나라 문인 한유(韓愈)가 장안(長安) 남쪽 성남(城南)으로 독서하러 가는 아들 한창(韓昶)을 면려하기 위해 지은 시이다. 부(符)는 한창의 아명이다.

외재[209] 이단하 가 나에게 홍허백[210]이 응제하여 지은 희우시를 보여 주었다. 지난달 강을 거슬러 누암까지 갔다가 가뭄 끝에 단비를 만났기에 삼가 그 시에 차운하여 외재에게 답하다

畏齋 李端夏 示余以洪虛白應製喜雨詩 前月溯江至樓巖 得旱餘雨 謹次其韻 以報畏齋

성상께서 가뭄을 안타깝게 여겨　聖上悶雲漢
지성으로 하늘을 감동시켰네　至誠上格天
하늘이 단비를 내리려고　天將下甘霔
더운 구름이 검은 연기 같더니　火雲黑如煙
잠깐 사이 소낙비 두루 쏟아져　須臾滂沛遍
백곡이 은택을 입었도다　百穀蒙哀憐
성상 마음이 하늘 마음에 부합하여　聖心合天心
감응하여 통함이 끝이 없음이라　感通無傍邊
시름하던 사람은 기뻐 날뛰고　愁人喜欲狂
병 앓던 사람도 그 아픔 잊었네　病者忘其癲

209 외재(畏齋) : 이단하(李端夏, 1625~1689)의 호이다. 본관은 덕수(德水), 자는 계주(季周), 다른 호는 송간(松磵)이다. 택당(澤堂) 이식(李植)의 아들이다. 우암의 문인이다. 1662년(현종3) 문과에 급제하였고, 벼슬이 좌의정에 이르렀다. 시호는 문충(文忠)이다. 문집으로 《외재집(畏齋集)》이 전한다.

210 홍허백(洪虛白) : 홍귀달(洪貴達, 1438~1504)이다. 본관은 부림(缶林), 자는 겸선(兼善), 호는 허백정(虛白亭) · 함허정(涵虛亭)이다. 1460년(세조6) 문과에 을과로 급제하였다. 벼슬이 우참찬에 이르렀다. 시호는 문광(文匡)이다. 문집으로 《허백정집(虛白亭集)》이 전한다.

해오라기는 여울 가에서 목욕하고	鷺浴盤渦渚
사람들은 물 가득한 논에서 노래하네	人謳白水田
노부도 배부르게 먹고 두드리면서	老夫願含哺
길이 요 임금의 장수를 축원하노라	長時祝堯年

후운옹[211]의 〈환장암[212] 71운〉에 차운하다

次後雲翁煥章菴七十一韻

인류가 태어나 이 몸 생기면	生民有此身
인과 의는 고유한 것이라네	仁義卽固有
이 기운과 이치를 겸하였으니	兼玆塞與帥
하늘과 땅은 큰 부모이어라[213]	天地大父母
게으르지 말아서 욕됨이 없게 하면	匪懈無所忝
그 높고 두터움을 닮을 수 있으리라	可肖其高厚
예와 악이 절로 드러나 밝으니	禮樂自宣朗
용도[214]가 나오길 기다릴 것 없네	不待龍圖負
삼가 생각건대 정일을 전수함은	恭惟精一傳
옛날 세 성군(聖君)부터였고[215]	昔自聖三后

211 후운옹(後雲翁) : 홍석기(洪錫箕)의 별호이다. 홍석기에 대해서는 108쪽 주29 참조.

212 환장암(煥章菴) : 속리산 화양 계곡에 있던 암자이다. 민정중(閔鼎重)이 1669년(현종10) 청나라에 사신으로 갔다가 명나라 의종(毅宗)의 '비례부동(非禮不動)' 친필을 얻어 와서 우암에게 주자, 우암이 화양 계곡 벼랑에 네 글자를 모각하고, 원본을 여기에 보관하였다.

213 이……부모이어라 : 장재(張載)의 〈서명(西銘)〉에 "건(乾)을 아버지라 하고 곤(坤)을 어머니라 하니, 나는 이렇게 작은 존재로서 그 가운데 뒤섞여 있다. 그러므로 천지 사이에 가득한 기운은 나에게 형체가 되고, 천지 만물을 통솔하는 이치는 나에게 본성이 된다."라고 한 데서 온 말이다.

214 용도(龍圖) : 복희씨(伏羲氏) 때에 용마(龍馬)가 황하(黃河)에서 지고 나왔다는 하도(河圖)를 가리킨다. 《주역》 팔괘(八卦)의 바탕이 되었다고 한다.

대경대법이 밝아짐은 大經大法明
노나라 서쪽 사냥에서 연유했네[216] 蓋由魯西狩
《중용》이 이어서 저술되었으니 中庸踵而作
계왕개래를 하늘이 실로 도왔네[217] 繼開天實佑
첫머리에 도가 멀지 않음을 밝히고 首明道不遠
연어와 부부를 말하였으며[218] 鳶魚洎夫婦

215 정일(精一)을……성군(聖君)부터였고 : 정일은 《서경》 〈대우모(大禹謨)〉에 "인심은 위태롭고 도심은 은미하니 정밀하게 하고 한결같이 해야 진실로 그 중도를 잡을 것이다.〔人心惟危, 道心惟微, 惟精惟一, 允執厥中.〕"라고 한 것을 가리키고, 세 성군은 요(堯), 순(舜), 우(禹)를 말한다.

216 대경대법(大經大法)이……연유했네 : 요, 순, 우의 큰 법도가 공자의 《춘추(春秋)》로 인해 후세에 알려졌다는 뜻이다. 《춘추좌씨전(春秋左氏傳)》 애공(哀公) 14년에 "서쪽에서 사냥하다가 기린을 잡았다.〔西狩獲麟.〕"라고 했는데, 그 주에 "기린은 성왕(聖王)의 상서(祥瑞)인데 제때가 아닐 때 나와 사냥꾼에게 잡혔으므로 공자가 그 상서롭지 못함을 탄식하고 《춘추》를 저술하여 왕법(王法)을 밝혔다."라고 하였다.

217 중용(中庸)이……도왔네 : 《중용》은 공자의 손자 자사(子思)가 지었다고 전해진다. 계왕개래는 전대(前代)의 사업을 계승하여 후대의 미래를 열어 준다는 의미이다. 주희는 〈중용장구서(中庸章句序)〉에서 공자를 찬양하여 "옛 성인을 계승하고 미래의 학자를 열어 줌은 그 공이 도리어 요순보다도 낫다.〔繼往聖, 開來學, 其功反有賢於堯舜者.〕"라고 하였다.

218 연어(鳶魚)와 부부(夫婦)를 말하였으며 : 《중용장구》 제12장에서 도(道)의 광대함과 은미함을 말하면서 "부부의 어리석음으로도 참여하여 알 수 있으되 그 지극함에 이르러는 비록 성인이라도 또한 알지 못하는 바가 있으며, 부부의 불초함으로도 능히 행할 수 있으되 그 지극함에 이르러는 비록 성인이라도 또한 능하지 못한 바가 있다.〔夫婦之愚可以與知焉, 及其至也, 雖聖人, 亦有所不知焉; 夫婦之不肖可以能行焉, 及其之也, 雖聖人, 亦有所不能焉.〕"라고 하였으며, 도의 운용이 밝게 드러나는 것을 "솔개는 날아 하늘에 이르는데, 물고기는 연못에서 뛰논다.〔鳶飛戾天, 魚躍于淵.〕"라는 《시경》 구절을 인용하여 비유하였다.

인하여 제왕의 계통을 서술하니	因敍帝王統
모두 뛰어난 가운데 뛰어난 분들이었네	蓋皆秀之秀
위대하도다, 애공의 질문이여	大哉哀公問
이를 문왕 무왕의 뒤에 붙였네[219]	接之文武後
달도와 달덕[220]과	達道與達德
헌장을 예대로 따름은	憲章率由舊
이 모두가 하늘이 펴낸 것이라	是皆天所敍
무엇은 버리고 무엇은 취하리오	誰舍復誰取
패도를 행하는 자들이	匪如伯者道
인을 가탁해 선악을 어지럽히는 것과는 다르네	假借雜臧否
진나라의 분서에 휩쓸려 사라지지 않았으니	滅不隨秦焚
한나라에서 사들이길 기다렸다 나왔겠는가[221]	出豈俟漢購
오직 이 구경의 조목[222]은	維玆九經目

219 이를……붙였네 : 《중용》에서 공자와 노 애공(魯哀公)이 정치에 대해 문답한 것을 문왕(文王), 무왕(武王)의 일을 기록한 아래에 편차했다는 뜻이다.

220 달도(達道)와 달덕(達德) : 달도는 보편적으로 통하는 법칙이라는 의미로, 군신(君臣)·부자(父子)·부부(夫婦)·곤제(昆弟)·붕우(朋友)의 관계인 오륜(五倫)을 말한다. 달덕은 보편적으로 통하는 도덕이라는 의미로, 지(知)·인(仁)·용(勇)을 말한다. 《中庸章句 第20章》

221 진(秦)나라의……나왔겠는가 : 진나라의 분서(焚書)에도 없어지지 않을 정도의 소중한 내용을 담은 책이었던 만큼, 한나라에서 분서 이후 사라진 책을 사들이는 조치가 나오기 이전에 이미 세상에 널리 유포되어 있었다는 말이다.

222 구경(九經)의 조목 : 구경은 《중용》에 나오는 천하를 다스리는 아홉 가지 준칙으로, 자신의 몸을 닦는 것〔修身〕, 어진 사람을 높이는 것〔尊賢〕, 친척을 친애하는 것〔親親〕, 대신을 공경하는 것〔敬大臣〕, 신하들의 마음을 깊이 살피는 것〔體群臣〕, 백성을

수많은 성인이 주고받은 것으로서 千聖所受授
큰 강목을 밝게 내걸었으니 宏綱大昭揭
뭇별 중에 북두성 같도다 衆星如有斗
이 가운데 몸을 닦으라는 말이 這中修身說
가장 절하고 받을 만하니 最可拜手受
몸을 닦는 방도가 무엇인가를 惟身何道修
일찍이 안연에게 알려 주셨네 曾以告顏某
예가 아니면 움직이지 말라 했으니[223] 非禮勿動云
이것을 버리고 무엇을 지킬 것인가 捨此將何守
외물이 아무리 유혹해도 外物雖牽引
이 뜻이 달려가지 않고 此志不馳走
뭇 욕심이 아무리 어지럽혀도 衆欲縱汨亂
이 마음이 현혹되지 않으면 此心不眩瞀
일체의 행동거지에 動靜與云爲
어찌 조금이라도 잘못이 있겠으며 豈復少差謬
온갖 간악함과 부정함이 千姦與百邪
넘본들 끝내 어쩔 수 없으리라 窺伺終莫售
이 때문에 자사께서 所以子思子
표출하여 구경의 첫머리로 삼았네 表爲九之首

자식처럼 사랑하는 것〔子庶民〕, 모든 장인들을 오게 하는 것〔來百工〕, 먼 지방 사람을 어루만져 주는 것〔柔遠人〕, 제후를 은혜로 품어 주는 것〔懷諸侯〕이다.

223 예(禮)가……했으니 : 공자의 제자 안연(顏淵)이 인(仁)의 조목을 묻자, 공자가 "예가 아니면 보지 말며, 예가 아니면 듣지 말며, 예가 아니면 말하지 말며, 예가 아니면 움직이지 말라.〔非禮勿視, 非禮勿聽, 非禮勿言, 非禮勿動.〕"라고 답하였다. 《論語 顏淵》

옛날 우리 의황[224]께서는 維昔我毅皇
어느 곳에 먼저 착수하셨던가 何處先下手
손수 이 한 말씀[225] 써 가지고 手寫此一語
밤낮없이 공경히 보셨으니 對越無夜晝
성상의 학문이 날로 새로워져 聖學日日新
생각과 행동이 모두 심원했도다 表裏皆悠久
언제나 공경과 방자함 사이에서 每於敬肆間
요 임금과 주를 분변하였고 卽辨堯與紂
옛 습관에서 벗어난 뒤에는 旣出舊科臼
높은 산마루에 오른 듯하셨네 脫若登崇岫
도가 순수하자 다스림도 훌륭하니 道純治亦升
온 세상이 만수무강을 빌었네 四海祝萬壽
어찌하여 조정에 있는 신하들은 奈何在廷臣
돌과 옥이 뒤섞여 있었나 珷玞混瓊琇
욕심을 부림이 기탄이 없어 肆欲無忌憚
황제의 기강이 마침내 해이해졌네 皇綱遂解紐
형벌을 시행함도 고요처럼 못 하였고[226] 祥刑且非陶

224 의황(毅皇) : 명나라 제16대 황제 의종(毅宗)을 가리킨다.

225 이 한 말씀 : "비례부동(非禮不動)"을 가리킨다.

226 형벌을……하였고 : 고요(皐陶)는 형벌을 공정하게 잘 처리한 순(舜) 임금의 신하이다. 《서경》 〈대우모(大禹謨)〉에 "고요야, 이 신하와 백성 들이 혹시라도 나의 정사를 어기는 자가 없는 것은 네가 사사(士師)가 되어서 오형을 밝혀 오품(五品)의 가르침을 도와 나를 다스려짐에 이르도록 기약하였기 때문이다.〔皐陶! 惟玆臣庶罔或干予正, 汝作士, 明于五刑, 以弼五教, 期于予治.〕"라고 한 순 임금의 말이 실려 있다.

큰 죄역도 허술하게 다스렸네 大憝亦網漏

어지러움 심하자 갈영이 일어났으니[227] 亂棘致葛榮

화란의 시작은 정수가 아니었네[228] 厲階非鄭袖

갑신년 삼월의 일[229]을 甲申三月事

생각하면 마음이 찢어지는 듯 思之心欲剖

나라가 망하면 임금이 죽는 것은 國亡君死之

예나 지금이나 말뿐이었지 古今徒騰口

우리 황제께서 홀로 이를 실천했으니 吾皇獨辦此

천지가 무너져도 영원하리라 天壤壞不朽

만방은 아버지 잃은 듯 슬퍼하여 萬邦劇喪考

227 어지러움……일어났으니 : 이자성(李自成)의 반란이 일어난 것을 비유한 말이다. 의종 연간(1627~1644)에 대기근이 끊이지 않자 농민 반란이 대규모로 일어났다. 이때 이자성이 서안(西安)을 점령하고 나라를 세워 국호를 '대순(大順)'이라 하였다. 1644년(인조22) 이자성이 북경(北京)을 함락하자, 의종은 자살하고 명나라는 멸망하였다. 갈영(葛榮)은 북위(北魏) 말 농민 반란의 우두머리로 526년 난을 일으켜 스스로 천자라고 칭하고 국호를 '제(齊)'라고 하였으며, 2년 뒤에 이주영(爾朱榮)에게 잡혀 처형된 인물이다. 《魏書 孝莊紀》

228 화란(禍亂)의……아니었네 : 명나라가 멸망한 것은 여자 때문이 아니라는 뜻이다. 명나라가 멸망했을 때, 변절하여 청나라에 협조한 자들이 자신들에 대한 비난을 피하기 위해 명나라가 멸망한 원인을 의종이 전 귀비(田貴妃)를 총애한 것과 환관(宦官)을 신임한 것으로 돌렸기 때문에 이렇게 말한 것이다. 정수(鄭袖)는 전국 시대 초 회왕(楚懷王)의 부인이다. 회왕이 장의(張儀)를 가두고 죽이려 하자, 장의가 정수를 이용해서 풀려났다. 이후에 장의는 회왕을 설득하여 합종을 깨뜨리고 진(秦)나라와 우호를 맺게 하여 진나라가 천하를 통일하는 발판을 마련하였다. 《史記 張儀列傳》

229 갑신년 삼월의 일 : 1644년 3월 이자성이 북경을 함락하자 의종이 목을 매어 자살한 것을 말한다.

오히려 스스로 천우를 칭하였네[230] 猶自稱天祐
수부는 애해에서 보위했고[231] 秀夫保崖海
주자는 영부릉을 곡하였네[232] 晦父哭永阜
혹시라도 예가 아닌 행동이 있었다면 苟或動非禮
성인의 덕이 어찌 이처럼 훌륭했을까 聖德那此懋
아름다운 노봉공이 있어 有美老峯公
성상 은혜를 깊이 입었는데 逮被恩偏覆
강개한 마음 비록 있었지만 雖有慷慨心
사세가 공연히 방해를 했네[233] 事勢空掣肘

230 오히려……칭하였네 : 당나라가 망한 뒤에도 후당(後唐)을 건국한 이극용(李克用)이 여전히 당나라의 연호인 천우(天祐)를 사용한 것을 말한다. 조선은 명나라가 멸망한 뒤에도 의종의 숭정(崇禎) 연호를 계속 사용하였다.

231 수부(秀夫)는 애해(崖海)에서 보위했고 : 수부는 남송(南宋)의 문신 육수부(陸秀夫)이다. 애해는 온주(溫州) 애산(崖山) 일대의 바다로, 남송 말에 장세걸(張世傑)이 황제 병(昺)을 받들고 이곳을 지키며 최후의 항전을 벌이다가 패하자, 육수부가 황제를 업고 이곳 바다에 빠져 죽었다.《宋史 陸秀夫列傳》명나라가 멸망한 뒤에 명나라 왕실이 남방에 남명(南明) 정권을 수립한 것을 비유한 말이다.

232 주자는 영부릉(永阜陵)을 곡하였네 : 영부릉은 남송 효종(南宋孝宗)의 능이다. 효종이 세상을 떠난 지 4년 뒤인 1198년 주희가 효종에 대한 만사를 지은 것을 말한다. 효종은 재위 당시에 중원(中原)을 수복하기 위해 주전파(主戰派) 인사를 기용하고, 악비(岳飛)의 원한을 풀어 주는 등 많은 노력을 기울였다.《晦庵集 卷9 孝宗皇帝挽歌詞》의종을 생각하는 우암의 심정이 그와 같다는 뜻이다.

233 노봉공(老峯公)이……했네 : 노봉은 민정중(閔鼎重)의 호이다. 1652년(효종3) 제주로 표류해 온 명나라 유민 묘진실(苗珍實) 등을 청나라로 보내려 하자, 민정중이 상소를 올려 반대하였다. 이에 효종이 민정중을 인견(引見)하고 격려했으며, 북벌 계획을 상의하였다.《宋子大全隨箚 卷1》《江漢集 卷32 明陪臣傳》

높고 높으신 우리 효종께서	嵬嵬我寧考
일찍이 홀로 정원에 앉아	嘗獨坐靈囿
공을 오라고 부르셨으니	招之謂汝來
궁전이 깊고 은밀하였네[234]	堂宇深而黝
서로 만나 회포를 털어놓으니	都兪罄所懷
목마름에 물을 마시는 듯	如渴飮水救
전교하시기를, 세도가 무너져	教謂世陸沈
흉적들이 방자하게 으르렁대고 있다	鯨鯢恣唬吼
내가 대의를 밝히려 하는데	予思明大義
이 뜻을 누구와 함께 이룰 것인가	此志誰與就
문왕과 탕왕은 백 리와 칠십 리였으니[235]	文湯百七十
항상 옛사람에게 부끄럽노라	常愧於尙友
지금 사람들은 두려워 말을 못 하니	今人畏不言
아교를 삼키고 양치하지 않은 듯하네[236]	膠漆呑不漱
내 마음속으로 답답하기 그지없어	予心中鬱結

234 높고……은밀하였네 : 효종이 자의대비(慈懿大妃)를 위해 창덕궁에 만수전(萬壽殿)을 지을 때에 터를 살핀다는 핑계로 궁궐 모처에서 혼자 앉아 몇 명의 신하를 몰래 인견하고 북벌을 논의하였는데, 민정중도 그때 인견한 신하 중 한 명이었다. 《宋子大全隨箚 卷1》

235 문왕(文王)과……리였으니 : 《맹자》 〈공손추 상(公孫丑上)〉에 "덕으로써 인(仁)을 행한 자는 왕자(王者)이니 왕자는 대국(大國)을 필요로 하지 않는다. 탕왕(湯王)은 칠십 리를 가지고 하셨고, 문왕은 백 리를 가지고 하셨다.〔以德行仁者王, 王不待大, 湯以七十里, 文王以百里.〕"라는 말이 나온다.

236 아교를……듯하네 : 사람들이 말하지 않는 것이 마치 아교에 입이 달라붙은 듯하다는 말이다.

밤낮으로 구름이 뭉친 것 같노라　日夕如雲逗
노봉이 머리 조아려 사례하기를,　老峯稽首謝
이 의리가 우주에 뻗칠 만한데　此義亘宇宙
성상의 뜻에 오래도록 부응 못 했으니　聖志久不酬
신하들의 허물입니다　臣下之罪咎
밖에 나와 말하기를, 우리 성상의 도량은　出曰我聖度
운몽 구백 리보다 넓으시네[237]　不啻雲夢九
정신도 이미 지극하시니　精神亦旣到
금석도 장차 뚫을 것이며　金石將可透
중원의 이리 마음 지닌 자들　九土豺狼心
하늘이 아마도 깨우쳐 주리라　上天庶或誘
이로부터 어수지계[238] 되었으니　從玆魚水契
은밀한 계책을 깊이 세웠도다　密勿深結構
성상의 마음은 이미 탁연하셨으나　聖心旣卓然
타인들은 도적을 초래할까 두려워했네　外人懼致寇
갑자기 성상께서 승하하시어　俄然龍御忙

237 운몽(雲夢)……넓으시네 : 운몽은 본디 초(楚) 지방에 있는 호수 이름인데, 뒤에는 동정호(洞庭湖)까지 포괄하는 큰 호수를 뜻하는 말로 쓰이게 되었다. 사마상여(司馬相如)의 〈상림부(上林賦)〉에 "초나라에 일곱 개의 호수가 있다. 그중 하나인 운몽은 사방이 구백 리인데, 운몽 같은 것 여덟아홉 개를 삼켜도 흉중에 막힘이 없었다."라고 한 데서 온 말이다.

238 어수지계(魚水之契) : 임금과 신하의 긴밀한 관계를 말한다. 유비(劉備)가 제갈량(諸葛亮)을 매우 좋아하여 "나에게 공명(孔明)이 있음은 물고기에게 물이 있음과 같다."라고 한 말에서 나왔다. 《漢書 獻帝本紀》

눈물 흘리며 가슴을 두드렸네　血泣心胸叩
공이 일찍이 연경에 들어가니[239]　頃嘗入燕都
개와 염소 속에 원숭이도 뒤섞여서　犬羊雜猴狖
큰 거리마다 비린내가 진동하고　腥膻九衢上
진귀한 글씨가 창문에 붙어 있었네　寶章糊戶牖
다행히 비분강개한 사람을 만나　幸遇悲歌人
얼굴을 대하자 마음도 맞았어라　眉宇得心趣
말하기를, 이는 선황제 어필인데　謂此先皇筆
오랑캐 말발굽에 유린되고 말았으니　曾被戎馬蹂
그대가 이것을 품고 돌아가시오　爾須懷此去
그대 나라는 그리 누추하지 않잖소　爾邦孔不陋
찬란한 네 개의 큰 글자를　煌煌四大字
감히 함부로 대할 수 없었는데　不敢狎而覯
더구나 지극한 요체의 가르침이　何況至要訓
공자의 말씀에서 나왔음에랴　出自魯中叟
값을 주려 했으나 거절하였으니　欲償掉其金
그 의기 또한 높고 성대했어라　其義亦峻茂
가지고 돌아와 은자에게 부탁하여　歸來託幽人
푸른 바위 암혈에다 새겨 놓았네　刻之蒼巖竇
효종의 뜻 또한 계술했으니　亦述寧考志

239 공이……들어가니 : 민정중이 1669년(현종10) 동지사(冬至使)로 북경에 갔을 때 어떤 중국 사람이 명나라 의종(毅宗)의 어필이라며 민정중에게 주었다. 민정중이 사례하려고 했으나, 그 사람은 받지 않았다고 한다. 《宋子大全隨箚 卷1》

인의가 인면수심인 자들을 놀라게 하네	仁義驚[240]心獸
화양이라 한 동천은	華陽一洞天
만고에 밝은 별이 빛나리라	萬古明星宿
단계에 선비 한 사람 있어[241]	丹溪有一士
세상에 나그네 같은 몸이지만	於世身如僦
시를 지어 그 일 노래하니	作詩歌其事
노봉과 맥락을 같이하도다	老峯同脈候

240 驚 : 대본의 두주에 "'驚'은 다른 곳에는 '警'으로 되어 있다."라고 하였다.

241 단계(丹溪)에……있어 : 청주 검단산(檢丹山) 아래에 후운정(後雲亭)을 짓고 살고 있던 홍석기를 가리킨다.

박생[242] 상호 에 대한 만사 갑자년(1684, 숙종10)

朴生 商皓 挽 甲子

옛날 난리를 만났던 때에	昔遭亂離日
모친 모시고 그대 집에 기숙했지	將母乃家寄
그대 부친은 돈목한 사람이라	乃翁敦睦人
내 모친을 어머니처럼 대했네	吾母猶母視
군은 당시 죽마를 타던 나이	君時蔥竹遊
죽은 내 아이와 함께 놀았지	與吾亡兒戲
머리 쓰다듬으며 예뻐했는데	撫頂憐婉孌
조금 크자 와서 글자 물었네	稍大來問字
항상 내 곁에서 자고 먹으며	宿食常在傍
일찍 일어나고 밤늦게 잤지	夙興而夜寐
사람 일이란 믿을 수 없는 것	人事不可恃
불쌍한 백성은 유독 곤궁해	鮮民偏窮瘁
전후로 부모님 돌아가시자	風樹前後纏
수척하도록 슬퍼하며 장례 치르고	欒欒泣苫次
봄가을 추모의 마음 일 때면	春秋霜露感

242 박생(朴生) : 박상호(朴商皓, 1631~1684)로, 본관은 상주(尙州), 자는 공익(公翼)이다. 우암의 문인이다. 박상호의 아버지 박찬선(朴纘先)이 우암의 중표제(中表弟)로 먼 인척 관계가 있다. 병자호란 이듬해인 1637년(인조15) 우암이 난을 피해 어머니를 모시고 보은(報恩)에 있던 박찬선의 집에 우거하였다. 《宋子大全 卷199 從仕郎朴君墓表》

사랑과 정성 다해 제사 올렸네 愛慤能自致
청상과부 고모를 정성껏 봉양했고 孀姑誠以養
계모를 예를 다해 섬겼으며 繼慈禮以事
시와 서를 자식들에게 가르치고 詩書教諸兒
두 동생과 한 이불 덮고 잠을 잤네 被枕聯二季
정릉[243]의 어짊을 가장 심복했으니 最服貞陵賢
가성이 이로 인해 실추되지 않았네 家聲庸不墜
월조평[244]에는 이견이 없고 月朝評無議
경은당[245]에는 기문 있도다 慶恩堂有記
어찌하여 중년의 나이에 如何中身及
갑자기 이수[246]의 해를 입었단 말인가 遽嬰二竪祟

243 정릉(貞陵) : 《송자대전수차》 권1에는 미상이라고 하면서 박상호의 아버지 박찬선을 지칭한 것으로 추정하였다. 박상호의 묘표(墓表)를 보면, 외형(外兄)인 진사 정경흠(鄭慶欽)과 우의가 깊어 정경흠이 서울에서 보은으로 내려와 우거(寓居)하다 죽으니, 박상호가 자신의 집에 빈소를 차리고 자기 땅에 장지(葬地)를 마련해 주었다고 하였다. 정경흠이 당대에 이름난 학자로 서울 정릉동(貞陵洞)에 살았으므로 정경흠을 가리키는 것이 아닌가 생각된다. 《宋子大全 卷81 與趙復亨 癸丑 3月 17日, 卷199 從仕郎朴君墓表》

244 월조평(月朝評) : 월단평(月旦評)과 같은 말로, 인물을 품평하는 것을 말한다. 조선 시대에는 태조(太祖)의 휘(諱)를 피해 단(旦)을 모두 조(朝)로 바꾸어 썼으므로 월조평이 되었다. 후한 때 허소(許劭)가 그의 종형 허정(許靖)과 함께 향당(鄉黨)의 인물을 평하기를 좋아해서 매월 1일 인물에 대한 품제(品題)를 다시 작성하였던 데서 유래한 말이다. 《後漢書 許劭列傳》

245 경은당(慶恩堂) : 박상호가 아버지 박찬선을 추모해 지은 건물로, 우암이 기문을 지었다. 보은에 있다. 《宋子大全 卷143 慶恩堂記》

246 이수(二竪) : 병마(病魔)의 별칭이다. 춘추 시대 진(晉)나라 경공(景公)의 꿈에

약도 끝내 효과가 없더니만 藥物竟無效
홀연 명정으로 표한 걸 보았네[247] 忽見旗以識
함림역[248] 역정 옆은 含林驛亭傍
예부터 길지라 하던 곳 自古稱吉地
염교에 맺힌 이슬이 아침에 사라지니[249] 薤露侵晨去
친구들 많이 눈물을 흘리누나 親朋多涕淚
병든 늙은이가 궁벽한 곳에 사는 데다 病叟伏窮深
심신이 너무나 흐리멍덩하여 心神劇昏瞶
영전에 나아가 곡도 한번 못 하니 柩前阻一哭
평생의 정의를 영원히 저버렸도다 永負平生義
변변찮은 만사 지어 죽음 참고 읊으니 荒辭忍死吟
바위 골짜기에 처량한 바람 불어오네 巖壑悲風吹

병마가 두 아이〔二豎〕의 모습으로 나타나 고황(膏肓) 사이에 숨는 바람에 끝내 병을 고칠 수 없었다는 고사에서 유래한 것이다. 《春秋左氏傳 成公10年》

247 명정(銘旌)으로……보았네 : 죽음을 완곡하게 표현한 것이다. 《예기(禮記)》 〈단궁 하(檀弓下)〉에 "명은 명정이다. 죽은 사람을 분별할 수 없으므로 깃발로 표시한 것이다.〔銘, 明旌也. 以死者爲不可別已, 故以其旗識之.〕"라는 말이 나온다.

248 함림역(含林驛) : 보은에 있는 역으로, 박상호의 무덤이 그 부근에 있었다.

249 염교에……사라지니 : 한 고조(漢高祖)에게 반기를 들다 패망한 전횡(田橫)의 죽음을 애도한 만가(輓歌)인 〈해로가(薤露歌)〉에 "염교에 맺힌 아침 이슬 어이 이토록 쉽게 마르나. 이슬은 말라도 내일 아침이면 다시 내리지만, 사람은 죽어 한번 가면 언제나 돌아오랴.〔薤上朝露何易晞? 露晞明朝更復落, 人死一去何時歸?〕"라는 구절에서 온 말이다. 《古今注 音樂》 염교는 백합과의 여러해살이풀이다.

을축년(1685, 숙종11) 3월이 저무는 때에 내가 서쪽으로 올라가는 손자 주석을 전송하고는 마음을 달랠 길 없어 작은 술병을 가지고 송촌에 가서 문장을 뵈니 노소가 많이 모였다. 둘러앉아 이야기하고 날이 저물자 돌아와서 감히 주자께서 3월 그믐에 제형과 함께 진솔하게 모여 지었던 시에 차운하여 제종에게 화답을 구하다

乙丑三月之暮 余送疇孫西上 心不自聊 遂携小壺 往拜門長于宋村 老少頗集 環坐談話 日斜而歸 敢次晦翁三月晦與諸兄眞率之韻 求和于諸宗

오늘 아침에 장맛비 그치니　　今朝積雨霽
고운 나무들 어느새 녹음 짙어졌네　　嘉木已繁陰
아이 이별한 서운함에 황망스럽고　　惘惘別兒恨
세상 근심은 하염없어라　　悠悠憂世心
일가의 화목함을 돌아다보니　　眷焉宗黨好
대와 꽃이 그윽한 곳 문득 생각나　　翻憶竹花深
진흙길 따라 남은 술 가지고 가서　　泥路携殘酒
고당에 올라가 흉금 펼치네　　高堂展皺襟
쇠한 늙은이는 괴로운 말이 많고　　衰翁多苦語
여러 젊은이는 꽃다운 글 토하누나　　諸少吐英音
가장 기쁜 것은 미원의 장관[250]이　　最喜薇垣長
돌아와 푸른 산에 누운 것이라네　　歸來臥碧岑

250 미원(薇垣)의 장관(長官) : 미원이 사간원의 별칭이므로 대사간을 가리킨다. 당시 우암의 문인이자 일족인 송규렴(宋奎濂)이 대사간으로 있다가 낙향해 있었다.

봉서사[251]에서 놀면서 "시내를 따라 길이 점점 깊으니 그윽한 흥취 어느 때나 그치리."[252]로 운을 나누어 '이' 자를 얻다

遊鳳棲寺 以緣溪路轉深 幽興何時已 分韻得已字

숭정 을축년[253]	崇禎乙丑歲
오월 열사나흘에	仲夏旬三四
집안 어른 계담옹[254]과	宗長桂潭翁
봉서사에 모이기로 약속하였네	約束期鳳寺
여러 일가 나란히 말 타고 나와	諸宗竝轡出
길을 가며 가다 쉬다 하였네	行行行且止
같이 온 십여 명 가운데	同來十餘人
다른 성은 오직 두 사람뿐	異姓唯有二
산 넘어 깊은 골짜기 들어가니	踰山入深谷
맑은 시냇물 소리 끊임이 없네	淸澗鳴不已
이백의 시구 낮게 읊조리며	沈吟謫仙句
어지러이 도리원에 모이니[255]	亂以會桃李

251 봉서사(鳳棲寺) : 회덕 남쪽에 있던 사찰이다.

252 시내를……그치리 : 당나라 시인 배적(裴迪)의 〈목란시(木蘭柴)〉 시 구절이다.

253 을축년 : 1685년(숙종11)이다.

254 계담옹(桂潭翁) : 송국사(宋國士, 1612~1690)로, 본관은 은진(恩津), 자는 일경(一卿), 호는 계담이다. 김장생(金長生)의 문인이며, 송규렴의 종숙(從叔)이다. 천거로 벼슬에 나가 감찰, 현감 등을 역임하였다.

255 어지러이 도리원(桃李園)에 모이니 : 이백(李白)의 〈춘야연도리원서(春夜宴桃

스님 여덟아홉이 衲衣八九輩
봉우리 깊은 곳으로 맞아들이네 迎入巖巒邃
당에 올라선 부들자리에 앉아 升堂坐蒲團
이야기 속에 농담도 섞었노라 晤語雜嘲戲
밝은 달이 숲속을 비추니 白月照林樾
도깨비들이 모두 달아나는 듯 魍魎皆走避
시 읊는 소리가 벼랑에 메아리치니 哦詩響崖壁
산들바람 시원하게 일어나누나 劃然淸風起
때마침 간의공은 維時諫議公
상소를 올려 시의를 거스르고 抗疏忤時議
우리 주석이도 한림을 사양하여[256] 阿疇辭翰林
바야흐로 성상의 엄지를 받았으나 方被上嚴旨
도리어 물외에서 노닐며 還從物外遊

李園序)〉에 "복사꽃 오얏꽃이 만발한 꽃다운 동산에 모여, 형제들끼리 천륜의 즐거운 일을 펴노라."라고 한 데서 온 말이다.

256 간의공(諫議公)은……사양하여 : 간의공은 송규렴을 가리킨다. 1684년(숙종10) 즈음에 윤증(尹拯)이 사국(史局)에 보내는 글에서 자신의 아버지 윤선거(尹宣擧)를 변호하면서 "율곡(栗谷)은 참으로 입산(入山)했던 잘못이 있으나, 선인(先人)이 죽지 않은 것은 처음부터 죽어야 할 의리가 없었기 때문이다."라고 하였다. 1685년 봄에 이 글이 세상에 알려지자 사학 유생(四學儒生)들이 상소를 올려 선현을 모욕하였다고 윤증을 논죄(論罪)하였는데, 유생들에게 유벌(儒罰)이 내리자, 대사간 송규렴이 상소를 올려 그 유생들을 변호하고 유벌을 풀어 주었다. 이에 윤증을 지지하는 측에서 송규렴의 체직을 지속적으로 청하니, 송규렴이 사직하고 향리로 내려왔다. 이때 예문관 검열의 직책에 있던 송주석(宋疇錫)도 이 일을 논하는 사직소를 올리고 향리로 돌아왔다. 《肅宗實錄》《宋子大全 附錄 卷19 年譜》

잠시 세상 걱정을 잊으니	暫忘憂世志
청산은 꾸지람을 하려 하고	青山欲送罵
새들은 실의함을 비웃는 듯	幽鳥嘲失意
이윽고 채소에 거친 밥을 내오니	俄然進蔬糲
등불이 창가에 걸렸구나	燈暈掛窓紙
좋은 대화가 깊은 밤까지 이어져	良話到夜深
선조를 받들자는 마음 은근한데	眷眷奉先祀
가풍의 쇠함을 개탄한 뒤에	旣歎門風衰
이어서 출처의 의리도 따졌지	繼以出處義
문득 생각하니 자양옹께서는	忽憶紫陽翁
운 뽑아 시 지어 좋은 일 기록했네[257]	探籌記勝事
묻노니 누가 이 모임 주선했나	借問誰主盟
반남 박씨의 새 진사[258]로다	潘南新進士
명령을 내림이 군령 같아서	出令如軍令
늙은이는 두려워서 넘어지겠네	老夫愓而躓
정신없이 약속 모임 달려왔지만	蒼黃赴期會
돌격하는 기마에 감히 끼어들 수 없어라	不敢間突騎
그렇지만 걱정할 것 없다네	雖然可無患
자리에 십방후 옹치가 있으니[259]	坐有什方齒

257 자양옹(紫陽翁)께서는……기록했네 : 주희는 연회가 있을 때면 항상 시운을 나누고 제비를 뽑아 시를 짓곤 하였다고 한다. 《宋子大全隨箚 卷1》

258 반남(潘南)……진사 : 누구를 가리키는지 미상이다.

259 자리에……있으니 : 한나라 유방(劉邦)이 황제에 즉위한 뒤에 여러 장수가 봉작

자신을 경계하는 시 병인년(1686, 숙종12)

自警吟 丙寅

내 나이 이제 팔십인데	我年今八十
평생의 일을 추억하니	追憶平生事
뉘우침 산처럼 쌓여	尤悔如山積
붓으로 기록하기 어렵구나	一筆難可記
어버이 섬김에 내 소견대로 하여	事親任所見
그 뜻을 받들지 못함이 많았고	多不承其志
형님을 따름에도 사욕에 가려	從兄蔽於私
고집스레 내 멋대로 하기 좋아했으며	强剛喜自遂
집에서는 근독함에 소홀하여	居室昧謹獨
옥루[260]에 부끄럽지 않음이 없었고	無非屋漏愧

(封爵)을 하지 않은 데 대해 불만을 품고 있었다. 옹치(雍齒)는 유방이 가장 싫어하는 장수였는데, 장량(張良)의 계책을 써서 옹치를 제일 먼저 십방후(什方侯)에 봉했다. 그러자 여러 장수가 모두 기뻐하면서 말하기를 "옹치 같은 사람도 제후에 봉했으니 우리들은 걱정할 것 없다." 하였다. 《史記 留侯世家》 여기에서는 우암이 시를 잘 짓지는 못하지만, 유방이 옹치를 봉해 준 것처럼 자기를 대우하리라는 뜻으로 쓰인 듯하다.

260 옥루(屋漏) : 집 안에서 가장 어두운 서북쪽 구석을 가리키는데, 아무도 모르는 자기의 마음속이라는 의미로 쓰인다. 《시경》 〈대아(大雅) 억(抑)〉에 "그대가 군자를 사귈 때의 용모를 보면, 얼굴빛을 온화하게 하면서 무슨 잘못이 있지나 않을까 조심한다마는, 그대가 홀로 집에 있을 때에 보더라도 방의 모퉁이에 부끄러움이 없게 해야 할 것이다.〔視爾友君子, 輯柔爾顔, 不遐有愆. 相在爾室, 尙不愧于屋漏.〕"라는 말이 나온다.

벗을 사귐에도 충후하지 못해	交友鮮忠厚
능히 그 허물을 덮어 주지 못했네	不能庇其累
더구나 군신의 관계에 있어	況於君臣際
감히 의리에 가까웠다 하겠는가	敢曰近於義
《서경》에서 말하는 오륜은	書所謂五典
끊어지려는 것이 좀먹은 종 끈 같구나	損壞如蠡縋
급히 남에게 바로잡혀야 할 처지니	亟當正於人
남 바로잡는 것을 어찌 감히 바랄쏜가	正人安敢企
망녕되이 세도의 책임을	妄以世道責
이 한 몸이 스스로 떠맡았어도	自任於一己
한 수레 장작에 불길이 치솟으니	一車薪火熾
한 잔 물로써 끌 수가 있겠는가	詎容一杯水
불에 타서 문드러질 뿐이어서	適足爲焦爛
조롱만 사방에서 빗발치는구나	譏誚四外至
이러함을 어찌할 수 없으니	凡玆莫可追
이 마음은 그저 두려워할 뿐	一心徒惴惴
멀리 위 무공의 슬기로움 생각하니	緬思衛武睿
아흔 살에도 오히려 〈억〉 시를 지었고[261]	九十猶賦懿
또 생각하니 큰 영웅들도	又思大英雄

261 위 무공(衛武公)……지었고 : 춘추 시대 위 무공은 나이 90이 넘어서도 수신(修身)과 치국(治國)을 잘하기 위해 12장 114구에 달하는 장편의 〈억계(抑戒)〉라는 시를 지어 시종으로 하여금 날마다 곁에서 외우게 해서 스스로를 경계하였다고 한다. 《詩經 大雅 抑》

처음에 전전긍긍함으로부터 이루었네	初由戰兢致
자질구레한 행실 삼가지 않으면	細行若不謹
마침내 큰 덕에 누가 되는 것	終爲大德累
외면의 거칠고 호방한 혈기를	外面麤豪氣
조금이라도 부려서야 되겠는가	何可一點使
주야로 부지런히 하면서 두려워하면	朝乾夕亦惕
일상 기거에 반드시 종사할 바 있으리니	動息必有事
명과 성을 둘 다 증진하고	兩進是明誠
경과 의도 함께 세워서[262]	偕立惟敬義
삼가 마땅히 좌우에 써 놓고	謹當書左右
위난에도 급박에도 이에 의거하리라	顚沛洎造次

262 명(明)과……세워서 : 주희의 〈백록동부(白鹿洞賦)〉에 "우선 전에 배운 것을 익혀야 하니, 때때로의 학습에 깨달음이 있으리라. 명과 성을 둘 다 증진하고, 경과 의를 함께 세워야 하네.〔請姑誦其昔聞, 庶有開於時習. 曰明誠其兩進, 抑敬義其偕立.〕"라는 말이 나온다. 명과 성은《중용장구》제21장에 "성실로부터 밝아짐을 성이라 하고, 밝아짐으로부터 성실해짐을 교라고 하니, 성실하면 밝아지고 밝아지면 성실해진다.〔自誠明, 謂之性; 自明誠, 謂之教. 誠則明矣, 明則誠矣.〕"라고 하였고, 경과 의는《주역》〈곤괘(坤卦)〉에 "경하여 안을 곧게 하고 의롭게 하여 밖을 바르게 하니, 경과 의가 확립되면 덕이 외롭지 않다.〔敬以直內, 義以方外, 敬義立而德不孤.〕"라고 하였다.

송군[263] 흥길 의 창취당을 두고 지은 시

宋君 興吉 蒼翠堂

작은 누각이 새 못 가에 섰는데	小閣臨新池
솔바람이 유난히 맑게 불어오네	松風分外淸
시절은 바야흐로 맹하 어느 날	時當孟夏日
화려했던 산의 꽃들은 시들었네	山花謝繁英
주석이는 벼슬 사양하고 돌아와	疇也謝官歸
세상 사람들과 만나지 아니하고	不與世人幷
나의 족인인 주산[264] 사는 그대는	吾宗注山君
고결하여 속된 생각을 끊었네	疏雅絶塵情
흰 연꽃 뿌리를 옮겨다 심으니	移得白蓮根
옥정[265]의 좋은 인연 이루어졌으나	玉井好緣成
다만 한여름 무더위가 찾아오면	只懼煩歊至
쉬파리가 앵앵 모여들까 두렵구나[266]	蒼蠅聚營營

263 송군(宋君) : 송흥길(宋興吉)로, 본관은 은진(恩津)이다. 송윤창(宋胤昌)의 아들이고, 송준길(宋浚吉)의 서종제(庶從弟)이다. 회덕(懷德)에 살았다. 《同春堂集 卷18 庶叔禦侮將軍墓表》

264 주산(注山) : 회덕 동쪽에 있는 산이다.

265 옥정(玉井) : 화산(華山) 꼭대기에 있다는 옥같이 맑은 연못이다. 한유(韓愈)의 〈고의(古意)〉 시에 "태화봉 꼭대기 옥정의 연은, 꽃 피우면 직경이 열 길에 연뿌리는 배와 같다네.〔太華峯頭玉井蓮, 開花十丈藕如船.〕"라는 구절이 있다.

266 쉬파리가……두렵구나 : 소인의 참소를 경계한 구절이다. 《시경》〈소아(小雅)

곡운 김공의 부인[267]에 대한 만사 정묘년(1687, 숙종13)
谷雲金公夫人挽 丁卯

옛날 내가 노선생[268]을 모실 적부터	昔陪老先生
시봉에 예법 있음을 마음속으로 알았네	心知侍奉儀
음식은 맛있고 정결했으며	飮食珍且精
의복은 청결하고 때에 맞았지	衣服潔而時
노복들 모두 재빠르게 움직이니	婢使俱齊遬
훌륭한 가법을 더욱 징험했으며	益徵其閫彝
안팎으로 끝까지 근면히 섬기니	外內服勤至
어른께서 매우 편안히 여기셨네	皇尊甚安之
남편은 부인의 착한 뜻을 인정하여	郎承是善意
공경함이 끝내 변하지 않았어라	敬待終不衰
귀중한 《설교편》[269]은	珍重雪窖編

청승(靑蠅)〉에 "앵앵거리는 쉬파리가 울타리에 앉았도다. 화락한 군자는 참소의 말을 믿지 말지어다.〔營營靑蠅, 止于樊. 豈弟君子, 無信讒言.〕"라고 하였다.

267 곡운(谷雲) 김공(金公)의 부인 : 곡운 김수증(金壽增)의 부인 창녕 조씨(昌寧曺氏)로, 인조 때의 문신 조한영(曺漢英)의 딸이다. 조한영은 청나라가 원손(元孫)을 볼모로 심양(瀋陽)에 보내라고 요청했을 때, 이를 반대하는 만언소를 올렸다가 1641년(인조19) 심양에 끌려가 투옥되었다. 김수증의 조부인 김상헌(金尙憲)과 조한영이 심양에 함께 억류되어 있으면서 김수증과 창녕 조씨의 혼사를 정하였다고 한다.《宋子大全 卷187 淑人曺氏墓誌銘》《宋子大全隨箚 卷1》

268 노선생(老先生) : 김상헌을 가리킨다.

269 설교편(雪窖編) :《설교수창록(雪窖酬唱錄)》을 가리킨다. 김상헌과 조한영이

사적이 더욱 기이하도다	事蹟益可奇
빛나는 종족 크고도 번성하여	華宗大且繁
장자 노릇 하기 실로 어려운데	主器儘難爲
참으로 현숙한 종부였기에	允矣冢婦賢
힘써 이끄는 데 모자람이 없었네	勖率無不宜
슬픈 일로 기쁜 일로 사십 년인데	悲歡四十年
하루아침에 저세상으로 떠나갔도다	一朝鸞驂騎
한창 복된 경사 많이 보려는 때[270]에	方看福慶隆
어찌 갑자기 이 지경에 이르렀는고	何遽至於斯
곡운옹은 이미 백발노인인지라	雲翁已白首
홀아비 신세가 참으로 처량하구나	鰥況良可悲
새로 돌아가신 영혼은 어떻게 위로하나	何以慰新魂
부끄럽게도 한유나 구양수의 글솜씨 없네	愧乏韓歐詞
정숙하고 신중하신 부인의 덕은	惟應淑愼德
붉은 자루 붓으로 기록되어 전해지리라[271]	庶憑彤管垂

심양에 억류되었을 때 서로 화답한 시를 모아 엮은 책이다. 설교는 눈 속 움막이라는 뜻인데, 흔히 타국에서 갇혀 있는 곳을 뜻한다. 한 무제(漢武帝) 때 소무(蘇武)가 흉노에 사신으로 갔다가 흉노의 선우(單于)로부터 항복하라는 회유와 협박을 받고도 끝내 굴하지 않은 채 큰 움막에 갇혀, 쌓인 눈을 녹여 마시면서도 끝까지 사신의 정절(旌節)을 지키다가 19년 만에 고국으로 돌아왔던 고사에서 유래한 말이다.

270 복된……때 : 조카인 김창협(金昌協)이 지은 제문에 따르면, 평생 고달프게 살던 부인이 중년 이후로도 자손 4, 5명이 연이어 죽는 참화를 당해 눈물이 마를 때가 없었으나, 병인년(1686) 겨울 셋째 아들이 대과(大科)에 급제하여 비로소 집안에 경사가 생겼다고 하였다. 《農巖集 卷29 祭伯母文》

271 붉은……전해지리라 : 주(周)나라 때 여사(女史)를 두어 후비(后妃)에 관한 일

시남[272] 유계 의 〈화도육장〉에 차운하다

次市南 兪棨 和陶六章

매화 핀 창가에 일 없이 梅窓無事
고인의 책을 읽노라니 讀古人書
세대 건너 통하는 마음 曠世相感
기쁘고도 즐거워라 載欣載娛
짐승 소리 새 지저귐 獸聲禽語
은거하기 딱 좋아서 端合幽居
이곳에서 즐기노니 於焉考槃
현자의 오두막이로다 碩人之廬

두 번째 其二

암혈 속에 광채 숨긴 채 韜光巖穴
염결함으로 자중자애하네 廉潔自珍

을 기록하였는데, 이들은 붉은 자루로 된 붓을 사용하였다. 조씨 부인의 훌륭한 덕이 훗날 역사에 기록되어 전해질 것이라는 말이다.

272 시남(市南) : 유계(兪棨, 1607~1664)의 호이다. 본관은 기계(杞溪), 자는 무중(武仲)이다. 김장생(金長生)의 문인이다. 1633년(인조11) 문과에 급제하고, 벼슬이 이조 참판에 이르렀다. 예학과 사학에 정통하여 《가례원류(家禮源流)》, 《여사제강(麗史提綱)》 등의 저술이 있으며, 문집으로 《시남집(市南集)》이 전한다. 시호는 문충(文忠)이다.

여색 좋아하듯 현인을 존경하고 易色賢賢
어진 마음으로 어버이 사랑하네 有仁親親
조화를 정밀하게 궁구하니 精窮造化
학문이 하늘과 사람을 포괄했네 學貫天人
덕은 본디 외롭지 않아 德本不孤
과연 좋은 이웃이 있도다 果有其隣

세 번째 其三

현자가 헌걸차니 碩人其頎
매일 세 가지로 부지런히 반성하네 日三孜孜
사랑해 주는 사람이 있어 有惠好兮
손을 잡고 함께하도다 携手同之
자르고 갈고 쪼고 닦음[273]은 切磋琢磨
《시경》의 노랫말과 부합하니 有配周詩
오동과 가래나무는 심으면서 樹之桐梓
가까운 것 생각하기를 구하지 않으랴[274] 不求近思

273 자르고……닦음 : 《시경》 〈위풍(衛風) 기욱(淇奧)〉에 "저 기수 가의 언덕을 보니, 푸른 대가 아름답고 무성하도다. 문채 빛나는 우리 님이여, 골각(骨角)을 끊고 갈듯, 옥석(玉石)을 쪼고 닦듯 하도다.〔瞻彼淇奧, 綠竹猗猗. 有匪君子, 如切如磋, 如琢如磨.〕"라고 한 데서 온 말로, 학문과 덕행을 연마하는 것을 의미한다.

274 오동(梧桐)과……않으랴 : 맹자가 "한두 줌 굵기의 오동이나 가래나무를 사람이 기르려고 하면, 누구나 기르는 방법을 안다. 하지만 자기 몸에 이르러서는 수양하는 방법을 알지 못하니, 이 어찌 자기 몸을 아끼는 것이 오동이나 가래나무만 못해서이겠는

네 번째 其四

좋은 유람은 늘 있지 않으며 嘉遊不常
만남은 적고 이별은 많도다 少聚多分
구룡[275]의 산비탈이 九龍之坡
내 마음에 기쁘지만 爰得我忻
동서로 옴짝달싹 못 하여 蹩躠東西
시름겨운 구름만 암울하네 慘慘愁雲
우러러보매 아득하여라 瞻之邈矣
난초 향기 맡을 수 없네 蘭聲未聞

다섯 번째 其五

옛날 기산 남쪽에서 昔日岐陽
봉황이 울었는데[276] 鳳凰其鳴
북풍이 싸늘히 부니 北風旣涼
눈이 내리는구나 雨雪其零

가. 생각하지 않는 것이 심하기 때문이다.〔拱把之桐梓, 人苟欲生之, 皆知所以養之者. 至於身而不知所以養之者, 豈愛身不若桐梓哉? 弗思甚也.〕"라고 한 데서 온 말로, '가까운 것'은 자기 자신을 가리킨다. 《孟子 告子上》

275 구룡(九龍) : 우암이 태어나고 평생 자주 머물렀던 옥천(沃川)의 구룡촌(九龍村)을 가리키는 듯하다.

276 기산(岐山)……울었는데 : 《국어(國語)》 〈주어(周語)〉에 주나라가 일어날 적에 봉황이 기산에서 울었다는 기록이 있다.

구원에 자취를 감추어도 晦跡丘園
서경을 걱정함이 간절한데[277] 憂切西京
일이 이미 급박한지라 旣亟只且
밤낮으로 편치 못하네 夙夜靡寧

여섯 번째 其六

기수의 물결이 일고 沂水之波
무우의 바람이 부니[278] 舞雩之風
봄옷을 걸치고서 乃試春服
중도를 잡노라 乃執厥中
아, 내가 시작이 없었거늘 嗟我無始
어찌 끝이 있기를 바라랴 豈望有終
용문[279]에 의탁하여 願托龍門
미천한 몸 끝내 보전하고 싶어라 終保微躬

277 구원(丘園)에……간절한데 : 구원은 은자의 은거지를 의미한다. 서경(西京)은 서쪽의 도성을 가리키는데, 우암이 유배되어 있는 장기(長鬐)에서 도성이 서쪽에 위치하므로 이렇게 말한 것이다.

278 기수(沂水)의……부니 : 기수는 노(魯)나라 도성 남쪽에 있는 물 이름이고, 무우(舞雩)는 기우제를 지내던 곳이다. 공자가 제자들에게 각자 포부를 말해 보라고 하자, 증점(曾點)이 "늦은 봄에 봄옷이 이루어지거든 관자 대여섯, 동자 예닐곱과 함께 기수에서 목욕하고 무우에서 바람을 쐬고 읊조리며 돌아오겠습니다.〔莫春者, 春服旣成, 冠者五六人、童子六七人, 浴乎沂, 風乎舞雩, 詠而歸.〕"라고 했던 데서 온 말이다. 《論語 先進》

279 용문(龍門) : 옥천 구룡촌에 있던 우암의 서재인 용문정사(龍門精舍)를 가리키는 듯하다.

문곡의 〈화도사장〉에 차운하다 병진년(1676, 숙종2) 2월

次文谷和陶四章 丙辰二月

성인의 시대 멀고 경전은 훼손되었으니 聖遠經殘
누가 교화의 단비[280]를 적셔 주랴 孰沾教雨
아름다운 말씀과 오묘한 뜻이 徽音妙旨
아득하게 막혀 버렸네 邈焉貽阻
한스럽게도 나의 게으름을 恨我慆慢
젊은 시절 다스리지 못했기에 壯歲不撫
이 삼익의 벗[281]을 그리워하며 懷茲三益
밤낮으로 우러러 기다린다네 日夕瞻佇

두 번째 其二

봄날 해는 빛을 숨기고 春日晦光
구름과 안개 끼어 어둑한데 雲霧冥濛

280 교화의 단비 : 《맹자》〈진심 상(盡心上)〉에, 공자의 교육 방식을 다섯 가지로 분류하면서 첫 번째로 "제때에 내리는 단비처럼 교화하는 경우가 있다.〔有如時雨化之者.〕"라고 하였다.

281 삼익(三益)의 벗 : 세 가지 유익함을 주는 벗이라는 뜻으로, 문곡(文谷) 김수항(金壽恒)을 가리킨다. 《논어》〈계씨(季氏)〉에 "유익한 벗이 셋이고 손해되는 벗이 셋이니, 정직하고 성실하고 견문이 많으면 유익하다.〔益者三友, 損者三友, 友直、友諒、友多聞, 益矣.〕"라는 공자의 말이 나온다.

항시 내리는 비 그침 없어 恒雨無止
평평한 육지가 강이 되었네 平陸成江
되돌아보니 임이 그리워서 眷焉懷人
서쪽 창가에서 배회하노라 徙倚西窓
길이 멀다고 하니 道之云遠
가려고 해도 어떻게 따라가랴 欲往奚從

세 번째 其三

사람들이 하는 말이 人亦有言
인을 행하면 영화롭다고[282] 爲仁則榮
아, 지금 사람은 嗟今之人
어찌 자기 본심을 어기는가 胡盭其情
나를 두고 흉악한 묘라 하고 謂我苗頑
스스로는 정벌하는 우에 비기네[283] 自擬禹征

282 인(仁)을 행하면 영화롭다고 : 《맹자》 〈공손추 상(公孫丑上)〉에 "인을 행하면 영화로워지고 불인을 행하면 치욕을 당하게 되는데, 오늘날 사람들이 치욕을 싫어하면서도 불인한 데에 머물고 있으니, 이는 습한 것을 싫어하면서도 낮은 곳에 머무는 것과 같다.〔仁則榮, 不仁則辱, 惡辱而居不仁, 是猶惡濕而居下也.〕"라는 말이 나온다.

283 나를……비기네 : 1675년(숙종1) 윤5월 대사헌 윤휴(尹鑴) 등이 "송시열은 혼미하고 공손하지 못하여 고쳐서 뉘우치는 마음이 없습니다."라고 숙종에게 아뢰었던 일을 가리킨다. 《肅宗實錄 閏5月 15日》 윤휴의 이 말은 본래 《서경》 〈대우모(大禹謨)〉에서 순(舜) 임금에게 복종하지 않는 묘(苗)를 우(禹)가 정벌하러 가면서 군사들에게 "무지한 이 묘가 혼미하고 공손하지 못하여 남을 업신여기고 스스로 어진 체하며, 도를 위배하고 덕을 파괴하여 군자가 초야에 있고 소인이 지위에 있다.〔蠢玆有苗, 昏迷不恭,

어찌하여 마음을 공평히 써서	曷不式夷
백성들에게 은혜를 베풀지 않는가	以惠民生

네 번째 其四

동인에게 곤의 입으신 분이 있어	東人有衮
이에 〈벌가〉 시를 노래하거늘[284]	爰歌伐柯
요망한 기운이 극이 되어	妖氛爲戟
저 희화를 속이도다[285]	欺彼羲和
하늘을 우러러 바라보매	瞻仰昊天
억장이 심히 무너지는데	崩心孔多
진중하신 적석 신으신 분[286]은	几几赤舃

侮慢自賢, 反道敗德, 君子在野, 小人在位.〕"라고 한 말에서 유래한 것이다.《書經 大禹謨》 묘는 삼묘(三苗)라고도 한다.

284 동인(東人)에게……노래하거늘 : "곤의(衮衣) 입으신 분"은 《시경》〈빈풍(豳風) 구역(九罭)〉의 "이 때문에 곤의 입으신 분이 계시더니, 우리 공을 데리고 돌아가지 말 것이며, 내 마음 슬프게 하지 말지어다.〔是以有衮衣兮, 無以我公歸兮, 無使我心悲兮.〕"라는 구절에 나오는 말로 주공(周公)을 가리키는데, 여기에서는 숙종(肅宗)을 비유한다. 주공이 동쪽 지방에 머물 때에 그곳 사람들이 주공의 덕화(德化)를 흠모하여 지은 시가 〈구역〉과 〈벌가(伐柯)〉이다.

285 요망한……속이도다 : 윤휴가 숙종 측근에서 권세를 부리는 것을 비유한 말이다. 극(戟)은 길고 비스듬히 해의 곁에 기대고 있는 모양의 햇무리로, 십훈(十暈) 중에 세 번째 햇무리인 휴(鑴)와 비슷한 것이다. 휴가 윤휴의 이름과 같기 때문에 이렇게 비유하였다. 희화(羲和)는 고대 신화에 나오는 해를 몰고 다니는 신으로, 여기에서는 해를 뜻한다.《晉書 天文志》

286 적석(赤舃) 신으신 분 : 김수항을 가리킨다. 김수항이 1675년 2월 좌의정이 되었

그 근심이 어떠하랴 其憂如何

세상 사람들이 나와 두 민공(閔公)이 억지로 인용하여 일을 주관했다는 이유로 우리를 사흉(四凶)으로 지목하였고,[287] 윤휴는 나의 죄를 논하기를 "혼미하고 공손하지 않다."라고 하였으니, 이는 나를 사흉 가운데 삼묘(三苗)로 여긴 것이다. 그래서 세 번째 시에서 언급하였다.

으나, 허적(許積), 윤휴 등을 배척하고 복창군(福昌君) 형제의 처벌을 주장하다가 남인의 미움을 받아 영암(靈巖)에 유배되어 있었다.《肅宗實錄》 적석은 천자나 제후 또는 높은 벼슬아치가 신던 붉은 가죽신이다.

287 세상……지목하였고 : 1659년 효종(孝宗)이 승하하자 인조(仁祖)의 계비(繼妃)인 자의대비(慈懿大妃)의 복상 기간을 기년(期年)으로 할 것인가 삼년으로 할 것인가에 대한 논란이 일었다. 우암을 비롯한 서인은 효종이 차자(次子)이므로 기년을, 윤휴 등 남인은 왕위를 계승하면 어머니도 신하가 되어야 한다는 입장에서 삼년을 주장하였는데, 결국 서인이 승리하였다. 1674년 효종의 왕비인 인선왕후(仁宣王后)가 승하하자 다시 자의대비의 상복이 문제가 되었다. 우암을 비롯한 서인은 인선왕후를 차자부(次子婦)로 보고 대공(大功)을 주장하였고, 남인들은 효종이 왕위를 계승하였으므로 장자부(長子婦)로 보고 기년을 주장하였다. 이번에는 서인인 현종(顯宗)의 장인 김우명(金佑明)과 그 조카 김석주(金錫胄)가 우암을 제거하고 서인의 주도권을 장악하기 위해 남인과 결탁하여 기년을 찬성하였다. 결국 복제가 기년으로 정해지고 정권이 허적을 비롯한 남인에게 돌아갔다. 현종이 갑자기 승하하고 숙종이 즉위해서는 앞서 예를 잘못 적용한 죄를 물어 우암을 비롯한 서인을 축출하고 윤휴, 허목(許穆) 등 남인에게 정권을 맡겼다. 사흉은 요(堯) 임금과 순(舜) 임금 때의 네 악인(惡人)인 공공(共工), 환도(驩兜), 삼묘(三苗), 곤(鯀)이다.《書經 舜典》 여기에서는 2차 예송에서 대공을 주장했던 서인의 영수 우암과 김수항, 민정중(閔鼎重), 민유중(閔維重)을 가리킨다.

칠언 고시 七言古詩

고 시랑의 〈봉구작(封丘作)〉[288]에 차운하여 의춘 사군 윤노직[289] 순거 에게 부치다

次高侍郎封丘韻 寄宜春使君尹魯直 舜擧

의춘의 화죽이 빼어나고 자연스러운데	宜春花竹秀而野
그 속에 백발로 벼슬하는 은자가 있어	中有白頭吏隱者
공문서에 때로 단사 계사의 글을 쓰고[290]	簿領時用彖繫文
부세 징수도 양주(梁州) 양주(楊州) 이하로다[291]	貢賦且從梁楊下

288 고 시랑(高侍郎)의 봉구작(封丘作) : 고 시랑은 당나라 시인 고적(高適)이고, 〈봉구작〉은 고적이 봉구현의 수령에 부임하여 이상과 현실의 모순에 갈등하면서 벼슬을 버리고 은거하고자 하는 심정을 표현한 작품이다. 《全唐詩 卷213》

289 의춘 사군(宜春使君) 윤노직(尹魯直) : 윤순거(尹舜擧, 1596~1668)로, 본관은 파평, 자는 노직·효직(孝直), 호는 동토(童土)이다. 아버지는 윤황(尹煌)이며, 어머니는 성혼(成渾)의 딸이다. 김장생의 문인이다. 1633년(인조11) 생원·진사 양시(兩試)에 합격하고, 벼슬이 장령에 이르렀다. 1652년(효종3)부터 1655년까지 의령 현감(宜寧縣監)에 재직하였다. 문집으로 《동토집(童土集)》이 전한다. 의춘은 경상도 의령(宜寧)의 고호(古號)이다.

290 공문서에……쓰고 : 단사(彖辭)는 즉 괘사(卦辭)로 괘(卦)의 뜻을 풀이한 말이다. 계사(繫辭)는 〈계사전(繫辭傳)〉으로 경(經)의 전체 대의를 설명한 글이다. 각각 문왕(文王)과 공자(孔子)가 지었다고 전해진다. 이 구절은 윤순거가 관리보다는 학자의 풍모가 있었다는 의미로 쓴 듯하다.

291 부세(賦稅)……이하로다 : 의령 백성들에게 부세의 징수를 가볍게 해 주었다는

이 또한 정사이니 어찌해야 정사이리	是亦爲政奚其爲
무성의 현가[292]를 기약할 수 있으리라	武城絃歌從可期
세상 사람 알지 못하고 그저 웃기만 하는데	世人不識但相笑
홀로 거문고 끌어안고 부질없이 슬퍼하네	獨抱瑤琴空自悲
선보의 수령[293]이 참된 군자임을 알겠구나	也知單父眞君子
노나라에 군자가 없었다면 어디서 이를 취했으랴[294]	假如魯無焉取此
파산은 성대하게 무이에 이어졌고[295]	坡山隱隱連武夷

말이다. 양주(梁州)와 양주(楊州)는 모두 중국 구주(九州)에 속한 지방이다. 《서경집전(書經集傳)》 〈우공(禹貢)〉의 주(註)에 "부세의 등급 또한 높고 낮은 연분(年分)이 있는 것이니, 기주(冀州)의 정부(正賦)는 제1등이나 간세(間歲)로 제2등을 내며, 양주(揚州)의 정부는 제7등이나 간세로 제6등을 내며, 예주(豫州)의 정부는 제2등이나 간세로 제1등을 내며, 양주(梁州)의 정부는 제8등이나 간세로 제7등과 제9등을 낸다."라고 하였다. 이로써 보면 양주(楊州)와 양주(梁州)가 구주 가운데 가장 부세가 가벼운 곳이다. 양주(楊州)의 양(楊)은 양(揚)이라고도 쓴다.

292 무성(武城)의 현가(絃歌) : 지방관으로서의 훌륭한 치적을 말한다. 공자가, 자유(子游)가 다스리는 무성에 가서 현악(絃樂)에 맞추어 노래 부르는 소리를 듣고 빙그레 웃으며 "닭을 잡는 데 어찌 소 잡는 칼을 쓰느냐."라고 농담을 하자, 자유가 대답하기를 "제가 전에 선생님께 들으니, 군자가 도를 배우면 사람을 사랑하고, 소인이 도를 배우면 부리기가 쉽다고 하셨습니다."라고 하였다. 《論語 陽貨》

293 선보(單父)의 수령 : 윤순거를 비유한 말이다. 공자 제자인 복자천(宓子賤)이 선보 고을의 수령이 되었을 때에 관아의 마루 아래로 내려오는 일이 없이 거문고만 연주했는데도 고을이 잘 다스려졌다는 고사가 전한다. 《呂氏春秋 察賢》

294 노(魯)나라에……취했으랴 : 공자가 복자천을 두고 평하기를 "군자답도다, 이 사람이여. 노나라에 군자가 없었다면 이 사람이 어디에서 이렇게 훌륭한 덕(德)을 취했겠는가.〔君子哉若人! 魯無君子者, 斯焉取斯?〕"라고 한 데서 온 표현이다. 《論語 公冶長》 원문의 '노(魯)' 자는 윤순거의 세거지(世居地)인 노성(魯城)을 중의적으로 표현한 것이므로, 그의 훌륭한 덕성이 선대로부터 유래가 있다는 것을 의미한다.

팔송은 우뚝하게 담수에 비치누나[296]　　八松亭亭映潭水
그대는 '승이여'라고 탄식하지 말지니[297]　　勸君且莫歎丞哉
고을의 순박한 풍속이 끝내 회복되리라　　百里淳風竟挽回
그렇지 않으면 임강이 〈반초〉 시를 지었으니[298]　　不然林江已有反招吟
전원이 황폐하기 전에 일찌감치 돌아오소　　莫待田園將蕪早歸來

295 파산(坡山)은……이어졌고 : 파산은 파주(坡州)의 이칭으로, 파주에 살던 윤순거의 외조부 성혼을 가리킨다. 성혼의 학문이 무이산(武夷山)에서 강학(講學)하던 주희를 계승하였다는 말이다.

296 팔송(八松)은 비치누니 : 팔송은 윤순거의 아버지 윤황(尹煌)의 호이다. 병자호란 때 척화(斥和)를 주장하였으며, 《인조실록(仁祖實錄)》 졸기(卒記)에서 "사람됨이 강하고 굳세며 기절이 있었다."라고 평가받은 인물이다. 윤황의 훌륭한 인품과 절개가 윤순거 같은 자손에게 계승되었음을 표현한 것이다.

297 그대는……말지니 : 일이 마음대로 되지 않는다고 하여 좌절하지 말라는 말이다. 한유(韓愈)의 〈남전현승청벽기(藍田縣丞廳壁記)〉에, 자신의 심혈을 기울여 현승(縣丞)의 직무를 잘해 보려던 최사립(崔斯立)이라는 사람이 일이 좌절되자 "승이여, 승이여. 나는 승을 저버리지 않았건만, 승이 나를 저버리는구나.〔丞哉丞哉! 余不負丞, 而丞負余.〕"라고 탄식하는 말이 나온다. 《古文眞寶後集 卷4》

298 임강(林江)이……지었으니 : 임강은 임천(林川)에 살았던 유계(兪棨)를 가리키는 것으로 추정된다. 〈반초〉는 〈반초은(反招隱)〉으로, 〈초은(招隱)〉과 대비되는 내용의 시 편명이다. 〈초은〉이 은자(隱者)를 세속으로 부르는 내용이라면, 〈반초은〉은 관직에 있는 사람에게 전원(田園)으로 돌아갈 것을 권고하는 내용이다. 육기(陸機)와 좌사(左思)의 〈초은〉 시와 왕강거(王康琚)의 〈반초은〉 시가 유명하고, 주희가 지은 〈초은〉과 〈반초은〉 시도 전해진다. 의령 현감으로 있던 윤순거가 잠시 고향 노성에 돌아왔을 때 유계와 시를 주고받았는데, 여기에서 말한 〈반초〉가 바로 당시 유계가 윤순거에게 화답한 시를 가리키는 것으로 보인다. 그 내용에 "동쪽 언덕 광활하니 휘파람 불기 좋고, 남쪽 밭 황폐해졌으니 일찍 김매기 알맞구려.〔東皐壙垠宜舒嘯, 南畝榛荒合早耘.〕"라는 구절이 있다. 《市南集 卷6 宜春使君尹孝直……相邀路上就次》

위 소주체[299]를 본받아 지은 시를 주촌 신만천[300] 만 에게 부치다

效韋蘇州體 寄舟村申曼倩 曼

조세를 내려 해도 텅 빈 밥그릇뿐	公門徵租只空簞
관아의 독촉 매질에 동복이 나뒹구네	童僕宛轉鞭扑間
올해 농사 힘써 지어 곡식이 익거들랑	今年力穡禾黍熟
기일 전에 다 바치면 원님 얼굴 펴지겠지	先期輸盡官好顏
시내 동쪽 늙은이가 한가로이 일이 없어	溪東老夫閑無事
축하 시를 지으려는데 시구가 옹색하네	賀詩欲作詞句艱

299 위 소주체(韋蘇州體) : 성당(盛唐) 때의 시인 위응물(韋應物)의 시체(詩體)이다. 고아(高雅)하고 한담(閑談)한 것이 특징이며, 풍경과 전원생활을 잘 묘사하였다. 위응물은 소주 자사(蘇州刺史)를 지낸 적이 있어 위 소주(韋蘇州)라고 일컫는다.

300 신만천(申曼倩) : 신만(申曼, 1620~1669)으로, 본관은 평산(平山), 자는 만천, 호는 주촌(舟村)이다. 우암의 문인이다. 평생 처사로 지냈다.《宋子大全 卷192 處士申君墓表》《寒水齋集 卷29 舟村處士申公墓誌銘》

이생[301] 경 에 대한 만사 을사년(1665, 현종6)
李生 穎 挽 乙巳

초려 집안이 복을 다 갖췄다 다투어 말하거늘	廬家爭道福履全
근래에 어찌하여 천도가 어긋났는가	比來如何天道愆
지난해엔 초려공 두 아이가 요절했는데[302]	去歲廬公二兒亡
그중에 옹이는 재주 있고 어질었지	其中顒也才且賢
익지[303]의 깊은 효심은 누구나 칭찬했는데	益之誠孝人所稱
금년에 모친을 버려두고 황천으로 돌아갔네	今年棄母歸黃泉
너 경이는 나면서부터 성품이 특출났거늘	爾穎初生姿性奇
중간에 불행히도 중풍을 앓았네	中間不幸風痱纏
그렇지만 네 아비가 다른 아들이 없어	雖然乃爺無餘子
평소에도 자애롭기가 아기 돌보듯 했지	慈愛尋常襁褓然
관례 치르는 날에 내가 빈객 되었는데	加冠之日我忝賓
가득 모인 자제 중에 유독 사랑스러웠네	諸子充堂獨愛憐
이르기를, 네 이름의 의미를 마땅히 생각할지니	謂曰爾名爾宜思
비단옷의 아름다운 문장을 항상 힘쓰거라[304]	錦美之章常勉旃

301 이생(李生) : 이경(李穎, ?~1665)으로, 본관은 경주(慶州)이다. 초려(草廬) 이유태(李惟泰)의 둘째 형인 이유부(李惟孚)의 아들이다.

302 지난해엔……요절했는데 : 이유태의 연보에 따르면, 1663년에는 박태익(朴泰翊)에게 시집갔던 딸이, 1664년에는 장남 이옹(李顒)이 사망하였다. 《草廬集年譜 卷2》

303 익지(益之) : 이유태의 동생 이유익(李惟益)의 자이다.

304 이르기를……힘쓰거라 : 우암이 빈객으로서 이름과 자(字)의 의미를 설명하면

얼핏 듣자니 장가들어 자녀를 두었다 하니 俄聞授室生男女
네 아비의 공업을 능히 전해 기쁘구나 喜爾能傳乃爺氈
이별하고 못 본 지 십여 년인데 乖離不見十餘載
어찌 이렇게 지금 부고를 듣는단 말이냐 何許今聞凶訃傳
너는 지금 어두워서 무엇을 알겠느냐만 爾今冥然何所知
가장 슬픈 건 하늘에 길이 통곡할 네 아비로다 最悲乃爺長號天
하늘도 응당 슬퍼하고 불쌍히 여겨서 天翁想應悲且愍
읊조리며 검은 의관 사자(使者)를 내려보내리라[305] 謳吟下遣衣巾玄
생각건대 네 아비도 슬픔을 거두겠거니와 我謂乃爺且收悲
이미 백발이라 슬퍼할 날이 얼마나 되랴 悲將幾時已華顚
막 죽은 네 영혼도 곡하지 말기를 원하리니 新魂想亦願勿哭
곡할 때에 되레 부모 슬하에 와서 있으리라 哭時還應來膝前
오호라, 네 아비도 각기 제 자식을 말할 뿐인데[306] 嗚呼乃爺各言耳

서, 외면은 소박하더라도 내면에는 비단옷같이 아름다운 덕을 쌓으라고 면려하였다는 말이다. 이경의 '경(潁)' 자는 얇은 홑옷이라는 의미로, '경(褧)' 자와 통한다. 《시경》 〈위풍(衛風) 석인(碩人)〉에 "비단옷을 입고 그 위에 홑옷을 덧입었다.〔衣錦褧衣.〕"라고 한 것의 의미를 취한 것이다.

305 읊조리며……내려보내리라 : 한유(韓愈)가 자식을 잃은 맹교(孟郊)를 위로하기 위해 지은 〈맹동야실자(孟東野失子)〉 시의 내용을 원용한 구절이다. 이 시의 대략은 다음과 같다. 맹교가 자식 셋을 연이어 잃고 슬퍼하자, 이를 딱하게 여긴 지신(地神)이 신령한 거북을 천제(天帝)에게 보내 따지게 하였다. 그러자 천제가 천지인(天地人)은 서로 상관없이 사물이 지닌 분수대로 사는 것이고, 자식의 유무(有無)를 가지고 화복(禍福)을 판단할 수 없으며, 자식이 있다 하여 기뻐하지 말고 자식이 없다 하여 탄식하지 말라는 요지로 말해 주었다. 거북이 천제의 말을 듣고는 맹교의 꿈에 검은 의관(衣冠)의 사자 모습으로 나타나 그 말을 전해 주니, 맹교가 슬픔을 거두고 기뻐하였다.

무슨 까닭에 나는 만사 지으며 눈물을 흘리는고　　何故題辭吾淚懸

306 각기……뿐인데 : 안연(顔淵)이 죽었을 때 그 아버지 안로(顔路)가 공자가 타는 수레를 팔아 외관(外棺)인 곽(槨) 만들 것을 청하자, 공자가 말하기를 "재주가 있거나 재주가 없거나 아버지의 입장에서는 각각 자기 아들을 위해 말한다. 내 아들 리(鯉)가 죽었을 때에도 관(棺)만 있고 곽(槨)은 없었다.……〔才不才, 亦各言其子也. 鯉也死, 有棺而無槨……〕"라고 한 데서 온 말이다. 《論語 先進》

신륵사에서 외재 이계주[307]의 시에 차운하다 계축년(1673, 현종14)

神勒寺 次畏齋李季周韻 癸丑

신륵사가 얼마나 오랜 세월을 지나왔나	神勒之寺經幾秋
와서 올라 보곤 맑고 그윽함을 사랑하네	我來登臨愛淸幽
용문거사[308]가 다정히 나를 찾아와서는	龍門居士勤來訪
상을 마주하고 독서하며 아흐레 머물렀네	對床看書九日留
십 리 밖 창오에서 고고 소리 울려오니[309]	蒼梧十里鼛鼓動
궁궐 오색구름에 외로운 신하 시름겨워라	丹闕五雲孤臣愁
거사가 중에게 사례한 시의 운을 겨우 써서	聊因居士謝僧韻
졸렬한 시를 억지로 읊어 번거로이 화답하네	强吟惡詩煩爲酬

307 외재(畏齋) 이계주(李季周) : 이단하(李端夏)이다. 175쪽 주209 참조.

308 용문거사(龍門居士) : 용문산 아래 지평(砥平)에 살던 이단하를 가리킨다. 1672년 허적(許積)을 비판하다가 고신(告身)을 빼앗기고 낙향해 있었다.

309 십……울려오니 : 창오(蒼梧)는 지금의 중국 호남성(湖南省) 영원현(寧遠縣) 남쪽에 있는 구의산(九疑山)의 다른 이름이다. 순(舜) 임금이 묻힌 곳이라 하여 흔히 임금의 무덤을 뜻하는데, 여기에서는 한창 천장(遷葬)을 위해 조성 중이던 여주(驪州)의 영릉(寧陵)을 가리킨다. 고고(鼛鼓)는 고대에 역사(役事)를 할 때 치던 큰 북이다.

아손에게 보이다 정사년(1677, 숙종3)

示兒孫 丁巳

내 나이 이제 칠십일 세이니	我今行年七十一
오래되었구나 누군가의 조부 된 지가	久矣爲人之祖父
몸으로 가르침을 내가 제대로 못 하니	教之以身我未能
글 읽고 행실 닦음이 모두 네게 달렸지	讀書修行都在汝
맹자가 성인이 됨은 삼천지교[310] 덕분이고	輿遷作聖由母三
제순은 짐승처럼 될까 걱정하여 설에게 오교를 명했네[311]	帝憂近獸命契五
자식이 현자 되기를 하늘에 맡긴다는 말[312]	而子爲賢付於天

310 삼천지교(三遷之教) : 맹자의 어머니가 세 번이나 집을 옮기면서 아들을 가르쳤다는 고사이다. 맹자가 어렸을 때에 무덤 근처에 집을 정하자 맹자가 매장하는 놀이를 하고, 시장 가까이 집을 정하자 맹자가 장사하는 놀이를 했으므로 결국 학교 가까이로 이사를 했다는 내용이다. 《列女傳 鄒孟軻母》

311 제순(帝舜)은……명했네 : 《서경》 〈순전(舜典)〉에 "제순이 말씀하기를 '설아, 백성이 친목하지 않고 오품이 순하지 않으므로 너를 사도로 삼으니, 공경히 오교를 펴되 너그러움에 있게 하라.' 하였다.〔帝曰: "契, 百姓不親, 五品不遜, 汝作司徒, 敬敷五教, 在寬."〕"라고 하였고, 《맹자》 〈등문공 상(滕文公上)〉에 "인간에게는 도리가 있다. 배부르게 먹고 따뜻하게 입고 편히 살면서 가르침이 없으면 짐승에 가까우므로 성인이 이를 걱정해서 설(契)을 사도로 삼아 인륜을 가르치게 했으니, 부자유친, 군신유의, 부부유별, 장유유서, 붕우유신이 그것이다.〔人之有道也. 飽食煖衣, 逸居而無教, 則近於禽獸. 聖人有憂之, 使契爲司徒, 教以人倫: 父子有親, 君臣有義, 夫婦有別, 長幼有序, 朋友有信.〕"라고 한 데서 온 말이다. 오교(五教)는 곧 오륜(五倫)을 가리킨다.

312 자식이……말 : 송나라 때 학자 소옹(邵雍)이 45세 때 아들을 낳고 지은 〈생남음

농담 잘하는 요부[313]도 우연히 뱉은 것이리라　戲劇堯夫亦一偶
네 아비는 늘 가르침에 간여할 수 없다 하니　汝父常言教無與
충격받은 바 있어서 그렇게 말하는 것 아니겠는가　無乃有激云然否

(生男吟)〉 시에 "나는 네가 대현이 되기를 바라지만, 하늘의 뜻이 따라 줄지 모르겠네. 〔我欲願汝成大賢, 未知天意肯從否.〕"라고 한 것을 가리킨다. 《擊壤集 卷1》

313 요부(堯夫) : 소옹의 자(字)이다.

부질없이 읊다

漫吟

바닷가 산이 어찌나 드높은지	海上有山何崔嵬
좋은 봉우리 그림 같아 참 봉래산인가	好峯如畫眞蓬萊
중간 한 터에 집을 마련하니	中間片土容店舍
샘 맑고 대 성하여 티끌이 없네	泉淸竹脩無塵埃
세상 사람들 마음이 어찌 그리 은근한가	時人之意一何勤
힘 합쳐 거처 마련해 주려 우레처럼 서두르네	協謀處我如風雷
해는 길고 사람 없어 책 볼 만한데	日長無人可看書
피곤하면 섬돌에서 한가히 배회하네	倦來繞階閑徘徊

후운옹[314]의 〈환장암가〉에 차운하다
次後雲翁煥章菴歌

검단산[315]이 울창하고 드높은데	檢丹之山鬱嵯峨
후운옹의 시구도 어찌 그리 당당한가	後雲句律何堂堂
제, 양 사람들 시의 기운이 비약했는데[316]	齊梁諸子氣卑弱
마치 대항에서 고문을 발견한 듯하였네[317]	恍見古文於大航
더구나 이 시의 전후에 쓴 몇백 개 운자는	況玆前後累百韻
하나하나 모두가 존왕양이(尊王攘夷) 의리라네	一一皆是尊周王
옛날 오랑캐 원나라가 건부[318]를 훔쳐서	記昔胡元盜乾符
제왕들의 예악을 광천으로 돌려 버렸네[319]	帝王禮樂還泉狂

314 후운옹(後雲翁) : 홍석기(洪錫箕)의 호이다. 108쪽 주29 참조.

315 검단산(檢丹山) : 청주(淸州)의 산 이름이다.《宋子大全隨箚 卷1》

316 제(齊)……비약(卑弱)했는데 : 제, 양은 남조(南朝)를 말하는데, 이때에 시체(詩體)가 대우(對偶)와 화려함을 지나치게 추구하여 풍격이 낮고 기운이 미약하였다.

317 마치……듯하였네 : 남조 제나라 건무(建武) 4년(497) 요방흥(姚方興)이 건강성(建康城) 남쪽에 있던 부교(浮橋)인 대항(大航) 인근에서 고문(古文)《상서(尙書)》의 〈순전(舜典)〉을 발견하였다.《隋書 經籍志》 우암 당시 일반적인 시의 기풍(氣風)이 남조 때처럼 비약한 가운데 홍석기의 〈환장암가(煥章菴歌)〉가 《상서》의 문장에 비견될 만큼 힘차고 당당함을 칭찬한 말이다.

318 건부(乾符) : 제왕이 하늘로부터 천명(天命)을 받은 길상(吉祥)의 징조이다.

319 제왕(帝王)들의……버렸네 : 오랑캐인 원(元)나라가 중국의 예악(禮樂)을 훼손하였다는 뜻이다. 옛날 어느 나라에 마시면 미치는 샘〔狂泉〕이 있어 나라 사람들이 다 마시고 미쳤는데, 그 나라의 임금만 다른 샘물을 마시고 미치지 않았다. 나라 사람들은 미치지 않은 임금을 오히려 미쳤다고 생각하여 갖은 방법을 동원하여 고치려 하였기

고황제[320]께서 칼 집고 초야에서 일어나　　高皇按劍起草萊
구주를 숙청하니 사나운 짐승들 사라졌네　　掃淸九有無豺狼
교화와 문물을 크게 펼치니　　聲名文物大鋪舒
백성들 눈을 닦고 태평성대 보았다네　　黎庶拭目覩軒皇
거룩한 황제들이 십오 대를 계승하니　　聖繼神承十五世
우주도 청정하고 해와 달도 밝았다네　　宇宙淸夷日月光
본조는 공물 바쳐 받드는 데 실로 마음 다해　　本朝執壤儘役志
악와 같은 용의 종자에 수창도 겸해 바쳤네[321]　　渥洼龍種兼水蒼
수레와 글이 이미 같고 우로도 고루 적셔 주니[322]　　車書旣同雨露均
밭 갈고 우물 파서 먹는 무위의 경지 보았다네[323]　　但見耕鑿無爲場

때문에 임금도 결국 견디지 못하고 그 샘물을 마시고 같이 미치게 되었다고 한다. 《宋書 袁粲列傳》

320 고황제(高皇帝) : 명 태조(明太祖) 주원장(朱元璋)을 말한다.

321 악와(渥洼)……바쳤네 : 조선이 준마(駿馬)와 보옥(寶玉)을 명나라에 공물로 바쳤다는 말이다. 악와는 수명(水名)인데, 한 무제(漢武帝) 때 악와에서 용마(龍馬)가 나왔다는 고사에서 전하여 준마를 가리킨다. 수창(水蒼)은 수창옥(水蒼玉)으로, 물의 빛깔처럼 푸른빛이 도는 옥을 말한다.

322 수레와……주니 : 명나라와 같은 문화권 안에 있으면서 은혜를 입었다는 뜻이다. 《중용장구(中庸章句)》 제28장에 "지금 천하는 수레의 궤도가 같고 글의 문자가 같다.〔今天下車同軌, 書同文.〕"라고 한 데서 온 말이다.

323 밭……보았다네 : 태평성대를 말한다. 요(堯) 임금 때에 노인이 지었다는 〈격양가(擊壤歌)〉에 "해가 뜨면 일어나고 해가 지면 쉬면서 내 우물 파서 물을 마시고 내 밭을 갈아서 밥을 먹나니, 임금의 힘이 나에게 무슨 상관이 있겠는가.〔日出而作, 日入而息, 鑿井而飮, 耕田而食, 帝力於我何有哉!〕"라고 한 데서 온 말이다. 《列子 仲尼》 무위(無爲)는 무위지치(無爲之治)로, 인위적으로 어떤 일을 하지 않으면서도 세상이 잘 다스려지는 것이다.

어찌하여 만력 임진년에 如何萬曆壬辰歲
해적의 요망한 기운이 왕궁에 이르렀나 海寇妖氛來建章
종묘사직이 더럽혀지고 만민이 희생되니 廟社塵昏萬姓肉
임금님 서쪽으로 파천하여 봉황성[324] 향하였네 玉輦西狩指鳳凰
신종황제 불끈 성내어 급히 위기를 구원하니 神皇赫怒亟持危
백만 군사의 깃발이 얼마나 휘황찬란하였던고 百萬旌甲何煒煌
존망과 생사가 순식간에 달려 있었거늘 存亡生死指顧間
크나큰 덕 하늘 같아 무엇으로 갚을쏜가 大德如天誰能償
표문 올리기를, 신이 나라를 보전함에 어두웠기에 表曰臣某昧保邦
무장[325]에 우러러 아뢰니 군대를 출동시켜 주셨습니다 仰勤武帳分牙璋
들판에 거처하여 처음에는 위나라 포의와 같았는데[326] 野處初如衛布衣
바다가 편안하니 지금은 주나라 때 월상처럼 되었습니다[327]

324 봉황성(鳳凰城) : 중국 요령(遼寧)에 있는 봉천성(奉天城)의 별명이다.

325 무장(武帳) : 본래 병기(兵器)를 보관하는 막사인데, 전하여 황제가 군대를 지휘하는 곳을 가리킨다.

326 들판에……같았는데 : 선조(宣祖)의 파천(播遷)을 뜻한다. 춘추 시대 위 의공(衛懿公)이 적인(狄人)에게 크게 패하여 위나라가 거의 망하였는데, 그 아들 문공(文公)이 도성을 초구(楚丘)로 옮긴 뒤에 거친 삼베옷을 입고 거친 비단 관을 쓰는 검소한 생활을 실천함으로써 위기를 극복하여 나라를 부흥시켰다는 고사에서 온 말이다. 《春秋左氏傳 閔公2年》

327 바다가……되었습니다 : 명나라의 도움으로 임진왜란이 평정되었음을 말한 것이다. 주(周)나라 때 주공(周公)이 섭정(攝政)하여 예악(禮樂)을 제정하고 천하가 화평하니, 월상(越裳)에서 흰 꿩을 바치면서 "바다에 파도가 일지 않으니, 중국에 성인이 있음을 압니다."라고 했다는 말이 있다. 《後漢書 南蠻列傳》 월상은 고대 중국의 남해(南海)에 있던 나라이다.

海晏今同周越裳

신의 몸은 본래 뭇 별들이 북극성을 향하는 것 같으니 臣身元自星拱極

신의 정성이 해바라기가 해를 향하는 듯할 뿐이겠습니까

臣誠奚止葵傾陽

표문을 올리자 황제께서 여러 번 고개를 끄덕이시고 表至屢頷皇帝頤

오래전부터 그대 정치가 훌륭함을 알았노라 爾治久已聞馨香

지금 다시 살려 줌도 그대의 현명함 때문이라 今玆再造亦爾賢

장려 조칙 은근했고 글 지어 보내기 바빴었네 奬詔殷勤落紙忙

선조께서 이후로 더욱 경건하고 공손하여 宣宗從此益虔恭

황제의 위엄이 가까운 듯 늘 엄숙히 받들었지 咫尺天威常肅將

그 후 오륙십 년 사이에 쇠락하여 漂淪五六十年間

명나라도 뭇 소인이 군자를 박해했네 大朝群陰剝陽剛

갑신년 삼월에 의종황제가 순절하니 甲申三月皇帝陟

적이 달아나고 오랑캐 들어와 수도를 도륙했네[328] 賊遁虜入屠心腸

우리 동방이 유독 깊은 은혜를 입었으니 我東偏深恩渥被

불공대천 이 원수를 어찌 잊을쏜가 一天讐恥何能忘

효종대왕은 더구나 하늘이 내신 분 孝宗大王矧天縱

천리와 인륜을 항시 주장하셨네 天理民彝常主張

328 갑신년……도륙했네 : 의종(毅宗) 연간에 대기근이 끊이지 않자 농민 반란이 대규모로 일어났다. 이때 반란군 지도자인 이자성(李自成)이 서안(西安)을 점령하고 나라를 세워 국호를 '대순(大順)'이라 하였다. 갑신년(1644) 3월에 이자성이 북경(北京)을 함락하니, 의종이 자살하고 명나라는 멸망하였다. 이때 산해관(山海關)에 주둔하던 명나라 장수 오삼계(吳三桂)가 청(淸)나라에 투항하자, 청나라가 오삼계를 전도(前導)로 삼아 북경을 공격하여 대순의 군대를 패퇴시키고 북경에 입성하였다.

노봉과 가장 어수지계 있었으나[329]	老峯最有魚水契
큰 의리 펴지 못하고 승하하셨고	大義未伸弓履藏
노봉은 죽으려 했으나 죽지 못하니	老峯欲死猶未死
두 눈에 눈물만 늘 흘러내렸네	兩眼血淚流尋常
지난해 사신으로 연경에 이르렀는데	頃年奉使至燕都
참담한 사람이 무슨 마음으로 흥망을 슬퍼했을까	慘惔何心弔興亡
다행히도 황제께서 남긴 필적 얻으니	幸得先皇遺筆蹟
하늘 향기 배어 있고 봉황새가 나는 듯	天香猶襲鸞鳳翔
돌아와 화양동 바위에다 새기고[330]	歸來刻石華陽洞
호위함은 삼승[331]의 중들에게 부탁했네	衛護付與三乘行
효종의 영령도 여기에 내리실 것이니	孝考於玆想陟降
이승과 저승이 아득히 멀다 하지 말지어다	勿謂幽明徒杳茫
슬프도다, 이 의리를 아는 자가 누구인가	嗚呼此義知者誰
세인들 마음 어둡기가 웅덩이 물과 같구나	世人心志昏如潢
후운이 시를 지어 이 의리를 노래하니	後雲作詩歌此義

329 노봉(老峯)과……있었으나 : 노봉은 민정중(閔鼎重)의 호이다. 어수지계(魚水之契)는 임금과 신하가 서로 마음이 맞는 것을 비유한 말이다. 유비(劉備)가 자신에게 제갈량(諸葛亮)이 있는 것은 물고기에게 물이 있는 것과 같다고 한 말에서 나왔다. 《三國志 蜀書 諸葛亮傳》 효종과 민정중의 관계에 대한 자세한 사항은 183쪽 주233, 184쪽 주234 참조.

330 지난해……새기고 : 민정중이 1669년(현종10) 청나라에 사신으로 갔다가 명나라 의종의 '비례부동(非禮不動)' 친필을 얻어 와서 우암에게 주자, 우암이 화양 계곡 벼랑에 네 글자를 모각(模刻)하고, 원본은 환장암(煥章菴)을 지어 보관하였다.

331 삼승(三乘) : 부처가 중생을 깨달음으로 인도하기 위해 능력에 따라 설한 세 가지 가르침인 성문승(聲聞乘), 연각승(緣覺乘), 보살승(菩薩乘)을 말한다.

날카로운 필봉은 위로 별과 함께 빛나누나 詞鋒上與星翻鋩
원하노니 이 시를 노봉에게 보내 주오 願將此詩贈老峯
읽고서 서쪽 바라보면 더욱 상심하리라 讀來西望心轉傷

도원 송규렴 이 자신이 뽑은 본래 운자 외에 다시 나의 시운을 차운했으니 참으로 이른바 '재료를 모두 점령'한 것이었다. 다시 칠언을 지어 사례하다

道源 宋奎濂 原籌外 又步鄙韻 眞所謂都占田地 復賦七言以謝之

식장산[332] 봉우리 푸르고 드높으니	息藏峯巒碧岹嶢
바닷속 삼신산이 사신산 될 만하네	海中三山可與四
승려들 와서 이곳 깊은 골짜기 선택하여	僧徒來卜此隩區
새로 누대 세우고 봉서사(鳳棲寺)라 이름했네	新刱樓臺名鳳寺
시절은 오월이라 보름이 되려는 때[333]	時維五月月將半
꾀꼬리 지저귀며 우거진 숲에 앉았구나	黃鳥綿蠻岑蔚止
산속 풍경은 고아한 흥취 일으키는데	山間幽事動高興
우리 집안 영재들은 한둘이 아니로세	我宗豪英非一二
노쇠한 얼굴에 흰머리 계담옹[334]은	蒼顏白髮桂潭翁
소년 시절 풍류가 지금도 변함이 없어	少日風流今未已
집안사람 불러내어 함께 길을 나서니	號召宗盟竝轡出
문채가 홀 백 개를 지닌 이씨[335]와 어떠한가	文彩何如百笏李

332 식장산(息藏山) : 회덕(懷德)과 옥천(沃川) 사이에 있는 산 이름이다. 식장산(食藏山)이라고도 한다.

333 시절은……때 : 1685년(숙종11) 5월 13일, 14일경이다. 《송자대전》 제1권의 〈봉서사에서……얻다〔遊鳳棲寺……得已字〕〉와 같은 시기에 지은 시이다.

334 계담옹(桂潭翁) : 송국사(宋國士)이다. 192쪽 주254 참조.

335 홀(笏)……이씨(李氏) : 수(隋)나라 문제(文帝) 때의 태사(太師) 이목(李穆)이

골짜기 깊으니 절의 문 드높고	洞門深深寺門高
산기운 맑으니 선의 마음 깊다네	山氣淸明禪意邃
세상 어디인들 얽매임이 없으리오마는	世間何地不局束
다행히도 오늘 만나 마음껏 놀았다네	幸逢今日恣游戲
그중에 간의[336]는 옥 같은 사람이라	箇中諫議如玉人
한 걸음 나아가도록 남들이 다투어 피하리라[337]	一頭之地人爭避
명리가 몸에 얽혔지만 헌신짝같이 여기니	利名纏身如脫屣
귓가에 산들산들 맑은 바람이 일어나네	耳尖颯颯淸飆起
요즈음 황당한 말[338]이 모처에서 일어나니	日者淫辭起處起
옥류동에서 세 성인 계승하는 논의 흘러나왔네[339]	玉流流出承三議

문제의 총애를 받아 이목 집안의 아기조차도 의동(儀同) 벼슬에 제수되어 일가 중에 상아홀(象牙笏)을 가진 자가 100여 명에 이르렀다고 한다. 《北史 李穆列傳》

336 간의(諫議) : 간의대부(諫議大夫)의 준말로, 송규렴을 가리킨다. 송규렴이 대사간으로 있다가 낙향해 있었으므로 이렇게 부른 것이다.

337 한……피하리라 : 송(宋)나라 구양수(歐陽脩)가 소식(蘇軾)의 글을 읽어 보고 감탄하고는 "노부가 마땅히 길을 비켜 주어 그로 하여금 한 걸음 나아가도록 양보해야겠다.〔老夫當避路, 放他出一頭地也.〕"라고 편지를 써서 매성유(梅聖兪)에게 보냈다는 고사에서 온 말이다. 《宋史 蘇軾列傳》

338 황당한 말 : 1684년(숙종10) 즈음에 윤증(尹拯)이 사국(史局)에 보낸 글을 가리킨다. 이 글에서 윤증은 자신의 아버지 윤선거(尹宣擧)를 변호하면서 "율곡(栗谷)은 참으로 입산(入山)했던 잘못이 있으나, 선인(先人)이 죽지 않은 것은 처음부터 죽어야 할 의리가 없었기 때문이다."라고 하였다. 《宋子大全 附錄 卷10 年譜》

339 요즈음……흘러나왔네 : 옥류동(玉流洞)은 경복궁(景福宮)의 서쪽 인왕산(仁王山) 아래에 있는 골짜기로, 당시 문곡(文谷) 김수항(金壽恒)이 살았기 때문에 여기에서는 김수항을 가리킨다. 1685년 봄에 이르러 윤증이 사국에 보낸 글이 세상에 알려지자 선현을 모욕했다는 비난이 크게 일어났다. 1685년 2월 6일에 영의정 김수항이 숙종을

우리 쪽 의론은 잔약한데 이의는 횡출하니	此議凋殘異議橫
물러나 은거해도 선니[340]의 뜻 잊기 어렵네	卷懷難忘宣尼旨
고향에 돌아오니 동복들 맞아 주고	歸來故丘僮僕迎
평소 구학의 뜻[341] 저버리지 않았네	不負平生溝壑志
쌍청당[342] 위에 친지들 모이니	雙淸堂上親舊集
화초와 수목도 다투어 피어나 기쁜 뜻 돕는데	花木爭榮助歡意
더해 가는 해학과 웃음 속에 시편을 이어 가니	云云諧笑繼篇什
찬란한 주옥같은 시문이 종잇장에 가득하네	燦燦珠璣盈累紙
인하여 말하기를, 뒷날에도 길이 이러하다면	因言後來長若此

알현한 자리에서, 윤증을 비판한 사람들에게 내린 처벌을 거둘 것을 청하였으며, 윤증에 대해서는 "전혀 사실이 아닌 일을 끌어다가 편지에 쓰기를 '아무개는 정말로 산에 들어갔던 과실이 있다'고 했으니, 참으로 선현을 존경하고 두려워하는 뜻이 없다고 하겠습니다."라고 비판하였다. 《肅宗實錄》 "세 성인 계승하는 논의"라는 것은 바로 김수항이 숙종에게 아뢰었던 윤증에 대한 비판을 가리킨다. 《맹자》 〈등문공 하(滕文公下)〉에 "내가 또한 인심을 바로잡아 부정한 학설을 종식하며, 편벽된 행동을 막으며, 황당한 말을 추방하여 세 성인을 계승하려고 하는 것이니, 어찌 변론을 좋아하겠는가. 내 부득이해서이다.〔我亦欲正人心, 息邪說, 距詖行, 放淫辭, 以承三聖者, 豈好辯哉? 予不得已也.〕"라고 한 데서 온 말이다.

340 선니(宣尼) : 공자를 가리킨다. 한나라 평제(平帝) 때에 포성선니공(褒成宣尼公)으로 추시(追諡)되었다.

341 구학(溝壑)의 뜻 : 자신의 신념을 지키다가 죽더라도 한스럽게 여기지 않는 것을 말한다. 《맹자》 〈등문공 하(滕文公下)〉에 "지사는 자신의 시신이 구렁에 버려질 것을 잊지 아니하고, 용사는 자신의 머리를 잃을 것을 잊지 않는다.〔志士不忘在溝壑, 勇士不忘喪其元.〕"라고 한 데서 온 말이다.

342 쌍청당(雙淸堂) : 우암을 비롯한 회덕(懷德)에 사는 송씨의 선조인 송유(宋愉)가 지은 집이다.

이 집의 영광이 백세를 기약하리라　此堂光華期百祀
영지와 예천이 어찌 근원 없으리오[343]　靈芝醴泉豈無本
선대를 우러르니 예부터 충절을 세웠다네　仰溯當年基節義
명공과 현사가 대대로 이어졌으니　名公賢士項背屬
위대하여라 을사년의 사실[344]들　偉哉乙巳年中事
곧고 강하신 송담[345]은 풍채가 아름다웠고　直幹松潭風彩美
인조와 효종께선 우리 서궁 선비 포장하셨네[346]　仁孝褒我西宮士
아, 그대가 홀로 선대 업적을 제대로 계승하고　嗟君獨能繼前武
상기(相琦)[347] 또한 차질 없이 잘함을 보네　更看琦也無顚躓

343 영지(靈芝)와……없으리오 : 좋은 조상이 있어야 좋은 자손이 있다는 뜻이다. 옛말에 "신령한 지초(芝草)와 단맛의 샘물은 반드시 뿌리와 근원이 있다."라고 하였다.

344 을사년의 사실 : 을사년(1545, 인종1) 송인수(宋麟壽)가 이기(李芑)와 윤원형(尹元衡)의 전횡을 탄핵하다가 을사사화 직후에 파직당한 것을 가리킨다. 파직을 당하자 청주(淸州)에 은거하였는데, 1547년(명종2) 양재역 벽서(良才驛壁書) 사건이 일어나자 이기, 윤원형 일파의 무함을 입고 사사(賜死)되었다. 송인수는 자가 미수(眉叟)·태수(台叟), 호는 규암(圭菴)이다. 1521년(중종16) 문과에 급제하였다. 대사성, 대사헌, 한성부 좌윤(漢城府左尹) 등을 역임하였다. 시호는 문충(文忠)이다. 문집으로 《규암집(圭菴集)》이 전한다.

345 송담(松潭) : 송남수(宋柟壽, 1537~1626)의 호이다. 본관은 은진, 자는 영로(靈老)이다. 음보(蔭補)로 벼슬에 나가 호조 정랑, 임천 군수(林川郡守) 등을 역임하였다.

346 인조(仁祖)와……포장(褒奬)하셨네 : "서궁(西宮) 선비"는 우암의 아버지 송갑조(宋甲祚, 1574~1628)를 가리킨다. 1617년(광해군9) 생원시와 진사시에 모두 합격한 뒤에, 서궁에 유폐되어 있던 인목대비(仁穆大妃)를 배알하였다가 유적(儒籍)에서 삭제되었으므로 "서궁 선비"라고 말한 것이다. 그에 대한 포장으로 인조반정 뒤에 참봉(參奉)에 제수되었고, 효종 때 집의(執義)에 추증되었다.

347 상기(相琦) : 송상기(宋相琦, 1657~1723)이다. 자는 옥여(玉汝), 호는 옥오재(玉吾齋)이다. 송규렴의 아들이고, 우암의 문인이다. 1684년(숙종10) 문과에 급제하였

두 세대가 서로 계승하여 참으로 장하니	兩世相承直爲壯
조가의 호표기[348]가 두렵지 않도다	不怕曹家虎豹騎
내가 이 말 하여 산에게 맹세를 비노니	我出斯言山乞盟
후손들에게 물려주어 어린이들 일깨우라	留與後來警稚齒

다. 관직이 이조 판서에 이르렀다. 시호는 문정(文貞)이다. 문집으로《옥오재집(玉吾齋集)》이 전한다.

348 조가(曹家)의 호표기(虎豹騎) : 중국 삼국 시대 위(魏)나라 조조(曹操)의 정예 부대이다. 조순(曹純), 조휴(曹休), 조진(曹眞) 등 호표기를 지휘하던 장수가 모두 조씨(曹氏) 일족이었다.《三國志 魏書》

송자대전

제2권

詩 시

시 詩

오언 절구 五言絶句

박생[1] 세진 의 어머니 윤씨에 대한 만사 경인년(1650, 효종1)

朴生 世振 母尹氏挽 庚寅

유인이 선비의 행실 있는 줄	孺人有士行
일찍이 아들을 가르치는 데에서 알아보았노라	曾因教子知
부인의 행실을 이제 누가 글로 남길까	女史今誰作
부질없이 이 만사를 쓰노라	空成薤露詞

1 박생(朴生) : 박세진(朴世振)으로, 본관은 순천(順天), 자는 자옥(子玉), 호는 허곡(虛谷)이다. 송준길(宋浚吉)의 문인이다.

유배 가는 유무중[2] 계 에게 차운하여 주고 겸해서 공산 사군 이정숙[3] 태연 에게 보여 주다

次贈兪武仲 棨 謫行 兼示公山使君李靜叔 泰淵

시월 용릉의 길에 十月舂陵道

누가 채자의 행차 가엾이 여겼나[4] 誰憐蔡子行

한천에서 서로 전송하지 못하였으니 寒泉失相送

참으로 나귀 준 정에 부끄러워라 眞愧贈驢情

서산(西山)이 도보로 유배길에 올라 임천(臨川)으로 가는데 증경건(曾景建)이 나귀를 기증하였다. 공산(公山)이 말〔馬〕을 노자로 주었기에 언급했다. 한천은 주자(朱子)의 고사를 쓴 것이다.

2 유무중(兪武仲) : 유계(兪棨, 1607～1664)로, 본관은 기계(杞溪), 자는 무중, 호는 시남(市南)이다. 김장생(金長生)의 문인으로 예학과 사학에 정통하였으며, 우암, 송준길(宋浚吉), 윤선거(尹宣擧), 이유태(李惟泰) 등과 더불어 충청도 유림의 오현(五賢)으로 일컬어졌다. 예문관 제학, 대사헌, 이조 참판을 역임하였고, 저서로《강거문답(江居問答)》,《가례원류(家禮源流)》,《여사제강(麗史提綱)》이 있고, 문집으로《시남집(市南集)》이 있다.

3 이정숙(李靜叔) : 이태연(李泰淵, 1615～1669)으로, 본관은 한산(韓山), 자는 정숙, 호는 눌재(訥齋)이다. 김집(金集)의 문인으로 공산 현감(公山縣監)을 지냈으며, 대사간, 이조 참의, 평안도 관찰사를 역임하였다.

4 시월……여겼나 : 남송(南宋)의 학자 서산 채원정(蔡元定)이 한탁주(韓侂胄)가 도학(道學)을 위학(僞學)으로 규정하여 주희(朱熹)의 학문을 일절 금지한 이른바 경원당금(慶元黨禁) 때에 도주(道州)로 유배되어 용릉(舂陵)에서 생을 마친 일을 인용하였다. 유계가 1650년(효종1) 10월에 온성(穩城)으로 유배 갔기 때문에 유계를 채원정에 빗댄 것이다.《宋史 儒林列傳4 蔡元定》《孝宗實錄 1年 10月 28日》

차운하여 모인에게 주다 임진년(1652, 효종3)

次贈某人 壬辰

산중에서 갑자기 서로 만났는데 山中忽相逢
은자(隱者)의 옷자락에 서늘한 바람 일었네 蕙佩涼風起
작별에 임하여 조용히 말 없으니 臨別寂無言
은근한 뜻은 세한의 생각[5]이었네 殷勤歲寒思

5 세한(歲寒)의 생각 : 굳은 마음을 말한다. 《논어》〈자한(子罕)〉에 공자가 "날씨가 추워진 뒤에야 소나무와 측백나무가 뒤늦게 시듦을 알 수 있다.〔歲寒, 然後知松柏之後凋也.〕"라고 한 말을 인용한 것이다.

송애[6] 김경여 의 장례를 지내고 돌아오다가 길에서 짓다 계사년(1653, 효종4)

松崖 金慶餘 葬後歸路作 癸巳

해는 서쪽 강물 위에 떨어지고 日落西江上
산양의 젓대[7] 속에 가을이구나 山陽笛裏秋
외로운 무덤 점점 멀어지니 孤墳看漸遠
돌아오는 배 차마 띄우지 못하겠네 不忍放歸舟

6 송애(松崖) : 김경여(金慶餘, 1596~1653)의 호이다. 본관은 경주, 자는 유선(由善)이다. 김장생(金長生)의 문인으로 송준길, 우암, 김집 등과 교유하였다.

7 산양(山陽)의 젓대 : 과거를 회상하는 뜻이다. 진(晉)나라 상수(向秀)가 혜강(嵇康), 여안(呂安)과 친하게 지내며 산양에서 채마(菜麻)를 가꾸며 지냈는데, 후일 산양을 지나다가 젓대 소리를 듣고서는 옛날 일을 생각하여 〈사구부(思舊賦)〉를 지었다. 《晉書 向秀列傳》

조 회덕[8] 이숙 에 대한 만사 경자년(1660, 현종1) 12월

趙懷德 爾翻 挽 庚子十二月

은혜로운 정치는 따뜻한 봄 같고　　惠政春如煦
깨끗한 모습은 흰 눈과 다투려 하였는데　　淸標雪欲爭
어찌하여 나를 버리고 떠났다가　　如何棄我去
다시 상여에 실려 가는가　　還載柳車行

8 조 회덕(趙懷德) : 조이숙(趙爾翻, 1614~1660)으로, 본관은 양주(楊州), 자는 경휘(景輝)이다. 김집의 문인이다. 회덕 현감으로 임소에서 죽었다.

주촌[9]이 단풍을 읊은 시에 차운하다

次舟村詠楓韻

멀리서도 알겠노라 그대들은	遙知二三子
시냇가에 앉아 독서하고	讀書坐溪濱
때로 바위틈에 심은 나무도	時栽石罅樹
암중에 생기가 새로우리라는 것을	生意暗中新

9 주촌(舟村) : 신만(申曼, 1620~1669)의 호이다. 본관은 평산(平山), 자는 만천(曼倩), 시호는 효의(孝義)이다. 영의정 신흠(申欽)의 증손이고, 우암의 문인이다. 1658년(효종9) 우암이 효종의 부름을 받자 함께 조정에 들어갔으나 우암이 벼슬을 사직하자 함께 낙향하였다.

막내아우 수보 시걸 에게 술을 보내다 계묘년(1663, 현종4)

送酒季弟秀甫 時杰○癸卯

멀리서도 알겠노라 도성에 눈 내리고	遙知洛城雪
굶주린 쥐 빈 대그릇 쏘는 것	飢鼠齧空簞
한 병 술을 가지고	聊將一尊酒
누워 있는 원안[10]에게 보내노라	寄向臥袁安

10 누워 있는 원안(袁安) : 원안은 후한(後漢) 때 사람이다. 그는 눈이 내리면 쓸지 않고 문을 닫은 채 누워 있었다고 한다. 《後漢書 袁安列傳》 여기에서는 우암의 아우 송시걸(宋時杰)을 가리킨다.

중봉이 율곡에게 올린 시에 차운한 미촌[11] 윤선거 의 시[12]에 화운하다 을사년(1665, 현종6)

和美村 尹宣擧 次重峯上栗谷韻 乙巳

노년에 다른 사람의 뜻을 조율하기가	末路調人意
오음을 조율하는 것보다 어려우니	難於五音[13]調
당시에 율로의 한은	當時栗老恨
천년이 지나도 풀리기 어려우리라	千載亦難消

11 미촌(美村) : 윤선거(尹宣擧, 1610~1669)의 호이다. 본관은 파평(坡平), 자는 길보(吉甫), 다른 호는 노서(魯西)·산천재(山泉齋)이다. 윤문거(尹文擧)의 아우이며 윤증(尹拯)의 아버지이다. 김집(金集)의 문인으로, 우암과 동문이다.

12 중봉(重峯)이……시 : 중봉 조헌(趙憲)이 율곡 이이에게 올린 〈상율곡선생(上栗谷先生)〉 시는 《중봉집(重峯集)》 권1에 실려 있으나, 윤선거가 차운한 시는 윤선거의 문집인 《노서유고(魯西遺稿)》에 실려 있지 않다.

13 音 : 대본의 두주(頭註)에 "'音'은 다른 곳에는 '味'로 되어 있다."라고 하였다.

침류정[14]에서 회포를 읊다 병오년(1666, 현종7)

枕流亭 詠懷 丙午

작은 정자가 숲 끝에 있는데　小亭寄林末
앞 시내는 밤낮으로 소리 내며 흐르네　前溪日夕鳴
내가 와서 경서와 사서를 읽으니　我來讀經史
남모[15]에 대해서는 놀랄 필요가 없다네　南耗不須驚

14 침류정(枕流亭) : 화양동(華陽洞) 입구에서 10리 되는 지점에 있었는데 현재는 남아 있지 않다. 우암이 일찍이 이 정자를 빌려서 기거한 적이 있다. 《宋子大全隨箚 卷1》

15 남모(南耗) : 1667년 영남 사람 황연(黃壖)과 이석복(李碩馥) 등이 올린 상소를 가리킨다. 《宋子大全隨箚 卷1》《顯宗實錄 8年 2月 26日, 5月 11日》

양생[16] 이송 에 대한 만사

梁生 以松 挽

그대의 형제가	不謂君兄弟
청춘에 함께 구천으로 갈 줄을 생각지 못하였는데	靑春幷九泉
붉은 명정 쌍으로 나부끼니	丹旐雙飄去
당체(棠棣)의 꽃자루 이어졌나 의심했네[17]	猶疑棣蕚連

두 번째 其二

백씨가 더욱 재주 있어	伯也尤才俊
서로 만나면 눈이 열렸지	相逢眼爲開
동류를 이끌 사람 기대할 데 없으니	張軍無復望
어느 곳에서 이런 사람 다시 얻어 올까	何處更得來

16 양생(梁生) : 양이송(梁以松)으로, 본관은 남원(南原)이다. 옥천(沃川)에 살았는데 아우 양이장(梁以樟)과 함께 효행이 있어서 당시 암행 어사 민진원(閔鎭遠)의 서계로 모두 찰방(察訪)이 증직되었다. 《宋子大全隨箚 卷1》

17 당체(棠棣)의……의심했네 : 두 개의 명정이 쌍으로 나부끼는 것이 당체의 꽃자루가 이어져 있는 것처럼 보인다는 뜻이다. 당체는 산앵두나무로, 형제 또는 형제간의 우의를 상징한다. 《詩經 小雅 常棣》

이이중[18] 민서 학사에게 주다 병오년(1666, 현종7) 9월

贈李彝仲 敏敍 學士 丙午九月

학사가 표연히 찾아오니	學士飄然至
소나무 사립문에서 웃음으로 맞았노라	松門笑相迎
문득 소선의 삼백(三白)[19]이 두려워	却怕蘇仙白
말없이 물소리만 듣누나	無言聽水聲

18 이이중(李彝仲) : 이민서(李敏敍, 1633~1688)로, 본관은 전주, 자는 이중, 호는 서하(西河)이다. 우암의 문인이다.

19 소선(蘇仙)의 삼백(三白) : 소식(蘇軾)이 일찍이 유반(劉攽)과 얘기하면서 "내가 아우와 과거 공부를 할 때 날마다 삼백을 먹었는데, 매우 맛이 좋아서 세상에 팔진미(八珍味)가 있다는 말을 믿지 않았다." 하였다. 유반이 삼백이 무엇이냐고 묻자, 대답하기를 "한 줌의 소금과 한 접시의 무김치와 한 그릇의 밥이 곧 삼백이다." 하였다.《曲洧舊聞 卷6》

안국동 윤체원[20] 이건의 집에서 화분에 심긴 매화와 대를 감상하고 돌아와 절구 세 수를 지어 보내다

安國洞尹體元以健宅 賞梅竹二盆 追寄三絶

무신년(1668, 현종9) 겨울 내가 한양의 소격동(昭格洞)에 우거하였는데 옛 친구 윤강백(尹剛伯)[21]의 집과 서로 가까웠다. 강백의 할아버지 용양공(龍陽公)[22]은 임진왜란 때 순절(殉節)하였고, 그의 두 형님인 윤신백(尹信伯)과 윤성백(尹成伯)도 병자호란 때 서로 이어 충절을 세워 강상(綱常)을 부지하였다. 아, 훌륭하여라. 강백이 전에 남쪽으로 내려온 적이 있어 나와 매우 친했었다. 이제 그의 아들 윤이건(尹以健)과 윤이성(尹以性)이 함께 살며 어머니를 봉양하고 있는데 효도와 우애로 알려졌다. 내가 그 집의 세덕(世德)과 가행(家行)의 아름다움을 좋아해서 친애함이 날로 깊어 갔다. 어느 날 저녁에 그의 집을 찾아가 보니 서실(書室)에 조그마한 온실을 설치하고 매화와 대나무 화분 하나씩을 두었는데 매화의 향기와 대나무의 푸르름이 서로 잘 어울렸다. 윤생(尹生)이 시를 청하므로 세 절구를

20 윤체원(尹體元) : 윤이건(尹以健, 1640~1694)으로, 본관은 남원(南原), 자는 체원, 호는 일소재(一笑齋)이다. 우암의 문인이다.

21 윤강백(尹剛伯) : 윤유(尹柔, 1616~1644)로, 본관은 남원, 자는 강백, 호는 농아(聾啞)이다. 윤우신(尹又新)의 증손이며 광국 공신(光國功臣) 교리(校理) 윤섬(尹暹)의 손자이다.

22 용양공(龍陽公) : 윤섬을 말한다. 임진왜란 때 순절하여 용양부원군(龍陽府院君)에 봉해졌다. 《宋子大全隨箚 卷1》

지어 써서 보내고 화답하기를 요구하였다. 숭정(崇禎) 기유년(1669, 현종10) 12월 그믐께 화양 병부(華陽病夫)가 쓰다.

누가 강남의 소식 전했는가　誰報江南信
듬성한 꽃이 눈을 시샘하여 피었네　疎英妬雪開
봄이 일찍 왔기 때문이 아니라　不應春色早
아마도 젓대에서 온 것이리라[23]　疑自笛中來

두 번째 其二

외로운 대나무 눈 속에도 절로 늠름하니　孤篠自凌雪
온실에 공들인 것과는 관계없어라　無關熜室功
그대 집안 손자와 할아버지　君家孫與祖
굳센 절개 서로 같은 것을　勁節將無同

세 번째 其三

매화와 대나무 서로 비추니　梅竹正相映
주인 형제와 같구려　主人昆仲似

23 젓대에서 온 것이리라 : 한(漢)나라 때의 적곡(笛曲)에 〈매화락(梅花落)〉이라는 곡이 있는데, 이백(李白)이 황학루(黃鶴樓)에서 부는 젓대 소리를 듣고 지은 시에 "황학루에서 옥적을 부니, 강성의 오월에 매화가 지는구나.〔黃鶴樓中吹玉笛, 江城五月落梅花.〕"라는 구절이 있다.《李太白文集 卷20 與史郎中欽聽黃鶴樓上吹笛》 여기에서는 때 이른 매화가 핀 이유가 젓대를 불었기 때문이라고 표현한 것이다.

시를 요구하나 표현하기 어려우니	徵詩著語難
좋은 글귀 말 없는 가운데 있노라	句在無言裏

조창강[24] 속 에 대한 만사 무신년(1668, 현종9)

趙滄江 涑 挽 戊申

며칠 동안 매미 소리를	數日蟬聲語
써서 어른에게 보냈는데	書之寄丈人
그 어른 이제 계시지 않으니	丈人今不在
이 뜻을 마침내 누구에게 전할거나	此意竟誰陳

24 조창강(趙滄江) : 조속(趙涑, 1595~1668)으로, 본관은 풍양(豐壤), 자는 희온(希溫)·경온(景溫), 호는 창강·취옹(醉翁) 등이다. 상의원 정(尙衣院正)을 지냈다. 조선 후기 서화가로 시서화 삼절(詩書畫三絶)로 일컬어졌다. 대표작으로 국립중앙박물관 소장 〈노수서작도(老樹棲鵲圖)〉와 간송미술관 소장 〈고매서작도(古梅瑞鵲圖)〉 등이 있고, 저서로 《창강일기(滄江日記)》가 있다.

이자중[25] 후 에 대한 만사 무신년(1668, 현종9)

李子重 垕 挽 戊申

사람은 볼 수가 없고	夫人不可見
소나무와 대나무만 초당을 마주하고 있네	松竹對草堂
지난해에 살아 돌아왔는데	去歲生還意
끝내 군왕을 뵙지 못하였네	終不見君王

25 이자중(李子重) : 이후(李垕, 1611~1668)로, 본관은 전주, 자는 자중, 호는 남곡(南谷)이다. 은진 현감(恩津縣監), 금성 군수(金城郡守), 광주 목사(光州牧使), 홍주 목사(洪州牧使) 등을 역임하였다. 1667년 사간으로 있을 때 조선에 표착한 청인(淸人)의 송환을 위협적으로 요구해 온 청나라에 대하여 비굴한 정책을 쓴 대신들을 탄핵하다가 유배된 이숙(李翻) 등 간관들의 구제를 역설한 죄로 온성(穩城)에 유배되었다. 그 뒤 한재(旱災)로 방환(放還)되었다.

신만천[26]에 대한 만사 기유년(1669, 현종10) 9월

申曼倩挽 己酉九月

내가 죽으면 누가 곡을 할까	我死人誰哭
그대가 지금 나보다 먼저 세상을 떠났구나	君今先我歸
가을 산 적막한 곳에	秋山寥落處
홀로 서서 부질없이 눈물 뿌리네	獨立涕空揮

26 신만천(申曼倩) : 신만(申曼)이다. 238쪽 주9 참조.

이익지[27] 유익 에 대한 만사
李益之 惟益 挽

귀한 사람은 대부분 비천하다 귀해지지만	貴多卑還貴
현자의 벼슬길은 예로부터 어려웠지	賢路故蹉跎
그대를 지하에 보내고 나면	送君泉下去
장차 대문에 기대어 기다린들 무엇 하리	將如倚門何

27 이익지(李益之) : 이유익(李惟益, 1610~1665)으로, 본관은 경주(慶州), 자는 익지, 호는 둔곡(遯谷)이다. 김집(金集)의 문인이다.

곽여윤[28] 문완 의 부인 정씨에 대한 만사

郭汝潤 文浣 夫人鄭氏挽

이남[29]의 풍화가 먼데	二南風化遠
부인이 지금 또 세상을 떠났네	夫人今又亡
종실(宗室)의 인척으로 사덕[30]을 지녔으니	宗姻懷四德
차마 북망산으로 보내지 못하겠네	不忍送北邙

28 곽여윤(郭汝潤) : 곽문완(郭文浣)으로, 여윤은 자이다. 우암의 처8촌이다. 《宋子大全隨箚 卷11》

29 이남(二南) : 《시경》 〈주남(周南)〉과 〈소남(召南)〉을 가리킨다.

30 사덕(四德) : 《시경》 〈주남 갈담(葛覃)〉에 있는 네 가지 덕인 근(勤), 검(儉), 효(孝), 경(敬)을 가리킨다.

화양동 바위 위의 정사에서 읊다 기유년(1669, 현종10) 12월

華陽洞巖上精舍吟 己酉十二月

시냇가 바위 벼랑 열렸으니	溪邊石崖闢
그 사이에 집을 지었노라	作室於其間
조용히 앉아 경서의 가르침 찾아서	靜坐尋經訓
분촌이라도 따르려 애쓴다네	分寸欲躋攀

초당에서 남쪽을 바라보면 석봉이 하나 있는데, 있는 듯 없는 듯 하다가 운하가 지나가면 전연 보이지 않고 흰 눈이 덮이면 분명하게 우뚝 솟아 다른 봉우리와 비교가 되지 않았다. 손자 회석(晦錫)이 시를 청하므로 먼저 시의 운에 따라 절구 한 수를 짓다

草堂南望一石峯 則若有若無 雲霞過之 則全不見 白雪冒之 則分明突兀 諸峯莫敢望焉 晦孫請賦之 用前韻 爲書一絶

한 봉우리 구름 밖에서 솟았으니	一峯雲外起
가물가물 있는 듯 없는 듯	微茫有無間
눈 내린 후 분명히 보이니	雪後分明見
고고하여 오를 수 없구나	孤高不可攀

금벽정[31]에서 방백 이중우[32] 숙 와 함께 앞 강에 배를 띄우고 술에 취하여 그의 시에 차운하다

錦壁亭 與方伯李仲羽 翻 同泛前江 醉次其韻

세상길 이제 이러하니	世路今如許
푸른 산 더 높지 않음 한이로세	青山恨不高
나라 걱정하며 술을 홀짝거리니	細傾憂國酒
마치 탁주에 취한 것 같구나	爭似醉村醪

두 번째 其二

우리 임금 요순 같은 성인	吾君堯舜聖
은나라 중종, 고종 말할 것도 없어라	不足數中高
망발한 앞의 말은 농담이었으니	妄發前言戲
큰 잔에 술을 따라 마셔야겠지	當浮大白醪

31 금벽정(錦壁亭) : 공주(公州) 금강(錦江) 가에 있던 정자인데 현재는 남아 있지 않다. 《宋子大全隨箚 卷1》

32 이중우(李仲羽) : 이숙(李翻, 1626～1688)으로, 본관은 우봉(牛峯), 자는 중우, 호는 일휴정(逸休亭)이다. 우암의 문인이다.

이여수[33] 하악 에게 보내다

寄李汝壽 河岳

쓸쓸하고 황량한 성 밖에서 寥落荒城外
이 백미[34]를 서로 만났구나 相逢此白眉
원래 굳센 절개 지녔음은 從來孤勁操
세한을 기다리지 않아도 알겠네 不待歲寒知

33 이여수(李汝壽) : 이하악(李河岳, 1608～1677)으로, 본관은 용인(龍仁), 자는 여수이다. 보은 현감(報恩縣監), 장성 부사(長城府使), 나주 목사(羅州牧使)를 역임하였다.

34 백미(白眉) : 형제나 동배(同輩) 가운데 재능이 가장 뛰어난 자를 비유한다. 삼국시대 촉(蜀)나라 마량(馬良)은 형제가 다섯으로, 모두 재명(才名)이 있었는데 그중에서도 마량이 가장 뛰어났다. 유독 마량의 눈썹에 흰 털이 섞여 있었으므로 향리 사람들이 "마씨(馬氏) 오형제 중에 백미가 가장 훌륭하다."라고 하였는데, 여기에서 온 말이다. 《三國志 蜀書 馬良傳》

진사 이여겸[35] 필익 의 시에 차운하다
次李進士汝謙 必益 韻

영외에 삼춘의 호시절이 오니	嶺外三春好
도성을 떠난 근심 모두 잊었네	渾忘去國愁
가만히 앉아 고금의 일을 생각하니	坐思今古事
이 생이 허무함을 다시 깨닫네	更覺此生浮

35 이여겸(李汝謙) : 이필익(李必益, 1634～?)으로, 본관은 하음(河陰), 자는 여겸이다. 1657년(효종8) 생원시에 입격하였다.

김회백[36] 욱 전백옥[37] 유 제군에게 보내다

寄金晦伯 昱 全伯玉 瑜 諸君

먼 변방에서 세시가 새로우니	天末歲時新
멀리 금수의 봄을 생각하네	遙思錦水春
초당의 날이 더딘 곳에서	草堂遲日處
마주 앉아 글을 읽고 있겠지	相對讀書人

36 김회백(金晦伯) : 김욱(金昱, ?~?)으로, 본관은 선산(善山), 자는 회백이다. 농암(籠巖) 김주(金澍)의 후예로 우암의 문인이다. 《宋子大全隨箚 卷13》

37 전백옥(全伯玉) : 전유(全瑜, ?~?)로, 본관은 천안(天安), 자는 백옥이다. 거주지는 금산(錦山)으로 우암의 문인이다. 《宋子大全隨箚 卷13》

장난삼아 읊어서 손자 주석에게 보이다

戲吟示疇孫

아내를 범처럼 두려워하지 말고	畏妻無若虎
첩을 꽃같이 보지 말거라	視妾莫如花
위엄이 있고 돌이켜 반성하면 길하니	威如反身吉
이리하면 집을 바로잡았다 하리라[38]	是名爲正家

38 위엄이……하리라 : 《주역》 〈가인괘(家人卦) 상구(上九)〉에 "정성이 있고 위엄이 있으면 마침내 길하리라.〔有孚威如, 終吉.〕"라고 하였고, 그 상전(象傳)에 "위여(威如)의 길함은 자기 몸에 돌이켜 살핌을 말한 것이다."라고 한 말을 인용한 것이다.

우연히 읊다

偶吟

마을 거리의 말들을	里巷間言語
때때로 스스로 쓰네	時時自寫之
진부하여 법도 없으니	陳庸無紀律
누가 시라 이르겠는가	誰得謂之詩

무량촌 사람에게 써서 주다

書贈無量村人

무량촌은 화양동 밖에 있다.

흐르는 물에 복숭아꽃 뜨고	流水桃花在
뽕나무밭 삼밭에 우로가 많으니	桑麻雨露多
무량이라 전하는 마을 이름	俗傳無量號
무릉도원의 와전인가 하노라	知是武陵訛

풍월정[39]의 시에 차운하다

次風月亭韻

바람 맑으니 달도 맑지만	風淸月亦淸
달빛은 흰데 바람은 희지 않으니	月白風不白
이 두 가지 같은지 같지 않은지	二者同不同
정자의 나그네에게 묻고자 하노라	請問亭裏客

39 풍월정(風月亭) : 송국사(宋國士, 1612~1690)의 정자이다. 송국사는 본관은 은진(恩津), 자는 일경(一卿), 호는 계담(桂潭)이다. 김장생(金長生)의 문인이다. 《宋子大全隨箚 卷1》

〈한정당〉[40] 시에 차운하다

次閒靜堂韻

앉아서 한가로운 흰 구름 보고	坐見白雲閒
머리 숙여 고요한 맑은 물결 구경한다고	俯看淸波靜
그로써 당 이름 짓고 또 시를 구하니	名堂又求詩
주인은 한가하고 고요할 사이 없구려	主翁無閒靜

40 한정당(閒靜堂) : 미상이다. 《宋子大全隨箚 卷1》

초려 이태지[41] 유태 의 시에 차운하다 임자년(1672, 현종13)

次草廬李泰之 惟泰 韻 壬子

장저 걸닉은 나루터를 고하지 않고 沮溺不告津
오직 밭 가는 일만 하였으나 惟其耕屬已
중유는 저들을 꾸짖지 않았는데[42] 由也不嗔渠
지금 사람들은 어찌 말이 많은가 今人胡多事

먼젓번 편지에서 경계해 준 뜻에 대략 답하였으니, 대저 각박한 풍속에 말이 많음을 탄식한 것이다.

41 이태지(李泰之) : 이유태(李惟泰, 1607~1684)로, 본관은 경주(慶州), 자는 태지, 호는 초려(草廬)이다. 김장생의 문인으로, 송준길, 우암, 윤선거(尹宣擧) 등과 교유하였다. 공조 참의, 동부승지를 역임하였다. 예학(禮學)에 뛰어나 김집과 함께 《상례비요(喪禮備要)》, 《의례문해(疑禮問解)》 등을 교감(校勘)하였고, 저서로 《초려집(草廬集)》이 있다.

42 장저(長沮)……않았는데 : 장저와 걸닉(桀溺)은 춘추 시대 초(楚)나라의 은자(隱者)이다. 중유(仲由)는 자로(子路)의 이름이다. 《논어》 〈미자(微子)〉에, 공자가 초나라에서 채(蔡)나라로 가다가 장저와 걸닉이 함께 밭을 가는 것을 보고 자로를 시켜 나루가 있는 곳을 물었던 일을 인용한 것이다. 여기에서는 우암과 이유태가 병자호란 후에 세상을 멀리하고 산속에 은거하고 있을 때 사람들이 비웃었다는 뜻으로 쓰였다.

신백고[43] 영식 가 매화 한 그루를 보내왔기에 시로 사례하다
申伯固 永植 送梅一樹 詩以謝之

수락당 앞의 나무를	壽樂堂前樹
백석탄으로 옮겨 왔네	移來白石灘
산속이라 빙설이 일찍 찾아오니	山中氷雪早
맑은 그림자 차갑기 그지없네	淸影不勝寒

43 신백고(申伯固) : 신영식(申永植)으로, 본관은 고령(高靈), 자는 백고이다. 우암의 문인이다.

성천으로 부임하는 김연지[44]에게 주어 전별하다 계축년(1673, 현종14) 9월

贈別金延之赴成川 癸丑九月

옛 친구 무산으로 가니 故人巫山去
운우의 꿈에 관계된 것은 아니네[45] 非關夢雨雲
석실[46]에 외로운 소나무 있으니 石室孤松在
오래도록 그대를 기다리게 하지 마오 無令久待君

44 김연지(金延之) : 김수증(金壽增, 1624~1701)으로, 본관은 안동(安東), 자는 연지, 호는 곡운(谷雲)이다. 김상헌(金尙憲)의 손자이다. 한성부 좌윤(漢城府左尹), 공조 참판을 역임하였다. 저서로 《곡운집(谷雲集)》이 있다.

45 무산(巫山)으로……아니네 : 김수증이 성천에 부임한 것은 본의가 아니었음을 말한 것이다. 무산 운우(巫山雲雨)의 고사는 남녀 합환(男女合歡)과 선경(仙境)의 설화로, 송옥(宋玉)의 〈고당부(高唐賦)〉에 "첩은 무산의 여자로 아침에는 구름이 되고 저녁에는 비가 되어 아침저녁으로 양대(陽臺) 아래를 왕래합니다."라고 하였다. 무산은 평안남도 성천부(成川府)에 있는 산 이름인데, 송옥의 〈고당부〉에 나오는 무산과 이름이 같기 때문에 우암이 인용한 것이다.

46 석실(石室) : 청음(淸陰) 김상헌이 살던 곳으로 현재 경기도 남양주시에 있다. 김수증이 그의 손자이므로 한 말이다.

영릉[47]을 옮길 때 소명을 받고 올라가면서 동춘(同春) 송공 준길 의 궤연에 들러 고하고 신탄강 가에 이르러 이 시를 남겨 도원[48]과 여러 학사와 작별하다

寧陵遷奉時 將赴召命 歷辭春兄宋公 浚吉 几筵 至新灘江上 留別道源學士諸公

석양에 늙은이 작별하니	落日衰年別
창오[49]에 임금 장사 지낸 시름이네	蒼梧葬聖愁
동춘당의 한 줌 눈물을	春堂一掬淚
다시 가을날 큰 강가에 뿌리누나	更洒大江秋

47 영릉(寧陵) : 효종(孝宗)의 능이다. 원래는 양주(楊州) 건원릉(健元陵) 서쪽에 있었는데 석물에 균열이 생겨 비가 들어갈 염려가 있었기 때문에 여주(驪州) 영릉(英陵) 옆으로 옮겼다.

48 도원(道源) : 송규렴(宋奎濂, 1630～1709)의 자이다. 본관은 은진(恩津), 호는 제월당(霽月堂)이다. 우암의 문인이다.

49 창오(蒼梧) : 순 임금이 죽은 곳이다. 여기에서는 효종의 승하를 가리킨다.

이 원주[50] 성연 의 분암[51]에 들르다

過李原州 聖淵 墳菴

시냇물 오열하며 새로운 한 삼키고	澗咽呑新恨
꾀꼬리 울음소리 저녁 시름 자아내네	鸎啼喚暮愁
저승에 있는 이 살아오지 못하는데	九原人不起
부질없이 서주[52]에 찾아왔구려	空作過西州

50 이 원주(李原州) : 이성연(李聖淵, 1586~1662)으로, 본관은 한산(韓山), 자는 중원(仲遠)이다. 원주 목사(原州牧使)를 지냈다. 인조반정 때 원종공신(原從功臣)에 책록되고, 벼슬은 장악원 정(掌樂院正)에 이르렀다.

51 분암(墳菴) : 선산을 수호하기 위하여 근처에 지은 암자를 가리킨다.

52 서주(西州) : 남북조 시대 진(晉)나라 양담(羊曇)이 자신을 아껴 주던 삼촌 사안(謝安)이 죽자 서주의 길을 차마 지나가지 못하였는데, 어느 날 술에 취해 자신도 모르게 서주의 성문에 이르자 슬퍼하며 통곡하고 떠났다는 고사가 전한다.《晉書 謝安列傳》

신륵사에서 한자강[53] 여옥 에게 차운하여 주다

神勒寺次贈韓子剛 如玉

오래된 절에 서늘한 바람 불어오니	古寺涼風至
높은 산에 지는 해 바라보며 근심하네	喬山落日愁
서로 만나고도 다시 서운한 마음 있으니	相逢還有感
가을을 슬퍼해서만은 아니라네	非但爲悲秋

53 한자강(韓子剛) : 한여옥(韓如玉, 1636～1685)으로, 본관은 청주(淸州), 자는 자강, 호는 창우(蒼愚)이다. 회헌(晦軒) 한여해(韓汝海)의 종제이다.

홍원구[54]의 국화를 옮겨 심다 갑인년(1674, 현종15)

移栽洪元九菊叢 甲寅

친구가 심은 동쪽 울타리 국화	故人東籬菊
옮겨다가 돌담 옆에 심었노라	移來倚石墻
마을에 좋은 술 익기를 기다렸다가	竚待村醪熟
가을 꽃잎 술잔에 가득 띄우리라	秋英泛滿觴

54 홍원구(洪元九) : 홍석기(洪錫箕, 1606~1680)로, 본관은 남양(南陽), 자는 원구, 호는 만주(晩洲)이다. 구봉서(具鳳瑞)의 문인이다. 해주 목사(海州牧使), 서천 군수(舒川郡守), 영광 군수(靈光郡守) 등을 역임하였다.

이동보[55] 희조 의 시에 차운하다

次李同甫 喜朝 韻

세상사는 참으로 다함이 없고 世路嗟無盡
세월은 예로부터 머물지 않았지 年華故不留
앉아서 고금의 일을 살펴보니 坐看今古事
대부분 골짜기에 배를 숨기는 것이었네[56] 多少壑藏舟

55 이동보(李同甫) : 이희조(李喜朝, 1655～1724)로, 본관은 연안(延安), 자는 동보, 호는 지촌(芝村)이다. 이단상(李端相)의 아들이고, 우암의 문인이다. 벼슬은 대사헌까지 올랐다. 저서로 《지촌집(芝村集)》이 있다.

56 골짜기에……것이었네 : 《장자(莊子)》 〈대종사(大宗師)〉에 "골짜기에 배를 숨기고 택(澤)에 산을 숨겨 놓고 견고하게 숨겼다고 여긴다. 그러나 밤중에 힘이 센 사람이 지고 가는데도 어리석은 사람은 모른다.〔夫藏舟於壑, 藏山於澤, 謂之固矣. 然而夜半有力者負之而走, 昧者不知也.〕"라고 한 데서 온 말이다. 사물은 쉼 없이 변하는데 사람들은 알지 못한다는 의미로 사용된 고사이다.

손자 주석의 시에 차운하다 을묘년(1675, 숙종1)

次疇孫韻 乙卯

주자께서 해학 좋아하시어　　遯翁有善謔
선성도 삼재가 있다 하였지[57]　　仙聖亦三災
더구나 진토와 같은 나는　　況余塵土者
해분[58]도 마땅한 것을　　虀粉亦宜哉

57 주자(朱子)께서……하였지 : 선성(仙聖)은 부처를 말하고 삼재(三災)는 바람, 물, 불의 재앙을 말한다. 주희가 오도자(吳道子)의 부처 그림을 보고 "이 그림의 머리, 얼굴, 손, 발 부분은 보충한 것인데 일찍이 임안(臨安)에서 화재(火災)를 입었다고 한다. 그렇다면 삼재는 선성도 피하지 못하는 것이 아니겠는가."라고 한 데서 온 말이다. 《宋子大全隨箚 卷1》

58 해분(虀粉) : 양념을 만들듯이 분말을 만든다는 말로, 가혹한 형벌을 당한다는 뜻이다.

진천에서 배소인 덕원으로 가다가 이천의 객사에서 이계주[59]에게 주어 작별하다

自鎭川赴德源謫所 利川逆旅 贈別李季周

추군의 눈물[60]을 흘리지는 않았지만	不下鄒君淚
도리어 기나라 사람의 걱정[61] 깊어라	還深杞國憂
관산 천 리 밖에	關山千里外
나그네 마음 아득하기만 하여라	羈思正悠悠

59 이계주(李季周) : 이단하(李端夏, 1625~1689)로, 본관은 덕수(德水), 자는 계주, 호는 외재(畏齋)이다. 택당(澤堂) 이식(李植)의 아들이다. 우암의 문인이다. 벼슬은 좌의정까지 올랐다.

60 추군(鄒君)의 눈물 : 송나라 추호(鄒浩)가 유 현비(劉賢妃)를 황후로 삼는 일에 대해 간하다가 죄를 얻어 좌천되어 가는 도중 친구 전주(田晝)를 만나 눈물을 흘리니 전주가 "서울에서 벼슬하더라도 감기에 걸려 5일 동안 땀을 내지 않으면 죽을 수 있다. 어찌 영해(嶺海) 밖이라고 꼭 사람을 죽게 하겠는가."라고 한 말을 인용한 것이다. 《宋史 田晝列傳》

61 기(杞)나라 사람의 걱정 : 공연한 걱정을 한다는 뜻이다. 《열자(列子)》 〈천단(天端)〉의 "옛날 기나라에 하늘이 무너질까 걱정이 되어 잠도 못 자고 음식도 먹지 못하는 자가 있었다."라는 말에서 유래하였다.

이성미[62] 석견 등 여러 사람에게 주어 작별하다 을묘년(1675, 숙종1) 2월 10일

贈別李聖彌 碩堅 諸人 乙卯二月十日

진중한 몇몇 친구들	珍重二三子
서로 함께 덕원까지 이르렀네	相隨至德源
오늘 아침 도로 송별하니	今朝還送別
천 리 먼 곳에서 그리워 마오	千里莫招魂

62 이성미(李聖彌) : 이석견(李碩堅)으로, 본관은 전의(全義), 자는 성미, 호는 몽재(蒙齋)이다. 우암 초년의 문인이다.

덕원의 귀양살이하는 집에서 느낌이 있어 읊다
德源謫舍感吟

초가집에 늘 앉아 있으니　蔀屋長深坐
올봄엔 꽃을 보지 못하였네　今春未見花
부질없이 밤새 두견새 울음 들으며　空聞鵑夜哭
집에 돌아가는 꿈 이루지 못하였네　不得夢還家

박대숙[63] 심 에게 주어 작별하다
贈別朴大叔 鐔

구옹의 시례를 이은 아들[64] 久翁詩禮子
가을 달 밝은데 강 건너왔네 秋月渡江來
함께 옛 책을 이야기하니 共說陳編去
마음의 근원 없어질 수 없어라 心源定不灰

두 번째 其二

계절은 뭇 양의 기운 사라져 가는데 節序群陽剝
그대 만나서 옛 경서 강설했네 逢君說古經
그 가운데 윤익의 뜻[65] 箇中輪翼意
문득 한쪽이 가벼울까 두렵노라 却怕一邊輕

63 박대숙(朴大叔) : 박심(朴鐔, 1652~1707)으로, 본관은 고령(高靈), 자는 대숙, 호는 지포(芝浦)이다. 구당(久堂) 박장원(朴長遠)의 아들로, 처음에 박세채(朴世采)에게 배우다가 우암이 장기(長鬐)로 유배 갔을 때 찾아와 제자가 되었다. 장령을 지냈다.

64 구옹(久翁)의……아들 : 구옹은 박장원(朴長遠)의 호가 구당(久堂)인 데서 연유한 호칭이고, 시례(詩禮)를 이었다는 것은 공자가 아들 리(鯉)에게 시(詩)와 예(禮)를 배우게 한 일에서 유래한 말로 가정에서의 배움을 가리킨다. 《論語 季氏》

65 윤익(輪翼)의 뜻 : 윤익은 수레바퀴와 새의 날개를 말한다. 정이(程頤)의 시에 "함양은 반드시 공경을 써야 하고, 배움은 치지에 달려 있다.〔涵養須用敬, 進學在致知.〕"라고 하였는데, 주희가 이에 대해 "진학(進學)과 치지(致知) 두 구는 수레의 두 바퀴와 같고 새의 두 날개와 같아서 한쪽만을 폐할 수는 없다."라고 한 말을 인용한 것이다. 《宋子大全隨箚 卷1》

진사 원차산 내중[66]이 국화를 주므로 시로 사례하다
元進士次山來重贈菊 詩以謝之

한자가 조주에 있을 때[67]	韓子潮州日
관상 보는 유의라는 이가	相人者劉宜
한 떨기 국화를 주었는데	持贈一叢菊
원군도 지금 그 일을 본받았나	元君今效之

두 번째 其二

미천한 신하가 예를 함부로 논하였으니	微臣論禮妄
유배당함이 참으로 마땅하도다	流竄固其宜
뜨락에 상 보는 자의 국화 심었으나	庭栽[68]相者菊
한퇴지가 아님이 부끄럽기만 하네	愧非韓退之

66 원차산 내중(元次山來重) : 1632~? 이름이 차산이고, 자가 내중이다. 안변(安邊) 학포(鶴浦)에 사는 사람인데, 관상을 잘 보았다. 《宋子大全隨箚 卷1》

67 한자(韓子)가……때 : 한자는 당나라 때 문장가 한유(韓愈)이다. 한유가 좌천되어 조주 자사(潮州刺史)로 있을 때를 말한다.

68 栽 : 대본에는 '裁'로 되어 있는데, 두주에 "'裁'는 '栽'인 듯하다."라고 한 것에 근거하여 수정하였다.

동춘 형을 이장하는 날에 회포를 써서 자정,[69] 송규연 중경,[70] 이상길 계흥[71] 송규창 제군에게 보여 주고 화답을 구하다 병진년(1676, 숙종2) 11월 18일

同春兄遷葬日 書懷寄示子靜 宋奎淵 重卿 李相吉 季興 宋奎昌 諸君 求和 丙辰十一月十八日

부자가 구원에서 일어나니	夫子九原作
천 인이 함께 참여했네	千人與之歸
다시 구원을 향하여 장사하니	還向九原葬
슬피 울며 모두 옷깃을 적셨네	攀號各沾衣

두 번째 其二

연객이 와서 보는 날[72]에	燕客來觀日

69 자정(子靜) : 송규연(宋奎淵, 1620~1685)의 자이다. 본관은 은진(恩津)이다. 어려서부터 동춘당 송준길의 문하에서 수학하였다.

70 중경(重卿) : 이상길(李相吉, 1629~1694)의 자이다. 본관은 함평(咸平)이며, 거주지는 회덕(懷德)이다. 1652년(효종3) 생원시에 입격하였다.

71 계흥(季興) : 송규창(宋奎昌, 1630~1688)의 자이다. 본관은 은진, 호는 수우당(守愚堂)이다. 송준길의 문하에서 수학하였다.

72 연객(燕客)이……날 : 장사 지내는 것을 관람함을 가리키는 말이다. 공자가 죽어 장사 지내는데 연나라 손님〔燕客〕이 와서 관람하였다. 자하(子夏)가 "성인이 사람을 장사 지내는 것이 아니고 사람이 성인을 장사 지내는데 그대는 무엇을 관람할 것이 있는가."라고 한 데서 온 말이다. 《禮記 檀弓上》

상담에 있는 사람 돌아오지 못하였네[73] 湘潭人未歸
부질없이 하해 같은 눈물로 空將河海淚
거듭 기하의 옷[74] 적셨노라 重濕芰荷衣

73 상담(湘潭)에……못하였네 : 상담은 전국 시대 초나라 굴원(屈原)이 쫓겨났던 곳이다. 여기에서는 우암이 적소(謫所)에 있음을 스스로 비유한 것이다.

74 기하(芰荷)의 옷 : 기하는 연(蓮)을 말한다. 굴원의 〈이소(離騷)〉에 "기하로 옷을 만들어 입고 부용으로 치마를 만들었다.〔製芰荷以爲衣, 集芙蓉以爲裳.〕"라고 한 말에서 인용한 것이다.

그냥 읊다 병진년(1676, 숙종2) 겨울

漫吟 丙辰冬

눈은 진흙에 떨어지면 도리어 물들고	雪遇泥還染
소나무는 서리를 맞아 더욱 푸르네	松迎霜益青
인정도 두 모양 있으니	人情有兩樣
이 일을 누가 알맞게 할까	玆事孰稱停

입춘에 읊다

立春吟

이 노부 글 읽음 폐하지 않고	老夫不廢書
어린 소년들도 배움에 부지런하니	諸少勤於學
아무리 나쁜 공기 침범하더라도	雖則瘴煙侵
내 마음 오히려 즐겁기만 하여라	吾心猶可樂

손자 회석을 보내면서

送晦孫

몇 번이고 떠나는 손님 전송하였지만	幾度送歸客
너를 보내면서 시름이 더욱 많구나	送爾愁更多
이제부터 가시울타리 속에	從今栫棘裏
외로이 앉아 있는 마음 어떠하리	孤坐意如何

조생[75] 의운 에게 주어 작별하다

贈別趙生 義耘

북풍에 눈보라가 세차게 몰아치는데	朔風吹雪急
그대가 멀리서 찾아왔네	之子遠來尋
깊이 탄식하다 다시 이별하고 떠나니	沈吟還別去
세한의 마음을 선물하노라	相贈歲寒心

75 조생(趙生) : 조의운(趙義耘, 1641～1719)으로, 본관은 풍양(豐壤), 자는 칠이(七而), 호는 백의당(百宜堂)이다. 우암의 문인이고, 송준길의 문하에도 출입하였다. 공조 좌랑, 연산 현감(連山縣監)을 지냈다.

이하경[76] 담 에게 주어 작별하다

贈別李廈卿 橝

검은 구름 짙어 빗방울 떨어질 듯 黑雲凝欲滴
강호에는 눈 서리 많네 江湖雪霜多
옛 친구가 왔다가 또 가니 故人來又去
해진 도포에 추위가 어떠할까 弊袍寒如何

76 이하경(李廈卿) : 이담(李橝, 1629~1717)으로, 본관은 전의(全義), 자는 하경, 호는 사은옹(四隱翁)이다. 우암의 문인이다. 부사과(副司果), 감찰(監察)을 지냈다.

홍보이[77] 가상 에게 주어 작별하다

贈別洪輔而 可相

찬 구름 햇빛을 가리었는데 寒雲埋日色
멀리멀리 옛 친구 보내누나 迢遞送故人
말하려 하나 더 할 말 없으니 欲贈無餘說
학문 연구하고 또 행신을 삼가게나 勑書且敬身

77 홍보이(洪輔而) : 홍가상(洪可相, 1649~?)으로, 본관은 남양(南陽), 자는 보이이다. 좌랑을 지냈다.

수촌 조의망[78] 세환 이 승려 일행에게 준 시에 차운하다 병진년(1676, 숙종2)
次樹村趙嶷望 世煥 贈一行韻 丙辰

동파(東坡)가 말하기를 "내가 혜주(惠州)에 귀양 가 있을 때 소주(蘇州)에서 승려 탁계순(卓契順)이 발이 부르트도록 험난한 길을 걸어와서 말하기를 '옛날에 채명원(蔡明遠)은 파양(鄱陽)의 일개 교위(校尉)였습니다. 안 노공(顔魯公)이 강회(江淮) 사이에서 식량이 떨어졌는데 채명원이 쌀을 싣고 가서 구제해 주자 안 노공이 한 자쯤 되는 종이에 글씨를 써 주었으므로 천하가 지금까지도 채명원이라는 사람이 있다는 것을 알고 있습니다.[79] 제가 애써서 만 리 먼 곳까지 찾아왔는데 저도 몇 글자를 얻을 수 있겠습니까?' 하여, 내가 흔쾌히 허락했으나 다만 글자가 무겁고 획이 좋은 것이 안 노공에 미치지 못하는 것이 부끄러웠다. 그러므로 〈귀거래사(歸去來辭)〉를 써 주어 이 글에 의탁해서 그의 이름이 없어지지 않기를 바랐다." 하였다. 지금 승려 일행이 내가 유배된 이래로 한 해에 한 번씩 찾아오니 어찌 이른바 "도덕과 고상한 풍도가 대부분 세외(世外)의 사람

78 수촌(樹村) 조의망(趙嶷望) : 조세환(趙世煥, 1615~1683)으로, 본관은 임천(林川), 자는 의망, 호는 수촌이다. 전라도 관찰사, 승지, 병조 참의 등을 역임하였다.

79 안 노공(顔魯公)이……있습니다 : 안 노공은 당나라 때 명필 안진경(顔眞卿)으로, 그가 노군개국공(魯郡開國公)에 봉해졌기 때문에 그렇게 부른다. 안진경이 51세 때에 채명원에게 보답의 의미로 써 준 글씨가 〈채명원파양첩(蔡明遠鄱陽帖)〉이라는 이름으로 세상에 전해지고 있다.《顔魯公集 年譜》

에게 있다."라는 것이 아니겠는가. 금년 4월에 또 그가 얻은 수촌의 시와 생강 몇 뿌리를 가지고 강을 건너 찾아왔으니, 채명원의 쌀에 비하면 또 이른바 "지나치게 맑아서 속되지 않다."라고 할 수 있다. 내가 오랫동안 붓을 잡지 않았으므로 보답할 것이 없는 것이 부끄러워 수촌의 시에 대략 차운하여 보낸다.

탁계순의 발은 어찌하여 부르텄는가	契足如何繭
깊은 정을 아는 이 드무네	深情識者稀
일행 스님이 천 리 먼 길을 찾아왔는데	行師千里至
좋은 글씨 얻지 못하고 돌아가네	不得好書歸

영지동[80]의 여덟 경치를 읊다

靈芝洞八詠

한 해에 어찌 세 번이나 피어나는가　一歲何三秀
운당의 괴로운 읊음[81]도 있다네　篔簹有苦吟
주자의 진중한 뜻에서　晦翁珍重意
늘그막의 마음 깊이 느끼노라　深感暮年心

이상은 영지동(靈芝洞)을 읊은 것이다.

황과 왕, 제와 패의 사업과　皇王帝霸事
천지와 귀신의 실상을　天地鬼神情
마음의 근원 조용해진 후　心源專靜後
모두 관찰하고 나면 남은 광명 있으리　觀盡有餘明

이상은 정관재(靜觀齋)를 읊은 것이다.

본체는 원래 허명한 것이지만　本體自虛明
사물에 응할 때 도리어 잃기 쉽네　應時還易失
오직 한 치의 아교[82]를 가지고　惟將寸膠而

80 영지동(靈芝洞) : 정관재(靜觀齋) 이단상(李端相)의 별장인데 동대문 밖에 있었다고 한다. 《宋子大全隨箚 卷1》

81 운당(篔簹)의 괴로운 읊음 : 주희가 젊어서 운당포(篔簹鋪)를 지나다가 벽에 쓰인 "빛나는 영지(靈芝)는 한 해에도 세 번이나 피는데 나는 어이 뜻을 이루지 못하는가."라는 글을 읽고 슬퍼했다는 말이 있다. 《宋子大全隨箚 卷1》

동정에 모두 한결같이 해야 하리 動靜皆於一

이상은 함일당(涵一堂)을 읊은 것이다.

태극은 음양보다 우선하지만 有物先陰陽

문득 음양 속에 있는 것이네 却在陰陽裏

다시 염옹의 무극을 가지고[83] 更把濂翁無

검은 허리[84]를 일깨워야 하네 要提黑腰耳

이상은 태극정(太極亭)을 읊은 것이다.

증점은 바로 광자이니 點也是狂者

어찌 요순과 같으리오[85] 如何堯舜同

마음속에 누가 있으면 心中如有累

82 한 치의 아교 : 작은 재주와 역량을 말한다. 《포박자(抱朴子)》〈가둔(嘉遯)〉에 "한 치의 아교가 황하수의 흐림을 맑힐 수는 없다."라고 한 말을 인용한 것이다.

83 염옹(濂翁)의 무극(無極)을 가지고 : 염옹은 염계(濂溪) 주돈이(周敦頤)를 말한다. 〈태극도설(太極圖說)〉에서 "무극이면서 태극이다.〔無極而太極.〕"라고 한 말을 인용한 것이다. 《古文眞寶後集 卷10》

84 검은 허리 : 육구연(陸九淵)의 학설을 말한다. 양쪽 머리는 밝고 가운데가 어두우면 이것이 검은 허리가 된다는 설이다. 육구연이 주돈이의 무극이란 두 글자를 매우 공격했으므로 한 말이다. 《宋子大全隨箚 卷1》

85 증점(曾點)은……같으리오 : 증점은 공자 제자 증석(曾晳)의 이름이고, 광자(狂者)는 뜻은 크지만 행실이 못 따르는 사람이다. '어찌 요순(堯舜)과 같으리오'라는 말은 《논어》〈선진(先進)〉에, 공자가 제자들에게 각각 포부를 말해 보라고 하자 증점이 "늦은 봄에 어른 5, 6명과 어린아이 6, 7명을 데리고 함께 기수(沂水)에 목욕하고 무우(舞雩)에 바람 쏘이고 돌아오겠습니다." 하였는데, 그에 대한 주희의 주에 "이는 바로 요순의 기상이다."라고 한 말을 인용한 것이다.

무우의 바람에 부끄러우리라　　　　慚愧舞雩風

이상은 욕기단(浴沂壇)을 읊은 것이다.

건괘 곤괘가 구괘 복괘에서 시작되니　　　　乾坤起姤復
그 본체 절로 둥글게 이뤄지네　　　　其體自圓成
모남을 함축한 그 이치 미묘하니[86]　　　　含方理更妙
이를 희롱하며 평생을 보내려네　　　　弄此了平生

이상은 농환와(弄丸窩)를 읊은 것이다.

반묘의 반듯한 못가에　　　　半畝方塘上
누가 조그마한 누대 지었나　　　　何人小作臺
하늘과 구름 물속에 담겼으니　　　　天雲涵活水
무이산에서부터 돌아왔는가[87]　　　　還自武夷來

이상은 천운대(天雲臺)를 읊은 것이다.

못가에 오래된 바위 있으니　　　　潭邊有老石
맑은 물에 그림자 거꾸로 비치네　　　　倒影碧波清

86 그 본체……미묘하니 : 《주역》의 64괘를 둥글게 그림으로 배열하고 또 그 속에 모진 그림도 넣어서 하늘은 둥글고 땅은 모지다는 의미를 표현하여 1년 24절기와 맞추었는데, 이것을 64괘의 원도(圓圖), 방도(方圖)라고 한다. 《周易 總目》

87 반묘(半畝)의……돌아왔는가 : 주희의 〈관서유감(觀書有感)〉 시에 "반묘의 반듯한 못 거울 같은데, 하늘과 구름 함께 그 속에 배회한다.〔半畝方塘一鑑開, 天光雲影共徘徊.〕"라고 한 말을 인용한 것이다. 무이산(武夷山)은 주희가 살던 곳에 있는 산 이름이다. 《朱子大全 卷2》

한가로이 읊으면서 오래 앉아 있으니	閑吟宴坐久
이 마음도 함께 맑으리라	還與此心明

이상은 징심석(澄心石)을 읊은 것이다.

시사(時事)에 느낀 바가 있어

感事

《서경》은 사대로 인해 귀해졌고[88]	書因四代貴
《시경》은 이남 때문에 높아졌는데[89]	詩以二南尊
어찌하여 황견객[90]은	如何黃犬客
미워하고 성내어 용서하지 못하는가	惡怒不曾原

88 서경은……귀해졌고 : 《서경》은 사대(四代) 즉 우(虞), 하(夏), 상(商), 주(周) 네 나라의 글을 모아 찬술하였다는 뜻이다.

89 시경은……높아졌는데 : 《시경》은 주(周)나라가 태평성세를 구가하던 때의 글인 이남(二南) 즉 〈주남(周南)〉과 〈소남(召南)〉을 주로 하여 찬술되었다는 뜻이다.

90 황견객(黃犬客) : 《송자대전수차(宋子大全隨箚)》 권1에서 "이사(李斯)가 저지른 분서갱유(焚書坑儒)의 화(禍)를 윤휴(尹鑴)에 견주었는데, 윤휴가 구동(狗洞)에 살았기 때문에 황견객이라고 한 것이다."라고 하였다.

김수징[91]에게 보내다 기미년(1679, 숙종5)

寄金壽徵 己未

삶과 죽음이 눈앞에 있을 때	死生在於前
학문의 힘을 시험해야 할 것이니	學力要試耳
부디 이 한마디 말을 가지고	須將此一言
돌아가 백씨와 중씨에게 말해 보게나	歸語伯仲氏

91 김수징(金壽徵) : 1636~? 본관은 안동(安東), 자는 징지(徵之)이다. 문곡(文谷) 김수항(金壽恒)의 서제(庶弟)이다. 서얼(庶孼)에서 허통(許通)되어 진사시에 입격하였다.

손자 회석에게 주어 보내다 기미년(1679, 숙종5) 9월

贈送晦孫 己未九月

밝은 햇빛 외로운 섬에 비치고	白日明孤島
바닷물 한 몸을 둘러 있네	滄溟遶一身
순풍에 너를 떠나보내니	臨風送爾去
책 속의 옛사람 사랑하기 바라노라	須愛卷中人

퇴우 김 상공[92]이 왕명을 받들어 음빙[93]하고 떠날 때 찾아와서 한마디 말을 해 달라고 하기에 대강 20자를 엮어 그의 회포를 대신 말하였다. 이것이 꼭 맞지는 않더라도 실제와 동떨어지지는 않으리라 경신년(1680, 숙종6) 10월

退憂金相公銜命飮氷 臨行 委訪見 謂不可獨無一言也 略綴二十字 代說高懷 雖不中 亦不遠也 庚申十月

시월 요하의 먼 길에	十月遼河路
가는 말 멈출 수 없네	征驂不可留
마음속에 응당 한이 있으리니	心中應有恨
다시 옛 중국이 아니로다	非復舊神州

92 퇴우(退憂) 김 상공(金相公) : 김수흥(金壽興, 1626~1690)으로, 본관은 안동, 자는 기지(起之), 호는 퇴우당(退憂堂)·동곽산인(東郭散人)이다. 김수항(金壽恒)의 형이다. 1680년 11월 사은 겸 진주 정사(謝恩兼陳奏正使)로 연경에 다녀왔고, 벼슬은 영의정까지 올랐으나 기사환국(己巳換局)으로 장기(長鬐)에 유배되어 배소에서 죽었다.

93 음빙(飮氷) : 두렵고 초조하여 얼음물을 마신다는 뜻으로 사신의 임무를 맡은 것을 말한다. 《장자(莊子)》〈인간세(人間世)〉에 "지금 내가 아침에 명을 받고 저녁에 얼음물을 마신다."라고 한 말에서 유래하였다. 이때 김수흥이 청나라에 사신으로 가게 되었으므로 한 말이다.

수촌 조의망 영공이 눈을 무릅쓰고 찾아왔기에 시로 사례하다

樹村趙嶷望令公冒雪來訪 以詩謝之

두 늙은이 서로 만날 적에	二老相逢處
청산에 눈 내려 기이하여라	青山帶雪奇
걱정해 무엇 하랴 큰 잔에 술 따라 마시며	何愁浮大白
세상일 모두 잊으리라	世事兩忘之

6월 밤에 우연히 두견새 소리를 듣고서

六月夜 偶聞杜鵑

소나무 그림자 창가에 조용한데	松影當牕靜
두견새 소리 이 밤에 들려오네	鵑聲此夕聞
주자는 어찌하여 그리도 괴로워했는가	閩翁何太苦
차가운 이불에 한밤중이 되었다네[94]	衾冷到宵分

94 두견새……되었다네 : 주희가 동안 주부(同安主簿)로 있을 때 산사(山寺)에서 《논어》〈자장(子張)〉의 자유왈장(子游曰章)에 대한 정자의 풀이에 "모든 사물에는 본말이 있으나 본(本)과 말(末)을 나누어 두 가지 일로 여겨서는 안 된다. 쇄소응대가 바로 그러한 일이니, 여기에도 반드시 소이연이 있다.〔凡物有本末, 不可分本末爲兩段事. 灑掃應對是其然, 必有所以然.〕"라고 한 내용 중 '기연(其然)'과 '소이연(所以然)'의 뜻을 깨닫지 못해서 괴로워하는데, 두견새는 울고 이불은 차가워서 잠을 이루지 못했다는 고사를 소재로 한 것이다. 《宋子大全隨箚 卷1》

호곡 남운경[95] 용익 의 시에 차운하다
次壺谷南雲卿 龍翼 韻

퇴우(退憂) 김 상공(金相公)이 술을 가지고 정금원(定金原) 위로 뒤쫓아 와 전송하면서 절구 2수를 지어 주었는데, 호곡 남 종백(南宗伯)이 차운하고서 이어 화답시를 지으라고 심히 재촉하기에 감히 끝까지 거절하지 못하였으니, 그 억지로 차운한 것이 매우 가소롭다. 임술년(1682, 숙종8) 10월 모일에 화양동(華陽洞) 주인이 무봉산(無鳳山) 속에서 쓰다.

진중한 대종백이 珍重大宗伯
왕을 위해서 나의 걸음을 붙잡지만 爲王留我行
외로운 신하는 끝내 명을 따르지 못하니 孤臣終逋慢
이 심사를 공께서 밝혀 주기 바라노라 心事要公明

두 번째 其二

나는 세상을 잊은 사람이 아니라 我非忘世者

95 남운경(南雲卿) : 남용익(南龍翼, 1628~1692)으로, 본관은 의령(宜寧), 자는 운경, 호는 호곡(壺谷)이다. 효종, 현종, 숙종 3대에 걸쳐 청요직을 두루 역임하였다. 1689년(숙종15) 소의(昭儀) 장씨(張氏)가 낳은 왕자를 숙종이 원자로 삼으려 하자, 여기에 극언으로 반대하다가 명천(明川)으로 유배되어 3년 뒤 그곳에서 죽었다.

쇠하고 병들어 한가히 지내는 것이 합당하니　衰病合投閑

돌아가 성상에게 고하여　歸歟告聖相

힘써 동산을 일으키도록 하시게　努力起東山

이의산(李義山)[96]이 녹야공(綠野公)[97]을 성상(聖相)이라고 하였다. 동산(東山)이란 박화숙(朴和叔)[98]이 동교(東郊)에 있었기 때문에 그렇게 말한 것이다.

96 이의산(李義山) : 당나라의 시인 이상은(李商隱, 812~858)으로, 자는 의산, 호는 옥계생(玉谿生)이다.

97 녹야공(綠野公) : 당나라 재상 배도(裴度)를 가리킨다. 배도가 환관이 득세하는 조정에 염증을 느낀 나머지 벼슬을 그만두고 녹야당(綠野堂)이라는 별장을 지어 백거이(白居易), 유우석(劉禹錫) 등과 함께 시주(詩酒)를 나누며 노닐었던 고사가 있다. 《新唐書 裴度列傳》

98 박화숙(朴和叔) : 남계(南溪) 박세채(朴世采, 1631~1695)로, 자가 화숙이다.

파곡[99] 병인년(1686, 숙종12) 3월
巴谷 丙寅三月

물은 청룡처럼 흐르고	水作青龍去
사람은 푸른 벼랑으로 다닌다	人從翠壁行
무이산 천년 전 일	武夷千載事
오늘도 이처럼 분명하여라	今日此分明

99 파곡(巴谷) : 파곶이(巴串), 파수(巴水), 파계(巴溪)로 불린다. 지금의 충청북도 괴산(槐山)에 있는 화양구곡(華陽九曲)의 마지막 절경인데, 우암이 말년에 이곳에서 강학하였다.

선유동[100]

仙游洞

파곡이 여기보다 좋다는 것은　　巴谷勝於此
그 평론 공정치 못한 것 같네　　此評恐未公
그윽하고도 쇄락하니　　幽深兼洒落
도리어 석당옹을 생각하노라　　還憶石塘翁

석당(石塘)은 여산(廬山) 북쪽에 있는데 주염계(周濂溪)의 고택(故宅)으로 주자가 심방했던 곳이다.

100 선유동(仙遊洞) : 충청북도 괴산군 송면에서 동북쪽으로 1, 2km에 걸쳐 있는 계곡으로 선유구곡이 있는 곳이다. 북쪽으로 쌍곡구곡이 있고 남쪽으로 화양구곡이 있다.

공림사[101]에 이르니 마침 스님들이 공양하는 중이었다. 일행의 사우 가운데 명도의 삼대 위의에 대한 설[102]을 외는 자가 있었다. 나는 이 설을 이해함에 터럭만큼만 어긋나도 폐단이 있으므로 주자가 폐단을 구제하는 말을 한 것이니, 사우들이 몰라서는 안 된다고 여겼으므로 이 시를 지어 일깨웠다

至空林 適値僧徒供養 行中士友 有誦明道三代威儀說 余以爲此說理會毫差則有弊 故晦翁有救弊語 士友不可不知 故聊作此以諷焉

공림은 불가의 칭호인데　　　　空林禪釋號
우리들 이 속에 찾아왔네　　　　我輩此中行
위의에 대한 명도의 설에 대해서는　　　　威儀伯子說
모름지기 주자의 평론도 알아야 하리　　　　須向晦翁評

101 공림사(空林寺) : 충청북도 괴산군 청천면 사담리 낙영산(落影山)에 있는 절로, 선유구곡의 동쪽에 있다.

102 명도(明道)의……설 : 명도는 이천(伊川) 정이(程頤)의 형으로 정호(程顥)이다. 삼대 위의(三代威儀)는 하(夏), 은(殷), 주(周) 세 나라의 훌륭한 문화를 뜻한다. 정호가 중들이 공양하는 것을 보고 공평하다는 뜻에서 "삼대 위의가 모두 여기에 있구나." 하였는데, 주희가 "명도의 이 말은 한쪽만을 일컬은 것이다." 하였다. 《宋子大全隨箚 卷1》

사앙,[103] 민태중 동보,[104] 낙보[105] 이하조 에게 주어 전별하다
贈別士昂 閔泰重 同甫樂甫 李賀朝

때는 바야흐로 초여름 날 正當初夏日
화초 향기 온 산에 가득한데 花草滿山香
좋은 벗 왔다가 가니 好友來還去
어찌 손과 발이 바쁘랴 何曾手脚忙

이때에 낙보(樂甫)가 나중에 도착했으므로 큰 술잔에 벌주를 마셔야 하는데 그렇게 하지 못하였다.

103 사앙(士昂) : 민태중(閔泰重, 1640~1692)의 자이다. 본관은 여흥(驪興), 호는 평사(平沙)이다. 어려서 민정중(閔鼎重)에게 수학하고, 후에 송준길(宋浚吉)과 우암의 문하에서 수학하였다.

104 동보(同甫) : 이희조(李喜朝, 1655~1724)의 자이다. 본관은 연안(延安), 호는 지촌(芝村)이다. 이단상(李端相)의 아들로, 우암의 문인이다.

105 낙보(樂甫) : 이하조(李賀朝, 1664~1700)의 자이다. 본관은 연안, 호는 삼수헌(三秀軒)이다. 이단상의 아들로, 우암의 문인이다.

김중화[106] 사군에게 보이다 무진년(1688, 숙종14)

示金仲和使君 戊辰

우리들이 모이는 것은 거의가 놀기 위해서일 뿐이고 서신 왕래도 의리에 대한 실상은 적었다. 이것이 주자가 남악창수(南嶽唱酬)[107]에서 함께 유람 간 사람들을 경계시키고 맹세까지 한 이유이다. 삼가 보내온 시에 차운하여 정정을 기다린다.

공자께서도 노쇠해지자	仲尼甚矣衰
다시 꿈에 주공을 못 봄 탄식하였지만	不復周公夢
도(道)를 행하고 감추는 것을	猶將行與藏
안연과 함께함을 좋아하였네[108]	好與顏淵共

시사(時事)가 안타깝고 급박해서 이 시를 가지고 목식동(木食洞) 좌하(座下)[109]에게 우러러 풍자하려 하였지만 감히 하지 못하였다.

106 김중화(金仲和) : 농암(農巖) 김창협(金昌協, 1651~1708)으로, 중화는 자이다.

107 남악창수(南嶽唱酬) : 주희가 남헌(南軒) 장식(張栻)과 함께 남악을 유람하면서 시를 많이 주고받다가 스스로 각성하기를 "이것도 거칠어질 수 있다." 하고 드디어 그치기로 약속했다 한다. 《宋子大全隨箚 卷1》

108 도(道)를……좋아하였네 : 공자가 안연에게 "등용해 주면 도를 행하고 등용해 주지 않으면 도를 감추는 것을, 오직 나와 너만이 이렇게 할 수 있다."라고 한 내용을 가리킨다. 《論語 述而》

109 목식동(木食洞) 좌하(座下) : 김수항(金壽恒)을 가리킨다. 목식동은 문곡(文谷) 김수항이 사는 곳으로 동대문 밖 40리에 있다. 우암이 목식와(木食窩) 김수항의 기문(記文)도 썼다. 《宋子大全隨箚 卷1》

두 번째 其二

주자는 어찌 그리도 넓은가 晦翁何恢廓
운몽택(雲夢澤) 여덟아홉 개를 삼키신 듯하네 八九呑雲夢
일찍이 전전긍긍에서 생겨났으니 曾從戰兢生
이 도를 누가 공과 함께할까 此道誰公共

주자가 일찍이 "진정한 큰 영웅은 모두 전전긍긍에서 만들어진다." 하였는데, 이는 사람들에게 객기(客氣)가 많음을 경계한 것이다.

노봉[110] 민정중 에게 보내다

奉呈老峯 閔鼎重

이 몸 홀로 무슨 죄 지었기에	此獨何罪辜
열흘 사이에 생사가 갈리는가	生死旬日間
두 번 절하고 현부에 사례하니	再拜謝玄夫
슬픔 거두고 기뻐하였네[111]	收悲以歡欣

110 노봉(老峯) : 민정중(閔鼎重, 1628～1692)의 호이다. 본관은 여흥(驪興), 자는 대수(大受)이다. 우암의 문인이다.

111 이……기뻐하였네 : 네 구 모두 한유(韓愈)의 〈맹동야실자(孟東野失子)〉 시에서 인용한 것이다. 원시는 장편으로 되어 있는데 우암은 그중 네 구만을 인용하였다. 맹동야가 아들 셋을 낳았는데, 낳을 때마다 며칠 만에 죽었다. 한유는 맹동야가 상심할까 염려되어 하늘의 말을 가탁해서 위로하였다. 현부(玄夫)는 큰 영귀(靈龜)이다. 지기(地祇)가 영구를 시켜 하늘에 가서 생사여탈(生死與奪)이 치우친 이유를 묻게 하고, 다시 하늘의 말을 맹동야에게 전하게 하였는데, 맹동야의 꿈에 영귀가 검은 건에 검은 옷을 입은 사람으로 변해서 하늘의 말을 전해 주자 맹동야가 검은 옷차림을 한 영귀 즉 현부에게 사례하고서 슬픔을 거두었다는 내용이다. 《五百家注韓昌黎集 卷4》 이때 손자 송회석(宋晦錫)이 죽어서 민유중이 위문하였기 때문에 우암이 이 시를 보내 사례하였다고 한다. 《宋子大全隨箚 卷1》

율곡의 시에 차운하여 자손에게 보여 주다
次栗谷韻 示子孫

율곡이 동인(東人)들에게 미움을 받고 일찍이 어느 절을 지나다가 스님에 대해 쓴 시축(詩軸)에 "마음에 누가 없고자 하나 어찌 면목의 미움을 견딜 수 있겠는가. 초목 우거진 절에서 적막하게 산승을 대하였네.〔欲使心無累 那堪面目憎 招提樹草裏 寂寞對山僧〕"라고 하였다. 나는 생각건대 율곡이 미움을 받은 것은 동인뿐이었지만, 지금 나는 온 세상이 다 원수로 여기니 어찌 윤씨(尹氏)를 배척하였기 때문일 뿐이겠는가. 이는 필시 내가 언행을 삼가지 못해서 마음이 공정한 세인(世人)들에게 미움을 받는 것일 것이다. 그렇지 않으면 어찌 한 사람도 용서해 주는 이가 없다는 말인가. 이는 참으로 스스로 돌이켜서 맹렬히 반성해야 할 점이다. 그러나 갑자기 옛 습관을 고쳐 시속의 경향을 따르는 것 또한 어려운 일이다. 애오라지 원운(原韻)에 차운하여 자손에게 보인다.

어찌 남을 미워하려 했겠는가	豈欲人相惡
그런데 어찌하여 자주 미움을 받는가	胡然見屢憎
도연명이 술을 끊을지언정	淵明雖止酒
백련승 됨은 부끄러워했으리[112]	耻作白蓮僧

112 도연명(陶淵明)이……부끄러워했으리 : 도연명은 동진(東晉) 말의 은사(隱士) 도잠(陶潛)이다. 그때 동림사(東林寺)에 혜원(惠遠)이란 스님이 백련사(白蓮社)라는

두 번째 其二

어찌하여 오늘의 일은	云胡今日事
일마다 문득 미워함 생기나	事事却生憎
원컨대 인간사 버리고	願棄人間事
길이 죽반승[113] 따랐으면	長從粥飯僧

모임을 만들고 도연명을 초청했는데, 도연명은 술 마시기를 허락받은 뒤에 나갔다는 고사가 있다.《古今事文類聚 續集 卷4》 여기에서 우암이 인용한 뜻은 세인의 미움을 받아도 소신은 바꿀 수 없다는 것이다.

113 죽반승(粥飯僧) : 밥만 축내는 스님이라는 뜻으로 불가에서 자신을 낮추는 말이다.

북쪽으로 출행하는 손자 주석을 전송하다

送疇孫北行

오늘 아침 너를 보내니	今朝送爾去
가는 이 머무는 자 마음 허전쿠나	去住意茫然
가을바람에 기러기 울음 급하니	秋風吹雁急
어느 날에나 돌아올까	何日著歸鞭

탐라로 가는 배에서 기사년(1689, 숙종15)

耽羅舟中 己巳

내쫓기는 나그네 외로운 배로 떠나니	逐客孤舟去
큰 물결 만 리에 깊어라	鯨波萬里深
평생에 충의를 지켰으니	平生仗忠義
우제묘(虞帝廟) 찾을 필요 없구려[114]	虞廟不須尋

두 번째 其二

공자께서는 바다에 뜨려 했고	孔聖思浮海
부옹도 풍랑을 만난 시절 있었지[115]	涪翁灩澦時
천추에 서로 느끼는 뜻을	千秋相感意
오늘날 그 누가 알랴	今日有誰知

114 우제묘(虞帝廟)……없구려 : 신(神)에게 구원을 바랄 필요도 없다는 뜻이다. 한유(韓愈)의 〈황릉묘비(黃陵廟碑)〉에 "내가 죄를 얻어 조주 자사(潮州刺史)로 쫓겨났는데 그 지역에 역질이 있으므로 이 사당에 와서 기도했다."라는 말이 있다. 이 사당이 순 임금의 두 비(妃)를 제사하는 곳이기 때문에 우제묘라고 한 것이다. 《五百家注昌黎文集 卷31》《宋子大全隨箚 卷1》

115 부옹(涪翁)도……있었지 : 부옹은 정이(程頤)가 부주(涪州)에 유배된 일이 있으므로 그의 별칭이 된 것이다. 유배 가는 길에 풍랑을 만나 배를 탄 사람들이 모두 놀라 어찌할 바를 모르는데도 정이는 태연했다 한다. 《宋子大全隨箚 卷1》

5월 4일[116]

五月四日

이날이 무슨 날이던고	此日知何日
외로운 충정 상제께서 내려다보시리	孤衷上帝臨
새벽에 통곡하고 나서	侵晨痛哭後
무릎 안고 다시 길게 시 읊었노라	抱膝更長吟

116 5월 4일 : 효종(孝宗)의 기일(忌日)이기 때문에 우암에게 특별한 의미가 있는 날이다.

탐라 유배지에서

耽羅謫所

아우와 형, 손자와 조카가	弟兄孫子姪
하늘 끝에서 같이 있음 기쁘구나	天外喜同堂
백수 늙은이 어느 때나 고향을 향할거나	白首何丘首
낯선 타향이 고향 같구나	他鄕似故鄕

칠언 절구 七言絶句

중 성정에게 주다 을해년(1635, 인조13) 5월
贈僧性淨 乙亥五月

인간 백년에 즐거운 일 드물어	人世百年樂事稀
이 암자에 또 오니 구름 낀 사립에 눈물 흐르네	此菴重到淚雲扉
육근[117] 이르는 곳마다 모두 번뇌니	六根隨處渾爲惱
포의가 부질없이 치의의 비웃음 받았네	謾被緇衣笑布衣

117 육근 : 불교 용어로 눈〔眼〕, 귀〔耳〕, 코〔鼻〕, 혀〔舌〕, 몸〔身〕, 생각〔意〕을 가리키는데, 눈은 보는 것의 뿌리가 되고, 귀는 듣는 것의 뿌리가 되고, 코는 냄새 맡는 것의 뿌리가 되고, 혀는 맛보는 것의 뿌리가 되고, 몸은 접촉하는 것의 뿌리가 되고, 뜻은 생각하는 것의 뿌리가 된다는 것이다.

송계에 계신 도형 명보 동춘 에게 보내다 정축년(1637, 인조15) 11월

吟呈松溪道兄明甫 同春○丁丑十一月

며칠 동안 조용히 시내와 산 사이에 있노라니 형이 몹시 그리워 침음(沈吟)하다가 저절로 시구를 이루었으나 어찌 시라고 할 수 있겠습니까. 그러나 이미 시를 지었으므로 감히 숨길 수 없어 이렇게 적어 보내니 평론해 주고 또 화답하여 보내 주시는 것이 어떠하겠습니까.

회천 사람이 도천 사람 되었으니[118] 懷川人作道川人
송계[119]를 바라보며 가까이하지 못하누나 相望松溪不可親
동학과 풍운은 정취가 다르지만 洞壑風雲雖異趣
마음을 각성한 그 뜻은 같으리라 喚醒心處意思均

두 번째 其二

도천은 흘러 적벽강[120] 동쪽으로 들어가니 道川流入赤江東

118 회천(懷川)……되었으니 : 우암이 자신을 말한 것이다. 도천(道川)은 황간(黃澗)의 도대천(道臺川)을 가리키는데 우암이 살고 있는 곳으로, 냉천(冷川)의 상류이다. 《宋子大全隨箚 卷1》

119 송계(松溪) : 동춘당 송준길을 가리킨다. 안의(安義)에 송계암(松溪菴)이 있는데 당시에 송준길이 그곳에 살았다. 《宋子大全隨箚 卷1》

120 적벽강(赤壁江) : 덕유산(德裕山)에서 나오는 물로 금산(錦山)을 경유한다.

덕유산 시냇물 천 리에 만났구나　　　　德裕溪源千里逢
단심은 함께 바다를 향해 가려는데　　　　丹心共逐朝宗去
음산에 막혀 가지 못함 한이로세　　　　還恨陰山隔不通

세 번째 其三

조용히 붉은 벼랑 대하다 날이 저무니　　　　淨對丹崖到日昏
시원한 물소리 외딴 마을을 감도네　　　　寒聲淅瀝繞孤村
무단히 송계의 벗 생각이 나니　　　　無端忽憶松溪友
공경하고 온화함 고요한 속에 돈독하리라　　　　恭敬溫文靜裏敦

서울에서 시골로 돌아올 때 감회를 읊다

自京還鄕時詠懷

흰머리 어머님 계산[121] 밖에 계시고	慈親鶴髮稽山外
용안의 성주는 한양에 계시네	聖主龍顏漢水濱
충성과 효도 고금에 두 이치 없으니	忠孝古今無二致
이 몸이 아들 되고 또 신하 되었네	此身爲子復爲臣

121 계산(稽山) : 충청북도 영동(永同)의 옛 이름이다.

참봉 박사삼[122]에 대한 만사 갑신년(1644, 인조22)

朴參奉 事三 挽 甲申

효도와 의리는 신명에 통하는데 사람이 감히 이간하랴 孝誼通神人敢間
일생 동안 공손히 조 선생을 심복하였네 一生恭服趙先生
옛사람 중에 이 같은 사람 알고자 한다면 欲識古人同調者
그대는 〈동생행〉[123]을 보기 바라노라 請君看取董生行

122 박사삼(朴事三) : 1564~1644. 본관은 충주(忠州)이다. 중봉(重峯) 조헌(趙憲)의 매부(妹夫)이다. 《宋子大全隨箚 卷1》

123 동생행(董生行) : 한유(韓愈)의 시 〈차재동생행(嗟哉董生行)〉을 말한다. 동생(董生)은 당(唐)나라 사람으로 안풍(安豐)에 은거한 고사(高士) 동소남(董召南)이다. 진사과에 낙방한 다음 고향으로 돌아와 어려운 여건 속에서도 주경야독하면서 살림을 잘 꾸려서 부모를 편안하게 모시고 처자식이 근심이 없도록 하니, 그의 벗 한유가 이 시를 지어서 그를 칭찬하였다. 《五百家注昌黎文集 卷2》

도사 홍주세[124]에게 주어 전별하다

贈別洪都事 柱世

십 년 만에 강가의 누각에서 다시 만나니	十載重逢江上樓
시시비비는 모두 긴 강물에 띄워 보내네	東頭南畔付長流
술동이 앞에서 심중의 일 다 말하지 못하니	尊前不盡心中事
취하여 헤어질 때 각각 근심이 있네	醉裏分携各有愁

124 홍주세(洪柱世) : 1612~1661. 본관은 풍산(豐山), 자는 숙진(叔鎭), 호는 정허당(靜虛堂)이다. 영천 군수(榮川郡守)를 지냈다.

황산[125]의 배 안에서 유무중[126]의 시에 차운하다 계사년(1653, 효종4) 윤7월

黃山舟中 次兪武仲韻 癸巳閏七月

지치면 배 타고 건강하면 산 오르니	病宜舟臥健宜山
너와 나 사이에 높고 낮음을 논하지 마오	高下休論物我間
만약 높은 경지에 투철하게 되면	若於上面終能透
행지의 다툼[127] 모두 한가해지리라	行止分爭摠亦閑

125 황산(黃山) : 충청남도 논산시 연산면 일대이다.

126 유무중(兪武仲) : 유계(兪棨, 1607～1664)로, 자는 무중, 호는 시남(市南)이다. 자세한 내용은 234쪽 주2 참조.

127 행지(行止)의 다툼 : 전국 시대에 노 평공(魯平公)이 맹자를 만나기 위해 나가려고 하자 폐인(嬖人) 장창(臧倉)이 맹자를 폄하하며 만나지 못하게 방해하였다. 맹자의 제자 악정자(樂正子)가 맹자에게 보고하자 맹자가 "길을 나서는 것도 누군가 가도록 했기 때문이고, 가려다가 그치는 것도 누군가 저지했기 때문이다. 그러나 가고 그치는 것은 남이 할 수 있는 것이 아니다.〔行或使之, 止或尼之. 行止非人所能也.〕"라고 하였다.《孟子 梁惠王下》 여기에서는 상면(上面)과 상대 개념인 하면(下面) 즉 형이하학(形而下學)에서의 다툼을 말하였다.

계룡산 복림동에서 김중문[128] 익희 에게 주다 계사년(1653, 효종4) 8월

鷄嶽福林洞 贈金仲文 益熙○癸巳八月

공산에 낙엽 지고 오래된 못 물 깊으니	空山木落古潭深
그윽한 생각 도리어 송별하는 마음으로 이어지네	幽思還仍送別心
저녁 바람 내 뜻을 알았는지	多謝晩風知我意
성긴 숲 너머로 지는 해 재촉하지 않아 고맙구나	不催西日下疎林

128 김중문(金仲文) : 김익희(金益熙, 1610～1656)로, 본관은 광산(光山), 자는 중문, 호는 창주(滄洲)이다. 김장생(金長生)의 손자이다.

시남의 시에 차운하여 소명을 받고 가는 미촌에게 주고, 아울러 동춘과 탄옹[129] 권시 두 형에게 올리다 무술년(1658, 효종9) 1월 15일

次市南韻 贈美村赴召之行 兼呈春炭 權諰 二兄 戊戌正月望日

오늘 아침 구름 낀 산에서 이별의 한을 느끼고	雲山離恨卽今朝
산중에서 홀로 안빈낙도를 지키려 하는데	擬向山中獨緯蕭
내 단심은 바로 임금을 향해 있으니	丹心正逐朝宗水
남산과 북궐이 먼 줄을 모르겠네	未覺南山北闕遙

129 탄옹(炭翁) : 권시(權諰, 1604~1672)의 호이다. 본관은 안동, 자는 사성(思誠)이다. 1차 예송(禮訟) 때 우암과 대립하여 윤선도를 지지하다가 같은 서인의 공격을 받았다. 그의 아들 권유(權惟)가 우암의 사위이다.

길에서 읊다

途中吟

서풍에 보슬비 내려 행인의 옷 적시니	西風和雨透征衫
늙은 말 어린 종 피곤함 못 견디네	老馬稚僮困不堪
오늘 밤 여관에서 꿈을 꾸리니	旅館今宵應有夢
고깃배 타고서 맑은 물에 뜨리라	好乘漁艇泛清潭

집 앞 못의 연꽃을 보고

前池荷

옥정의 연꽃 옮겨 올 희망[130] 이미 사그라졌으나	玉井根株望已灰
앞 못에 두세 송이 피어남 기뻐하노라	前塘剩喜兩三開
배회함에 참으로 주염계(周濂溪)의 흥취[131]이니	徘徊正引濂翁興
가을바람 불어와 물결 일지 않게 하였으면	莫遣西風蕩漾來

130 옥정(玉井)의……희망 : 옥정은 태화산(太華山) 꼭대기에 있다는 연못이다. 한유(韓愈)의 〈고의(古意)〉 시에 "태화봉 꼭대기 옥정의 연꽃, 열 길 높게 꽃이 피고 연밥도 배만 하구려.……어찌하면 긴 사다리로 열매 따다가 칠택에 심어 뿌리와 줄기를 이을 수 있을까.〔太華峯頭玉井蓮, 開花十丈藕如船……安得長梯上摘實, 下種七澤根株連?〕"라고 한 말에서 인용한 것이다. 《五百家注昌黎文集 卷3》

131 주염계(周濂溪)의 흥취 : 염계 주돈이(周敦頤)는 연꽃을 좋아해서 〈애련설(愛蓮說)〉을 지어 연꽃을 찬미하였다. 《古文眞寶後集 卷10》

이함경[132] 일상 의 시에 차운하다 경자년(1660, 현종1) 3월 18일
次李咸卿 一相 韻 庚子三月十八日

보내온 시에 슬픈 회포를 다 말하였는데 나의 생각도 피차의 차이가 없었으리라 여겨서일 것입니다. 슬픈 눈물이 턱까지 흘러내렸고 또 매우 감사하였습니다. 그대의 뜻을 저버릴 수 없으므로 삼가 억지로 차운하여 아이를 시켜 직접 전하게 하고 겸하여 안부를 살피게 합니다. 거칠고 옹졸해서 가소로울 것이니, 한번 보신 후 도로 아이에게 주어 보내고 사람들에게 말하지 않는다면 이것이 또 참으로 나를 아껴 주는 일일 것입니다.

선호의 세월 백구처럼 바빴으니[133]	仙湖歲月白駒忙
죽지 못한 외로운 신하 하늘 향해 통곡한다	未死孤臣哭昊蒼
생각건대 동릉의 늙은 시랑	緬憶東陵老侍郎
지난해 임금 곁에 같이 들어갔었지	去年同入獸爐傍

132 이함경(李咸卿) : 이일상(李一相, 1612~1666)으로, 본관은 연안(延安), 자는 함경, 호는 청호(靑湖)이다. 이정귀(李廷龜)의 손자이다. 17세에 과거에 급제하여 문형(文衡)을 지내고 예조 판서에까지 올랐다.

133 선호(仙湖)의……바빴으니 : 미상이다. 임금과의 좋았던 시간을 말한 듯하다.

소명을 받고 가는 동춘에게 주다 신축년(1661, 현종2) 2월

贈同春赴召之行 辛丑二月

말과 수레 평온하고 깃발도 나부끼지 않고	馬穩車平旆不飄
눈도 행차의 뜻 알았는지 모두 녹으려 하네	雪知行意欲全消
앞날을 사람들만 경하(慶賀)한다 말하지 마오	前路休言人手額
들 매화 관아 버들도 다투어 맞으리	野梅官柳亦爭邀

공림사에서 회포를 읊다
空林寺中詠懷

골짜기 가득하던 연하 개려 하는데	洞裏煙霞鎖欲開
깊은 밤 별빛 아래 잠깐 배회했네	夜深星斗暫徘徊
담계의 밝은 가을 달 생각하니	想得潭溪秋月白
이 인생 어느 날에 다시 찾아올까	此生何日溯洄來

권사성이 보내온 시에 차운하다

次權思誠寄示韻

마음은 갈래가 많아 백 수레도 넘을 뿐만이 아니니	心多不翅百車餘
밤낮으로 삼처럼 얽혀 비우기가 쉽지 않네	日夕如麻未易虛
구름 낀 골짜기 깊고 깊어 손님을 사절하니	雲谷深深猶謝客
조용히 지내며 책 보는 것 싫지 않네	看書不厭靜中居

풍악에서 돌아와 낭천[134]에 이르러 읊다 임인년(1662, 현종3) 3월

自楓嶽還至狼川吟 壬寅三月

유람하는 지팡이 바다 구름 따라 날아	遊筇共逐海雲飛
봉래산 맑은 바람 소매에 가득 담아 돌아오네	蓬島淸風滿袖歸
오늘 아침 또 남쪽 호수에서 배를 타니	今朝又泛南湖水
푸른 물안개 나그네 옷에 한껏 젖겠네	一任蒼煙染客衣

134 낭천(狼川) : 강원도 화천(華川)의 옛 이름이다.

손자 주석을 생각하다

憶疇孫

저녁에 작은 둑에 앉아 그윽이 읊고 있노라니	薄暮幽吟坐小堆
못의 연꽃 때로 향기를 보내오네	池荷時遣暗香來
생각건대 성시의 시끄러운 속에서	想應城市喧啾裏
너도 돌아오고픈 마음을 누르지 못하리	爾亦思歸恨不裁

두 번째 其二

버드나무 길 따라 꽃구경하는 나 따르는 이 없고	隨柳傍花莫我從
고개 위 구름과 강물에 소식이 막혔네	嶺雲江水阻音容
편지에 속마음 다 말하지 못하여	書中不盡心中事
한 장 봉해 놓고 또 한 장 봉하누나	一紙才封復一封

이성미 형제를 보내면서

送李聖彌兄弟

신안에서 어진 선비 멀리 찾아왔으니	新安賢士遠相尋
고요한 가운데 조용히 이 마음 이야기했네	靜裏從容話此心
가정으로 잘 돌아가 효제에 부지런하여	好去家庭勤孝弟
세월을 등한히 저버리지 말게나	等閑莫要負光陰

사람을 보내면서

送人

소년 시절 강해에서 일찍부터 그윽한 곳 찾아다녔지만 少年江海早幽尋

늘그막에 어찌 이 마음 이룰 수 있을까 老來那能賞此心

그대가 표연히 강포로 가는 것 전송하노니 送子飄然江浦去

노년에 어찌 눈서리 침해 받을까 歲寒寧受雪霜侵

이 첨추[135] 후재 에 대한 만사 임인년(1662, 현종3)

李僉樞 厚載 挽 壬寅

그대 집 형제들 나에게는 형 같으니	公家季袞我如兄
정의가 경중의 차이 없었네	情誼仍無重與輕
오늘 아침 다시 만사를 보내니	今朝復寄哀詞去
묵은 한 새 슬픔 다 쓰지 못하였네	舊恨新悲寫不成

135 이 첨추(李僉樞) : 이후재(李厚載, 1580~1661)로, 본관은 전주(全州), 자는 대유(大有)이다. 완남부원군(完南府院君) 이후원(李厚源)의 형이다.

홍군[136] 사도 에 대한 만사

洪君 思道 挽

계문[137]의 옛 친구들 날로 줄어드는데	溪門舊伴日蕭條
그대가 오늘 또 세상 떠남을 어찌 견디랴	那忍君今又嚮銷
세상 시끄러워 즐거운 곳 없으니	人世啾喧無樂處
영령께서는 초사의 초혼(招魂)처럼 되지 마소서[138]	英魂且[139]莫楚詞招

136 홍군(洪君) : 홍사도(洪思道, 1598～?)로, 본관은 남양(南陽), 자는 공묵(恭默)이다. 현감 홍연기(洪衍期)의 아들이다. 김장생(金長生)과 김집(金集) 부자의 문하에서 여러 해 동안 수학하였다.

137 계문(溪門) : 사계(沙溪) 김장생의 문하를 말한다.

138 영령께서는……마소서 : 〈초혼(招魂)〉은 전국 시대 초(楚)나라 송옥(宋玉)이 스승 굴원(屈原)의 죽음을 애도하여 지었다는 설도 있고, 굴원이 직접 지었다는 설도 있다. 〈초혼〉에 "천제가 무녀 양에게 고하기를 '현인이 아래 있어 내가 그 사람을 도와주려고 하는데, 그의 혼백이 이미 이산되었으니, 네가 점을 쳐서 그의 혼백을 찾아 되돌려 주거라.' 하네.〔帝告巫陽曰: "有人在下, 我欲輔之. 魂魄離散, 汝筮予之."〕"라고 하였다. 《楚辭集注 卷7 招魂》 여기에서는 세상이 시끄러우니 초혼하더라도 돌아오지 말라는 의미로 사용되었다.

139 且 : 대본의 두주에 "'且'는 다른 본에는 '遮'로 되어 있다."라고 하였다.

갑사

岬寺

도랑가 나무 그늘에 꾀꼬리 울고　　　礀樹陰陰黃鳥鳴
때로 사찰의 빛나는 단청이 보이네　　　時看佛宇煥丹青
행궁이 가까워 소식 전해 오니　　　行宮咫尺傳消息
외로운 신하 무한한 정 자아낸다　　　惹得孤臣無限情

갑사에서 온천의 행궁으로 가다가 금강에 이르러 손자 주석에게 보내다

自岬寺赴溫泉行朝 到錦江 寄疇孫

절벽을 다 지나자 길이 열리니	歷盡巉巖路轉開
산 앞 어지러운 숲에 산새가 운다	山前亂樹鳥喈喈
발걸음 점점 행궁에 가까워 기쁘니	行行漸喜行宮近
갈매기도 나를 향해 오는 듯하네	猶見江鷗向我來

그림 그리는 중 담언에게 장난삼아 주다

戲贈畫僧曇彦

중은 내 시를 구하고 나는 그림을 구하니	僧乞吾詩吾乞畫
중이 말하길, 그대 모습 그리기 어려워	僧言君貌畫難能
찡그린 소나무와 노한 돌은 그릴 수 있지만	顰松怒石吾猶[140]畫
그대의 증오하는 표정을 어떻게 묘사할 수 있겠는가	那得摸君面目憎

140 吾猶 : 대본의 두주에 "'吾猶'는 다른 곳에는 '猶堪'으로 되어 있다."라고 하였다.

김 서원 상 이 배를 보내온 시에 차운하다 계묘년(1663, 현종4) 8월

次金西原 鋿 送梨韻 癸卯八月

늙은 나무 곁에서 오래된 먹을 한가히 갈아	古墨閑磨老樹傍
시를 지으려니 생각이 말라 향이 나지 않네	草玄思渴未聞香
누가 내 병든 폐에 윤기가 돌게 할까	誰教病肺居然潤
낭원[141]의 맑은 물 맛보지 못하였네	閬苑瓊津嚼未嘗

141 낭원(閬苑) : 곤륜산(崑崙山) 꼭대기에 있는 낭풍산(閬風山)으로 신선이 사는 곳이다. 당나라 시인 허작(許碏)의 시에 "낭원의 꽃 앞에서 술에 취하여 서왕모의 구하상 그릇 엎질렀네. 여러 신선 손뼉 치며 경박함을 나무라니, 인간으로 귀양 보내어 술 미치광이 만들었구나.〔閬苑花前是醉鄉, 踏飜王母九霞觴. 群仙拍手嫌輕薄, 謫向人間作酒狂.〕" 하였다. 《全唐詩 卷861 醉吟》

구 회인[142] 영 에 대한 만사 계묘년(1663, 현종4)

具懷仁 瑩 挽 癸卯

칠십도 드문데 하물며 팔순이랴　七十猶稀況八旬
하늘이 어진 이 안 돕는다고 누가 말했는가　誰言天道不扶仁
동쪽으로 고산 땅 바라보니 새 무덤 멀고　高山東望新阡遠
한가로이 만나 술 한잔 하자는 약속 영영 저버렸구려　永負閑齋一飲醇

142 구 회인(具懷仁) : 구영(具瑩, 1584~1663)으로, 본관은 능성(綾城), 자는 영연(瑩然), 호는 죽유(竹牖)이다. 김장생의 문인으로, 회인 현감(懷仁縣監)을 지냈다.

외제 김정보[143] 현 에 대한 만사 갑진년(1664, 현종5)

外弟金靜甫 灦 挽 甲辰

슬프다, 우리 아우 여기에 그쳤나 哀哀吾弟止於斯

가르치는 말 분명히 예부터 있었네 訓語分明古有之

상복 벗지 못한 채 몸 먼저 가니 喪期未沒身先沒

어찌 양념으로 입맛을 돋운다는 말[144]을 깊이 생각지 못했나 胡不深思草木滋

143 김정보(金靜甫) : 김현(金灦, 1616~1664)으로, 본관은 영산(永山), 자는 정보이다. 우암의 고모 아들이다. 《宋子大全隨箚 卷1》

144 양념으로……말 : 상중에도 병이 있으면 음식을 잘 먹어서 몸을 상하지 않게 해야 한다는 뜻이다. 《예기(禮記)》 〈단궁 상(檀弓上)〉에 증자(曾子)가 "상중에 병이 있으면 주육(酒肉)을 먹고 초목(草木)의 자미(滋味)도 있어야 한다."라고 하였는데, 그 주에 "초목은 생강, 계피 등을 말한다."라고 하였다.

조복형[145] 근 에게 주다 병오년(1666, 현종7)

贈趙復亨 根○丙午

동쪽으로 가는 그대를 전송하고 서쪽으로 돌아오니 送君東去復西歸
희궐[146]에 겸하여 노래자[147]의 옷을 찾겠구나 喜闕兼尋老子衣
조시에는 예부터 그릇된 걸음 많았으니 朝市古來多誤脚
옛 책을 가지고 위태롭고 은미한 마음[148]을 경계해야 하네 須將故紙警危微

145 조복형(趙復亨) : 조근(趙根, 1631~1690)으로, 본관은 함안(咸安), 자는 복형, 호는 손암(損庵)이다. 우암의 문인이다.

146 희궐(喜闕) : 미상이다.

147 노래자(老萊子) : 중국 고대의 효자로 70세에도 색동옷을 입고 어버이 앞에서 재롱을 부렸다고 한다. 이때 조근이 근친(覲親)하기 위해 서울을 떠나기 때문에 한 말이다. 《宋子大全隨箚 卷1》

148 위태롭고 은미한 마음 : 위태로운 인심(人心)과 은미한 도심(道心)을 정밀히 살피고 한결같이 지켜야 한다는 말이다. 《서경》〈대우모(大禹謨)〉의 "인심은 위태롭고 도심은 은미하다.〔人心惟危, 道心惟微.〕"라는 말에서 인용하였다.

조카 김득락[149]에 대한 만사 병오년(1666, 현종7) 11월

金姪 得洛 挽 丙午十一月

고모님 화목한 가정에 자손 잘 길렀는데	姑氏宜家長子孫
해마다 죽고서 너만이 남았었다	年年零謝爾猶存
청산에 부끄러움 없이 돌아가니	青山刷恥仍歸報
인간 세상에 아이들 몇이나 남았는가	人世孩兒幾箇豚

149 김득락(金得洛) : 자는 성징(聖徵)이다. 우암 고모의 손자이다. 《宋子大全隨箚 卷13 目錄》

금강산에 유람 가서 신기재[150]의 절구 몇 글자를 고쳐서 김서원의 시에 차운하다

遊金剛山 聊改申企齋絶句數字 次金西原韻

기이한 봉우리 일만 이천인데	一萬奇峯又二千
바다 구름 모두 날아가 옥처럼 예쁘구나	海雲飛盡玉嬋娟
젊어서는 병 많았고 이제는 늙었으니	少時多病今來老
백년 인생 동안 명산을 저버리고 살았구나	孤負名山此百年

150 신기재(申企齋) : 신광한(申光漢, 1484～1555)으로, 본관은 고령(高靈), 자는 한지(漢之)・시회(時晦), 호는 기재・낙봉(駱峯)・석선재(石仙齋)・청성동주(靑城洞主)이다. 신숙주(申叔舟)의 손자이다.

유경명[151] 첨연 의 시에 차운하여 중동골[152]에 보내고 화답을 요구하다

次柳景明 燀然 韻 呈中洞谷求和

말세의 학문 비루해서 구제하기 어려우니 末學卑卑難救拔
주자도 육씨의 당당함 탄식하였지[153] 文公却歎陸堂堂
표류된 지 또 반 천년이 되었으니 漂淪況又千年半
사도(斯道)를 지금 누가 주장하겠는가 此道如今孰主張

두 번째 其二

자신을 위하면 양주, 겸애하면 묵적이라 爲我爲朱兼愛翟
어찌하면 맹자의 당에 오를 수 있을까[154] 何由於孟得升堂

151 유경명(柳景明) : 유첨연(柳燀然, 1619~1686)으로, 본관은 진주(晉州), 자는 경명・중명(仲明)이다. 세자익위사 익위(世子翊衛司翊衛)를 지낸 유충걸(柳忠傑)의 아들이다. 우암의 문인이다. 《宋子大全隨箚 卷13 目錄》

152 중동골 : 충청남도 공주(公州)에 있는 지명으로, 초려(草廬) 이유태(李惟泰)가 살던 곳이다. 《宋子大全隨箚 卷1》

153 주자(朱子)도……탄식하였지 : 주희가 육구연(陸九淵)의 마음을 논하면서 "어떻게 육자정처럼 당당한 태도로 하나의 사물이라도 말할 수 있겠는가.〔安得似陸子靜堂堂自在, 說成一箇物事乎?〕"라고 한 말을 가리킨다. 《朱子語類 卷108 論治道》

154 어찌하면……있을까 : 맹자의 도(道)에 들어간다는 뜻이다. 공자의 제자들이 자로(子路)를 공경하지 않자 공자가 말하기를 "자로는 당(堂)에 올라왔고 아직 방에는 들어오지 못했다."라고 하였는데, 주희가 해석하기를 "당에 오르고 방에 들어감은 도에

모쪼록 주자의 심법을 보라	須看晦父之心法
이욕과 의리의 명언 그대가 주장하게	利義名言吾友張

들어가는 차례를 비유한 것이다. 자로의 학문이 이미 정대(正大)하고 고명(高明)한 경지에 이르렀고, 다만 정미(精微)한 깊은 곳에 깊이 들어가지 못했을 뿐이다."라고 하였다. 《論語 先進》

손자 주석에게 보이고 인하여 여러 친구에게 보내다
示疇孫 仍寄諸友

지난해 봄 영남 유생 1400여 인이 몰래 국통(國統)을 빼앗은 죄[155]를 다스리자고 청했는데 너의 할아버지를 첫 번째 처벌 대상으로 삼았다. 지금 또 듣건대 영남 사람 황연(黃壖)이 한양으로 이사하여 와서 여러 귀족 인척과 함께 무리를 지었는데 지난달 상소해서 8, 9인의 간사한 죄상을 공박하면서 또 너의 할아버지를 우두머리로 삼았다고 한다. 또 정승 자리를 차지하려 도모했다 한다니 이것이 좋은 명목은 아니긴 하다. 그러나 이 비루한 사람을 늘 여러 사람의 선두에 세우니 매우 부끄럽기도 하지만 영광도 많다. 박사암(朴思菴)[156]의 절구를 가져다가 몇 자 고쳐 주석에게 보여 주고 화답하게 한 다음 또 중초(仲初),[157] 영령(永令),[158] 지숙(持叔),[159] 이중(彝仲),[160]

155 국통(國統)을 빼앗은 죄 : 효종이 승하하자 인조의 계비(繼妃)인 자의대비(慈懿大妃)가 기년복(朞年服)을 입느냐 삼년복(三年服)을 입느냐에 대하여 논란이 벌어졌다. 이때 우암이 기년을 주장하였으므로 남인들이 왕통(王統)을 빼앗는 것이라고 공격하였다.

156 박사암(朴思菴) : 박순(朴淳, 1523~1589)으로, 본관은 충주(忠州), 자는 화숙(和叔), 호는 사암이다. 화담(花潭) 서경덕(徐敬德)의 문인이다. 퇴계 이황을 사사(師事)하고, 이이, 성혼, 기대승과 교분이 두터웠다.

157 중초(仲初) : 조복양(趙復陽, 1609~1671)의 자이다. 본관은 풍양(豐壤), 호는 송곡(松谷)이다. 김상헌(金尙憲)의 문인이다.

158 영령(永令) : 김만기(金萬基, 1633~1687)의 자이다. 본관은 광산(光山), 호는 서석(瑞石)이다. 우암의 문인이다.

중거(重擧),[161] 만천(曼倩) 등 여러 친구에게 보내어 화답을 구하였다. 정미년 3월 11일에 쓰다.

진사 시험에 일등으로 급제하여 　　蓮榜叨爲第一人
의정부의 정승 되기를 바랐네 　　鳳池希作上台臣
해마다 또다시 간당의 괴수 되니 　　年年又復魁姦黨
어찌하여 영광이 모두 이 몸에 모여드나 　　胡乃光華萃此身

원시 原詩

일찍이 문과에 일등으로 급제했고 　　龍榜曾參第一人
마침내 의정부의 재상이 되었노라 　　鳳池終忝上台臣
어찌하여 또 간당의 괴수[162] 되었는가 　　如何又見魁姦黨
영광이 이 몸에 모임 스스로 부끄러워라 　　自愧光華萃此身

주자의 시에 "늘그막의 영광은 간당에 기록됨이고, 지난날의 부끄러움은

159 지숙(持叔) : 민유중(閔維重, 1630~1687)의 자이다. 본관은 여흥(驪興), 호는 둔촌(屯村)이다. 숙종의 비 인현왕후(仁顯王后)의 아버지이다.

160 이중(彝仲) : 이민서(李敏敍, 1633~1688)의 자이다. 본관은 전주, 호는 서하(西河)이다. 우암의 문인이다.

161 중거(重擧) : 본관은 월성(月城)이며, 우암의 벗인데, 자세한 사항은 알 수 없다. 《宋子大全 卷142 不知村記》

162 간당(姦黨)의 괴수 : 1585년(선조18) 정여립(鄭汝立) 무리가 심의겸(沈義謙)이 붕당을 만든다고 하자 선조가 "붕당을 하는 자가 누구인가?" 하니, 그들이 송강(松江) 정철(鄭澈), 율곡(栗谷) 이이(李珥), 우계(牛溪) 성혼(成渾)이라고 했다 한다. 《宋子大全隨箚 卷1》

시신의 우두머리였던 것이네.〔老去光華姦黨籍 向來羞辱侍臣冠〕" 하였는데, 사암(思菴)의 뜻도 여기에서 나온 것이다.

손자 주석의 시에 차운하다 정미년(1667, 현종8) 10월

次疇孫韻 丁未陽月

눈 내린 후 외진 마을 너무 고요하니	雪後孤村太寥寥
산 대나무 들의 풀 모두 쓸쓸하기만 하네	山篁野草共蕭條
어찌하면 포도주를 얻어 성 위에서 마시고	安得葡萄城上飲
옥문관 밖에서 화료마를 달릴 수 있을까[163]	玉門關外騁華[164]聊

163 옥문관(玉門關)……있을까 : 옥문관은 중국에서 서융(西戎)으로 통하는 관문이고, 화료마(華聊馬)는 준마의 이름이다.

164 華 : 대본의 두주에 "'華'는 다른 본에는 '驊'로 되어 있다."라고 하였다.

이유능[165] 단상 의 시에 차운하여 보내다 무신년(1668, 현종9) 1월

次寄李幼能 端相○戊申正月

표연히 의관 갖추고 어디에서 왔는가	飄然簪佩問何來
요계의 비린 구름[166] 짙게 끼어 개지 않았네	遼薊腥雲鬱未開
우리가 무슨 일로 통곡을 삼켰던가	吾人底事呑聲哭
효종의 능 앞을 갔다가 다시 돌아왔네	先主陵前去復廻

165 이유능(李幼能) : 이단상(李端相, 1628~1669)으로, 본관은 연안(延安), 자는 유능, 호는 정관재(靜觀齋)이다. 이정귀(李廷龜)의 손자이다. 아들 이희조(李喜朝)가 우암의 문인이다.

166 요계(遼薊)의 비린 구름 : 요계는 요동(遼東)과 계주(薊州)를 가리키고, 비린 구름은 청나라가 오랑캐라는 뜻이다.

또 앞의 시에 차운하다

又次前韻

삼태성 비추어 훌륭한 현인 나왔으니 台星偏照好賢來
산앵두꽃 줄줄이 꽃대에 붙어 해를 향해 피었도다[167] 棣萼聯枝向日開
어찌하여 천한의 뗏목 타고 온 손님을 如何天漢乘槎客
돌려보내지 않고 도리어 월지로 가게 했나[168] 不遣還從月氏廻

회현방(會賢坊) 상공(相公)이 명나라 사람을 청나라로 보내는 논의를 주도했다는 말을 들었다.[169] 원시(原詩)[170]의 대의가 모두 여기에 있기에 한 말이다.

167 산앵두꽃……피었도다 : 산앵두는 형제를 말한다. 당시 제주도에 표류해 온 명나라 사람을 청나라로 보내는 일을 주도한 사람이 정치화(鄭致和)인데, 영의정 정태화(鄭太和)가 친형이고, 좌의정 정지화(鄭知和)가 사촌이기 때문에 비꼬는 의미로 표현하였다.

168 천한(天漢)의……했나 : "천한의 뗏목 타고 온 손님"은 명나라 사람을 말하고, 월지(月氏)는 오랑캐 부족 이름이니 여기에서는 청나라를 가리킨 것이다.

169 회현방(會賢坊)……들었다 : 상공은 정치화를 말한다. 1667년(현종8) 제주도로 표류해 온 명나라 사람 임인관(林寅觀), 증승(曾勝), 진득의(陳得義) 등을 정치화와 병조 판서 김좌명(金佐明)이 청나라로 압송하여 피살되게 한 일이 있었다. 《宋子大全隨箚 卷1》

170 원시(原詩) : 이단상이 이 사건을 두고 지은 시로 〈감회가 있어 우연히 읊어 우재에게 보내다〔有感偶吟 寄尤齋〕〉인데, 원주에 "이때 표류하여 탐라에 도착한 명나라 사람을 조정에서 결박하여 북경으로 보냈다."라고 하였다. 《靜觀齋集 卷3》

두 번째 其二

건순은 원래 정애로부터 왔는데[171]	乾淳元自定哀來
주자가 도리어 공자의 임무 맡으셨네[172]	晦父還仍任繼開
운곡과 창주[173]에 풍월이 좋으니	雲谷滄洲風月好
한번 궁궐에서 사퇴한 후 다시 돌아오지 않았네	一辭丹闕不曾廻

171 건순(乾淳)은……왔는데 : 건순은 송 효종(宋孝宗)의 연호인 건도(乾道)와 순희(淳熙)로 주희를 뜻하고, 정애(定哀)는 춘추 시대 노나라 임금인 정공(定公)과 애공(哀公)으로 공자를 뜻한다.

172 주자가……맡으셨네 : 〈중용장구서(中庸章句序)〉에서 주희가 공자에 대해 평하기를 "과거의 성인(聖人)을 잇고 오는 후학들을 열어 주신 것은 그 공이 도리어 요순(堯舜)보다 훌륭하다."라고 하였는데, 그 임무를 이제 주희가 맡았다는 뜻이다.

173 운곡(雲谷)과 창주(滄洲) : 주희가 살던 땅 이름이다.

이함경의 시에 추후에 차운하다 무신년(1668, 현종9) 1월
追次李咸卿韻 戊申正月

왕래가 끊겼다 군이 말할 필요 없나니	不爲煩言阻往還
때로 신하들과 임금을 모셨었지	時陪冠冕侍龍顏
오늘날 영령(英靈)을 어디에서 부를까	英魂此日招何處
다만 영릉의 석수 사이에 있으리라	只在寧陵石獸間

북쪽 군막으로 가는 이필경[174] 익상 을 전송하며

送李弼卿 翊相 赴北幕

준마의 용맹한 울음소리 떠나가 잡을 수 없고 　綠騏雄鳴去莫攀
북풍은 요란하게 귀문관[175]을 울리네 　北風撩亂鬼門關
서생은 본래 봉후의 뜻을 품고 있었으니 　書生自有封侯志
모쪼록 연연산(燕然山)[176]에 올라 돌에 공을 새기고 돌아오시게 　須上燕然勒石還

174 이필경(李弼卿) : 이익상(李翊相, 1625～1691)으로, 본관은 연안(延安), 자는 필경, 호는 매간(梅磵)이다. 이정귀(李廷龜)의 손자이다. 학문적으로나 정치적으로나 우암을 중심으로 한 서인의 입장을 충실히 지킨 사람이다.

175 귀문관(鬼門關) : 마운령(摩雲嶺) 이북 경성(鏡城)에 있다. 《宋子大全隨箚 卷1》

176 연연산(燕然山) : 옛날 산 이름으로 지금의 몽골에 있는 항애산(杭愛山)이다. 동한(東漢) 영원(永元) 1년에 거기장군(車騎將軍) 두헌(竇憲)이 북쪽으로 출병하여 북흉노(北匈奴)를 대파하고 연연산에 올라서 돌을 깎아 공을 새기고 한나라의 위덕(威德)을 기록하였다. 《後漢書 孝和孝殤帝紀》

충청도 도사 조의망의 시에 차운하다

次忠淸都事趙嶷望韻

깎아지른 낙양산[177] 바위 병풍을 세운 듯하고　洛陽山石削如屛
산 아래 맑은 시내 밤낮으로 흐르누나　山下淸溪日夕鳴
초당에 일이 없어 사립문 늘 닫고 있으니　草堂無事門常掩
때로 전야(田野)를 순찰하는 도사의 행차가 있을 뿐이네　時有巡田亞使行

177 낙양산(洛陽山) : 충청북도 괴산군 화양동(華陽洞) 남쪽에 있는 산으로, 낙영산(落影山)이라고 부르기도 한다. 《宋子大全隨箚 卷1》

임 상서[178] 담 의 정자 위에서 손자 주석이 벽에 걸린 시에 차운하기에 그 운으로 짓다

林尙書 墰 亭上 疇孫次壁上韻 爲步其韻

사월의 강남땅 꽃은 안 피었지만	四月江南不見花
서둘러 말을 몰아 옛 친구의 집 찾아왔네	一鞭來訪故人家
슬프구나, 저승 간 사람은 다시 볼 수 없고	怊悵九原難更作
동산 가득한 소나무에 연하만 끼었구나	滿園松檜鎖煙霞

178 임 상서(林尙書) : 임담(林墰, 1596~1652)으로, 본관은 나주(羅州), 자는 재숙(載叔), 호는 청요(淸曜)·청구(淸癯)이다. 병자호란 때 사헌부 지평으로 남한산성에 들어가 총융사의 종사관이 되어 남격대(南格臺)를 수비하였다. 벼슬은 이조 판서에까지 올랐다.

옥계폭포[179]에서 손자 주석의 시에 차운하다

玉溪瀑布 次疇孫韻

비 온 후 멀리서 보면 형세 더욱 기이하니	雨餘遙看勢尤奇
신록 우거지고 꽃 지는 두견새 우는 시절이네	嫩綠殘紅杜宇時
거문고를 아양 속에서 다 연주했지만	瑤琴彈盡峨洋裏
옛날 종자기를 만나기 어려운 것이 한이로세[180]	只恨難逢古子期

179 옥계폭포(玉溪瀑布) : 충청북도 영동(永同)에 있는 폭포이다. 《宋子大全隨箚 卷1》

180 거문고를……한이로세 : 아양(峨洋)은 산과 물을 가리킨다. 종자기(鍾子期)의 친구 백아(白牙)가 산을 생각하며 거문고를 타면 종자기가 "좋구나. 우뚝 솟은 것이 태산 같도다.〔善哉! 峩峩兮若泰山.〕" 하고, 백아가 물을 생각하며 거문고를 타면 종자기가 "좋구나. 물이 넘실넘실하는 것이 강하 같도다.〔善哉! 洋洋兮若江河.〕"라고 한 데서 온 말이다. 《列子 湯問》

화인[181]의 도중에서

化仁途中

들 빛 푸르고 보리는 점점 자라	野色青青麥漸長
맑고 화창한 계절 단오에 가깝구나	淸和時節近端陽
발걸음 닿는 곳마다 신록이 고우나	行行隨處綠初嫩
시냇가 한적한 데 자란 풀 향기 가장 좋구나	最愛澗邊幽草香

181 화인(化仁) : 충청북도 옥천(沃川)에 있는 금강 상류의 나루이다.

신청산[182] 양기 이 국화를 보내며 지은 시에 차운하다
次申青山 良器 寄菊韻

한 송이 맑은 향기 뉘라서 알까	一朶淸香誰得知
은근한 정의(情誼)는 도연명이 보내온 듯	殷勤陶令寄來時
때아닌 바람과 세찬 비가 오늘 이와 같으니	淫風急雨今如許
눈을 업신여기는 자태 어떻게 보존할까	那保行藏傲雪姿

182 신청산(申青山) : 신성(申晟)으로, 본관은 평산(平山), 자는 양기(良器), 호는 청산이다. 주촌(舟村) 신만(申曼)의 동생이다. 거문고 연주에 출중하였다. 장악원의 악관을 지내는 동안 악사들의 도움으로 1680년(숙종6)경에 《신증금보(新證琴譜)》를 지었다. 《宋子大全隨箚 卷1》

유경명에게 주다

贈柳景明

새 기장으로 밥을 지으려고 좋은 손을 붙들었는데 欲炊新黍留佳客
산수는 가고 머묾이 나를 기다리지 않네 山水留行不待吾
작별할 때 중동골의 노인[183]에게 말을 전하노니 臨別寄言中谷老
이곳이라고 고상한 자취 없을 수 있겠는가 此間高躅可無乎

183 중동골의 노인 : 중동은 충청남도 공주(公州)에 있는 지명으로, 그곳에 살던 초려(草廬) 이유태(李惟泰)를 가리킨다. 《宋子大全隨箚 卷1》

유혁연[184]에게 써서 주다

書贈柳赫然

사나운 눈 모진 바람에 궁궐이 어두운데	虐[185]雪獰風暗玉關
장군은 한강 남쪽 산으로 사냥하러 나가네	將軍出獵漢南山
서생은 병들어 동성 밖에 누워 있으니	書生病臥東城外[186]
용맹한 말이 세상에 있는 줄 모른다네	不識驃驍在世間

184 유혁연(柳赫然) : 1616~1680. 본관은 진주(晉州), 자는 회이(晦爾), 호는 야당(野堂)이다. 무과 출신으로 형조 참판, 우변포도대장, 공조 판서 등을 역임하였고, 이완(李浣)과 함께 효종의 북벌 계획에 적극 참여하였다.

185 虐 : 대본의 두주에 "'虐'은 다른 곳에는 '亂'으로 되어 있다."라고 하였다.

186 病臥東城外 : 대본의 두주에 "'病臥東城外'는 다른 곳에는 '謾怕單于馬'로 되어 있다."라고 하였다.

간의 심유[187]와 적상산성을 유람하다

與沈諫議 攸 遊赤裳山城

여기저기 흩어진 별들 옛 누각에 가깝고	星斗參差近古樓
짙은 구름 벽을 삼키니 귀신이 응당 근심하리라	陣雲呑壁鬼應愁
시절이 평화로우니 국방의 준엄함 생각지 않고	時平不管關防峻
장수의 머리에 눈이 가득 쌓이도록 내버려 두네	任却中權雪滿頭

187 심유(沈攸) : 1620~1688. 본관은 청송(青松), 자는 중미(仲美), 호는 오탄(梧灘)이다. 2차 예송(禮訟) 때 우암을 변호하였고, 노론과 소론이 대립할 때에 노론을 옹호하였다.

공주 목사 홍석무[188]에 대한 만사

洪公州 錫武 挽

당시에 선왕께서 어진 관리 급히 찾았으니	當時聖考急循良
세상이 어지러워 기량이 뛰어난 인물에게 자문하셨지	世亂仍咨技藝長
이날에 영령께서도 응당 눈물 흘리시리니	此日英魂應亦泣
구의산의 산빛도 함께 아련하네[189]	九疑山色共蒼茫

188 홍석무(洪錫武) : 이 인물에 대한 기록이 없어 확인하기는 어려우나, 1653년(효종4) 당시 영의정 정태화(鄭太和)에 의해 천거되었고, 1661년(현종2) 서천 군수(舒川郡守)로 재직한 기록이 있다. 《孝宗實錄 4年 7月 30日》《顯宗實錄 2年 6月 5日》

189 구의산(九疑山)의……아련하네 : 구의산은 중국 호남성(湖南省)에 있는 산으로 순(舜) 임금을 장사 지낸 곳이다. 여기에서는 효종을 장사 지낸 여주의 영릉(寧陵)을 가리킨다.

석호[190] 윤문거 형제에게 보내다
寄石湖 尹文擧 兄弟

이성(尼城)[191]의 못가 길 밟지 못한 지 몇 년이던가 幾年不踏尼塘路
푸른 솔과 늙은 밤나무 사이를 꿈속에서 들어갔네 夢入蒼松老栗間
내년 봄 비가 한 번 내리면 擬趁明春一番雨
주당교 아래에서 흐르는 물을 희롱하려네 酒幢橋下弄潺湲

주탕(酒湯)이라는 이름이 좋지 않아서[192] 주당(酒幢)으로 고쳤다.

두 번째 其二

그대의 집에 의탁하려는 마음 오랫동안 심하였으니 欲託門墻久不堪
그대 집안의 학문은 아득히 깊고도 넓었네 君家學海望潭潭
묻노니, 증산의 거동 불편한 늙은이[193]는 爲問甑山勃窣老
몇 번이나 남여 타고 절에 갔었나 籃輿幾度到僧庵

190 석호(石湖) : 윤문거(尹文擧, 1606~1672)의 호이다. 본관은 파평(坡平), 자는 여망(汝望)이다. 김집(金集)의 문인으로 우암, 송준길(宋浚吉) 등과 교유하였으며, 조익(趙翼), 김상헌(金尙憲) 등에게도 배웠다.

191 이성(尼城) : 충청남도 논산의 옛 지명인데, 윤문거의 세거지(世居地)이다.

192 주탕(酒湯)이라는……않아서 : 주탕은 관비(官婢)의 명칭이므로 좋지 않다고 한 것이다. 《宋子大全隨箚 卷1》

193 증산(甑山)의……늙은이 : 윤문거가 사는 곳이 석성(石城)의 증산이었고, 다리가 불편하다는 핑계로 벼슬에 나가지 않았기 때문에 한 말이다. 《宋子大全隨箚 卷1》

민기지[194] 결 의 사오별서 팔경
閔器之 櫟 沙塢別墅八景

여홍(驪興) 민기지(閔器之) 노형(老兄)이 침랑(寢郎)을 사양하고 자기 선산 옆에서 늙도록 살았다. 일찍이 그가 거처하던 집의 팔경(八景)의 제목을 가지고 나에게 보이면서 "시를 읊어 주기 바랍니다." 하기에, 드디어 각각 28자로 시를 지어서 보내고 나서 탄식하기를 "옛사람이 '젊은 시절에 나그네 되어 그 속에서 한번 유숙해 보지 못함이 한이다.'라고 한 말은 참으로 나의 마음을 먼저 알고 한 말이로다." 하였다. 나도 가형(家兄)을 그곳과 가까운 땅에 새로 장사 지냈으니 이제부터 자주 왕래하며 숙원을 한번 이루려 한다. 이 여덟 수로 읊은 팔경을 어찌 기지가 독점할 수 있겠는가. 숭정(崇禎) 임자년(1672, 현종13) 10월 어느 날 은진(恩津) 송시열(宋時烈)이 쓰다.

좋은 밤 맑은 꿈에 베개 가를 맴돌더니 良宵淸夢枕邊回
일어나 바라보니 산 구름 한 줄기가 띠처럼 휘감고 있네 起望山雲一帶廻
한가로운 사람 만년에 바라보게 하려고 要爲閑人供晚對
일부러 오늘 밤에 산모퉁이에서 묵었으리라 故應今夜宿巖隈

이는 계악(鷄嶽)에 머문 구름을 읊은 것이다.

194 민기지(閔器之) : 민결(閔櫟, 1596~?)로, 본관은 여흥(驪興), 자는 기지이다. 거주지는 공주(公州)이고, 1633년(인조11) 진사시에 입격하였다.

오래된 암자 흰 구름 가에 높이 걸렸으니 老菴高掛白雲邊
조그마한 부처 앞에 스님이 종 울리네 法侶鳴鍾小佛前
학처럼 곡식을 먹지 않는다는 말 믿을 수 없으니 未信休粮如瘦鶴
멀리서 보면 아침저녁으로 밥 짓는 연기 오르네 遙看朝暮起炊煙

이는 해암(海菴)의 밥 짓는 연기를 읊은 것이다.

서쪽에서 달려온 높고 낮은 계룡산과 鷄山高下自西馳
하늘에 닿은 큰 나무 함께 가려져 있다 雲木參天共蔽虧
바다 밑 태양이 새벽을 재촉하면 海底金輪催曉動
높이 솟은 한 봉우리 가장 먼저 아누나 一峯高揷最先知

이는 사현(沙峴)의 아침 해를 읊은 것이다.

계룡산 밖 하나의 외로운 마을 鷄龍山外一孤村
앙상한 뽕나무와 삼대 나의 대문을 마주하고 있네 寂歷桑麻對我門
갑자기 석양빛이 먼 산을 비추니 乍見夕陽明遠嶠
난간에 기대앉아 황혼을 아까워하노라 憑軒還惜近黃昏

이는 기촌(基村)의 저녁노을을 읊은 것이다.

술기운 얼근하여 창 아래에서 나의 본성 깨달아 陶然窓下得吾眞
길이 상고 시대 사람 되었노라 長作羲皇以上人
정오의 맑은 바람 끝없이 불어오니 頂午淸風吹不盡
복숭아나무 돗자리와 대로 만든 안석 티끌 없이 깨끗하네 桃笙竹几淨無塵

이는 북창(北窓)의 맑은 바람을 읊은 것이다.

창망한 넓은 들 남쪽으로 열렸으니　蒼茫廣野向南開
저녁 안개 아침 햇살 모두 좋아라　夕靄朝暉摠可哉
무엇보다도 깊은 밤 창문을 열면　最是排窓深夜後
얇은 구름 모두 걷히고 달만 배회하는 것이 좋네　纖雲四卷月徘徊

이는 남교(南郊)의 밝은 달을 읊은 것이다.

고기 잡는 횃불 군데군데 맑은 물 비추니　漁燈點點映淸渠
수면에 바람 없어 고기를 셀 수 있네　水面無風可數魚
그 불빛 물가에 비추지 마라　餘輝且莫灘頭照
모래 위의 물새가 막 잠든 때이니　正是沙禽睡熟初

이는 앞 시내의 고기 잡는 등불을 읊은 것이다.

졸음 깨어 이 난간 저 난간에 옮겨 가며 기대는데　睡罷幽軒徙倚頻
사립문엔 종일토록 사람 없어 조용하네　柴門終日靜無人
해 질 녘에 〈산유화(山有花)〉[195] 한 가락 들려오니　山花一曲斜陽外
마을 아이들 나무하러 갔다 오는 줄 알겠구나　知是村童去採薪

이는 뒷재에서 들려오는 나무꾼의 노래를 읊은 것이다.

195 산유화(山有花) : 경상도, 전라도, 충청도 지방에 전해 오는 농부가의 하나이다.

《宋子大全隨箚 卷1》

민 판서 유중 의 부인에 대한 만사 계축년(1673, 현종14)

閔判書 維重 夫人挽 癸丑

아버지도 같은 때 고인 되었으니[196]	阿爹同時作古人
우는 아이들만 집에 가득 귀신도 걱정하였으리	呱兒盈室鬼應顰
두견새 피도 말랐으리니 더 울 수 있을쏜가	啼鵑無血可續淚
깊은 골짝 무덤 앞에 밤이라도 이웃하리	深谷墳前夜爲隣

196 아버지도……되었으니 : 민유중(閔維重)의 부인이 송준길(宋浚吉)의 딸인데, 송준길이 1672년 12월에 세상을 떠났고, 딸인 민유중의 부인은 그해 11월 세상을 떠났다. 이 만사를 1673년에 썼으므로 같은 때에 세상을 떠났다고 한 것이다.

박형 시보[197] 유동 에게 주다

寄朴兄時甫 惟棟

나는 파계[198]에서 병든 몸 수양하고	吾儂養疾巴溪下
늙은 친구는 돌산 꼭대기에 은거하고 있네	老友耕雲石嶠巓
자연으로 돌아갈 날 모두 머지않으니	乘化歸眞俱未遠
누가 먼저 떠날지 모르겠네	不知誰是著鞭先

197 박형 시보(朴兄時甫) : 박유동(朴惟棟, 1604~1688)으로, 본관은 충주(忠州), 자는 시보, 호는 일석(一石)이다. 김장생(金長生)의 문인으로, 우암, 송준길(宋俊吉) 등과 교유하면서 학문을 닦았다.

198 파계(巴溪) : 충청북도 괴산에 있는 화양구곡(華陽九曲)의 마지막 절경이다. 299쪽 주99 참조.

홍원구[199]의 시에 차운하다

次洪元九韻

시냇가 집에서 새벽에 일어나니 기운이 차갑고	溪堂晨起氣凄凄
숲 안개 산의 이내에 사방이 희미하네	林靄山嵐四望迷
한가히 거문고와 책 대하여 앉았으니	悠然靜對琴書坐
종일토록 산새들 나를 향해 우는구나	盡日幽禽向我啼

199 홍원구(洪元九) : 홍석기(洪錫箕, 1606~1680)로, 본관은 남양(南陽), 자는 원구, 호는 만주(晩洲)이다. 구봉서(具鳳瑞)의 문인으로, 만년에 우암과 교유하였다.

회연서원에서 조복형[200]의 시에 차운하다

檜淵書院次趙復亨韻

도끼에 찍히고 남은 싹을 소와 양이 또 뜯어 먹으니[201]	斤餘山木又牛羊
세상일 요즈음 점점 마음 상하네	世道如今轉可傷
삼가 선생의 사당에 절하고	敬拜先生祠廟下
바람결에 백 그루 매화 향기[202] 실컷 맡았노라	臨風剩嗅百梅香

200 조복형(趙復亨) : 조근(趙根, 1631~1680)으로, 본관은 함안(咸安), 호는 손암(損庵)이다. 우암의 문인이다.

201 도끼에……먹으니 : 맹자가 사람이 양심(良心)을 잃게 되는 이유를 설명하면서 비유로 든 말이다. 전국 시대 제(齊)나라 동남쪽에 있는 우산(牛山)이 무성하게 우거졌었는데, 대도시 근처에 있기 때문에 사람들이 도끼로 베어 가고, 남은 그루터기에서 새싹이 나오면 소와 양이 또 그 잎을 뜯어 먹어서 민둥산이 되었다고 한다.《孟子 告子上》

202 백……향기 : 회연서원(檜淵書院)은 한강(寒岡) 정구(鄭逑)를 모시는 서원이다. 정구가 매화 백 그루를 동산에 심었기 때문에 백매원(百梅園)이라고 이름하였다. 회연서원에서 시를 짓고 있기 때문에 정구가 심은 백 그루 매화를 인용한 것이다.《宋子大全隨箚 卷1》

윤생[203] 승임 에 대한 만사

尹生 承任 挽

마당에 집을 짓고 일생을 지내며	築室于場度一生
옛날 의리를 홀로 행하니 세상 사람들 놀랐었지	孤行古義世爭驚
이제는 시냇가 흙에 누워 있으니	如今仍臥溪邊土
죽도록 지킨 초심 물과 달처럼 밝도다	至死初心水月明

203 윤생(尹生) : 윤승임(尹承任)으로, 서계(西溪) 이덕윤(李德胤)의 문인이다. 이덕윤을 따라서 청주(淸州) 옥화대(玉華臺)에 집을 짓고 살았다. 《宋子大全隨箚 卷1》

윤오음이 송 첨지중추부사의 관우에 대해 쓴 시에 차운하다
次尹梧陰題宋僉樞館宇韻

종고조 송 청풍(宋淸風) 부군이 회덕(懷德) 동쪽 주산(注山)의 선산 아래에 집을 짓고, 첨지중추부사께서 그 관우(館宇)와 못과 누대를 중건하여 구업(舊業)을 실추하지 않았으니, 풍채(風采)가 옛날 그대로였다. 임진왜란 때 오음 윤 상공(尹相公)이 체찰사의 임무를 띠고 남쪽으로 내려와 군대를 시찰할 때에 첨지군 댁에 묵으면서 매우 친근하게 대하였고 이어 절구 두 수를 썼다. 그 후에 우리 당숙부 전첨공(典籤公)을 보고 첨지군의 어짊을 말하면서 그때 지은 시를 외웠다. 전첨공이 일찍이 나에게 외워 주시기에 내가 첨지군의 손자 홍길(興吉)에게 말하니, 장차 판에 새겨 문미(門楣)에 걸겠다고 하면서 나에게 그 일을 기록하고 아울러 원운(原韻)에 화답하는 시를 지어 주기를 청하였다. 청풍 부군의 휘는 세경(世勁)이고, 첨지군의 이름은 황생(黃生)인데 나의 선인께서 여러 종친 중에서 매우 친하게 지내셨던 분이다. 오음의 휘는 두수(斗壽)이고, 자는 사앙(士仰)이다. 전첨공은 휘가 희조(熙祚)이다.

당시에 국운이 급박하였는데	當年邦運自瀕池
상국의 공명은 한 시대에 뛰어났네	相國勳名一代奇
우연히 산 아래 집에서 시를 지었으니	偶爾題詩山下宅
세상이 바뀌기를 기다리는 뜻이리라	定應留待沼平時

두 번째 其二

군대를 절제하는 위명 산해를 진압하고	節制威名鎭海山
체찰사의 깃발 당일에 이 사립문에 임하였지	五牙當日此柴關
나라를 중흥한 최고 재상과 지기가 되었으니	中興上相爲知己
노장의 풍류를 따라갈 수 없네	老丈風流莫可攀

신 시직의 시에 추후해서 차운하다
追次申侍直韻

팽상의 수명[204] 서로 다름 괴이히 여기지 말라 莫怪彭殤各自年
소 발자국에 고인 물은 곧 마르지만 바닷물은 한이 없다 蹄涔朝盡海無邊
《남화경》 둘째 편의 일[205]을 南華第二篇中事
마침 그대에게 자세히 전하노라 會向君前要細傳

두 번째 其二

인간 세상의 광음 홀연 해가 바뀌지만 人世光陰忽換年
남긴 글은 적막하게 책상에 있구려 遺篇寂寞在床邊
누가 청운의 선비에게 빌려주어 誰何乞與靑雲士
그 혼령으로 하여금 전하지 못하는 한을 면케 할까 免使幽魂恨不傳

204 팽상(彭殤)의 수명 : 팽상은 팽조(彭祖)와 상사(殤死)를 말한다. 《열선전(列仙傳)》에 의하면 팽조는 700년을 살았다는 말이 있고, 상사는 19세 이전에 죽는 것을 말한다.

205 남화경(南華經)……일 : 《남화경》의 제2편 〈제물론(齊物論)〉에 "상자보다 수함이 없고 팽조는 요절한 것과 같다.〔莫壽乎殤子而彭祖爲夭.〕"라고 한 말을 가리킨다.

파곡에 이로가 쓴 이유라는 이름이 있어 느낌이 일어 짓다
巴谷有怡愉李老題名 有感而作

푸른 이끼 닦아 내니 옛 이름 흐릿한데	摩挲蒼蘚舊題昏
이유라는 이름 생각하니 덕의가 높도다	緬憶怡愉德義尊
요사이 인간 세상 야박한 풍속 많으니	人世至今多薄俗
죽은 이 살려 낼 수 없어 더욱 마음 아프네	九原難作更傷魂

홍원구의 시에 차운하다

次洪元九韻

용양위(龍驤衛) 한산한 관직에서도 문장을 끌어안고	龍驤官冗擁文章
젊어서 백옥당을 하찮게 보았지	少日平看白玉堂
지금은 돌아와 초가집에 누웠으니	祇今歸臥茅簷下
검악의 구름 화양동에 접했구나	黔嶽雲煙接華陽

도봉서원에 쓰다

題道峯書院

푸른 절벽 깎아 세운 듯 동구 열렸으니	蒼崖削立洞門開
계곡물 잔잔히 몇 굽이 돌아왔나	澗水潺湲幾曲廻
요순 시대의 임금과 백성 만들려는 당시의 뜻 어디 가고	堯舜君民當世志
사당 앞에 부질없이 후인들만 찾아오네	廟前空有後人來

홍생 주병 형제[206]에게 주다
贈洪生 冑炳 兄弟

얕은 물가 짧디짧은 띳집 처마 短短茅簷淺水濱
산에 사는 늙은이를 누가 완전히 가난하지는 않다고 했던가 山翁誰謂不全貧
한낮 창가에서 졸다 일어나 이끼 낀 섬돌을 걸으면 午窓睡起苔階步
가는 비 때맞추어 내려 푸른 대를 자라게 하네 小雨時來長綠筠

206 홍생(洪生) 형제 : 홍주병(洪冑炳)과 홍주형(洪冑亨) 형제로, 우암의 문인이다.

갑인년(1674, 현종15) 설날에 즉경(卽景)을 읊다

甲寅元正卽事

산은 찬 구름 끌어안고 길을 열지 않으니	山擁寒雲路未開
아침이 다하도록 찾아오는 사람 보이지 않네	終朝不見有人來
동서남북이 모두 소나무에 쌓인 눈뿐	東西南北皆松雪
할아버지 아들 손자 증손자가 술잔을 기울였네	祖子孫曾替酒盃

손자 주석의 시에 차운하다 을묘년(1675, 숙종1) 봄

次疇孫韻 乙卯春

산 늙은이 돌아가고픈 마음 견딜 수 없어	山翁歸思不堪催
집 옆 맑은 시내 꿈속에 돌아가네	屋下淸溪夢裏廻
멀리서 생각건대 초가집에 따뜻한 기운 생겨서	遙想茅簷生暖氣
황매화 부질없이 한 가지 피었으리	黃梅空自一枝開

집의 조의망의 시에 차운하다 을묘년 1월 18일

次趙執義嶷望韻 乙卯正月十八日

옛날 담비 갖옷에는 좋은 향기 남아 있는데	天香猶在舊珍貂
선왕이 승하하신 지 얼마나 되었나 아득하기만 하네	鼎水何年劍影遙
죽지 못한 외로운 신하 백발이 성성한데	未死孤臣餘白首
몇 줄기 슬픈 눈물 오늘 아침에 뿌리노라	數行危涕洒今朝

황주경[207] 세정 의 진도 적소에 부치다 을묘년 2월 4일

寄黃周卿 世楨 珍島謫所 乙卯二月四日

내가 북관으로 갈 때 그대는 남쪽으로 가니	我北關時爾向南
거센 바람과 찌는 장기 둘 다 견디기 어렵겠구나	獰飆蒸瘴兩難堪
시름하느라 세월을 보내지 말고	莫把光陰愁裏過
부디 학문 연마 깊고도 넓게 하게나	須令學海更潭潭

207 황주경(黃周卿) : 황세정(黃世楨, 1622~1705)으로, 본관은 회덕(懷德), 자는 주경, 호는 제곡(霽谷)이다. 송준길, 김집, 우암에게 수학하였다. 기해예송(己亥禮訟) 때 우암을 지지하다가 진도(珍島)에 유배되었다.

조카 자소(子邵)[208] 이덕로 와 여러 손자에게 부치다 을묘년 2월 9일

寄邵姪 李德老 及諸孫 乙卯二月九日

문 앞의 도랑물은 멀리멀리 흘러가고	門前溝水去遙遙
천 리 먼 고향 편지 근자에 뜸하구나	千里鄉書近寂寥
아득히 생각건대 연꽃 연못가 버드나무	緬想荷池池上柳
바람 맞고 비를 맞아 새 가지 곱게 나오겠지	迎風帶雨嫩生條

208 자소(子邵) : 우암의 생질인 이덕로(李德老)의 자이다.

남생 유창 의 시에 차운하여 주다 을묘년 2월

次贈南生 有昌○乙卯二月

남생이 순창(淳昌)으로부터 1000여 리를 걸어서 덕원(德源) 적소(謫所)에 나를 따라왔다. 이제 흰 구름을 바라보며 부모 생각을 견디지 못해 작별하고 떠나므로 그의 시에 차운하여 전송한다.

세상의 비방을 그대 탄식 마라	世上詆訶君莫歎
수많은 모기와 파리 참으로 귀찮지만	百千蚊蚋儘悠悠
밤에는 글 읽고 낮에는 밭 갈 것이니	惟應夜讀朝耕日
동백산 앞에 두 물이 흘렀다네[209]	桐柏山前二水流

209 동백산(桐柏山)……흘렀다네 : 강포 멀리 흐르는 것이 있고 짧게 흐르는 것이 있듯 사람마다 운명이 다르므로 탄식할 필요가 없다는 뜻이다. 한유(韓愈)가 당나라 때의 은사(隱士) 동소남(董邵南)을 찬양한 글에 "회수(淮水)가 동백산에서 나와 동쪽으로 흘러 천 리를 쉬지 않는데 비수(淝水)는 그 옆에서 나와 천 리를 못 가고 회수로 흘러 들어간다."라는 말이 있다. 《五百家注昌黎文集 卷2 嗟哉董生行》

손자 주석이 집터를 보고 지은 시에 차운하다 을묘년 2월 19일

次疇孫相宅韻 乙卯二月十九日

다른 곳에는 "수보(秀甫)의 새집에 보낸다."라고 되어 있다.

어찌하면 올바르게 이 생을 마칠까	耐可隨宜了此生
무심하게 가고 머물며 세월을 보내노라	無心去住送昏明
우습다 진공은 일도 많아서	笑殺陳公多事在
부질없이 긴 혀로 배의 평형을 말하였네[210]	謾將長舌話舟平

210 진공(陳公)은……말하였네 : 진공은 송(宋)나라 신종(神宗), 철종(哲宗), 휘종(徽宗) 때 벼슬하여 감찰 어사(監察御史)에까지 오른 진관(陳瓘)으로, 자는 형중(瑩中)이다. 송나라 성소(聖紹) 초년에 장돈(章惇)이 재상(宰相)이 되어 가는 길에 진관을 만나 세상일을 묻자, 진관이 타고 있던 배를 가리키며 "배를 타면서 한쪽으로 쏠리면 배가 갈 수 있겠습니까."라고 하였다. 《宋名臣言行錄 後集 卷13》

나자장[211] 세기 의 시에 차운하여 주다 을묘년 2월 23일

次贈羅子長 世器○乙卯二月二十三日

백발의 외로운 신하 큰 죄를 지었으니	白首孤臣負大何
거센 바람 심한 눈 모두 슬프구나	風饕雪虐兩堪嗟
그대 만나 강남의 일을 물어보니	逢君試問江南事
버들은 푸르고 매화는 지고 풀빛은 무성하다네	柳綠梅殘草色多

211 나자장(羅子長) : 나세기(羅世器, 1641~1699)로, 본관은 나주(羅州), 자는 자장이다. 남간(南澗) 나해봉(羅海鳳)의 손자이다.

나자경[212] 상기 의 시에 차운하여 주다 을묘년 2월 23일

次贈羅子敬 相器○乙卯二月二十三日

경원의 화는 진나라 이사(李斯)보다 심했구나[213] 慶元之禍劇秦斯
나물 먹은 것 어찌하여 무리의 훼방을 들었던가 啖虀胡爲衆所訕
경서 연구한 것이 허물 되었을 뿐 自是窮經[214]爲可罪
한 가지 일도 공과 사에 잘못 없었네 曾無一事攫公私

212 나자경(羅子敬) : 나상기(羅相器)로, 본관은 나주(羅州), 자는 자경이다. 나세기와 형제간이다. 남간 나해봉의 손자이다.

213 경원(慶元)의……심했구나 : 경원은 송 영종(宋寧宗)의 연호이다. 그때 재상 한탁주(韓侂冑)가 주희를 위학(僞學)으로 몰아 당세의 명사(名士)들을 쫓아냈는데 이를 경원당금(慶元黨禁)이라고 한다. 진(秦)나라 이사(李斯)는 진 시황(秦始皇)과 함께 책을 불사르고 선비를 살해하였다.

214 窮經 : 대본의 두주에 "'窮經'은 다른 곳에는 '藏修'로 되어 있다."라고 하였다.

진사 정인서[215] 상룡 에게 주다 을묘년 2월 23일

贈鄭進士鱗瑞 祥龍○乙卯二月二十三日

북쪽 풍속 어리석어 영남과 같다는데	北俗顓愚似嶺南
한 구석 변방에 상공이 셋이구나	一隅關塞相公三
이제부턴 애주만 클 뿐이 아니리니[216]	從今不獨崖州大
신 거꾸로 신고 그대 맞아 매우 즐거워하리라	倒屣迎君笑不堪

진요옹(陳了翁)이 “영남의 민속은, 귀양 오는 사람을 보면 지위의 높고 낮음을 따지지 않고 모두 상공(相公)이라 부른다.”라고 하였는데, 지금 인서와 이여겸(李汝謙)과 내가 전후로 북쪽에 유배되었으므로 한 말이다.

215 진사 정인서(鄭鱗瑞) : 정상룡(鄭祥龍, 1643~1709)으로, 본관은 영일(迎日), 자는 인서, 호는 백봉(柏峯)이다. 1675년(숙종1) 전라도와 충청도의 유생 70여 명과 함께 우암의 억울함을 호소하는 상소를 올렸다가 숙종의 미움을 받아 경원(慶源)에 정배되었다.

216 애주(崖州)만……아니리니 : 송(宋)나라 정위(丁謂)가 애주로 쫓겨나서 손님에게 “천하의 고을 중에 어느 고을이 제일 크겠는가?” 하니, 손님이 “서울입니다.” 하자, 정위는 “그렇지 않다. 조정의 재상이 애주 사호(崖州司戶)가 되었으니 애주가 더 크지 않은가.” 하니, 듣는 자들이 크게 웃었다는 말이 있다. 《宋史 丁謂列傳》

김자형[217] 신망 이 작년 중동부터 해서에서 와서 남쪽 고을로 나를 따라왔고, 남쪽 고을에서부터 걸어서 고개를 넘어 의춘의 유배지에서 함께 지내며 아침저녁으로 책상에 마주 앉아 주서를 강독하였다. 이제 부모님이 몹시 그리워 갑자기 떠난다고 하기에 이 시를 써서 주다 을묘년 2월 26일

金子衡 莘望 自去年仲冬 從海西來 隨我於南鄕 因自南鄕徒步度嶺 相守於宜春謫所 朝夕對床講讀朱書 今者不勝庭闈之戀 忽然告辭 書此以贈之 乙卯二月二十六日

천 리 길을 함께 가며 잠시도 떨어지지 않았으니　千里相隨不暫違
부모님 그리운 마음 견딜 수 있겠는가　可堪離思此依依
이별에 임하여 다시 간곡히 부탁하는 말은　臨分更有丁寧語
사월 날씨 화창하면 지팡이 짚고 돌아오게나　四月淸和杖策歸

217 김자형(金子衡) : 김신망(金莘望, 1645~1719)으로, 본관은 광산(光山), 자는 자형이다. 송준길과 우암의 문하에서 수학하였고, 예학에 밝았다.

경외의 후생들이 차례로 떠나갔고, 오늘 또 이생 만춘이 돌아가기에 병석에서 읊다

京外後生先後辭去 今日李生萬春又歸 病臥聊吟

돌아가는 이 보내며 몇 번이나 가는 길을 찾았던가	幾送歸人尋去路
시냇가 봄풀은 근심을 부르며 돋아나네	溪邊春草喚愁生
자손 있음에 힘입어 오랫동안 문을 닫고 있으니	賴有兒孫長閉戶
글 읽는 소리 속에 네 가지 어려운 일 함께 누리네[218]	讀書聲裏四難幷

218 네……누리네 : 네 가지 어려운 일이란 좋은 때〔良辰〕, 아름다운 경치〔美景〕, 마음의 기쁨〔賞心〕, 즐거운 일〔樂事〕인데, 이것을 모두 함께 누리는 것은 예로부터 어려운 일이었다. 남조(南朝) 송(宋)나라 사영운(謝靈運)의 〈의위태자업중집시서(擬魏太子鄴中集詩序)〉에 "천하의 양신, 미경, 상심, 낙사 네 가지는 함께 누리기 어렵다." 하였다. 《文選註 卷30》

성제[219] 시도 가 어머니 제삿날에 지은 시에 차운하다
次誠弟 時燾 先妣諱日韻

몇 해나 나지막이 〈육륙〉 편을 읊었던가[220]	幾歲幽吟蓼蓼篇
금년에는 유배되어 연연[221]에 가깝구나	此年流遞近燕然
황량한 마을에서 갑자기 제삿날 맞이하니	荒村忽値喪餘日
제수를 올리고자 하나 올릴 길이 없네	欲薦時羞未有緣

219 성제(誠弟) : 송시도(宋時燾, 1623~1689)로, 우암의 동생이다. 자는 성보(誠甫), 호는 세한재(歲寒齋)이다. 김장생(金長生)의 문인이다.

220 육륙(蓼蓼) 편을 읊었던가 : 〈육륙〉 편은 《시경》 〈소아(小雅) 육아(蓼莪)〉를 가리키는데, 부모를 사모하는 시이다.

221 연연(燕然) : 흉노(匈奴)의 속야오(速耶烏)에 있는 연연산(燕然山)이다. 이때 우암이 북쪽 변방에 귀양 가 있었으므로 연연산에 가깝다고 한 것이다. 《宋子大全隨箚 卷1》

아우가 한식날 지은 시에 차운하다

次家弟寒食日韻

이 세상 영욕에 놀랄 것 없으니	世間榮辱不須驚
대장부 마음 백일같이 밝다네	大丈夫心白日明
만 리 밖 춘성에 한식이 돌아오니	萬里春城寒食至
술잔 앞 호탕한 기운에 변방 구름 가득하네	尊前豪氣塞雲橫

김연지[222]가 전날 준 '통' 자 운에 차운하다
次金延之前日所贈通字韻

관서의 영외는 멀어서 소식 통하기 어려운데	關西嶺外渺難通
천 리 먼 곳에 편지가 오니 기쁨이 한이 없네	千里書來喜不窮
편지지에 가득 다른 말은 없고	滿紙縱橫無異語
소상히 말한 것은 모두 자양옹[223]의 말뿐이네	消詳都是紫陽翁

이전에 보내온 편지에서 논한 것이 모두 《주자어류(朱子語類)》와 《주자대전(朱子大全)》에 있는 말이기 때문에 낙구(落句)에 언급하였다. 대체로 우리들이 오늘날 강론할 것이 이것을 놓아두고 말할 만한 것이 없으니, 이렇게 편지를 왕복하는 것이 서로 한탄만 하는 것보다 낫지 않겠는가.

222 김연지(金延之) : 김수증(金壽增, 1624~1701)으로, 본관은 안동, 자는 연지, 호는 곡운(谷雲)이다. 김상헌(金尙憲)의 손자이다.

223 자양옹(紫陽翁) : 자양은 주희의 별호이다.

이동보가 5월 4일에 지은 시에 차운하다

次李同甫五月四日韻

효종께서 어느 해에 나라를 버리셨나	聖主何年棄土中
소신은 이제 백발 늙은이 되었다오	小臣今作白頭翁
해마다 오월 초나흗날 만나면	年年五月逢初四
공산에 통곡하며 하늘에 하소연한다네	痛哭空山訴上穹

8월 14일 밤에 손자 주석에게 보여 주고 화답하게 하다

八月十四夜 示疇孫令和

울타리 가의 국화 물가의 마름에 꽃향기 피어나고	菊籬蘋浦起芳菲
살랑살랑 가을바람 나그네 옷에 불어온다	嫋嫋秋風吹客衣
두둥실 밝은 달 조그만 집 비추니	明月一輪臨矮屋
조용히 맑게 앉아 돌아가고픈 생각도 없어라	悄然淸坐不思歸

자일인[224]이 탑전에서 다시 고변하고 이어 스스로 형률을 더하라는 계사를 올리고서 나를 남쪽 변방으로 옮기게 하고는 곧이어 가련하게 여기듯이 천극을 해제해 주기를 청하니, 듣는 사람들이 그 속내를 볼 수 있다고 하였다. 이에 절구 한 수를 짓다

刺日人復告變於榻前 仍自爲加律之啓 遷此南荒而旋 若爲見憐者然 請去栫棘 聞者以爲肺肝可見 故爲賦一絶

왕공이 어찌 백인을 염려하리오[225] 王公胡念伯仁爲
아침저녁으로 경서와 사서를 펴고 덮는다네 經史朝昏舒卷之
나의 인생 여기에서 절로 즐거우니 吾生卽此自爲樂
어찌 굳이 몸을 둘러싼 가시울타리 벗길 것이 있겠는가 豈必身邊脫棘籬

224 자일인(刺日人) : 윤휴(尹鑴)를 가리킨다. 휴(鑴) 자는 해 주위의 기운을 가리키는데, 《주례(周禮)》 〈춘관종백(春官宗伯)〉에, 기침(祇祲)이 십휘(十輝)의 법을 관장하여 요상(妖祥)을 살피는데, 세 번째가 휴(鑴)이다. 동자(童子)가 허리에 차는 휴(鑴)와 같은 모양인데, 해를 양쪽에서 찌르는 형상이다. 우암이 윤휴를 지칭할 때 자일인 또는 일방운(日傍雲)이라고 하였다. 《宋子大全隨箚 卷1》

225 왕공(王公)이……염려하리오 : 왕공은 동진(東晉)의 왕도(王導)를 가리키고, 백인은 동진의 재상인 주의(周顗)의 자이다. 원제(元帝) 때 주의가 표문을 올려 왕도를 구원해 주었는데, 왕도의 동생 왕돈(王敦)이 반란을 일으켜 주의를 죽이려고 했을 때에 왕도는 주의를 구원해 주지 않았다. 《晉書 周顗列傳》 여기에서는 우암이 자신을 주의에 빗대고 윤휴를 왕도에 견주어 풍자한 것이다.

밀곡으로 돌아가는 사람을 전송하면서 그의 시에 차운하다
送密谷歸人 次其韻

북쪽으로 귀양 갔다 남쪽으로 이배(移配)되는 사이 봄이 가을로 바뀌었으니 北謫南遷春復秋
초나라 구름과 상강의 물 모두 아득하여라[226] 楚雲湘水共悠悠
아, 그대 발 부르트도록 천 리를 왔다가 嗟君繭足來千里
〈남해〉를 읊으며 머물지 못하고 떠나네[227] 却詠南陔去不留

226 초(楚)나라……아득하여라 : 초나라 삼려대부(三閭大夫) 굴원(屈原)이 참소를 받고 추방되어 상강(湘江)의 멱라수(汨羅水)에 빠져 죽은 고사를 인용하여 우암 자신의 심경을 묘사한 것이다.

227 남해(南陔)를……떠나네 : 〈남해〉는 《시경》 〈소아(小雅)〉의 편명인데 내용은 전하지 않는다. 진(晉)나라 속석(束晳)은 "〈남해〉는 효자가 서로 부모 봉양을 권면한 것이다."라고 풀이하였다. 여기에서는 떠나는 이유가 부모 때문임을 말한 것이다. 《宋子大全隨箚 卷1》

문곡[228]이 귀양 갔다는 소식을 듣고 읊어서 보내다 을묘년 9월 10일

聞文谷謫去吟呈 乙卯九月十日

황하(黃河)에 지주(砥柱)[229] 우뚝 솟아 있을 때	一柱亭亭獨立時
거친 물결 부닥쳐도 기운 적 없었지	狂流怒觸未曾攲
이 나라에 유학(儒學)이 없어진다 말하지 말라	休言東魯斯文喪
천년토록 길이 이 사람에게 힘입으리라	贏得千秋永賴之

228 문곡(文谷) : 김수항(金壽恒, 1629~1689)의 호이다. 본관은 안동, 자는 구지(久之)이다. 김상헌(金尙憲)의 손자로, 송준길, 우암 등과 교유하였다. 1675년(숙종1) 7월 영암(靈巖)으로 유배되었다.

229 지주(砥柱) : 중국 하남성(河南省) 삼문협(三門峽)에 있는 산 이름으로, 황하(黃河) 강줄기 안에 서 있었다. 《水經注 河水4》 황하의 세찬 물결에도 굽히지 않고 버티고 서 있는 그 형상으로 인해, 세상 풍파를 견디며 굳센 지조를 지키는 사람을 비유할 때에 인용하는 말이다.

원차산 군이 국화 몇 떨기를 보내오고 "이것을 감상하면 근심을 달랠 수 있다."라는 시구가 있기에 장난삼아 화답하다
元君 次山 送菊數叢 有玩此可消愁之句 故戲答之

부옹이 위태로운 배에서 사달하던 때이고[230] 涪翁捨達危舟日
철심(鐵心)을 지닌 사내에게 산신령이 다가오던 때이네[231] 鐵漢山靈冉冉秋
자신의 위치에서 마땅한 일을 행한지라 모두 스스로 얻은 것일 뿐[232] 素位而行皆自得
일찍이 들으니 군자는 본래 근심이 없다 하네 曾聞君子本無愁

230 부옹(涪翁)이……때이고 : 부옹은 송(宋)나라 학자 이천(伊川) 정이(程頤)를 가리킨다. 정이가 일찍이 부릉(涪陵)으로 유배 가면서 염예(灩澦)를 지날 때에 파도가 거세게 일어서 배 안에 있던 다른 사람들은 모두 놀라서 어찌할 줄을 몰랐으나 유독 정이는 태연하여 조금도 동요하지 않았다. 강 언덕 위에서 나무를 하던 사람이 큰 소리로 정이에게 묻기를 "목숨을 도외시하여 그러한가, 사리를 통달하여 그러한가?〔舍去如斯? 達去如斯?〕"라고 했던 일을 인용한 것이다. 《心經附註 卷2》

231 철심(鐵心)을……때이네 : 송나라 유안세(劉安世)가 영외(嶺外)로 귀양 가다가 나무 아래에서 쉬고 있는데 큰 뱀 한 마리가 다가오자 사람들이 모두 놀랐으나 유안세는 꼼짝도 하지 않으니, 뱀이 한참 동안 쳐다보았다. 마을 사람들이 말하기를, 그 뱀은 이 산의 신령인데 환영하는 것이라고 하였다. 소식(蘇軾)이 송나라 원우(元祐) 연간의 인물을 논하면서 유안세에 대해 논하기를 "참으로 철한(鐵漢)이라 미칠 수 없다."라고 하였다. 《宋名臣言行錄 後集 卷12》《山堂肆考 卷103 人品》

232 자신의……뿐 : 《중용장구》 제14장에 "군자는 현재의 위치에 따라 행하고, 그 밖의 것을 원하지 않는다."라고 한 말을 인용하여, 자신이 현재 귀양 와 있는 것이 자신의 소신대로 행한 결과이기 때문에 근심할 일이 아니라고 한 것이다.

홍주병과 홍주형이 남쪽으로 나를 찾아올 때 단계옹[233]이 시를 보내왔는데 "푸른빛을 띠고서 먼 길 떠나는 말을 재촉하네."라는 구절이 있었다. 그 운에 따라 시를 지어 돌아가는 두 사람에게 주다

洪胄炳胄亨南來訪余 丹溪翁以詩送之 有淸光帶去催征騑之句 仍步其韻 以贈二生之歸

그대는 선유동 계곡 위의 달을 취하여	君取仙遊溪上月
고깃배에 싣지 않고 두 마리 말에 실어 보냈네[234]	不裝漁艇載雙騑
계곡 위의 달 내문에 들어와서는 나의 면목 싫어하여	溪月入門憎面目
멀리 가는 말을 따라 강을 건너 돌아가네[235]	却隨征鞅渡江歸

233 단계옹(丹溪翁) : 홍석기(洪錫箕, 1606~1680)를 지칭한다.《宋子大全隨箚 卷1》

234 고깃배에……보냈네 : 주희의 〈어정(漁艇)〉 시에 "나갈 때는 무거운 긴 연기를 싣고 갔다가, 돌아올 때는 가벼운 조각달을 싣고 오네.〔出載長煙重, 歸裝片月輕.〕"라고 한 구절을 인용한 것이다.《晦庵集 卷9》 홍주병과 홍주형이 말을 타고서 홍석기가 보낸 시를 가지고 왔기 때문에 한 말이다.

235 계곡 위의 달……돌아가네 : 홍석기가 선유동 계곡 위의 달을 읊어서 보냈는데, 화답하는 시를 지어 홍주병과 홍주형에게 주어 보낸다는 뜻이다.

또 난 시에 차운하다

又次蘭韻

바다 구름 기이한 색 일부러 넓게 퍼진 듯	海雲奇色故漫漫
돌아가는 그대 보내니 한 해가 저무네	送子歸歟歲序闌
단계정의 주인에게 고하노니	爲報丹溪亭裏主
이제부터는 그윽한 난초 믿지 말지어다	從今且[236]莫恃幽蘭

236 且 : 대본의 두주에 "'且'는 다른 본에는 '遮'로 되어 있다."라고 하였다.

홍숙범 득우 등 여러 사람이 유배되었다는 소식을 듣고 느낌이 있어 짓다 병진년(1676, 숙종2) 봄

聞洪叔範 得禹 諸人被謫 有感而作 丙辰春

비바람 쓸쓸하고 밤은 깊어 가는데	風雨蕭蕭夜向深
이때 무슨 일이 가장 마음 쓰이는가	此時何事最關心
지란과 혜초 끝내 시들어 꺾이니	芝蘭蕙茝終萎折
봄밭에 독초가 침범할까 두렵구나	却怕春畦句吻侵

박시보에게 화답하다
和朴時甫

강수 한수 흘러들어도 바다는 차지 않고　江漢奔流海不盈
창창한 하늘은 본래 소리가 없다네　蒼蒼天聽本無聲
밤중에 마음의 근원이 고요함 얻으니　中宵政得心源靜
창공에 구름 없어 물 위의 달빛 밝도다　碧落無雲水月明

두 번째 其二

활계거사의 두 눈이 푸르니　活溪居士雙眸碧
젊은 나이에 문장으로 드날렸네　少日詞場擅姓名
늘그막에 산중으로 몸을 감추어　老去收身巖壑裏
경서와 사서(史書) 공부 힘쓰고 있네　却於經史有工程

손자 주석에게 보이다

示疇孫

너는 고향으로 가고 나는 머물러 있으니	爾歸鄉土我仍留
두 곳에서 서로 그리는 시름 같으리	兩地相望一種愁
생각건대 조용한 서재에서	想得書窓岑寂裏
책 속의 참된 취미 걱정 잊을 만하리라	卷中眞趣可消憂

두 번째 其二

온 나라의 모기 떼 다 쫓아낼 수 없고	無能燎却八區蚊
분분한 세상일 들을 것도 없다네	世事紛紛不足聞
중천의 달 밝은 밤에	惟有中天明月夜
꿈속에 서로 그리는 이 몇이나 될까	幾人相憶夢歸雲

세 번째 其三

대저 인생이란 모두 나그네인데	大抵人生皆是客
나그네 가운데 또 나그네 되어 봄을 다 보냈네	客中爲客過三春
거친 마을 쓸쓸하여 오는 사람 없으니	荒村牢落無人到
집 뒤의 높은 산이 바로 주인이구나	屋後高山是主人

오순지 익승 의 〈증묘시〉[237]에 차운하다

次吳順之 益升 憎卯韻

음양은 원래 서로 왕래하는 것이니　陰陽自是相來往

납갑[238]에 어찌 깊이 마음 쓸 것 있으리오　納甲何須用意深

노부는 대숲 안에 단정히 앉아서　老父端居叢竹裏

하늘가에 엷은 구름이 끼었을 뿐이라는 시[239]를 가만히 읊노라　微吟天際是輕陰

237 증묘시(憎卯詩) : 을묘년을 미워한다는 뜻으로, 주희가 경원(慶元) 을묘년(1195)에 위학(僞學)이라는 지목을 받았고, 우암이 귀양 간 해가 을묘년(1675, 숙종1)이기 때문에 오익승(吳益升)의 시에서 그렇게 말한 듯하다. 《宋子大全隨箚 卷1》

238 납갑(納甲) : 천간(天干)을 팔괘(八卦)에 나누어 배분하는 방법으로, 건괘(乾卦)에는 갑(甲)·임(壬)을, 곤괘(坤卦)에는 을(乙)·계(癸)를, 진괘(震卦)에는 경(庚)을, 손괘(巽卦)에는 신(辛)을, 감괘(坎卦)에는 무(戊)를, 이괘(離卦)에는 기(己)를, 간괘(艮卦)에는 병(丙)을, 태괘(兌卦)에는 정(丁)을 해당시킨다. 간지와 괘효(卦爻), 오행(五行), 오방(五方)을 서로 연결 지을 때 이를 활용하며, 《경씨역전(京氏易傳)》에서 비롯되었다고 전해진다.

239 하늘가에……시 : 송(宋)나라 학자 명도(明道) 정호(程顥)의 시에 "날이 저무는 것을 근심할 필요 없으니, 하늘가에 엷은 구름이 끼었을 뿐이네.〔未須愁日暮, 天際是輕陰.〕"라고 한 데서 인용한 것이다. 《二程文集 卷1 陳公廙園修禊事席上賦》

어떤 사람에게 주다

贈或人

삼가 듣건대 천하의 일에는 차마 말하지 못할 것이 있다고 한다. 하늘의 뜻이 정해진 지 이와 같이 이미 오래되었으니, 우리 효종대왕께서 어떻게 무강한 수명을 누릴 수 있었겠는가. 지난 일을 추억하면 흐르는 눈물을 금할 수 없다. 절구 한 수로 대강 속마음을 펴노니 그대가 아니면 어찌 감히 이런 심정을 털어놓을 수 있겠는가. 본 다음 불사르기 바라네.

함께 선왕 때 벼슬한 몸이라서	共是先朝簪履身
병중에 생각하니 마음 배나 상하네	病中相念倍傷神
당시 빈 관사 깊은 밤에 다짐한 뜻 생각하니	當時虛館深宵意
다시 선왕의 능을 향하여 피눈물을 흘리네	更向蒼梧血染紳

손자 주석이 모란을 읊은 시에 차운하다
次疇孫詠牧丹韻

지난해에는 작은 암자에 홀로 앉아 있었는데	經年獨坐矮菴中
오직 이름난 꽃만 나를 향해 붉게 피었었지	惟有名花對我紅
빈 골짜기의 가인은 소동파의 정혜원 같은데[240]	空谷佳人蘇定惠
무사한 것은 서로 같지 않음이 가련하네	可憐無事不相同

240 빈……같은데 : 정혜원(定惠院)은 중국 호북성(湖北省) 황주(黃州)에 있는 절 이름이다. 송나라 소식(蘇軾)이 황주로 유배 가서 정혜원에서 우거하며 〈해당(海棠)〉 시를 지었는데, 그 시에 "조물주가 깊은 뜻이 있어서 일부러 가인을 빈 골짜기에 보냈음을 알겠네.〔也知造物有深意, 故遣佳人在空谷.〕"라는 구절이 있다.《東坡全集 卷11》 우암은 모란을 해당에 견주어 말하였다.

손자 주석이 감회를 읊은 시에 차운하다
次疇孫感懷韻

홍망이 하늘에 달려 있다고 말하지 마라　興替休言係碧寥
〈당풍〉에 산초나무 가지 멀리 뻗는다고 말하지 않았던가[241]　唐風不奈遠椒聊
봄꽃이 피고 지는 것 모두 부질없는 일이고　春花開謝都閑事
단지 해바라기 마음 있어 임금께 향하네　只有葵心向聖朝

241 당풍(唐風)에……않았던가 : 《시경》〈당풍 초료(椒聊)〉에 "산초나무여, 가지가 멀리 뻗었도다.〔椒聊且, 遠條且.〕"라고 하였는데, 가지가 멀리 뻗으면 열매가 많이 달리게 되니, 자손이 번성함을 가리키는 말이다. 여기에서는 나라의 홍망은 하늘에 달린 것이 아니라 산초나무 가지가 멀리 뻗듯 사람이 노력하면 나라가 홍할 수 있음을 말한 것이다.

홍원구가 중에게 준 시에 차운하다

次洪元九贈僧韻

중이 와서 고향의 꽃 얘기는 하지 않고	僧來不說故園花
은거한 사람이 물가에 사는 얘기만 하네	爲說幽人著水涯
뱃속 가득한 경륜은 소매 속에 감추어 두고	滿腹經綸輸袖手
신세를 노을에 부치기를 좋아한다네	好將身世付煙霞

효종대왕 제삿날에 감상을 읊다 병진년(1676, 숙종2) 5월 4일

孝廟諱日感吟 丙辰五月四日

선왕께서 백운향으로 올라가셨으니 重瞳去上白雲鄉
기해년이 이제 십팔 년 되었구나 己亥於今二九霜
흰머리 외로운 신하 멀리서 제삿날 만나니 白髮孤臣遙奉諱
초강의 난초와 두약 함께 슬프구나[242] 楚江蘭杜共悲傷

두 번째 其二

정일의 참 근원[243] 찾을 수 없고 精一眞源不可尋
구의산[244]은 멀고 멀어 백운만 깊구나 九疑迢遞白雲深
오늘 새벽 황성 밖에서 통곡하니 今晨痛哭荒城外
초나라 대나무[245] 오직 이 마음 알리라 楚竹惟應識此心

242 초강(楚江)의……슬프구나 : 굴원(屈原)의 〈이소(離騷)〉에 동식물을 많이 인용하여 좋은 물건은 자기에게 비유하고 나쁜 물건은 당시 간신에 비유한 데서 온 말이다. 난초와 두약은 향초이므로 우암도 자신을 비유한 것이다.

243 정일(精一)의 참 근원 : 순(舜) 임금이 우(禹)에게 천하를 전수하면서 "인심은 위태롭고 도심은 은미하니 오직 정밀하게 살피고 한결같이 지켜야 중도를 잡을 수 있다."라고 한 말을 가리킨다. 《書經 大禹謨》

244 구의산(九疑山) : 중국 호남성(湖南省)에 있는 산으로 순 임금을 장사 지낸 곳이다. 여기에서는 효종을 장사 지낸 여주의 영릉(寧陵)을 가리킨다.

245 초나라 대나무 : 상비죽(湘妃竹)이라고 한다. 순 임금의 두 비인 아황(娥皇)과 여영(女英)이 상수(湘水)에 빠져 죽었는데, 이 상수 가에 나는 대를 가리킨다. 초나라의 굴원 역시 이 상수에 빠져 죽었으므로 우암이 자신을 굴원에 빗대어 말한 것이다.

박징지[246] 태징 가 꿈을 기록하여 보내온 시에 차운하다
次朴徵之 泰徵 記夢寄示韻

징지가 꿈을 기록한 절구 한 수를 보내왔는데 그 일이 기이하고 또한 우스웠다. 그 시에 차운하여 한바탕 웃음거리로 삼는다.

월악[247]의 충정은 백일처럼 밝은데 月嶽丹衷白日明
봉산의 가시울타리[248] 사람 맞는 것 끊는구나 蓬山荊棘斷逢迎
어찌하면 은거한 사람 꿈속에 함께 들어가서 如何共入幽人夢
금수성 가에 기쁜 기운 생기게 할까 錦水城邊喜氣生

두 번째 其二

영해의 외로운 신하 백발이 성성한데 嶺海孤臣白髮明
돈계에 은거한 사람 꿈에서 밤에 서로 만나네 遯溪幽夢夜相迎
용마루에 걸린 달은 새벽에도 그대로 있는데 屋樑殘月晨仍在
멀리서 새로 지은 시를 보내 생사를 묻는구나 遠寄新詩問死生

246 박징지(朴徵之) : 박태징(朴泰徵, 1630～?)으로, 본관은 반남(潘南), 자는 징지, 호는 돈재(遯齋)이다. 우암의 문인이다.

247 월악(月嶽) : 이때 문곡(文谷) 김수항(金壽恒)이 전라도 영암(靈巖)으로 귀양가 있었기 때문에 월출산(月出山)을 가리킨다. 《宋子大全隨箚 卷1》

248 봉산(蓬山)의 가시울타리 : 봉산은 우암이 유배 가 있던 장기(長鬐)의 다른 이름이다. 이때 우암이 장기에 위리안치(圍籬安置)되어 있었다. 《宋子大全隨箚 卷1》

그냥 읊다

漫吟

바닷가 그늘 많아 낮에도 밝지 않으니	海曲陰陰晝不明
깊은 숲에 도깨비만 부산하네	深林魑魅自縱橫
뜨락에 다행히 천 가지의 나무 있어	庭前幸有千枝樹
꾀꼬리 한두 마리 우는 소리를 누워서 듣노라	臥聽黃鸝一兩聲

손자 주석이 소회를 읊은 시에 차운하다
次疇孫詠懷韻

가시울타리 안에서 함께 지내며 오랫동안 돌아가지 않으니 共守荊圍久不歸
이런 효성은 예로부터 드물었네 如伊誠孝古來稀
그의 처자가 부질없이 기다리느라 憐渠婦子空凝佇
해 저문 산촌에서 사립문 닫지 않는 것이 가련쿠나 日暮山村不掩扉

《송사》를 보다가 느낌을 쓰다

觀宋史有感

옛집 쇠락하고 새집 좋아졌는데	舊構蕭條新構良
영지의 행색[249]이 이때에 바빴구나	靈芝行色此時忙
책 속의 흥망사 한가로이 보니	閑看卷上興亡事
한 책상 훈풍에 여름 해가 길구나	一榻熏風夏日長

249 영지(靈芝)의 행색 : 영지는 절 이름이다. 송 광종(宋光宗) 소희(紹熙) 5년(1194) 7월에 영종(寧宗)이 선위를 받고 주희를 초빙했는데, 그다음 달에 한탁주(韓侂冑)가 정권을 잡자 주희는 영지사(靈芝寺)로 나와서 남쪽으로 돌아왔다고 한다. 《宋子大全隨箚 卷1》

손자 주석의 〈유두일〉 시에 차운하다

次疇孫流頭日韻

외로운 신하 목 위에 아직도 머리 붙어 있으니 孤臣頸上尙粘頭
궁벽한 곳에 백발로 갇혀 있음을 감히 원망하랴 敢怨窮荒白首囚
성조께서 좋은 법 남겨 만년에 전하였으니 聖祖詒謀垂萬祀
신손들 이 나라 길이 지키기를 축원하련다 神孫長祝守天球

두 번째 其二

고향에 자주 머리 돌리지 말지어다 鄕關遮莫屢回頭
연역을 하려면 유리옥에 갇히는 것이 오히려 마땅하네[250]
演易還宜羑里囚
남긴 글 손에 들고 때때로 읊고 완미하니 手把遺編時諷玩
어찌 꼭 우나라 조정에서 옥경 치는 소리 들어야 하나[251]
虞庭何必聽鳴球

250 연역(演易)을……마땅하네 : 주 문왕(周文王)이 유리옥(羑里獄)에 갇혀 있으면서 팔괘(八卦)였던 《역(易)》을 64괘로 늘리고 괘사(卦辭)를 지었다 한다. 《文選註 卷41 報任少卿書》

251 어찌……하나 : 《서경》 〈익직(益稷)〉에 순 임금이 제사 지낼 때에 옥경을 쳤다는 내용이 나오는데, 여기에서는 순 임금 시대에 직접 살지 않아도 《서경》을 읽음으로 인하여 당시를 상상할 수 있다는 뜻으로 인용하였다.

비가 내려서 읊다

雨中吟

한 차례 비 주룩주룩 섬 백성 위로하니	一雨祁祁慰島民
전원의 곡식 일시에 새로워지네	田園禾稼一時新
하늘은 사사로이 덮어 주는 일 없다고 알고 있지만	也知天道無私覆
외진 곳 고루 젖지 못했을까 저어하노라	却怕陰崖霈不均

상국 김기지[252]가 보낸 시에 차운하다 병진년(1676, 숙종2)

次金相國起之所寄韻 丙辰

성조께서 돌아가신 지 열여덟 해[253]에 聖祖賓天十八春
귀양살이로 고생하는 두세 신하 艱關嶺海兩三臣
높은 이름 천년에 전해짐을 볼 것이니 高名會見留千載
부족하고 게으른 내가 낀 것이 부끄럽네 只愧疎慵亦濫巾

두 번째 其二

당시 경연에 나아가 모실 때마다 當時晉接每經筵
강하처럼 시원함 우러렀노라 仰見江河決沛然
난조[254]를 차마 말하랴 함께 피눈물 흘리며 忍說灤朝同泣血
《심경》 두세 편을 다시 봉해 넣었네 再封心法二三篇

효종대왕이 만년에 《심경(心經)》을 좋아하여 경연에서 여러 차례 매우 자세하게 하문했다. 처음 영릉(寧陵)에 장사 지낼 때 현종께서 선왕이 평소

252 김기지(金起之) : 김수흥(金壽興)이다. 294쪽 주92 참조.

253 성조께서……해 : 효종이 승하한 1659년에서 18년이 흘렀다는 말이다.

254 난조(灤朝) : 난은 난수(灤水)라는 물 이름이다. 주(周)나라 문왕의 아버지 왕계(王季)를 와수(渦水) 서쪽에 장사 지냈는데, 난수가 그 묘를 침식하여 널〔棺〕이 보이자 문왕(文王)이 "선군(先君)께서 군신(群臣)과 백성을 보시겠도다." 하고 그 널을 꺼내어 3일 뒤에 다시 장사 지냈다. 《古今事文類聚 前集 卷50 喪事部》 여기에서는 효종대왕의 면례(緬禮)를 가리킨다.

좋아하시던 것이라 하여 무덤 속에 봉해 넣었다. 그 후 능을 옮길 때도 그대로 넣었는데, 원운(原韻)에서 언급했기에 또한 감히 이렇게 말한 것이다.

세 번째 其三

큰 못에 용 없어지고 세월 흘렀으니	大澤龍亡積歲行
사림들 점점 퇴색하여 갈 길을 잃었도다	士林斑剝失章程
그대는 선생님의 옛집[255] 잘 지키고 있으리니	知君好守先生宅
울타리 국화 뜨락 소나무 모두 옛정이어라	籬菊庭松摠舊情

네 번째 其四

삼가 엄명을 받아 더위를 무릅쓰고	恭承嚴命觸炎行
동남쪽 수십 정을 다 지나왔네[256]	行盡東南數十程
넓은 바다와 금강산 모두 보았으니	瀚海金剛都領略
숲의 뱀[257] 시내의 악어[258] 모두 관심 없어라	樹蛇溪鰐不關情

255 선생님의 옛집 : 청음(淸陰) 김상헌(金尙憲)의 집을 말한다. 이 시를 받는 퇴우 김수홍이 그의 손자이기 때문이다.

256 동남쪽……지나왔네 : 정(程)은 일정(日程)으로 하루에 이동하는 거리, 즉 90리를 가리킨다. 우암이 덕원(德源)에서 장기(長鬐)로 이배되었기 때문에 한 말이다.

257 숲의 뱀 : 유안세와 관련한 고사이다. 398쪽 주231 참조.

258 시내의 악어(鰐魚) : 당(唐)나라 한유(韓愈)가 조주 자사(潮州刺史)로 나갔을 때 악어가 가축을 잡아먹어서 백성들이 고통받았다. 한유가 〈제악어문(祭鰐魚文)〉을 지어 악계(惡溪)의 물에 던지니 악어가 사라졌다고 한다. 《五百家注昌黎文集 卷36》 우암이 장기(長鬐)에 귀양 와 있기 때문에 조주로 좌천된 한유에 빗대어 말한 것이다.

초려가 귀양 중에 지은 시[259]에 차운하다

次草廬謫中韻

사헌부의 준엄한 주장 속에서도 목숨을 붙여 주었으니 霜臺峻議附生行
죽은 풀 그늘 속에도 영화를 찾겠도다 死草陰崖亦向榮
그대는 임금의 큰 은혜에 감격하여 知君感激君恩重
상수의 초나라 굴평 되지 않을 줄을 알겠네[260] 莫作湘流楚屈平

두 번째 其二

험한 길을 평지처럼 다니니 險路行如平路行
마음 화평하여 고생과 영화를 똑같이 여기네 心平平一視枯榮
노자가 평생토록 何如盧子平生事
팔만 개의 모공으로 불평을 푼 것과 비교해 어떠한가[261]

259 초려(草廬)가……시 : 초려는 이유태(李惟泰)의 호이다. 효종의 상사에 기년복(朞年服)을 주장하다가 평안도 영변에 있는 철옹산성(鐵甕山城)으로 유배되어 5년 만에 석방되었다. 귀양지로 갈 때 우암에게 절구 두 수를 보냈으므로 차운한 것이다.

260 상수(湘水)의……알겠네 : 굴평(屈平)은 초나라 삼려대부(三閭大夫)를 지낸 굴원(屈原)으로, 참소를 받고 쫓겨나 상강(湘江) 가에서 배회하다가 멱라연(汨羅淵)에 빠져 죽었다. 《史記 屈原列傳》 여기에서는 임금의 큰 은혜를 받은 이유태는 굴원처럼 자결하지 않을 줄을 안다는 말이다.

261 노자(盧子)가……어떠한가 : 노자는 노동(盧仝)을 가리킨다. 당나라 시인으로 호는 옥천자(玉川子)이다. 은거하며 차를 좋아하였는데 〈주필사맹간의기신다(走筆謝孟諫議寄新茶)〉 시에 "넷째 잔에 가볍게 땀이 나서 평생 불평한 일들이 모두 터럭 구멍

八萬毛竅散不平

세 번째 其三

머나먼 길 말 타고 떠나니	迢遞長途信馬行
깊은 골짝 지초의 영화 생각지 마오	休思深谷紫芝榮
아마도 철옹성 가의 물	惟應鐵瓮城邊水
달밤에 맑은 물결 담담하리	夜月淸波澹澹平

네 번째 其四

건안이 쇠락하여 황초에 이르렀으니[262]	建安陵替到黃初
삼천을 경략하여 황제의 터 만들었네	經略三川作帝居
그 당시 초려 얼마나 장했던가[263]	當日草廬何壯矣
이제는 형벌에 시달리니 우습구려	如今可笑困刑餘

을 향해 흩어지네.〔四椀發輕汗, 平生不平事, 盡向毛孔散.〕"라고 한 구절을 인용하였다. 《唐百家詩選 卷15 盧仝14首》

262 건안(建安)이……이르렀으니 : 건안은 동한 헌제(東漢獻帝)의 연호이고 황초(黃初)는 위 문제(魏文帝) 조비(曹丕)의 연호이다. 한나라가 망하고 위나라가 일어났다는 뜻이다.

263 그……장했던가 : 이유태의 호가 초려(草廬)이므로 촉한(蜀漢)의 유비(劉備)와 제갈량(諸葛亮)의 삼고초려 고사를 인용하여 이유태가 효종에게 지우(知遇)를 받은 일을 말한 것이다.

다섯 번째 其五

두 가문의 아들이 처음에는 같이 공부했는데　　二氏家兒同一初
늘그막에 같이 살지 못함 늘 한스러웠네　　暮年長恨不同居
지금 세상일 번복이 많지만　　只今世事多飜覆
〈양춘곡〉[264]만은 그대로 남아 있다네　　惟有陽春曲自餘

여섯 번째 其六

계룡산 신령한 곳에서 〈수초부〉를 짓더니　　雞嶽靈源賦遂初
어찌해서 오늘 구이에 살게 되었나[265]　　如何今日九夷居
우뚝 서서 우리 도학 빛냄을 보리니　　從看壁立光吾道
철옹산성 높고 높아 만 길도 넘으리라　　鐵瓮山高萬丈餘

주자(朱子)가 당화(黨禍) 때에 "오늘날 화를 피해야 한다고 말하는 자는

264 양춘곡(陽春曲) : 가곡(歌曲)의 이름으로, 서로 속마음을 안다는 뜻이다. 송옥(宋玉)의 〈대초왕문(對楚王問)〉에 "어떤 사람이 영중(郢中)을 지나다가 〈하리(下里)〉와 〈파인(巴人)〉을 부르니 화답자가 수천 명이고 〈양아(陽阿)〉와 〈해로(薤路)〉를 부르니 화답자가 수백 명이고, 〈양춘(陽春)〉과 〈백설(白雪)〉을 부르니 화답자가 수십 명을 넘지 못했다."라고 한 데서 인용한 말이다. 《文選 卷45》

265 계룡산……되었나 : 이유태가 세상에 나서려 하지 않았는데 어찌하여 먼 곳으로 유배되었느냐는 뜻이다. 이유태가 만년에 살던 곳이 공주 중동골로 바로 계룡산 기슭이다. 〈수초부(遂初賦)〉는 동진(東晉) 때 손작(孫綽)의 작품으로, 손작이 환온(桓溫)에게 미움을 받을 때 환온이 "어찌 그대는 〈수초부〉대로 하지 않고 나랏일에 간섭하는가."라고 했다는 말에서 인용된 것이다. 구이(九夷)는 조선을 가리키는 말이다. 《宋子大全隨箚 卷1》

참으로 서로 아껴 주자는 뜻으로 하였지만, 만약 나를 만 길 절벽처럼 우뚝 서게 한다면 어찌 더욱 우리 도(道)의 빛이 되지 않겠는가."라고 하였다.

증손자 일원(一源)[266]의 "연자일장의독서"[267] 시에 차운하다
次曾一燕子日長宜讀書韻

긴 여름 찌를 뽑아 가며[268] 옛 책을 탐구하니	長夏抽籤究邃初
제비 날아와 늙어서 독서를 탐한다고 비웃네	燕兒來笑老耽書
묻노니, 나의 삼만 육천 날 중에서	問余三萬六千日
너는 지금 몇 날이나 남았다고 생각하느냐	料得君今幾日餘

266 일원(一源) : 우암의 증손자 송일원(宋一源, 1664～1713)이다. 자는 백순(伯純), 호는 불훤당(不諼堂)이다. 우암이 덕원(德源)과 장기(長鬐)로 귀양 다닐 때 송일원은 겨우 열 살이었지만 우암을 따라다니며 수학하였다.

267 연자일장의독서(燕子日長宜讀書) : 황정견(黃庭堅)이 조카 황사(黃相)를 보내며 지은 〈질사수지명주행(姪相隨知命舟行)〉 시의 결구(結句)이다. 《山谷集 卷6》

268 찌를 뽑아 가며 : 찌는 책을 읽다가 어렵거나 의심나는 곳에 붙이는 서첨(書籤)인데, 나중에 이해되면 뽑아서 제거한다. 따라서 이전에 읽다가 난해하여 붙여 놓았던 찌를 지금 다시 읽어 이해하고서 떼어 낸다는 뜻이다.

귀양지에서 비가 온 뒤에 읊어서 손자에게 보이다
棘中雨後 吟示孫兒

현인은 곤궁에 처해도 기뻐한다고 하는데	聞說賢人處困歡
조손이 마주 앉아 얼굴 찌푸리지 않네	祖孫相對不皺顔
울타리 밖 앞 시내에 밤새 비가 내려	籬外前溪夜來雨
옛날에 파곡에서 졸졸거리던 물소리 듣는 듯하네	似聽巴谷舊潺湲

사문난적 윤휴가 경연에서 주자의 주를 보지 말라고 청했다는 말을 들었는데, 마침 선장[269] 이형직 의 시에 "주자의 유서가 다시 전해지지 않았네."라는 글귀가 있는 것을 보았기 때문에 그 시에 차운하다

聞賊鑴請於經筵 勿看朱子註 適見善長 李亨稷 詩 有考亭遺緒更無傳之句 故聊次其韻

고명하고 광대하게 빛나고 높으니	高明廣大煥巍然
회보[270]의 문장은 하늘처럼 끝없이 넓다네	晦父文章浩浩天
하찮은 하루살이여 고목을 건드리지 마라	楚楚蜉蝣休撼樹
그 연원이 중니로부터 전해 온 것이니	淵源自是仲尼傳

두 번째 其二

옛 도성 오랫동안 적막하니	舊京城闕久蕭然
늙은 측백나무에 누가 세모의 하늘을 읊는가	老柏誰吟歲暮天
당시의 이 마음 사람들 알지 못하고	當日此心人不識
이제는 책 속에 전해질 뿐이네	秖今留與卷中傳

주자가 노년에 병들어 다락 아래 누워서 탄식하기를 "늙었도다. 다시는

269 선장(善長) : 이형직(李亨稷, 1634~?)의 자이다. 본관은 한산(韓山)이다. 1660년(현종1) 생원시에 입격하였다. 박세채(朴世采)의 사위이다.

270 회보(晦父) : 호가 회암(晦庵)인 주희를 지칭한 것이다.

중원이 회복되는 것을 보지 못하겠도다." 하고 〈공명묘백행(孔明廟柏行)〉[271]을 읊었는데, 그 뜻을 상상할 수 있다.

271 공명묘백행(孔明廟柏行) : 두보(杜甫)의 시 〈고백행(古柏行)〉을 가리킨다. 그 시에 "제갈공명의 사당 앞 늙은 측백나무, 가지는 청동 같고 뿌리는 바위 같네.〔孔明廟前有老柏, 柯如青銅根如石.〕"라고 하였다. 《杜詩詳註 卷15》

이태경[272] 동형 이 신백고와 멀리서 찾아왔으니 뜻이 매우 근후하였다. 며칠을 머물다가 엿보는 자가 있을까 두려워 작별하고 돌아갔다. 떠날 때 태경이 시 두 편을 남겼기에 그 시에 차운하다

李泰卿 東亨 與申伯固 遠來相訪 意甚勤厚 相留數日 恐有物色者 解携而歸 臨行 泰卿留詩二首 聊步其韻

적선은 무슨 일로 연대에서 울었던가[273] 謫仙何事哭燕臺
준마의 뼈 부질없이 악의를 불러왔네[274] 駿骨空招樂毅來

272 이태경(李泰卿) : 이동형(李東亨, 1637~1717)으로, 본관은 여주(驪州), 자는 태경이다. 우암의 문인으로, 삭녕 군수(朔寧郡守)를 지냈다.

273 적선(謫仙)은……울었던가 : 적선은 당나라 하지장(賀知章)이 이백(李白)을 일컬은 말이다. 연대(燕臺)는 전국 시대 연 소왕(燕昭王)이 대(臺)를 지어서 그 위에 천금(千金)을 쌓아 놓고 천하의 어진 선비를 초빙하였다는 곳이다. 이백은 하지장의 천거로 당 명황(唐明皇)의 사랑을 받았는데, 환관 고역사(高力士)의 참소로 물러나게 되었다. 《新唐書 李白列傳》《戰國策 燕策1》 연대에서 울었다는 말은 이백의 시 〈강상답최선성(江上答崔宣城)〉에 "잘못 연대의 부름에 응해서 곽외를 따라갔네.〔謬忝燕臺召, 而陪郭隗蹤.〕"라는 구절을 가리키는 것으로 보인다. 《李太白文集 卷16》

274 준마의……불러왔네 : 전국 시대 연 소왕이 곽외(郭隗)에게 인재를 구하게 하자 곽외가 "옛날에 어떤 임금이 천리마(千里馬)를 구하려고 하였으나 3년이 되도록 구하지 못하였는데, 내시가 죽은 천리마의 뼈를 500금(金)을 주고 사 왔더니 1년도 안 되어 천리마가 세 마리 왔다고 합니다. 왕께서는 저부터 써 주시면 저보다 어진 사람이 불원천리 찾아올 것입니다." 하였다. 이에 연 소왕이 곽외를 스승으로 섬기자 위(魏)나라로부터 악의(樂毅)가, 제나라로부터 추연(鄒衍)이, 조(趙)나라로부터 극신(劇辛)이 이르렀다. 그러나 연 혜왕(燕惠王)이 악의를 신임하지 않아서 악의가 조(趙)나라로 망명하였기 때문에 부질없이 불러왔다고 한 것이다. 《戰國策 燕策1》《史記 燕昭王世家》

가엽구나 제나라 소 바야흐로 오채 꾸미는데[275] 可惜齊牛方五采
한단성 밖에서 부질없이 머뭇거리네[276] 邯鄲[277]城外浪遲徊

두 번째 其二

남쪽 하늘 쓸쓸하니 기러기 시름 길고 南天寥落雁愁長
청주로 돌아가는 길 참으로 아득하네 上黨歸程正杳茫
바람 부는 처마 아래에서 옛 도를 내 오히려 즐기니 風簷古道吾猶樂
강남에서 송옥의 슬픔[278]을 짓지 말게나 莫作江南宋玉傷

275 제(齊)나라……꾸미는데 : 연나라 장수 악의가 제나라를 격파한 뒤에, 연 소왕이 죽고 혜왕이 즉위하였다. 혜왕이 악의와 화합하지 못하는 것을 안 제나라 전단(田單)은 첩자를 보내고 성중에서 소 1000여 마리를 구해서 비단옷을 입힌 다음 오색으로 용(龍) 그림을 그리고, 머리에는 병기를 달고 꼬리에 불을 붙여서 연나라 군대를 격파하고 연나라에 빼앗겼던 제나라 땅을 수복하였다. 《史記 田單列傳》

276 한단성(邯鄲城)……머뭇거리네 : 한단성은 조(趙)나라 서울이다. 연나라 장수 악의가 혜왕에게 의심을 받자 두려워서 조나라로 망명하였다. 《史記 樂毅列傳》 여기에서는 나라에 어려움이 있는데 좋은 인재들을 버린다는 뜻으로 인용하였다.

277 鄲 : 대본에는 '戰'으로 되어 있는데, 《송자대전수차(宋子大全隨箚)》 권1에 의거하여 바로잡아 번역하였다.

278 송옥(宋玉)의 슬픔 : 송옥은 전국 시대 초나라 사람으로 굴원(屈原)의 제자이다. 굴원의 추방을 가엽게 여겨 〈구변(九辯)〉을 지었는데, 그 첫머리에 "슬프다, 가을 기운이여.〔悲哉! 秋之爲氣也.〕"라고 하였다. 그래서 이 부(賦)를 〈비추부(悲秋賦)〉라고도 일컫는다. 《屈宋古音義 卷3 宋玉》

송계흥[279]의 시에 차운하여 주다

次贈宋季興

산중에서 몇 해나 소나무 사립문 닫고 지냈던가	山中幾歲閉松扉
회보가 남긴 책 일월처럼 빛나네	晦父遺書日月輝
오늘 눈서리 내린 가시울타리 안에서	今日雪霜荊柵裏
그대를 만나서 옛 심의[280]를 얘기하네	逢君猶說舊深衣

279 송계흥(宋季興) : 송규창(宋奎昌, 1630~1688)으로, 본관은 은진(恩津), 자는 계흥, 호는 수우당(守愚堂)이다. 송준길(宋浚吉)의 문인이다.

280 심의(深衣) : 조선 시대 유학자들이 입던 옷으로 머리의 복건과 함께 착용하였다. 흰 비단으로 소매를 넓게 하여 옷깃, 소매 끝, 옷단에 검정색 선을 둘렀다. 허리에는 띠를 두르고 오색의 띠를 늘어뜨렸다. 이 옷은 중국 고대에서부터 있었던 것으로 우리나라에는 송나라 때 주자학과 더불어 전해졌다. 주희(朱熹)가 《가례(家禮)》에서 유학자의 법복으로 추거(推擧)하였고, 《예기》 〈심의(深衣)〉에 그 제도가 나와 있다.

진사 원차산의 시에 차운하여 주다
次贈元進士 次山

진사 원내중(元來重)이 의춘(宜春)에 있을 때부터 매우 친하게 교유하였는데, 이제 또 바다를 따라 남쪽으로 험난한 1000여 리 길을 내려와 귀양살이하는 곳으로 찾아왔으니, 이는 옛사람에게서나 볼 수 있는 것이다. 작별에 임하여 시를 주기에 그 운에 따라 지었다. 나는 기질의 병으로 인하여 낭패를 당하지 않은 일이 없다. 백방으로 고치려 해도 마침내 변화하지 못하니 삼가 스스로 슬퍼한다. 일찍이 이천(伊川)이 왕전기(王佺期)가 약을 보낸 데 대해 사례한 시를 읽어 보니, 하나의 '성(誠)' 자로써 장수하는 단약(丹藥)으로 삼았고,[281] 부주(涪州)로 귀양 갈 때 사나운 파도가 치는데도 마음에 성경(誠敬)을 보존해서 마침내 이런 기력을 얻어 칠분(七分)의 큰 가르침을 이루었다고 한다.[282] 유원성(劉元城)도 멀고 험한 땅을 동서로 천리만리 두루 다녔으나[283] 하루도 병을 앓은 적이 없었는데, 스스로

281 하나의……삼았고 : 송(宋)나라 학자 정이(程頤)의 칠언 절구인 〈사왕전기기약(謝王佺期寄藥)〉에 나오는 내용이다. 《二程文集 卷9 伊川文集》

282 부주(涪州)로……한다 : 정이가 부주로 귀양 가서 《역전(易傳)》을 완성한 일을 가리킨다. 정이가 문인에게 《역전》을 보여 주면서 "이 책은 단지 칠분만 설명했을 뿐이니, 뒷사람들이 다시 스스로 체득해서 연구해야 할 것이다.〔只說得七分, 後人更須自體究.〕"라고 하였다. 《近思錄 卷3 致知類》

283 유원성(劉元城)도……다녔으나 : 유원성은 북송의 명신인 유안세(劉安世, 1048~1125)로, 자는 기지(器之), 호는 원성이다. 사마광(司馬光)의 문인인데, 철종(哲宗)

"모두 성(誠)에서 연유한 것이다."라고 하였다. 이것이 내가 배우려고 해도 되지 않는 것이다. 지금 내중은 의학(醫學)도 통달한 사람이기 때문에 이렇게 말한다. 내중은 과연 어떻게 생각할지 모르겠다.

옛 병 겸해 오니 말하면 시름 되어	古疾兼來說著愁
영약을 구하고자 염주[284]에 왔네	欲求靈藥到炎洲
그대 만나 주머니 더듬는 일[285] 이야기해 보니	逢君試話探囊事
정자의 단약이라야 치유할 수 있다네	謂服程丹始可瘳

즉위 후에 사마광이 집권하자 그의 천거로 관직에 나갔으나 간신인 장돈(章惇)에 의해 광동(廣東)과 광서(廣西) 등 멀고 험악한 곳으로 일곱 번이나 유배 가면서도 의지를 굽히지 않으니, 소식(蘇軾)은 그를 '철한(鐵漢)'이라 일컬었다.《宋史 劉安世列傳》

284 염주(炎洲) : 전설상 남해(南海)에 있는 무더운 섬으로, 삼신산(三神山)과 함께 신선이 산다는 십주(十洲) 중 하나이다.《海內十洲記》 여기에서는 우암 자신의 귀양지인 장기(長鬐)를 가리킨다.

285 주머니 더듬는 일 : 남의 비법을 몰래 취함을 말한다.《장자(莊子)》〈거협(胠篋)〉에 "상자를 열고 주머니를 더듬고 궤짝을 터는 도적을 막기 위해 수비한다.〔將爲胠篋探囊發匱之盜而爲守備.〕"라는 말을 인용한 것이다.

병진년(1676, 숙종2) 동지에 써서 여러 손자에게 보이다
丙辰長至 書示諸孫

지난해 동지에 주자의 글 읽기 시작하여	去年冬至讀朱書
금년 동지에도 마치지 못하였네	今年冬至未了渠
그 속에 세 글자 병산의 경계[286]	箇中三字屛山戒
묵묵히 앉아 생각하니 의미가 깊구나	默坐沈思味有餘

286 세……경계 : 병산(屛山)은 남송의 학자 유자휘(劉子翬, 1101～1147)의 호이다. 자는 언충(彦沖)이고, 다른 호는 병옹(病翁)이다. 주희가 그의 문하에서 배웠다. 주희가 동자(童子) 때 유자휘의 병 수발을 하다가 도(道)에 들어가는 차례를 묻자 유자휘가 "'불원복(不遠復)'이 곧 나의 세 글자 부절이다."라고 한 말을 가리킨다. '불원복'은 《주역》 〈복괘(復卦) 초구(初九)〉에 나오는 말로, 불선(不善)을 빨리 알아채서 선(善)으로 돌아오면 후회하는 데에 이르지 않는다는 뜻이다. 《晦庵集 卷90 屛山先生劉公墓表》

감사 이중우[287]의 시에 차운하다

次李監司仲羽韻

현명[288]이 나뭇잎 떨구는 바람 불어 보내니	玄冥吹送落枝風
푸르렀던 모든 숲이 하룻밤 새 텅 비었네	蒼翠千林一夜空
무슨 일로 잠성[289]은 나무를 태우고 베어	何事岑城焚斮樹
서리와 눈으로 하여금 공이 없음을 부끄럽게 하는가	能令霜雪愧無功

287 이중우(李仲羽) : 이숙(李翿, 1626~1688)으로, 본관은 우봉(牛峯), 자는 중우, 호는 일휴정(逸休亭)이다. 우암의 문인이다. 병자호란 때 11세의 어린 나이로 포로가 되어 심양(瀋陽)에 잡혀갔다가 사신으로 간 이덕인(李德仁)의 주선으로 귀국하였다.

288 현명(玄冥) : 겨울을 담당하는 신의 이름이다. 《예기(禮記)》 〈월령(月令)〉에 "맹동(孟冬), 중동(仲冬), 계동(季冬)의 달은, 그 제(帝)는 전욱(顓頊)이고, 그 신은 현명이다." 하였다.

289 잠성(岑城) : 우봉의 옛 이름이다.

동춘 선생의 관직을 추탈한다는 말을 들었는데 마침 도원[290]이 시를 보내왔으므로 그 시에 차운하다

聞同春先生追削官職 適道源贈詩 聊次其韻

자기의 참소하는 칼날 땅속에까지 미쳤으니[291] 磁芑讒鋒逮九原

누가 속마음 피력하여 임금께 올릴까 誰人披腹歷重閽

멀리서 생각하니 하원 여러 형제[292]가 遙憐夏遠諸兄弟

사당 앞에 피눈물 흘리며 지극한 원통함에 통곡하리라 抆血祠前哭至冤

290 도원(道源) : 송규렴(宋奎濂, 1630~1709)의 자이다. 본관은 은진(恩津), 호는 제월당(霽月堂)이다. 송준길(宋浚吉)의 문인으로, 학문이 뛰어나 송준길, 우암과 함께 삼송(三宋)으로 일컬어졌다.

291 자기(磁芑)의……미쳤으니 : 자기는 명종 때 을사사화를 일으킨 허자(許磁)와 이기(李芑)를 가리킨다. 1675년(숙종1) 11월 26일부터 29일까지 지평 심단(沈檀), 대사헌 홍우원(洪宇遠), 정언 강석빈(姜碩賓) 등이 송준길은 우암과 같은 사람이므로 관작을 추탈해야 한다고 거듭 계사를 올리자 11월 29일 숙종이 마침내 송준길의 관작을 추탈하라는 계사에 대해 윤허하였다.《肅宗實錄 1年 11月》 여기에서는 심단 등을 을사사화를 일으킨 허자와 이기에 빗대어 말한 것이다.

292 하원 여러 형제 : 송준길의 손자 송병하(宋炳夏)와 송병원(宋炳遠)이다.《同春堂集 卷7》

삼가 원운을 보니 끝내 스스로에게 관대하게 하는 뜻이 있으므로 한마디 일깨우는 말을 하려고 다시 그 시에 차운하다
竊見原韻 終有自恕之意 故聊下一轉語 復次其韻

여간의 마음을 마침내 누가 찾아내어 밝힐까	餘干心迹竟誰原
오직 우승이 황제에게 부르짖었네	唯有愚丞叫帝閽
사나이는 의리만 바르면 더 할 것이 없으니	男兒義正無餘事
먼 소주에 귀양 가도 원통하지 않았으리	遠謫韶州定不冤

여간(餘干)은 조여우(趙汝愚)[293]이다. 한탁주(韓侂胄)[294]가 역적으로 무고했는데 여조검(呂祖儉)[295]이 이를 구원하다가 소주(韶州)로 귀양 갔다. 여조검은 대우(大愚)라고 자호하였고 벼슬이 시승(寺丞)이므로 우승(愚丞)이라 한 것이다. ○ 근자에 한 의론이 있는데 성청송(成聽松)[296]이 당쟁

293 조여우(趙汝愚) : 1140~1196. 자는 자직(子直)이고, 여간 사람이다. 남송 영종(南宋寧宗) 때의 재상으로, 주희, 장식(張栻), 여조검, 왕응신(汪應辰) 등과 교유하였다. 주희 등을 추천하였다가, 도학(道學)을 위학(僞學)으로 규정한 한탁주 등의 탄핵을 받고 영주(永州)에 유배되었는데, 형주(衡州)에서 병이 발작하여 폭사(暴死)하였다. 저서로는 《송조제신주의(宋朝諸臣奏議)》 등이 있다. 시호는 충정(忠定)이다.

294 한탁주(韓侂胄) : 1152~1207. 자는 절부(節夫)이고, 북송 인종(北宋仁宗) 때의 명상인 한기(韓琦)의 증손이다. 질손(姪孫)이 영종(寧宗)의 황후가 되어 영종 즉위 후에 승상에 임명되어 정권을 잡았다. 자신과 대립하던 우승상 조여우를 모함하여 유배 보내고, 조여우가 추천한 주희의 학문을 위학이라고 무함하여 주희의 관작을 삭탈하였으며, 주희와 뜻을 같이하는 사람들을 모두 위학당으로 지목하여 귀양 보내거나 출사(出仕)의 길을 막았다.

295 여조검(呂祖儉) : ?~1196. 자는 자약(子約)이고, 동래(東萊) 여조겸(呂祖謙)의 아우이다. 벼슬이 태부시승(大府寺丞)에 이르렀다.

에 참여한 바가 없다고 하였다. 박화숙(朴和叔)[297]은 “당시의 일은 조용문(趙龍門)[298]을 옳게 여겨야 한다.” 하였는데, 조용문은 왕에게 원통함을 하소했고, 정암(靜菴)[299]이 죽었다는 소식을 듣고 달려가서 호상(護喪)하고 돌아왔다가 장례가 끝난 후에 돌아갔기 때문에 그렇게 말한 것이다. 지금의 일도 승지(承旨) 이세화(李世華)[300] 같은 사람은 훌륭해서 따라갈 수 없고, 다만 심용경(沈龍卿)[301]은 말이 겸손하면서도 곧아 사적인 의리가 불안함을 밝혔을 뿐인데 마침내 귀양 가게 되었으니 또한 의리가 바르고

296 성청송(成聽松) : 성수침(成守琛, 1493~1564)으로, 본관은 창녕(昌寧), 자는 중옥(仲玉), 호는 청송이다. 조광조(趙光祖)의 문인으로, 1519년(중종14) 현량과(賢良科)에 천거되었다. 기묘사화가 일어나자 벼슬을 단념하고 은거하였다. 우계(牛溪) 성혼(成渾)의 아버지이다.

297 박화숙(朴和叔) : 박세채(朴世采, 1631~1695)로, 자는 화숙, 호는 남계(南溪)이다.

298 조용문(趙龍門) : 조욱(趙昱, 1498~1557)이다. 본관은 평양(平壤), 자는 경양(景陽), 호는 보진재(葆眞齋)・용문 등이며, 시호는 문강(文康)이다. 조광조와 김식(金湜)의 문하에서 공부하였다. 1519년 기묘사화에 연루되었으나 나이가 어리다고 하여 화를 면하였다. 그 뒤 지평(砥平)의 용문산에 은거하며 후학을 가르쳐 용문 선생으로 불렸다.

299 정암(靜菴) : 조광조의 호이다.

300 이세화(李世華) : 1630~1701. 본관은 부평(富平), 자는 군실(君實), 호는 쌍백당(雙柏堂)・칠정(七井)이다. 황해도・전라도・경상도 관찰사를 역임하고, 세자빈객에 올랐으며, 청백리로 선정되었다. 저서로 《쌍백당집(雙柏堂集)》이 있다.

301 심용경(沈龍卿) : 심수량(沈壽亮, 1644~1692)이다. 본관은 청송(青松), 자는 용경이다. 홍문관 수찬, 이조 좌랑, 사간원 사간 등을 역임하였다. 1689년(숙종15) 인현왕후(仁顯王后) 민씨(閔氏)가 폐위되자 오두인(吳斗寅), 박태보(朴泰輔) 등이 반대하는 상소를 올렸는데, 이때 함께 이름을 올린 일로 여주 목사(驪州牧使)에서 해임되었다. 이후 경기 양근(楊根) 선산(先山)에 은거하였다.

마음에 편안하다 하겠다. 도원(道源)[302]은 동춘(同春)에게 그 은혜와 의리의 중함이 용경이 나에게 잠시 강론했던 것에 비할 정도가 아니다. 또 이공(李公)이 동춘에 대해서는 범연하게 서로 아는 사이일 뿐이 아니니 이해화복(利害禍福)에 대해 계교하기 어려운 점이 있다. 그 의리가 참으로 앞에서는 잘못되었으나 마땅히 해야 할 일을 즉시 해 나갈 것에 대해 후일을 기대하지 않을 수 없다. 그러나 절대로 입 밖에 내서는 안 될 것이다. 근일 한두 가지 후회할 만한 일이 있었다.

302 도원(道源) : 송규렴(宋奎濂)의 자이다. 433쪽 주290 참조.

이동보의 꿈을 기록한 시에 차운하다

次李同甫記夢詩

내가 화란을 당한 초기에 두 아우 성보(誠甫), 수보(秀甫)[303]가 서로 연이어 벼슬을 버리고 길가에서 함께 지내며 나의 귀양길을 기다렸다. 을묘년(1675, 숙종1) 1월 드디어 나를 따라 북쪽으로 갔고 수보는 뒤에 따라왔으니 그동안 7개월이었다. 성보는 다른 일 때문에 남쪽으로 돌아가고 수보는 그대로 있었다. 그해 윤달에 최(崔), 유(柳)의 옥사[304]로 나 또한 남쪽으로 옮기게 되어 바다를 따라 내려가는데 수보가 또 먼 길에 부축하고 보호하느라 갖은 고생을 하였다. 더구나 감압관(監押官)이 당로자(當路者)들의 뜻을 따라 괴롭히는 것이 말할 수 없었으나 부자, 형제, 조손이 곳에 따라 이야기하고 웃으며 귀양 가는 시름을 모두 잊기도 하였다. 하루는 핍박이 더욱 심하여 홍수를 무릅쓰고 물을 건너다가 배를 끄는 줄이 중류에서 끊어져 수보와 손자 하나가 하마터면 바닷물에 빠질 뻔했는데 다행히도 마을 사람들이 온 힘을 다해 도와준 덕에 다시 북쪽 언덕으로

303 두……수보(秀甫) : 우암의 형제가 5명인데, 넷째가 성보(誠甫) 송시도(宋時燾)이고, 다섯째가 수보 송시걸(宋時杰)이다. 우암은 셋째이다.

304 최(崔), 유(柳)의 옥사 : 《송자대전수차(宋子大全隨箚)》 권1에 의하면 을묘년 윤5월 유필명(柳弼明)이 우암을 위해 변무소(辨誣疏)를 올렸는데 은(殷)나라 태정(太丁), 태갑(太甲)의 일을 예로 들었다. 윤휴(尹鑴)가 이를 기화로 죄에 얽어 넣어 국문하니 유필명이 최신(崔愼)을 끌어들였다. 최신은 장(杖)을 맞아 거의 죽을 지경이 되어서 유필명과 찬배(竄配)되었다.

올라서게 되었다. 이날 일행이 갈라져 물을 사이에 두고 서로 바라보며 애를 태우고 그다음 날에야 서로 모여 술을 사서 마시며 위로하였다. 1000여 리를 내려갔는데 성보가 또 호서에서 달려와 맞았고, 집에 있던 손자, 일가친척, 친구 들이 앞뒤로 길가에서 기다렸다. 처음에 동보는 내가 남쪽으로 간다는 말을 듣고 동교(東郊)로 지날까 하여 중화(仲和)[305]와 함께 양주(楊州), 포천(抱川)의 길에서 기다리다가 내가 지름길로 간다는 말을 듣고 무연히 방황하던 중에 우리 일행에 대해 꿈을 꾸었는데, 수보와 손자 회석(晦錫)이 어느 상인(喪人)과 함께 따르더라고 서(序)와 시(詩)를 지어 인편에 부쳐 왔다. 일행 중에 상인은 바로 문원(文元 김장생(金長生)) 선생의 증손 김만수(金萬壽)와 나의 외사촌 아우 무인(武人) 박천영(朴千英)이었다. 동보가 꿈에서 본 사람이 그중 누구인지 알 수 없으나 대저 참된 경지는 틀림이 없으니 참으로 정신이 서로 감동하면 아무리 멀어도 이르지 못하는 곳이 없다는 것이 이것이다. 이로 인하여 그 시에 화답하여 따라온 여러 아이에게 보여 주었다.

말세에 누가 본분을 지켜 행했나	叔世何人素位行
평생에 우러른 분은 주자와 정자이네	平生仰止是朱程
나무꾼의 문답[306]과 누더기 걸친 자의 웃음에서	樵夫答問懸鶉笑

305 중화(仲和) : 김창협(金昌協)의 자이다.

306 나무꾼의 문답 : 정이(程頤)가 부주(涪州)로 귀양 갈 때, 배에서 풍랑을 만나 모두 놀라는데 정이는 태연히 있으므로 어느 나무꾼이 보고 "목숨을 도외시하여 그러한가, 사리를 통달하여 그러한가?"라고 한 일을 가리킨다. 《心經附註 卷2》

당시 똑같은 심정 알았노라　　認取當年一揆情

나무꾼의 문답〔樵夫答問〕이 모두 세 차례나 전서(全書)에 보이는데 뜻이 모두 같지 않다. ○ 경원당화(慶元黨禍) 때 주 선생(朱先生)이 "양자직(楊子直)의 편지에 공자께서 미복(微服)으로 송나라를 지나간 일을 인용하여 가르침을 주었다. 그런데 지금 누더기를 걸쳤는데도 면하지 못하였으니 가소로운 일이다." 하였다.

두 번째 其二

이천 리 길 더위 무릅쓰고 떠나니　　路二千餘觸熱行
바다 갈매기와 산새들도 엄숭한 여정을 위로하네　　海鷗山鳥慰嚴程
두 벗 참동의 모임은 어찌하였던가　　如何二友參同會
꿈속에서 도리어 부녀자의 감정이 되었나　　夢裏還爲婗孺情

주 선생이 문인과 함께 채서산(蔡西山)[307]을 정안(淨安)으로 보내면서 위로하는 말 없이 《참동계(參同契)》만을 문답했다. 동보 시의 서문에 "중화(仲和)와 함께 도중에서 나를 기다렸고 꿈속에서 서로 만나 울었다.……" 라고 하였으므로 끝구에서 말한 것이다.

307 채서산(蔡西山) : 남송(南宋)의 학자 채원정(蔡元定, 1135~1198)으로, 자는 계통(季通), 호는 서산이다. 주희의 고제(高弟)이다. 어려서는 아버지에게 배웠고 자라서는 주희와 종유(從遊)하였는데 주희는 그가 도달한 학문의 깊이에 놀라 "이 사람은 나의 노우(老友)이다. 제자의 반열에 두는 것은 마땅치 않다."라고 하였다. 뒤에 한탁주(韓侂冑) 등에게 위학(僞學)으로 몰려 도주(道州)로 귀양 갔다가 그곳에서 죽었다. 《율려신서(律呂新書)》, 《팔진도설(八陣圖說)》, 《홍범해(洪範解)》 등의 저술이 있다. 《宋史 儒林列傳 蔡元定》

세 번째 其三

형제 서로 함께 변방에 갔다가　　鴒原相逐塞垣行
다시 영남의 귀양길 고생하며 내려왔네　　復與艱關嶺海程
진중한 친구 어젯밤에 꿈을 꾸었다고　　珍重故人成昨夢
곡강의 정을 은근히 읊어 보내왔네　　殷勤吟送曲江情

원미지(元微之)가 백낙천(白樂天)에게 준 시에 "꿈속에 그대의 형제 곡강 머리에서 만났네.〔夢君兄弟曲江頭〕"라고 하였는데, 설명하는 자들이 "천 리 밖에서도 정신의 사귐은 부절(符節)을 합친 것과 같으니, 붕우의 도리가 지극하지 않은가." 하였다.[308]

308 원미지(元微之)가……하였다 : 원미지는 당나라 원진(元稹, 779~831)으로, 미지는 그의 자이다. 원진이 어사가 되어 국옥(鞫獄)하기 위해 떠날 때에 백거이(白居易) 형제가 전송하였다. 10일 뒤에 백거이 형제가 곡강(曲江)을 유람하고 자은사(慈恩寺)에 들러 시를 짓기를 "홀연 친구가 하늘 끝에 간 것이 생각나니, 일정을 헤아려 보니 오늘쯤 양주에 도착했겠네.〔忽憶故人天際去, 計程今日到梁州.〕"라고 하였다. 그로부터 10일 뒤에 원진의 편지를 받았는데, 과연 그날 양주에 도착했고, 또 그가 지어서 보내온 시에 "그대의 형제 곡강에서 놀고 또 자은사에 가서 노는 꿈을 꾸었네.〔夢君兄弟曲江頭, 也到慈恩院裏游.〕"라고 하였다. 《說郛 卷80 徵異5》

이동보가 보여 준 문곡 상공의 시에 차운하다 정사년(1677, 숙종3) 1월

次李同甫所示文谷相公韻 丁巳正月

지난번에 보여 준 문곡의 시는 즉시 모모(嫫母)의 찡그림을 본받았는데[309] 아직 써서 올리지 않았는지 기억하지 못하겠다. 지금 양산(楊山) 상공(相公)[310]에게 기록하여 보낸 것 또한 마찬가지이다.

항상 지동의 정촌을 생각하노니　常思芝洞靜村墟
그곳에서 부앙하며 밤에 도둑이 통째로 훔쳐 감[311]을 어찌 감당하리　俛仰那堪夜壑虛
다행히 훌륭한 아이 있어 옛 학문을 익혀　幸有佳兒尋舊學

309 모모(嫫母)의 찡그림을 본받았는데 : 모모는 황제(黃帝)의 넷째 비(妃)로 심한 추부(醜婦)였으며, 서시(西施)는 월(越)나라의 절세미인이다. 심장병을 앓는 서시가 이맛살을 찌푸리는 모습조차 매우 아름답게 보였으므로, 이웃의 추녀(醜女)가 그 찌푸린 모습을 흉내 내자 마을 사람들이 모두 그녀를 피했다는 고사에서 온 말이다. 여기에서 모모는 서시의 찡그린 모습을 흉내 낸 추녀를 가리키는 말로 사용되었는데, 주제넘게 억지로 남을 흉내 내려고 하는 것을 비유하였다. 《莊子 天運》

310 양산(楊山) 상공(相公) : 퇴우당(退憂堂) 김수흥(金壽興)을 가리킨다. 《宋子大全隨箚 卷1》

311 밤에……감 : 《장자(莊子)》 〈대종사(大宗師)〉에 "골짜기에 배를 숨기고 못 속에 산을 숨겨 놓고 견고하게 숨겼다고 여긴다. 그러나 밤중에 힘이 센 사람이 통째로 지고 가는데도 어리석은 사람은 모른다.〔夫藏舟於壑, 藏山於澤, 謂之固矣. 然而夜半有力者負之而走, 昧者不知也.〕"라고 한 데서 온 말이다.

태극과 정완[312]의 글에 침잠한다네 沈潛太極訂頑書

두 번째 其二

한적한 초당 교외를 바라보는 곳에 있는데 草堂瀟灑価郊墟
신묘한 곳 말이 없이 저절로 청정하였지 妙處無言自靜虛
지금 이 마음을 찾을 수 없으니 今日此心尋不得
해어진 상자에 있는 옛 도서를 차마 보리오 忍看殘篋舊圖書

312 태극(太極)과 정완(訂頑) : 북송의 학자 주돈이(周敦頤)의 〈태극도설(太極圖說)〉과 장재(張載)의 〈서명(西銘)〉을 가리킨다.

2월 24일 비 온 뒤에 읊다

二月廿四日雨後吟

갑자기 내린 비가 온 숲을 변하게 하니 無端一雨變千林
멀리서 온 나그네 일찍이 초택의 시를 읊은 적이 없었네[313] 遠客曾無楚澤吟
오늘 우연히 좋은 날씨를 만나 今日偶逢風日好
책 속에서 한가로이 옛사람의 마음을 대하네 卷中閑對古人心

313 멀리서……없었네 : 초택은 전국 시대 초(楚)나라 굴원(屈原)이 쫓겨나 배회하던 소상강(瀟湘江)을 가리키고, 초택의 시란 굴원이 지은 〈어부사(漁父辭)〉를 가리킨다. 굴원은 쫓겨나 세상을 한탄하면서 〈어부사〉를 지었으나 우암 자신은 비록 귀양와 있지만 굴원처럼 세상을 한탄한 적은 없다는 말이다.

곡운[314]의 〈농수정〉 시에 차운하다

次谷雲籠水亭韻

그대 세상 피해 숲속에 있으면서	夫君逃世在林巒
이름과 성을 천지간에서 없애려 하네	名姓將無天地間
손님도 자못 주인의 뜻을 알아서	客至頗知主人意
시사에 대한 이야기 않고 청산만 대하누나	不談時事對靑山

314 곡운(谷雲) : 김수증(金壽增)의 호이다.

도촌 이계주[315]의 시에 차운하다
次道村李季周韻

성인의 도 황폐되었다 하지 마라	休言聖道塞荊榛
평소 몸단속 못 한 것이 스스로 부끄러워	自愧平生未檢身
정자와 주자가 비결 남기신 것 매우 감사하노니	多謝洛閩留妙訣
미묘한 곳 이르면 정신 더욱 쓰셨네	到幾微處極精神

315 도촌(道村) 이계주(李季周) : 이단하(李端夏, 1625～1689)이다. 본관은 덕수(德水), 자는 계주, 호는 외재(畏齋)·송간(松磵)으로 알려져 있는데, 도촌 역시 호인 듯하다. 택당(澤堂) 이식(李植)의 아들로, 우암의 문인이다.

김능지[316] 수능 가 보내온 시에 차운하여 사례하다
次韻謝金能之 壽能 見贈

밤중에 슬픈 노래 부르며 효종 생각에 우노니	中夜悲歌泣孝宗
임금님 온화한 모습 어찌 다시 볼 수 있으랴	天顔那復見雍雍
외로운 신하 죽지 못하고 끝내 아무런 보탬 없으니	孤臣未死終無補
정수의 용 따라갈 수 없음 한이라오[317]	長恨難扳鼎水龍

두 번째 其二

밤중에 슬픈 노래 부르며 효종 생각에 우노니	中夜悲歌泣孝宗
당시 대로는 도성 동쪽에 계셨었지	當時大老在城東
포륜과 속백으로 초년에 부지런했으니[318]	蒲輪束帛勤初服

316 김능지(金能之) : 김수능(金壽能, 1644～?)으로, 본관은 안동, 자는 능지이다. 김상헌(金尙憲)의 손자이자 김수항(金壽恒)의 서제(庶弟)이다.

317 정수(鼎水)의……한이라오 : 죽은 효종을 따라가지 못함을 한탄한다는 뜻이다. 정수는 정호(鼎湖)를 가리킨다. 황제(黃帝)가 형산(荊山) 아래에서 정(鼎)을 만들었는데, 정이 완성되자 용이 수염을 드리우고 내려와 황제를 맞이하였다. 황제가 용에 올라타자 군신(群臣)과 후궁 등 70여 명이 함께 용에 탔고, 나머지 신하들은 타지 못하자 모두 용의 수염을 붙잡았는데 용의 수염이 빠지면서 땅으로 떨어졌고, 황제의 활도 떨어졌다. 이로 인하여 후세에 그곳을 정호라고 부르고 그 활을 오호(烏號)라고 불렀다. 《史記 封禪書》

318 대로(大老)는……부지런했으니 : 대로는 김상헌을 가리키는데, 효종이 북벌을 추진할 때 그 이념적 상징으로 '대로'라고 칭하여 존경하였다. 포륜(蒲輪)은 부들로

뜻이 같은 신재 선생[319] 기다렸네　同德還須愼獨公

세 번째 其三

밤중에 슬픈 노래 부르며 효종 생각에 우노니　中夜悲歌泣孝宗
모시고 《중용》을 강하던 때를 늘 생각하노라　長思前席講中庸
당우의 정일은 마음 전하는 묘법이니[320]　唐虞精一傳心妙
형명에 떨어지지도 않고 공에 떨어지지도 않느니라[321]　不落刑名不落空

네 번째 其四

밤중에 슬픈 노래 부르며 효종 생각에 우노니　中夜悲歌泣孝宗
이에 석실의 산소[322]가 생각난다　仍思石室若堂封

수레바퀴를 싸서 편안하게 하는 것이고, 속백(束帛)은 비단을 묶어서 보낸다는 뜻이다. 《周易 賁卦》 여기에서는 효종이 초년에 예의를 다해 김상헌을 맞아들였다는 뜻이다.

319 신재(愼齋) 선생 : 신독재(愼獨齋) 김집(金集)이다.

320 당우(唐虞)의……묘법이니 : 당우는 요(堯)·순(舜)의 나라 이름이고, 정일(精一)은 정밀하게 살피고 한결같이 지키는 것을 말한다. 《서경》 〈대우모(大禹謨)〉에 순 임금이 우(禹)에게 "인심은 위태롭고 도심은 은미하니 오직 정밀하게 살피고 한결같이 지켜야만 참으로 그 중을 잡을 수 있다.〔人心惟危, 道心惟微, 惟精惟一, 允執厥中.〕"라고 한 데서 온 말이다.

321 형명(刑名)에……않느니라 : 형명은 황로 형명(黃老刑名)이라고도 하는데, 바로 이사(李斯)와 한비(韓非)의 형법 정치를 말한다. 공(空)은 불교를 가리키는 말로, 요순의 도학(道學)은 그와 다르다는 뜻이다.

322 석실(石室)의 산소 : 경기도 남양주시 와부읍 석실마을에 있는 김상헌의 묘를

당시의 계책 모두 꿈같고　　當時籌策渾如夢
공업은 거울 속의 노쇠한 용모뿐이네　　勳業空看鏡裏容

다섯 번째 其五

밤중에 슬픈 노래 부르며 효종 생각에 우노니　　中夜悲歌泣孝宗
지금도 문곡이 충정을 다하네　　秖今文谷罄危衷
장추전의 전각들 끝내 탈 없으리니[323]　　長秋殿閣終無恙
우뚝한 한 기둥의 공 누가 알랴　　誰識亭亭一柱功

여섯 번째 其六

밤중에 슬픈 노래 부르며 효종 생각에 우노니　　中夜悲歌泣孝宗
어리석은 신하 천재일우 만났었네　　愚臣千一慶相逢
간곡한 편지에 계획도 치밀했으니　　丁寧手札謨猷密
지금도 그 편지 보면 먹빛이 선명하네　　猶見華牋寶墨濃

일곱 번째 其七

지금도 그 편지 보면 먹빛이 선명해　　猶見華牋寶墨濃

가리킨다.

323 장추전(長秋殿)의……없으리니 : 왕실이 무탈함을 가리키는 듯하다. 장추전은 한(漢)나라 장락궁(長樂宮)에 있던 전각 이름이다.

몸에 지니고 몇천 굽이 고갯길 넘었던가　隨身踰嶺幾千重
창오의 구름 속과 영안궁 밤에[324]　蒼梧雲裏永安夜
밤중에 슬픈 노래 부르며 효종을 생각하며 우노라　中夜悲歌泣孝宗

324 창오(蒼梧)의……밤에 : 창오는 순 임금이 죽은 곳이고, 영안궁(永安宮)은 촉한(蜀漢)의 소열황제(昭烈皇帝) 유비(劉備)가 죽은 곳이다.《三國志 蜀書 後主傳》

신성시[325] 계징 와 조사휘에게 주다

贈申聖時 啓澄 趙士輝

푸른 바다 끝이 없고 고개 위에 구름 쌓였는데　　滄溟無極嶺雲堆
천 리 먼 곳에 찾아온 정의(情意) 무척이나 감사하네　多謝殷勤千里來
이별하고 가거든 그대들은 성인의 길을 따르시게　別去君須追聖路
자양의 운곡이 잡초로 뒤덮여 있다네[326]　　紫陽雲谷正蒿萊

325 신성시(申聖時) : 신계징(申啓澄, 1632～?)으로, 본관은 고령(高靈), 자는 성시이다. 우암의 문인이다. 우암이 유배되었을 때 송상민(宋尙敏)이 우암의 억울함을 호소하는 상소를 올렸는데, 상소를 작성할 때 관여했다고 하여 위원(渭原)으로 유배되었다.

326 자양(紫陽)의……있다네 : 주희의 성리학이 퇴색하였다는 의미이다. 자양은 주희의 별호이다. 운곡(雲谷)은 중국 복건성(福建省) 건양현(建陽縣) 노산(蘆山)의 꼭대기인데, 순희(淳熙) 을미년(1175)에 이곳에 회암(晦庵)을 지어 독서하였다. 《宋子大全隨箚 卷1》《晦庵集 卷78 雲谷記》

손우 홍군서[327] 석 의 시에 차운하다

次遜愚洪君敍 錫 韻

어육이 도마에 오르면 칼 잡는 사람이 있는 법이니[328]	魚肉登房合有刀
손우는 마음 상할 필요 없다네	遜愚魂魄不須銷
이 몸 스스로 몹시 어리석음 비웃노니	此身自笑癡頑甚
남은 생을 밤낮으로 기다리네	却把餘生等夜朝

327 손우(遜愚) 홍군서(洪君敍) : 홍석(洪錫, 1604~1680)으로, 본관은 남양(南陽), 자는 군서, 호는 손우이다. 김상헌(金尚憲)의 문인이다.

328 어육이……법이니 : 우암을 귀양 보낸 상대 당이 칼이 되고, 우암은 도마 위의 물고기나 육고기가 된다는 뜻이다. 《宋子大全隨箚 卷1》

손자 주석에게 보이고 겸하여 이성미에게도 보내어 화답을 구하다

示疇孫兼奉聖彌求和

울타리 없애면 바로 대도(大道)이니[329]	剖破藩籬卽大方
이 마음 한계도 끝도 없노라	此心無界亦無疆
이제는 집에 가는 꿈 꾸지 말 것이니	如今莫作還家夢
가는 곳마다 병주가 고향 되는 것[330]을	隨處幷州作故鄕

329 울타리……대도(大道)이니 : 주희의 〈우계현학관대각(尤溪縣學觀大閣)〉 시에 "물아가 한 뿌리인 곳을 살펴야 할 것이니, 울타리를 부숴 버리면 곧 대도이다.〔應觀物我同根處, 剖破藩籬卽大方.〕"라고 한 구절을 인용하였다. 《晦庵集 別集 卷4》 울타리는 물아를 가르는 한계를 비유한 것이다.

330 병주(幷州)가……것 : 당나라 시인 가도(賈島)가 병주에서 오래 우거했으므로 시를 지어 그리워함이 고향과 같았다는 고사에서 온 말이다. 《全唐詩 卷574 渡桑乾》

손자 주석이 밤에 앉아 지은 시에 차운하다
次疇孫夜坐韻

비 갠 뒤 집 뒤에서 새 울고 저녁매미 우니	屋後晴禽咔晚蟬
서늘한 바람 평상에 한껏 불어온다	新涼全到竹床邊
아손들아 공산 속에 있던 때를 그리워 마라	兒孫莫憶空山裏
산속에 《시경》과 《서경》 눈앞에 있구나	山裏詩書在眼前

손자 주석이 국화를 읊은 시에 차운하다
次疇孫詠菊韻

접동새 울음 속에 풀들은 향기롭지 않고　　鶗鴃聲中草不芳
가을 햇볕에 곱게 핀 국화를 홀로 좋아하네　　獨憐佳菊媚秋陽
그렇지만 봄꽃 속에 갖다 두어도　　縱然置在春花裏
이 맑은 향기가 뭇 향기 중에 단연 으뜸이리라　　猶是淸香擅衆香

원운(原韻)에 "묻노니 저 꽃은 무슨 일로 이처럼 늦게 피었나, 이 곧은 자태 늦게 다시 향기로우려고.〔問渠何事遲如許 爲是貞姿晩更香〕"라는 구절이 있기 때문에 끝구에서 한마디 한 것이다.

두 번째 其二

꽃이 떨어지든 떨어지지 않든 모두 향기로운 것인데　　落不落英都是芳
반산[331]은 쓸데없이 구양공[332]을 비웃었네　　半山多事笑歐陽
초나라 신하 국화꽃 먹은 후 상수에 빠졌으니[333]　　楚臣餐後沈湘水

331 반산(半山) : 왕안석(王安石)의 호이다. 자는 개보(介甫)이다.

332 구양공(歐陽公) : 구양수(歐陽脩)를 가리킨다. 구구(歐九)라고도 칭하는데 '구(九)'는 집안에서의 형제 순서이다.

333 초나라……빠졌으니 : 초나라 신하는 굴원(屈原)을 말한다. 굴원의 〈이소(離騷)〉에 "아침에는 목란에서 떨어지는 이슬을 마시고, 저녁에는 떨어진 가을 국화 꽃을 먹는다.〔朝飮木蘭之墜露兮, 夕餐秋菊之落英.〕"라는 말이 있는데, 마침내 물에 빠져 죽었으므로 이렇게 인용한 것이다.

물고기의 배도 천추에 향기로우리 魚腹千秋亦自香

왕개보(王介甫)의 시에 "쇠잔한 국화 떨어지니 땅에 금빛이 가득하네.〔殘菊飄零滿地金〕"라고 하였는데, 구양공이 희롱으로 "가을꽃은 봄꽃같이 떨어지지 않으니, 시인은 자세히 보라고 알리노라.〔秋花不比春花落 爲報詩人仔細看〕"라고 하자, 개보가 듣고 웃으면서 "구구(歐九)는 어찌 《초사(楚辭)》의 '저녁에는 가을 국화 떨어진 꽃잎을 먹는다.'라는 말을 보지 못했는가." 하였다. 후인이 평하기를 "구양씨와 왕씨가 초목(草木)을 다 알지 못하여, 떨어지는 것도 있고 떨어지지 않는 것도 있다는 것을 모른 것이 아니겠는가." 하였다.[334]

334 후인이……하였다 : 명나라 팽대익(彭大翼)이 《산당사고(山堂肆考)》에서 "구양수와 왕안석 두 사람은 문장이 한 시대를 주름잡았는데, 좌우에 칼을 차고서 서로 비웃었으니, 어찌 초목의 이름에 대해 다 알지 못해서 떨어지는 것도 있고 떨어지지 않는 것도 있다는 것을 모른 것이 아니겠는가.〔歐王二公文章擅一世, 而左右佩劍, 彼此相笑, 豈非於草木之名猶未盡識, 而不知有落不落者耶?〕"라고 한 말을 인용하였다. 《山堂肆考 卷199 花品》 축약하는 과정에서 문장이 미진하게 되었으므로 원문에 근거하여 바로잡아 번역하였다.

압각수를 읊다

詠鴨脚樹

은행잎 바람에 떨어져 온 땅이 금으로 덮이니	鴨脚飄零滿地金
뜰 가에 다시는 바람 소리 들리지 않네	庭邊無復得風吟
밤이 오니 다시 성긴 그림자 사랑스러워	夜來還愛扶疎影
서너 번 배회하니 맑은 뜻이 깊어지네	三四徘徊淸意深

박화숙이 《사서의의》 책 위에 쓴 시에 차운하다
次朴和叔所題四書疑義卷上韻

세상사 요원의 불길 같다고 말하지 마라　世事休論似燎原
연원을 바루는 데 어두웠음을 늘 부끄러워했네　長慙昧却正淵源
《의의》를 참고하여 정정하는 것 가벼이 볼 일은 아니지만
訂參疑義非輕視
다만 남주 사람들 노하여[335] 험한 말 할까 두렵네　只恐南州怒有言

두 번째 其二

선현의 은미한 뜻 몹시 찾기 어려우니　前賢微意苦難原
강경한 주장은 한갓 본원을 잃게 된다네　硬說徒然失本源
논란하고 의문을 제기하는 것은 흠을 찾자는 것이 아니라
難疑非是索瘢事
단지 공사 간에 참으로 말할 만한 것이 있어서라네　只有公私諒可言

335 남주(南州) 사람들 노하여 : 남주는 영남(嶺南)을 가리킨다. 《사서질의(四書質疑)》는 퇴계 이황의 학설인데 박세채가 여기에 이의를 제기하여 《사서의의》를 지었기 때문에 영남 사람이 노여워하리라고 한 것이다. 《宋子大全隨箚 卷1》

세 번째 其三

늙어서 몸이 쇠하여 죽을 날 가까우니	年老身殘近九原
오직 경서의 이치를 가지고 참된 근원을 찾네	惟將經理究眞源
분분한 인간사의 시끄러운 일은 내버려 두고	紛紛一任人間鬧
맑은 그늘에 조용히 앉아 말없이 빙그레 웃네	靜坐淸陰笑不言

네 번째 其四

내가 후세에 태어나고 또 중국과 멀어	吾生晩且隔中原
주자께 찾아가 배우지 못한 것이 한이네	恨未摳衣到婺源
책에서 단지 북두칠성의 상을 쳐다보며	卷上只瞻星斗像
참된 도리 물으려 하나 묵묵히 말씀이 없네	欲聞眞訣寂無言

회옹(晦翁)의 화상(畫像)에 칠성(七星)이 있기 때문에 말한 것이다.

박시보가 스스로 읊은 시에 차운하다
次朴時甫自詠韻

허물 큰 미천한 신하 행실 또한 어긋났으니　　過大微臣行亦虧
늙어서 변방에 귀양 왔다고 슬퍼할 것 없다네　　老投荒裔不須悲
오직 안정촌의 거사는　　惟憐安靜村居士
곤이 큰 바다에서 아직 지느러미를 떼지 않은 것이 애처롭네[336]　　鯤臥滄溟未脫鬐

336 곤(鯤)이……애처롭네 : 《장자(莊子)》 〈소요유(逍遙遊)〉에 "북명(北溟)이라는 바다에 길이가 수천 리나 되는 물고기가 사는데 이름이 곤이다. 이 고기가 새로 변화하면 등의 너비가 수천 리나 되는데 그 이름이 붕(鵬)이다."라고 하였다. 곤이 지느러미를 떼어 내고 날개가 돋아야 하늘로 날아오를 수 있는데, 박시보는 아직 지느러미를 떼지 못한 곤과 같은 상황이라는 뜻이다.

조의망이 성창을 지키면서 전라도에 있는 두 사람에게 준 시에 차운하다
次趙嶷望守城倉贈全羅二君韻

흰옷과 푸른 개 분분히 지나가니[337]	白衣蒼狗紛紛過
세상일 그렇게 변함을 어찌할까	世事其如變化何
지금 재상 오히려 천보황제 위하는데	時宰尙爲天寶帝
달성을 전라도라 해도 괴이할 것 없다네	達城何怪號全羅

337 흰옷과……지나가니 : 세상일이 하늘의 구름 변하듯 한다는 뜻이다. 두시(杜詩)에 "하늘에 뜬 구름 흰옷 같다가, 잠깐 사이 변하여 푸른 개 되는구나.〔天上浮雲如白衣, 斯須改變成蒼狗.〕"라고 한 데서 인용한 말이다.

손자 주석이 돌아간 뒤에 그리워하며 짓다
嚋孫歸後戀而作

아비를 그리는 아들과 남편을 그리는 아내가　　戀爺之子憶夫妻
석 달을 저만 생각하며 이마 흰 말 오기를 기다렸으리[338]　　三月戀渠望白題
필마로 달리고 달려 다시 추풍령 지나　　匹馬行行還過嶺
노정을 헤아려 보니 오늘쯤은 소제[339]에 도착했으리라　　計程今日到蘇堤

338 석……기다렸으리 : 송주석의 아내가 남편이 오기를 기다렸다는 뜻이다. 이마 흰 말은 송주석이 탄 말을 가리킨다. 고시(古詩)에 "동방의 천여 기 중에, 남편이 맨 앞에 있네. 어떻게 남편인 줄 아는가, 흰 말이 검은 말을 따라간다네.〔東方千餘騎, 夫壻居上頭. 何用識夫壻? 白馬從驪駒.〕"라는 내용이 있는데, 이 시에서 인용한 듯하다. 《古今詩刪 卷2 陌上桑》《宋子大全隨箚 卷1》

339 소제(蘇堤) : 우암의 남간정사(南澗精舍)가 있는 곳으로, 지금의 대전시(大田市) 소제동이다.

한신
韓信

표모와 초부에게 모두 보답하였으니	漂母樵夫無不報
찬 여울에 금 던지고 무덤에 술 부었네[340]	投金寒瀨墓傾醪
제나라 땅과 큰 초나라가 누구의 물건이던가[341]	全齊大楚誰家物
회음후가 한 고조 배반함 믿지 않겠노라[342]	未信淮陰背漢高

340 표모(漂母)와……부었네 : 표모는 빨래하는 여자이고, 초부(樵夫)는 나무꾼이다. 한신이 미천할 때 표모에게 밥을 얻어먹은 일이 있었고, 파촉(巴蜀)으로 가다가 초부에게 길을 묻고 나서는 비밀이 누설될까 염려하여 죽인 일이 있었는데, 후일 귀하게 되자 표모를 찾아 천금(千金)을 주고 초부의 무덤에 제사 지냈다 한다.《史記 淮陰侯列傳》 다만 금을 던진 고사는 한신의 고사가 아니라 오자서(伍子胥)의 고사인데 우암이 착각한 것으로 보인다.《吳越春秋 卷2 闔閭內傳》

341 제나라……물건이던가 : 한신이 제왕(齊王)이 되었을 때 괴철(蒯徹)이 "지금 족하(足下)가 한(漢)을 위하면 한이 이기고 초(楚)를 위하면 초가 이길 것이니, 족하는 자기의 일을 해야 합니다." 하였으나, 한신은 이를 따르지 않았다.《史記 淮陰侯列傳》

342 회음후(淮陰侯)가……않겠노라 : 한신이 한 고조(漢高祖)의 의심을 받아 초왕(楚王)을 빼앗기고 회음후에 봉해졌으므로 한신이 이를 불평하다가 반역으로 몰려 처형되었다.《史記 淮陰侯列傳》 여기에서는 한신이 고조를 위해 온 것으로 미루어 그가 배반했음을 믿을 수 없다는 뜻이다.

항우
項羽

해하에서 초나라 노래 사면에 울리니[343]	垓下楚歌四面同
천금과 만호로 중동을 속였네[344]	千金萬戶欺重瞳
평소의 인자함을 이제 비로소 믿겠으니	平生仁愛今方信
오히려 오강 여마동에게 덕을 베풀었네	猶德烏江呂馬童

343 해하(垓下)에서……울리니 : 항우가 최후로 패배할 때 해하에서 한나라 군사에게 포위당했는데 그때 한나라 군사의 노랫소리가 모두 초나라 노래였다. 이는 초나라 사람이 모두 한나라로 귀순했기 때문이다. 《史記 項羽本紀》

344 천금(千金)과……속였네 : 항우가 해하에서 탈출하여 오강(烏江)에 이르렀으나 사세가 어긋났음을 알고 한나라의 기사마(騎司馬) 여마동(呂馬童)에게 "한나라에서 내 머리를 천금과 만호(萬戶)로 사들인다 하니 내가 그대에게 덕을 베풀리라."라고 하고 자살하였다. 중동(重瞳)은 이중 눈동자를 말하는데 순 임금이 중동이었고 항우도 중동이었으나 항우는 순처럼 되지 못했음을 말한 것이다. 《史記 項羽本紀》

승지 정면[345]에 대한 만사

鄭承旨 勔 挽

주자도 위거사[346]를 훌륭하게 여긴 것이　　　閩翁盛說韋居士

권흉 두려워 않고 귀양지에 찾아왔음이지　　　不怕權凶問謫居

파지 수령 마의 가지고 더위 속 바닷길을 찾아왔으니[347]

巴只麻衣炎海路

높은 의기 생각하니 눈물이 옷을 적시네　　　追思高義淚沾裾

345 정면(鄭勔) : 1614～1687. 본관은 해주(海州), 자는 여강(汝强), 호는 여우(如愚)이다. 승지로 있을 때 서인이 노론과 소론으로 나뉘어 논쟁이 격심해지자 우암과 송준길(宋浚吉)의 논의에 찬동하였다.

346 위거사(韋居士) : 송(宋)나라 무호(蕪湖) 사람으로, 자는 심도(深道)이다. 의리를 좋아하여 원우 제현(元祐諸賢)이 귀양 갈 적에 후한 대접을 하였으며, 그들의 곤궁함을 보살피는 데 성의를 다하였다. 《宋元學案 卷3》

347 파지(巴只)……찾아왔으니 : 파지는 충북 정평(定平)의 옛 이름이고, 마의(麻衣)는 삼베옷이다. 우암이 유배 갈 때 정면이 정평 현감이었는데 삼베옷을 가지고 와서 선사했다고 한다. 《宋子大全隨箚 卷1》

이초려의 딸 박씨 부인에 대한 만사

李草廬女朴氏婦挽

인도로 볼 때 초려옹은 복록이 완전한 사람인데　人道廬翁福履全
어찌하여 오늘 눈물을 줄줄 흘리는가　如何今日淚長懸
예로부터 빼어난 기운 타고난 사람은 하늘이 재촉하였으니　由來秀氣仍相促
현부를 보내서 망녕되게 하늘에 묻지 마시게[348]　莫遣玄夫妄問天

348 현부(玄夫)를……마시게 : 현부는 신령스러운 큰 거북이다. 거북을 보내서 묻는다는 것은 거북점을 쳐서 하늘의 뜻을 묻는다는 말이다.

박군 동익 에 대한 만사

朴君東翊挽

호인의 행위를 퇴지가 비난하였는데[349]	鄠人之行退之譏
후세에 도리어 식자들이 그르다 하였네	後世還爲識者非
오늘 그대를 지하로 보내고	今日送君泉下去
쇠퇴한 시속을 보며 거듭 한탄한다네	立看衰俗重歔欷

349 호인(鄠人)의……비난하였는데 : 호인은 중국 섬서성(陝西省) 호현(鄠縣)에 사는 사람을 일컫는다. 《한창려집(韓昌黎集)》 외집(外集) 권4에 〈호인대(鄠人對)〉라는 작품이 실려 있다. 호현 사람이 어머니에게 넓적다리를 베어 먹여 병을 낫게 하였지만 자신은 죽고 말았는데, 한유(韓愈)는 이 글에서 자식이 몸을 훼손하여 결국 죽음에 이른 것은 효도가 아니라고 비판하였다.

이태지[350]의 시에 차운하다

次李泰之韻

주자도 둔괘 만나 상소 사른 적 있으니[351] 晦父曾焚遇遯章

진퇴와 존망을 잘 알았음이라 能知進退與存亡

서쪽 머리 남쪽 언덕에 있을 줄[352] 이제 누가 알았으랴 西頭南畔今誰識

깊은 산에 홀로 앉아 긴 한숨 짓는다네 獨坐窮山歎息長

350 이태지(李泰之) : 이유태(李惟泰)로, 태지는 그의 자이다.

351 주자도……있으니 : 송 영종(宋寧宗) 1년 5월에 주희가 환장각 대제(煥章閣待制)의 직명을 띠고 고향에 있으면서, 한탁주(韓侂胄)의 모함으로 영주(永州)로 귀양간 재상 조여우(趙汝愚)의 억울함을 변론하는 내용과 한탁주가 임금을 속여 도학을 위학(僞學)이라 규정하여 금지하고 충직한 신하를 몰아내는 등 간교한 짓을 자행하는 작태에 대해 장문의 소장을 지어 올리려 하였다. 그러자 문인 채원정(蔡元定)이 그것을 섣불리 올리지 말고 시초(蓍草)를 뽑아 점을 쳐 그 결과에 따라 결정하라고 청하였다. 점을 쳐 보니 소인이 뜻을 얻은 상황에서 군자는 집 안에 들어앉아 집안일만 돌보는 것이 길하다는 의미의 둔괘(遯卦)가 가인괘(家人卦)로 변하는 점괘가 나와 그 소장의 초고를 불태워 버리고 호를 둔옹(遯翁)이라 고침과 동시에 사직소만 계속 올렸다. 《朱子大全 附錄 卷6 年譜》

352 서쪽……줄 : 우암은 경상도 장기(長鬐)로, 이유태는 평안도 영변(寧邊)으로 유배된 것을 말한다.

뒷골에서 그냥 읊다

後谷謾吟

현명한 자는 현명하고 어리석은 자는 어리석으니 賢者爲賢愚者愚

남들이 나를 현명하다 하기 어렵고 어리석다 하기도 어려운 것인데 人難賢我亦難愚

어찌하여 좋아하고 미워함 마음의 병이 되어 如何愛惡爲心癖

남을 현명하다고 하려 하고 어리석다고 하려 하는가 乃欲賢人亦欲愚

뜨락의 국화를 읊다

詠庭畔菊

국화 처음엔 노랗고 나중엔 희어져	菊有初黃終白者
스스로 서리 오시(傲視)하는 자태 자랑하지만	自多猶是傲霜姿
처음과 나중 한결같아서	何如始卒還如一
서풍 멋대로 불도록 맡겨 둠만 하리오	一任西風滿意吹

정사년(1677, 숙종3) 늦가을 여러 손자에게 보여 주다
丁巳杪秋示諸孫

함께 책벌레 됨 해롭지 않으니	不妨同作蠹魚身
세 번이나 국화가 쫓겨난 신하 비웃음 보았네[353]	三見黃花笑逐臣
비 내린 후 조그만 창가에 햇살 비치니	雨後小窓晴旭射
초연히 책 속의 사람 대하고 있네	超然相對卷中人

353 세……보았네 : 우암이 이 시를 쓴 시기가 1677년 9월이므로, 1675년 6월 이곳 장기(長鬐)에 위리안치(圍籬安置)되어 세 번째 국화 피는 계절을 맞이하였기 때문에 이렇게 읊은 것이다.

또 국화를 읊다

又詠菊

봄추위에도 모든 풀은 시드는 법인데	春寒百卉猶蕭索
더구나 창망한 세모 때이랴	況是蒼茫歲暮時
창밖에 한 떨기 국화 소설을 업신여기니	窓外一叢凌小雪
가엽구나 누가 그 마음 같이할까	可憐誰與共心期

《역학계몽(易學啓蒙)》을 읽고서

讀啓蒙

《주역》 배우던 당시 생각하니　長憶當年學易時
외람되이 효상 가지고 문왕 복희 엿보았네　妄將爻象溯文義
이제 와서 운대의 기록[354] 자세히 완미하니　如今細玩雲臺記
높이 오름에 낮은 곳에서 시작하지 않는다고 누가 말하는가　誰謂登高不自卑

354 운대(雲臺)의 기록 : 주희가 운대관(雲臺觀)의 사관(祠官)을 지냈으므로 《역학계몽》 발문(跋文)에서 "운대 진일(雲臺眞逸)은 기록한다."라고 하였다. 《易學啓蒙》

중동에 국화를 읊어서 손자와 증손자 및 김주 등 제군에게 보이다

仲冬詠菊 示孫曾及金周諸君

눈을 이고 바람과 다투는 것 어렵지 않으나	戴雪爭風不作難
오늘 아침 적막함은 무척이나 까닭 없네	今朝寥寂太無端
그렇지만 그 속에 향이 오히려 있으니	雖然箇裏香猶在
안색 초췌한 것이야 어찌 한탄할 것 있으랴	顏色凋殘詎足嘆

주 선생이 한공의 〈원성〉[355]에 대해 논한 것을 읽고 짓다
朱先生論韓公原性讀而賦之

한공은 성품을 세 가지로 나누었는데　韓公語性分三品
한공의 견해가 정밀하지 못함은 아니로다　不是韓公見未精
당시 우연히 기(氣) 자를 잊었음이니　當日偶然忘氣字
그렇지 않았다면 공이 주자(周子) 정자(程子)와 같으리라　不然功不讓周程

주자(周子)가 "성(性)은 강유선악(剛柔善惡) 중에 있을 뿐이다." 하였으니, 이는 기질(氣質)을 먼저 말하고 본성을 뒤에 이야기한 것이다. 정자(程子)는 "성을 논하면서 기(氣)를 말하지 않으면 갖추지 못한 것이 된다." 하였으니, 이는 본성을 먼저 말하고 기질을 뒤에 이야기한 것으로 모두 전대의 성인들이 밝히지 못한 것을 밝혀낸 것이다. 주자(朱子)가 "한퇴지(韓退之)가 삼품(三品)을 말한 것은 참으로 좋은 설명이긴 하지만 기질지성(氣質之性)을 설파하지 못한 것이 결함이다." 하였고 또 "〈원성(原性)〉이란 한 편이 본래는 좋은 글이지만 기(氣) 자가 부족하다." 하였다.

355 한공(韓公)의 원성(原性) : 한공은 당나라 학자 한유(韓愈)이다. 〈원성〉이란 글에서 한유는 "성의 품등에는 상중하 세 가지가 있다. 상품은 선할 뿐이고, 중품은 인도하여 위나 아래로 가게 할 수도 있으며, 하품은 악할 뿐이다.〔性之品有上中下三, 上焉者善焉而已矣, 中焉者可導而上下也, 下焉者惡焉而已矣.〕"라고 하여 성삼품설(性三品說)을 주장하였다. 《昌黎文集 卷11》

그냥 읊다
漫吟

세월이 살같이 흘러 칠십이 넘었으니 歲月崢嶸七十餘
인간의 영욕 구름처럼 헛되다오 人間榮辱碧雲虛
어찌하여 나라의 많은 선비 如何藹藹王多士
천백 명 떼를 지어 부질없이 상소 올리나 千百爲群謾上書

두 번째 其二

희미한 등잔불 옛 책에 비치니 短檠明滅照殘編
천고의 마음 근원 그 속에 전해 오네 千古心源箇裏傳
그중에도 공자의 조사[356]라는 말씀 最是宣尼操捨語
분명하게 귀에 대고 말씀하시는 듯 叮嚀眞似耳提然

356 공자(孔子)의 조사(操捨) : 공자가 "잡으면 보존되고 놓으면 잃어서, 나가고 들어옴이 정해진 때가 없고, 그 방향을 알 수 없는 것은 오직 사람의 마음을 두고 말한 것이다.〔操則存, 舍則亡, 出入無時, 莫知其鄕, 惟心之謂與.〕"라고 한 말을 가리킨다. 《孟子 告子上》

11월 20일에 읊다

至月廿日吟

더디고 빠름 유유히 하늘에 부쳤으니	淹速悠悠付碧寥
밝으면 낮이 되고 어두우면 밤이 되네	明來爲晝暗爲宵
가련하구나 가부는 마음 조급하여	可憐賈傅心還躁
슬퍼하며 점을 치고 다시 부엉이에게 물었다네[357]	戚戚占書更問鴞

357 가부(賈傅)는……물었다네 : 가부는 한 문제(漢文帝) 때의 양 태부(梁太傅) 가의(賈誼)를 말한다. 가의는 재명(才名)이 일세에 으뜸이었으나 무신(武臣)들의 미움을 받아 장사(長沙)로 쫓겨났으므로 불평을 이기지 못하였다. 부엉이〔鵩〕가 방에 들어온 것을 보고 〈복조부(鵩鳥賦)〉를 지었는데 그 글에 "책을 뽑아 점을 치니, 그 점사(占辭)에 이르기를 '들새가 방에 들어오면 주인이 떠난다.' 하였네. 부엉이에게 묻노니 내가 가는 곳이 어디인가? 길하면 나에게 말해 주고 흉하면 그 재앙에 말해 다오."라고 한 구절을 인용한 것이다.《史記 賈生列傳》현재 우암이 귀양살이하고 있기 때문에 가의의 시를 빌려서 자기의 심정을 드러냈다.

동짓날 낭주 풍옥정[358]의 맑은 좌석이 생각나서

冬至日憶朗州風玉亭清座

갑자기 무(無) 속에 만상(萬象)이 갖추어져 있음을 깨우치니[359]
忽覺無中有象函

옥 같은 사람 어느 곳에서 영(英)과 함(咸)[360]을 연주하나
玉人何處奏英咸

가는 구름 의탁해서 석과 보내니[361] 願託歸雲呈碩果

영암까지 이를 수 있을지 모르겠네 不知能得到靈巖

358 낭주(郎州) 풍옥정(風玉亭) : 낭주는 전라남도 영암(靈巖)의 옛 이름이다. 문곡(文谷) 김수항(金壽恒)이 1675년(숙종1)에 이곳으로 유배되어 정자를 짓고 '풍옥'이라 이름하였으며, 우암이 기문(記文)을 지었다. 《宋子大全隨箚 卷1》

359 갑자기……깨우치니 : 주희의 〈논계몽(論啓蒙)〉 시에 "홀연히 한밤중에 우레소리 한 번 울리니, 일만의 호(戶)와 일천의 문(門)이 차례로 열리네. 만약 무(無) 속에 만상(萬象)이 갖추어져 있음을 안다면, 그대가 복희씨를 친견했음을 인정하리라.〔忽然夜半一聲雷, 萬戶千門次第開. 若識無中含有象, 許君親見伏羲來.〕"라고 한 것을 인용하였다. 《性理群書句解 卷4 詩》 동지에 일양(一陽)이 생기므로 무(無)에서 만유(萬有)가 생겨남을 느낀다는 뜻이다.

360 영(英)과 함(咸) : 오영(五英)과 함지(咸池)를 말하는 것으로 오영은 제곡(帝嚳)의 음악이고, 함지는 황제(黃帝)의 음악이다.

361 석과(碩果) 보내니 : 석과는 큰 과일이라는 뜻이다. 《주역》 〈박괘(剝卦) 상구(上九)〉에 "큰 과일은 먹히지 않는다.〔碩果不食.〕"라는 말이 있는데, 소인들이 판치는 세상에서 겨우 남아 있는 군자라는 의미를 지닌다. 우암이 동짓날에 석과를 보낸다는 것은 실제로 과일을 보낸다는 뜻이 아니라 아무리 소인이 판쳐도 동지에 일양이 생겨나듯이 군자의 도가 다시 회복될 것이니 실망하지 말고 때를 기다리라는 의미를 담고 있다.

또 스스로 일깨워 정정을 구하다

又自警求訂

소인(小人) 막기를 효함[362] 막듯 해야 하며 絶柔要似閉崤函
본연의 선을 회복하는 데 누가 말로만 하겠는가 復善誰占輔頰咸
맹자의 전전긍긍한 일 본받아 看取鄒輿戰兢事
그 효과 거두게 되면 참으로 훌륭하리라 到收功處儘巖巖

주자가 《맹자》의 "대인(大人)을 설득할 때는 하찮게 보아야 한다."라는 말에 대해 논하기를 "이는 일종의 영웅이니, 모름지기 전전긍긍하고 깊은 물가에 서 있듯 얇은 얼음을 밟듯 조심하는 가운데에서 만들어지는 것이다. 만약 호강한 혈기(血氣)가 한 점이라도 있으면 되지 않는다." 하였다.

362 효함(崤函) : 효산(崤山)과 함곡관(函谷關)의 합칭이다. 진(秦)나라 서경(西京)의 입구로, 산동(山東) 제후국의 침공을 막던 곳이다.

이태경에게 차운하여 주고 아울러 임대중[363] 방 에게 사례하다
次贈李泰卿 兼謝任大仲 堕

고요함 속에서 천진을 참으로 회복할 수 있으니 靜裏天眞信可還
해와 달이 왕래하는 사이에 몸을 편안케 하는 것이네 安身日月往來間
그대를 통해 황계의 일[364] 들어 보니 憑君聽說黃溪事
이와 의를 강론한 말 육상산을 압도하겠네 利義談來倒象山

소 강절(邵康節)의 시에 "대문 밖이 깊은 산속 같으니, 천진을 회복할 수 있겠네.〔門外似深山 天眞信可還〕"라고 하였고, 육상산(陸象山)이 이(利)와 의(義)의 분변에 대해 강론하자 주자의 문인 중에 눈물을 흘리는 자까지 있었다. 《주자어류(朱子語類)》에 그 내용이 있다.

두 번째 其二

현의 주부(主簿)가 어찌 일금의 가치가 있겠는가만 縣簿何曾直一金
고사는 불평하는 마음이 없었네 而無高士不平心
물은 푸르고 산은 밝은 곳에서 惟應水綠山明處
새와 물고기에게 좋은 회포를 의탁할 줄 알아야지 會向禽魚託好襟

363 임대중(任大仲) : 임방(任埅, 1640～1724)으로, 본관은 풍천(豐川), 자는 대중, 호는 수촌(水村)·우졸옹(愚拙翁)이다. 우암과 송준길(宋浚吉)의 문인이다.

364 황계(黃溪)의 일 : 당시에 임방이 황간 현감(黃澗縣監)으로 있었는데, 이태경이 임방의 일을 전해 준 것으로 보인다. 《宋子大全隨箚 卷1》

고사(高士)는 손보(孫寶)의 일을 끌어다 쓴 것이다.[365] 또한 주자가 동안(同安)에 있을 때 지은 〈고사헌기(高士軒記)〉[366]에 보인다.

365 고사(高士)는……것이다 : 손보는 한나라 영천(潁川) 언릉(鄢陵) 사람으로 자는 자엄(子嚴)이다. 손보가 처음에 군리(郡吏)가 되었는데, 어사대부(御史大夫) 장충(張忠)이 불러다가 속관(屬官)으로 삼고는 자신의 아들에게 경서를 가르치게 하자 거절하고 떠나갔다. 그 뒤에 다시 손보에게 주부를 맡기자 손보가 받아들였다. 장충이 사람을 시켜 그 까닭을 물으니, 손보가 말하기를 "고사는 주부가 되지 않는 법이지만 대부가 나를 가하다고 하고 온 부(府) 사람들이 아무도 그르다고 말하지 않으니, 선비가 어찌 스스로 고상할 수 있겠는가. 지난번에는 대부의 아들을 가르치게 하면서 나를 아들이 있는 곳으로 옮겨 살게 하였는데, 예에 비추어 보면 와서 배우는 경우는 있어도 가서 가르치는 의리는 없다. 도는 굽힐 수 없지만 몸을 굽히는 것이야 무슨 해가 되겠는가." 하였다. 장충이 전해 듣고 매우 부끄러워하였다. 《漢書 孫寶傳》

366 고사헌기(高士軒記) : 주희가 동안 주부(同安主簿)가 되었을 때 관아에 있는 어떤 건물의 이름을 고사헌(高士軒)으로 고치고, 그렇게 이름 붙인 이유를 설명한 기문이다. 서한(西漢) 시대 손보의 말을 원용하여 '고사'의 의미를 밝히고, 자기는 고사라는 이름을 감당할 수 없지만 훗날 고사가 이곳에 오기를 기다린다는 내용이다. 《晦庵集 卷77》

문곡이 꿈을 기록한 시에 차운하다
次文谷記夢韻

꿈속에서 지난날의 유람을 다시 하였으니 夢裏還成昔日遊
기쁜 마음에 구원이 아득히 멀다는 것 느끼지 못하였네 歡情不覺九原幽
꿈에서 깨니 들보에 비친 달이 시 지으라 재촉하여 覺來樑月催詩句
봉산[367]에 전해 오니 늙은이 눈물이 흘러내리네 傳到蓬山老淚流

367 봉산(蓬山) : 장기(長鬐)의 다른 이름이다. 이때 우암이 장기에 위리안치(圍籬安置)되어 있었다. 《宋子大全隨箚 卷1》

노봉이 봉사를 올렸다[368]는 말을 듣고서

聞老峯有封事

천리에 어떻게 어머니를 신하 삼을 수 있겠는가[369] 天理何曾母可臣
이때 오히려 어진 사람 있음이 다행이어라 此時猶幸有仁人
올린 상소 내용에 큰 공 있으리니 囊封裏面膚功在
관이오가 자주 맹세한 것[370]이 가소롭구나 可笑夷吾誓命頻

두 번째 其二

막막한 짙은 구름 사방에 깊으니 漠漠頑雲四到深
산하와 대지가 침침하기만 하네 山河大地鬱沈沈
하늘 열리고 산 무너져 우레 치면 天開嶽裂轟雷斧

368 노봉(老峯)이 봉사(封事)를 올렸다 : 노봉은 민정중(閔鼎重)의 호이다. 1678년(숙종4) 민정중이 송준길, 우암과 사우(師友) 관계이므로 벼슬할 수 없다고 사직소를 올리면서 윤휴(尹鑴)의 인간성을 모르고 잘못 천거한 죄를 자인(自引)하고, 윤휴의 흉악한 실태를 논하였다. 《肅宗實錄 4年 6月 12日》

369 어머니를……있겠는가 : 1차 예송(禮訟) 때 윤휴가, 자의대비(慈懿大妃)가 효종에 대해 삼년복을 입어야 한다고 주장하면서 "아들이 어머니를 신하로 삼을 수 있다."라고 했기 때문에 한 말이다. 《宋子大全隨箚 卷1》

370 관이오(管夷吾)가……것 : 관이오는 춘추 시대 제 환공(齊桓公)의 신하 관중(管仲)의 자이다. 관중은 규구(葵丘)의 회합에서 맹세할 때 불효한 자를 죽이는 것을 첫번째 의리로 삼았다. 민정중의 봉사(封事)에서 윤휴의 삼년복 주장을 반대했으므로 우암이 크게 기대하면서 한 말이다. 《宋子大全隨箚 卷1》《肅宗實錄 4年 6月 12日》

밝은 태양에 귀신이 숲 잃음을 다투어 보리라[371]　　白日爭看鬼失林

371 하늘……보리라 : 주희의 〈문신뢰유감(聞迅雷有感)〉 시에 "누가 신부(神斧) 가져다가 모진 음기(陰氣) 깨쳐서, 땅 터지고 산 열리어 귀신이 숲 잃게 하리.〔誰將神斧破頑陰, 地裂山開鬼失林?〕"라고 하였는데, 우암이 이 시를 인용한 것이다. 귀신이 숲을 잃는다는 것은, 귀신을 소인에 비유하여 소인들이 근거지를 잃게 만든다는 뜻이다. 《晦庵集 卷6》

산촌의 어떤 사람이 쓴 시 2수
村塢何人所題 二首

비록 이별하는 근심이 있더라도 그 뜻이 즐거우니 雖有離憂其志樂
기이하게도 이 일을 오늘날 보게 되네 奇哉此事見于今
가련하다 무한한 인간 세상 어미들 可憐無限人間母
부질없이 어리석은 늙은 어미 소의 마음[372] 가졌구나 漫有區區老舐心

이 시는 이태경(李泰卿)에 대해서 쓴 것이다.

정안에서 채서산[373]을 전송할 때 淨安相送蔡西山
다리 위 화롯가에서 한가히 웃으며 얘기했지 橋上爐邊笑語閑
단지 참동계(參同契)만 얘기하고 떠났으니 只把參同酬答去
당시의 기상을 다시 누가 따를까 當時氣象更誰攀

이 시는 채 상사(蔡上舍)[374]에 대해 쓴 것이다.

372 어리석은……마음 : 의리는 모르고 오직 제 새끼만 사랑한다는 뜻이다. 삼국 시대 때 양표(楊彪)의 아들이 조조(曹操)에게 죽음을 당하였는데, 어느 날 조조가 양표에게 "공은 어찌 그렇게 심하게 수척해졌는가?"라고 물으니, 늙은 어미 소가 새끼를 핥아 주는 사랑을 품고 있어서라고 대답한 일을 인용한 것이다. 《後漢書 楊彪傳》

373 채서산(蔡西山) : 남송의 학자 채원정(蔡元定)이다. 439쪽 주307 참조.

374 채 상사(蔡上舍) : 채하징(蔡河徵, 1619~?)으로, 본관은 인천(仁川), 자는 희서(羲瑞)이다. 기해예송(己亥禮訟) 때에 우암이 주장한 자의대비(慈懿大妃) 기년복은 제도에 따라 시행한 것으로 왕통(王統)을 부정한 것이 아니라는 상소를 올렸다가 함경도 경흥부(慶興府)로 유배되었다. 《肅宗實錄 4年 7月 5日》

김 용궁 신후 이 보내온 시에 차운하다
次金龍宮 愼厚 見寄韻

푸른 하늘 구름 다 걷히고 기러기 처음 돌아오니　碧天雲盡雁初廻
가을 깊은 강남에 초목도 시들었구나　秋老江南草木衰
진중한 편지 한 장 천 리 멀리 와서　珍重一書千里至
문득 귀양 온 사람 마음을 열어 주네　却令開豁楚臣懷

두 번째 其二

마음 한가로우면 고생도 달가우니　心到閑時辛亦甘
북쪽으로 귀양 갔다 남쪽으로 이배되었다고 불쌍해할 것 없네　休憐遷北復移南
높은 마루에서 선도 익은 이야기 듣고　高軒聽說仙桃熟
학의 눈으로 바다가 세 번 변하는 것 보리라[375]　鶴眼將看海變三

375 학의……보리라 : 학의 눈은 은자(隱者)의 눈을 지칭한다. 바다가 세 번 변한다는 것은 한(漢)나라 환제(桓帝) 때 신선 마고(麻姑)가 왕방평(王方平)에게 "내가 이미 동해가 뽕나무밭으로 변하는 것을 세 번이나 보았다."라고 한 데서 인용한 말이다. 《神仙傳 卷3 王遠》

주석과 회석이 지은 〈9월 9일〉 시에 차운하다

次疇晦九日韻

좋은 절기에 문득 다섯 양이 깎여 나감[376]에 놀라	佳節飜驚剝五陽
더 이상 남은 흥이 없어 술병을 끌어당기네	更無餘興引壺觴
수레와 집으로 밝게 상을 보여 경계할 수 있으니[377]	可是輿廬昭象戒
용이 싸워서 현황에 이르지 않게 하라[378]	莫令龍戰到玄黃

376 다섯……나감 : 음력 9월은 산지박괘(山地剝卦)에 해당하므로, 4월 괘인 건괘(乾卦)에서 양효(陽爻)가 아래에서부터 하나씩 깎여 나가 상구(上九)의 양효 하나만 남아 있는 모습을 말한 것이다.

377 수레와……있으니 : 《주역》 〈박괘(剝卦) 상구〉에 "군자(君子)는 수레를 얻고 소인(小人)은 집을 허물게 되리라."라고 하였는데, 군자가 수레를 얻는다는 것은 난세가 극에 달하면 저절로 치세를 생각하게 되므로 사람들의 마음이 군자를 떠받들기를 원한다는 뜻이고, 소인이 집을 허물게 된다는 것은 상구가 박괘의 꼭대기이므로 박(剝)이 극에 달하면 집까지 허물게 되어 소인의 경우에는 용납될 곳이 없게 된다는 뜻이다.

378 용(龍)이……하라 : 《주역》 〈곤괘(坤卦) 상육(上六)〉에 "용이 들에서 싸우니, 그 피가 검고 누렇다."라고 한 말을 인용한 것이다. 음(陰)은 원래 양(陽)을 따르는데, 음이 극에 이르면 양에 항거하게 된다. 대적하면 반드시 음과 양이 모두 상하므로 그 피가 검고 누른 것이다. 음은 소인에 비유되고 양은 군자에 비유되므로, 소인이 군자에 항거하여 싸우면 모두 상하게 되므로 그 지경에 이르지 않게 하라는 것이다.

정선숙[379] 경흠 의 죽음에 곡하다 무오년(1678, 숙종4)

哭鄭善叔 慶欽○戊午

오호라, 천지의 운수가 쇠하여　　　　　　　　　槖籥嗟嗟運氣衰
우리 선숙을 낳아 놓고서 길러 주지 못하였네[380]　生吾善叔未培[381]之
사람들이 책 상자에 남겨진 글이 있다 하니　　　　人言箱篋遺編在
천추토록 칭찬과 비방 있겠지만 그 사업은 위대하리라　知罪千秋事業奇

379 정선숙(鄭善叔) : 정경흠(鄭慶欽, 1620~1678)으로, 본관은 하동, 자는 선숙, 호는 육오당(六吾堂)이다. 우암의 문인이다.

380 길러 주지 못하였네 : 자사(子思)가 말하기를 "그러므로 하늘이 사물을 기를 때는 반드시 그 대상에 따라서 확실하게 한다. 그러므로 잘 자라는 것은 길러 주고, 시든 것은 엎어 죽이는 것이다."라고 하였다. 《中庸章句 第17章》 여기에서는 정경흠의 죽음을 안타까워하는 의미로 인용하였다.

381 培 : 대본의 두주에 "'培'는 다른 곳에는 '扶'로 되어 있다."라고 하였다.

장난삼아 읊어서 손자 주석에게 보이다
戲吟示疇孫

하동의 사자후(獅子吼) 매우 사납고[382]	河東獅吼聲殊惡
강좌의 소달구지 달리는 것[383] 우습네	江左犢車走可笑
어찌하면 용면의 그림[384] 두 장을 얻어서	安得龍眠畫二件
길가에 걸어 두어 사람이 편히 졸게 할까	掛之街上令人睡

382 하동(河東)의……사납고 : 송(宋)나라 사람 진조(陳慥)의 처가 투기가 심했는데, 소식(蘇軾)이 시를 지어 조롱하기를 "용구의 거사 또한 가련하니, 실없는 말 하느라 밤새 잠을 자지 못하다가, 홀연히 하동의 사나운 아내 사자후 듣고서, 지팡이 떨어뜨리고 망연자실하였다네.〔龍丘居士亦可憐, 談空說有夜不眠. 忽聞河東獅子吼, 拄杖落手心忙然.〕"라고 한 내용을 인용한 것이다. 《東坡全集 卷15 寄吳德仁兼簡陳季常》

383 강좌(江左)의……것 : 강좌는 양자강(揚子江) 하류 동쪽 지역을 이르는 말로 강동(江東)을 뜻하며, 동진(東晉)을 지칭한다. 동진의 재상 왕도(王導)의 처가 투기가 심하였기 때문에 왕도가 별도로 집을 마련하여 첩들을 살게 하고 자기가 왕래하였다. 그 후에 처가 알고서 쫓아가려고 하자 왕도가 놀라 손에 들고 있던 주미(麈尾) 자루를 들고서 소를 몰아 달려갔다. 채모(蔡謨)가 왕도를 놀리려고 "조정에서 공에게 구석(九錫)을 주려고 한다." 하자 왕도가 영문을 모르고 사양하니, 채모가 다시 "다른 물건은 모르겠고, 끌채가 짧은 소달구지와 자루가 긴 주미는 있다."라고 하니, 왕도가 그제서야 알아듣고 크게 노했다고 한 고사를 인용한 것이다. 《晉書 王導列傳》

384 용면(龍眠)의 그림 : 용면은 송나라 화가 이공린(李公麟)의 호이다. 송나라 한구(韓駒)의 〈제태을진인연엽도(題太乙眞人蓮葉圖)〉에 "용면거사 그림 솜씨 노련해 입신의 경지라, 작은 흰 깁에 진짜 천인을 만들어 냈구나.〔龍眠畫手老入神, 尺素幻出眞天人.〕" 하였다. 《古文眞寶前集 卷5》

스스로 반성하다

自省

우나라 하나라 은나라 주나라도 군사를 사용했고 虞夏殷周尙用兵
음양의 승부 또한 분명하거늘 陰陽勝負亦分明
어찌해서 마음속의 일은 如何方寸中間事
인심이 항복하게 하지 못했나 却使人心未乞盟

문곡의 시에 차운하다
次文谷韻

나의 일 정성과 밝음이라는 말은 소 강절의 글귀이니[385] 吾事誠明康節句
그 속에 두텁고 높은 근심 포함되었네 箇中包括厚高悠
천년 성인의 도 지금은 인몰되어 千年聖道今堙沒
명언만이 책 속에 남아 있구나 只有名言卷上留

385 나의……글귀이니 : 송나라 소옹(邵雍)의 "공자는 나면서부터 안 것이지 익혀서 아신 것이 아니고, 맹자 같은 선각 또한 익혀서 깨달았지. 성명은 본래 나의 일에 속하는데, 다만 지금 사람들은 몸 밖에서 구하기를 좋아하네.〔孔子生知非假習, 孟軻先覺亦須修. 誠明本屬吾家事, 自是今人好外求.〕"라는 시를 인용한 것이다. 《擊壤集 卷4 誠明吟》

느낌이 있어서 읊다

感吟

천 리 밖 야만의 땅이라 이름하지만[386]	一千里外名蠻土
사오 년 동안 태평세월 보냈다오	四五年來號太平
젓대 소리 애달픈 달 밝은 밤에	歌管啁轟明月夜
옛 신하 도리어 〈영정행〉 읊는다네[387]	舊臣還詠永貞行

386 천……이름하지만 : 현재 우암이 위리안치(圍籬安置)되어 있는 장기(長鬐)가 서울에서 1000리 떨어져 있기 때문에 한 말이다.

387 영정행(永貞行) 읊는다네 : 영정(永貞)은 당 헌종(唐憲宗)의 연호이다. 순종(順宗)이 즉위하고 나서 병으로 인해 정사를 보지 못하자, 왕비(王伾), 왕숙문(王叔文) 등이 국정을 농락하여 헌종을 옹립하고 연호를 영정이라 고치기까지 하였다. 이에 한유(韓愈)가 〈영정행〉이란 시를 지어 당시 소인배들의 행태를 풍자하였다. 《五百家昌黎文集 卷3》 여기에서는 현재 정권을 잡고 있는 자들을 당 순종 때에 정권을 잡고 국정을 농단했던 자들에 비유한 것이다.

토정 이 선생의 후손 이필진이 장기(長鬐)로 찾아와 나에게 매우 간곡히 요청하였으나 끝내 부응하지 못하고 대략 조의망(趙嶷望)을 통해 뜻을 보이다

土亭李先生之後孫必晉 來訪於蓬海上 求余贈甚懇 終不敢副 略因嶷望見意

인간 세상을 벗어난 노선생	出人間世老先生
그 후손을 오늘 귀양지에서 만났네	玉樹今逢此棘城
《가례》 몇 장을 함께 얘기했으니	朱禮數章相對說
당시에 타괴라 이름한 것이 부끄럽네	却慙當日打乖名

선배의 말을 들으니, 토정 선생의 언행이 소 강절(邵康節) 같은 '파격적인〔打乖〕' 면이 있었다고 하는데 '타(打)'는 '행함'이고 '괴(乖)'는 '이상함'이다. 그러므로 소 강절의 시에 "안락한 집 안에서 타괴를 좋아한다.〔安樂窩中好打乖〕" 하였는데, 명도(明道) 선생이 그 뜻을 뒤집어 화답하기를 "타괴는 몸을 편하게 하려는 것이 아니니, 도가 커야 비로소 세상의 혼탁함과 섞일 수 있네.〔打乖非是要安身 道大方能混世塵〕"라고 하였다. 이는 이상한 일을 하는 것을 말하니, 외면을 엄숙하게 하는 것을 깨뜨린다는 것과 같다. 토정이 그 전에 농사짓고 누에 치는 일을 하여 혼탁한 세상과 섞여 살았으니, 어찌 이른바 "도가 큰 것"이겠는가. 수곡(樹谷)[388]이 밝게 가르쳐 주기를 바란다.

388 수곡(樹谷) : 조의망(趙嶷望)의 호가 수촌(樹村)이므로, 문맥으로 볼 때 조의망의 호를 수곡으로 부른 것으로 보인다.

회포를 읊다

詠懷

옛날 산중에 있을 때 오히려 일 많았으니	憶在山中猶有事
바람 불고 달 뜨면 친구들 맞이하기 좋아했네	風來月出好逢迎
이제 문 닫고 늘 깊이 앉아 있으니	如今閉戶長深坐
바람 달 있어도 좋아하는 심정 없어라	風月亦無歡愛情

기미년(1679, 숙종5) 인일[389]에 읊다
己未人日吟

인일 아침에 돋는 해 하늘 기운 거세면	人日初暾天氣勁
사람들은 그 조짐 백성의 재앙이라 말하네	人言其驗下民殃
원컨대 성상께서는 재앙을 돌리어	願言聖上回災沴
단비와 온화한 바람 사방에 두루하게 해 주소서	甘雨和風遍四方

389 인일(人日) : 음력 1월 7일이다. 옛 풍속에 이날의 일기를 가지고 1년 동안의 모든 길흉을 점친다고 한다.

의선에게 주다 기미년(1679, 숙종5)

贈義善 己未

수곡(樹谷)의 종인데, 장기에서 거제(巨濟)로 이배될 때 따라왔다.

언양성 밖에서 서신을 전하고	彦陽城外傳書信
먼 거리 교자(轎子)로 이동하는 동안 너의 부축에 힘입었네	長道篌輿賴爾扶
이날에 함께 지냈던 일 잊기 어려우니	此日相從難可忘
훗날 나를 기억할지 모르겠다	他年能憶我儂無

정읍 현감 이성령[390]이 철여의[391]와 김기[392]에게 주는 시를 부쳐 왔기에 그 시에 차운하다

次井邑宰李星齡附送鐵如意贈金錡韻

뜻이 쇠와 같은 것이 아니라 쇠가 뜻대로 되니 意非如鐵鐵如意

늙은이에게 멀리서 보내와 참으로 정이 있네 遠寄衰翁儘有情

곧은 것을 사랑하고 조금이라도 머리 숙이는 것을 싫어하니 愛直還嫌微俯首

사람의 뜻에 따라 원래 곧은 성정을 잃을까 두렵네 恐隨人意失先貞

390 이성령(李星齡) : 1632~? 본관은 한산(韓山), 자는 문옹(文翁), 호는 춘파(春坡)이다.

391 철여의(鐵如意) : 쇠로 만든 등긁이이다. 여의(如意)는 뼈, 뿔, 나무, 옥, 돌, 철 따위로 제작한다.

392 김기(金錡) : 전라북도 정읍(井邑) 사람으로, 1679년(숙종5) 우암의 편지에 등장하고, 1689년 별장(別將)의 신분으로 우암의 병세를 초산(楚山)에 알리는 역할을 한 것으로 보아 우암과 상당한 친분이 있었던 것으로 보이나 자세한 기록이 없다.

기성[393]의 귀양살이하는 집에서 읊다

岐城謫廬吟

산들은 그림 같고 바다는 아스라하니	群山如畫海迢迢
고야의 선인[394]도 불러올 것만 같네	姑射仙人若可招
문득 옷에 진토 묻었을까 두려워	却恐衣裾塵土在
샘물 길어다 사흘 동안 깨끗이 빨았네	汲泉淸濯此三朝

393 기성(岐城) : 거제현(巨濟縣)에 있는 군(郡) 이름이다. 우암이 1679년(숙종5) 4월 이곳으로 이배(移配)되어 1680년 5월 청풍(淸風)으로 이배될 때까지 이곳에서 지냈다.

394 고야(姑射)의 선인(仙人) : 신선을 말한다. 《장자(莊子)》〈소요유(逍遙遊)〉에 "묘고야 산에 신인이 살고 있는데, 살결은 빙설과 같고 예쁘기는 처녀와 같으며, 오곡을 먹지 않고 바람을 마시며 이슬을 먹는다.〔藐姑射之山, 有神人居焉, 肌膚若氷雪, 綽約若處子, 不食五穀, 吸風飮露.〕"라고 한 말에서 나온 것이다.

손자 순석(淳錫)이 망모의 기일에 지은 시에 차운하다
次淳孫亡母忌日韻

일찍이 널 데리고 무덤 쓰는 자리에 임하였는데	憶曾携爾壙邊臨
마음이 초상 때 같아 아직도 금할 수 없구나	心似初亡尙不禁
열여덟 번째 기일을 바닷가에서 만나니	十八忌逢蠻海上
정령도 나의 깊은 슬픔 알리라	精靈應識我哀深

금년은 마침 효종의 탄신 주갑인데 오늘이 또 스무 번째 제삿날이다. 새벽에 일어나서 통곡하니 슬픈 마음 더욱 가눌 수가 없었다. 손자 주석이 절구 한 수를 지어 보여 주기에 그 운을 사용하여 짓다 기미년(1679, 숙종5) 5월 4일

今年適孝廟誕生周甲 而今日又第二十諱辰也 晨起痛哭 情懷益不自堪 疇孫詠一絶以示 因用其韻 己未五月四日

탕 임금 문왕 같은 덕 감히 아첨이라 하겠는가	湯文比德敢云阿
천재일우 좋은 기회 탁한 황하에 시험했네	千一昌期驗濁河
가신 지 이십 년에 주갑이 돌아왔으니	奉諱廿年還一甲
하늘 부르며 울어 본들 하늘 또한 나에게 어찌하리	呼天天亦奈吾何

손자 주석이 파리를 읊은 시에 차운하다

次疇孫賦蠅韻

세인의 정상 파리보다 더한데	世人情狀甚於蠅
육일의 글에 파리만 미워한 것 괴이하네[395]	六一篇中怪獨憎
당시에 파리에게 말을 하게 했다면	若使當時蠅有語
불공평하다는 불평 산 같았으리	不公之謗似丘陵

395 육일(六一)의……괴이하네 : 육일은 송(宋)나라 문장가 구양수(歐陽脩)가 육일거사(六一居士)라 자칭한 것을 말한다. 그가 파리를 미워하는 〈증창승부(憎蒼蠅賦)〉를 지었다. 《文忠集 卷15》

손자 주석의 시에 차운하다

次疇孫韻

동서남북 어디 가나 이 몸 고단하니	東西南北此孤身
영해에 어찌 죽지 않은 사람 있음을 알까	嶺海安知不死人
죽음 또한 천명이라 편안히 받아들일 뿐	死亦由天安受耳
털끝만큼이라도 어찌 감히 망녕되게 신원(伸冤)을 구하리	一毫何敢妄求伸

손자 주석의 시에 "바다 밖에 어찌 홀로 죽는 사람이 있겠는가.〔海外安能獨死人〕"라는 구절이 있어 그 뜻이 넓었다. 그러나 이것은 회옹(晦翁)이 논한 염질설(染疾說)이다. 일깨우는 말 한마디 하여 그 뜻을 더욱 넓힌다.

최자경[396] 신 의 시에 차운하다 기미년(1679, 숙종5) 9월 하순
次崔子敬 愼 韻 己未九月下澣

주자를 위학의 괴수 역당의 괴수라 하여 雲谷僞魁魁逆黨
문생과 친구까지 모두 앙화(殃禍) 받았는데 門生故舊竝罹殃
어찌하여 천년 뒤에도 오히려 존모하는가 如何千載猶尊慕
죽도록 지켜 온 성심 하늘에 질정할 수 있어서라네 抵死誠心質上蒼

송나라 사람들이 처음에는 주자를 위학(僞學)의 괴수라 했고 뒤에는 역당의 괴수라 했다.

두 번째 其二

호굉(胡紘)과 계조(繼祖)[397] 지금도 있지만 胡紘繼祖今雖在
아홉 번 죽더라도 어찌 앙화를 두려워하랴 九死何曾懼禍殃
오직 한쪽도 엿보지 못하였으니 惟是一斑窺未得
백발 된 오늘 하늘에 부끄럽네 白頭今日媿穹蒼

396 최자경(崔子敬) : 최신(崔愼, 1642~1708)으로, 본관은 회령(會寧), 자는 자경, 호는 학암(鶴菴)이다. 우암의 문인이다.

397 호굉(胡紘)과 계조(繼祖) : 호굉(1139~1204)은 남송의 관료로, 자는 응기(應期)이다. 한탁주와 함께 주희의 학문을 위학(僞學)이라고 하여 많은 공격을 하였다. 호굉은 상소를 올려 주희를 공격하려 하다 체직(遞職)이 되자 자기가 지은 소초(疏草)를 심계조(沈繼祖)에게 주어 대신 주희를 죽이라고 요청케 하였으며, 아울러 정이(程頤)까지 공격하여 도학을 금지하기에 이르렀다. 《宋史 胡紘列傳, 朱熹列傳》

세 번째 其三

망극한 은혜 천억년 전해 오니	罔極恩垂千億載
트집 잡는 자들 하늘의 앙화 있으리	求疵者必有天殃
세도와 인심 이제 이 지경 되었으니	世道人心今若此
일어나 한밤중 소나무에 걸린 푸른 달을 보노라	起看松月夜蒼蒼

문중자(文中子)가 "나는 공자(孔子)께 망극한 은혜를 받았다."라고 하였다.[398]

398 문중자(文中子)가……하였다 : 문중자는 수(隋)나라 때 경학가 왕통(王通, 584~617)의 사시(私諡)이다. 자는 중엄(仲淹)이고 강주(絳州) 용문(龍門) 사람이다. 촉군 사호서좌(蜀郡司戶書佐), 촉왕 시독(蜀王侍讀) 등을 역임하였다. 육경(六經)의 효용을 중시하였으며, 그 체재를 본떠 여러 저술을 남겼으나 모두 전해지지 않고, 《논어》를 모방하여 지은 《중설(中說)》만 남아 있다. 이 내용은 《중설》 제1권 〈왕도편(王道篇)〉에 보인다.

바다를 건너면서 짓다 경신년(1680, 숙종6)

渡海時作 庚申

성덕으로 섬에 갇힌 신하 풀어 주시어	聖德寬臣海島囚
큰 물결 다시 건너며 눈물 흘렸노라	鯨波重渡淚雙流
옛 친구 이로움 함께 누리기를 바라니[399]	惟玆舊要要同利
천 리 산천 모두 부끄러움 띠었네	千里山川摠帶羞

399 옛……바라니 : 기해년(1659) 효종의 상사(喪事)에 자의대비(慈懿大妃)가 기년복을 입도록 주장한 우암이나 이유태(李惟泰)는 다른 한쪽의 공격을 받아 왔다. 15년 후 현종 갑인년(1674) 인선왕후(仁宣王后)의 상사 때 예론(禮論)이 또 일어났는데 이때 이유태는 효종이 적자(嫡子)이지만 복은 기년이어야 한다는 예설을 만들어 우암과 서신을 왕복한 일이 있다. 그 후 1680년 경신옥사(庚申獄事)가 있고 나서 유배에서 풀릴 때 숙종이 "지금 송시열의 뜻이 이유태와 다름이 없는데 혼자만 그대로 가시울타리 속에 둘 수가 없으니, 특별히 위리(圍籬)를 풀고 중도부처(中途付處)하라."라고 하였다.《肅宗實錄 6年 5月 12日》

정 찰방 치 이 종손 강석과 주고받은 시에 차운하다
次鄭察訪 治 與從孫康錫相酬之韻

추역과 강회에는 옛날에 사마천이 있었지만[400]	鄒嶧江淮古史遷
나는 바다에 떠다녔으니 그보다 낫다네	我浮滄海勝當年
돌아와 묵묵히 산쪽으로 난 창 아래 앉아	歸來默坐山窓下
연하에 잠긴 동천을 오래도록 보노라	長遣煙霞鎖洞天

400 추역(鄒嶧)과……있었지만 : 한(漢)나라 역사가 사마천(司馬遷)이 20세에 강회(江淮)를 유람하고 추역에서 향사례(鄕射禮)를 행하고 돌아와서 문장이 증진되었다고 한다. 《史記 太史公自序》

신유년(1681, 숙종7) 3월 4일에 손자 주석과 후운정[401]에 들렀는데 주석이 옛일에 감흥이 일어 시를 지었으므로 그 시에 차운하다

辛酉三月之四日 與疇孫過後雲亭 疇有感舊作 聊次其韻

바다 밖에서 떠돌며 돌아오는 길 몹시 더디었는데	海外飄搖歸苦遲
지금 돌아와 부질없이 옛날에 지은 시를 읊네	今來空詠舊題詩
형초의 군대 앞에 보낸 격문 가장 가련하니	最憐荊楚軍前檄
천추토록 지사의 슬픔으로 남으리라	留作千秋志士悲

후운옹(後雲翁)이 일찍이 오삼계(吳三桂)가 형초(荊楚) 사이에서 군대를 일으켰다[402]는 말을 듣고 격문(檄文) 수백 구(句)를 지었는데, 기상이 매우 씩씩하여 짝할 사람이 적다.

401 후운정(後雲亭) : 청주(淸州) 검단산(檢丹山) 아래에 있는 정자이다. 화양(華陽)과 30리 거리에 있는데 이곳이 신라 시대 고운(孤雲) 최치원(崔致遠)이 왕래하던 곳이기 때문에 후운(後雲)이라고 이름 지었다고 한다. 홍석기(洪錫箕)가 이곳에 정자를 지어 노년을 보내면서 화양에 있던 우암과 교유하였다. 《宋子大全 卷1, 宋子大全隨箚 卷1》

402 오삼계(吳三桂)가……일으켰다 : 오삼계(1612~1678)는 명말 청초의 무장으로 자는 장백(長白)이다. 산해관의 진장(鎭將)으로 청나라 군대를 방어하다가, 1644년 틈왕(闖王) 이자성(李自成)이 북경으로 쳐들어와 성이 함락되고 숭정제(崇禎帝)가 자살하자, 산해관을 열고 청군과 결탁하여 틈왕을 격퇴시켰다. 이후 청나라의 중국 정벌에 혁혁한 공을 세워 1662년 운남(雲南)을 봉지로 평서친왕(平西親王)에 봉해져 광동(廣東)의 상가희(尙可喜), 복주(福州)의 경정충(耿精忠)과 함께 삼번(三藩)으로 불리며 거의 독립국가의 체제를 유지하였다. 1673년 강희제(康熙帝)가 삼번 철폐의 명을 내리자, 상가희, 경정충과 함께 반란을 일으켜 1678년 형양(衡陽)에서 주(周)나라를 세우고 황제에 올랐으나 바로 병사하였다. 《淸史 吳三桂列傳》

곽지숙, 시징 윤이화 채 와 노선생의 유서를 대교하다가 눈 오는 밤에 우연히 읊다 신유년(1681, 숙종7)

與郭智叔 始徵 尹爾和 寀 對校老先生遺書 雪夜偶吟 辛酉

눈발은 격자창을 두드리고 바람은 문을 두드리는데 雪打窓欞風打戶
온갖 일 깊이 생각하니 옛일이 되었구나 沈思萬事成今古
등불 앞에서 몇 편을 교정하니 燈前校得數編書
재주 있는 사람 마음 홀로 괴로운 줄을 알아야 하리 要識良工心獨苦

임술년(1682, 숙종8) 설날 옛 생각이 나서 주정이 택정[403]과 손자 주석에게 보여 주고 화답을 구하다

壬戌元朝 有感舊懷 示朱靜而宅正及疇孫 求和

낙양의 푸른 절벽 천 길 우뚝 서 있으니	洛陽蒼壁千尋立
서생과 함께 웅지를 다투고자 하노라	要與書生壯志爭
취한 후 〈수공주차(垂拱奏箚)〉[404] 길게 읊으니	醉後長吟垂拱奏
용기가 불끈 솟아오름을 견딜 수 없도다	不堪肝膽起崢嶸

403 주정이 택정(朱靜而宅正) : 주택정(朱宅正, 1651~1727)으로, 본관은 전주(全州), 자는 정이이다. 함흥 출신으로 우암이 덕원(德源)에 유배되었을 때 제자가 되었다.

404 수공주차(垂拱奏箚) : 정식 명칭은 〈계미수공주차(癸未垂拱奏箚)〉이다. 이 글은 주희가 34세 때인 1163년 11월 6일 수공전(垂拱殿)에 입대하여 올린 것이다. 총 세 통의 주차를 올렸다. 《晦庵集 卷13》

조의망의 시에 차운하다

次趙嶷望韻

봄날 동도에 소자가 가니	春日東都邵子行
가는 곳마다 아이들 기뻐하네[405]	行行到處兒童喜
오늘 사마의 대문 앞에 오니	今來司馬大門前
문지기가 도리어 무슨 일로 왔느냐 하네[406]	閽者却云何事至

405 봄날……기뻐하네 : 동도(東都)는 송나라 때 낙양(洛陽)을 가리킨다. 소자(邵子)는 송나라 학자 소옹(邵雍)이다. 소옹이 처음 낙양에 와서 비바람도 가리지 못할 정도의 누옥(陋屋)에 살면서도 그곳을 안락와(安樂窩)라고 이름 짓고는 가끔씩 자그마한 수레를 타고 외출하여 즐기곤 하였는데, 사람들이 서로 접대하려고 안락와와 비슷한 집을 지어 놓고는 행와(行窩)라고 불렀다는 고사가 전한다. 《宋史 邵雍列傳》

406 오늘……하네 : 이 부분은 무슨 일을 가리키는지 알 수 없다.

무계동에서 조의망의 시에 차운하다 계해년(1683, 숙종9)

武溪洞次趙嶷望韻 癸亥

푸른 이끼 낀 바위 아래 물은 감아 돌고	碧苔巖下水縈廻
흰 꽃 붉은 꽃 나를 향해 피었구나	白白紅紅對我開
가랑비가 무단히 갈 길을 재촉하니	細雨無端催去路
오늘 밤 꿈속에도 이곳을 찾으리	秖應今夜夢中來

서산에 있는 구제백[407] 시경 의 초당에서 손자 주석의 시에 차운하다

西山具濟伯 時經 草堂 次疇孫韻

함께 만인 앞에서 말고삐를 붙잡고 말렸으니　相携叩馬萬人前
고죽의 높은 절개[408] 북두처럼 우뚝해라　孤竹高標斗北懸
오늘에도 서산의 이름 너무도 좋아　此日西山名已好
봄 고사리 캐려니 마음이 서글퍼지네　春薇欲採意幽[409]然

두 번째 其二

인왕산과 삼각산 앞뒤로 걸쳐 있으니　仁王三角後幷前
좋은 시대 문장이 일월같이 빛났네　昭代文章日月懸
잠깐 도성에 들어갔다가 도로 나오니　暫入[410]鳳城還出郭
청산은 은은하고 물은 청량하네　青山隱隱水泠然

407 구제백(具濟伯) : 구시경(具時經, 1637~1699)으로, 본관은 능성(綾城), 자는 제백, 호는 독락재(獨樂齋)이다. 우암의 문인이다.

408 고죽(孤竹)의 높은 절개 : 고죽은 나라 이름인데 여기에서는 백이(伯夷), 숙제(叔齊)를 말한다. 그들은 무왕(武王)이 은(殷)나라의 주(紂)를 치려 할 때 말고삐를 잡고 간하였다. 뒤에 수양산(首陽山)에 들어가 고사리를 캐 먹다가 죽었다 한다. 《史記 伯夷列傳》

409 幽 : 대본의 두주에 "'幽'는 다른 곳에는 '悠'로 되어 있다."라고 하였다.

410 入 : 대본의 두주에 "'入'은 다른 곳에는 '到'로 되어 있다."라고 하였다.

탕춘대에서 조정이[411] 정만 에게 주다

蕩春臺贈趙定而 正萬

도성을 나온 마음 마치 말이 굴레를 벗은 듯	出郭心如馬脫鞿
도성의 맑은 해는 구름 낀 숲 속을 비추네	帝城晴日射林霏
계곡에 임하여 문득 파계의 물이 생각나니	臨流忽憶巴溪水
그 산길에 언제나 소매에 손을 넣고 돌아갈까	石逕何時袖手歸

411 조정이(趙定而) : 조정만(趙正萬, 1656~1739)으로, 본관은 임천(林川), 자는 정이, 호는 오재(寤齋)이다. 우암의 문인이다.

여관에서 사군 이숙필[412] 세익 에게 주다

逆旅贈李使君叔弼 世翊

도성을 나와 오 사[413] 남짓 가노라니	出郭行行五舍餘
소년의 호방한 흥취 모두 제거하지 못하였네	少年豪興未全除
그대를 만나 담계[414]의 승경을 얘기하니	逢君爲說潭溪勝
위에는 솔개 날고 아래에는 물고기 있네[415]	上有天鳶下有魚

412 이숙필(李叔弼) : 이세익(李世翊, 1626~1705)으로, 본관은 부평(富平), 자는 숙필, 호는 철애(鐵厓)이다.

413 오 사(舍) : 1사(舍)가 30리(里)이므로, 150리이다.

414 담계(澹溪) : 주희가 초년에 거처하며 학문을 닦은 곳으로 건녕부(建寧府) 숭안현(崇安縣) 병산(屛山) 지역이다. 《회암집(晦庵集)》 권9에 〈담계의 옛 거처를 생각하며〔懷潭溪舊居〕〉라는 시가 있다.

415 위에는……있네 : 《시경》 〈대아(大雅) 한록(旱麓)〉에 "솔개는 날아 하늘에 이르거늘 고기는 못에서 뛰놀도다.〔鳶飛戾天, 魚躍于淵.〕"라고 한 것을 인용하였는데, 자사(子思)는 이에 대해 "상하에 이치가 밝게 드러남을 말한 것이다."라고 풀이하였다. 《中庸章句 第12章》

백로주[416]에서 백주[417]의 시에 차운하다

白鷺洲次白洲韻

산의 이름 백운이요[418] 물가는 백로라	山號白雲洲白鷺
산은 백로처럼 희고 백로는 구름 같네	山如鷺白鷺如雲
잠깐 사이 구름 흩어지고 백로 날아가니	須臾雲散鷺飛去
도리어 갈매기 남아 나의 친구 되어 주네	還有沙鷗爲我群

416 백로주(白鷺洲) : 경기도 포천시 영중면 거사1리 포천천 강가를 가리킨다. 이곳에 우암의 글씨가 남아 있다.

417 백주(白洲) : 이명한(李明漢, 1595~1645)의 호이다. 본관은 연안(延安), 자는 천장(天章)이다. 월사(月沙) 이정귀(李廷龜)의 아들이다.

418 산의 이름 백운(白雲)이요 : 경기도 포천시 이동면과 강원도 화천군 사내면의 경계에 있는 백운산이다.

부채에 써서 영장 이숙필에게 주다
題扇贈李營將叔弼

보개산[419] 높아 구름 기운 깊으니	寶蓋山高雲氣深
요동묘[420]의 측백나무 이미 찾기 어려워라	遼東廟柏已難尋
찾아와 지붕 쳐다보매 눈물이 비 오듯 쏟아지니	來瞻樑梠淚如雨
그 누가 동주[421]의 늙은 장수 마음을 알까	誰識東州老將心

419 보개산(寶蓋山) : 경기도 연천군 신서면 내산리에 있는 산이다.

420 요동묘(遼東廟) : 요동백(遼東伯)에 봉해진 무장 김응하(金應河, 1580~1619)의 사당을 가리킨다. 김응하의 본관은 안동(安東), 자는 경희(景羲)이다. 고려의 명장 김방경(金方慶)의 후손이다. 1618년(광해군10) 명나라가 후금을 칠 때 조선에 원병을 청해 오자, 부원수 김경서(金景瑞)의 휘하에 좌영장(左營將)으로 있다가 이듬해 2월 도원수 강홍립(姜弘立)을 따라 압록강을 건너 후금 정벌에 나섰다. 그러나 명나라 군사가 대패하자, 3000명의 휘하 군사로 수만 명의 후금군을 맞아 고군분투하다가 중과부적으로 패배하고 전사하였다. 이듬해 명나라 신종(神宗)은 그를 요동백에 봉하였고, 조정에서도 영의정을 추증하였다. 시호는 충무(忠武)이다.

421 동주(東州) : 강원도 철원(鐵原)의 옛 지명이다. 본래는 고구려 철원군(鐵圓郡)이다. 신라 경덕왕(景德王)이 철성군(鐵城郡)이라고 고쳤다. 뒤에 궁예(弓裔)가 군사를 일으켜 고구려의 옛 땅을 침략해 차지하고 송악군(松嶽郡)에서 여기로 와서 도읍을 정하고 나라 이름을 태봉(泰封)이라고 하였다. 고려 태조가 즉위하자 수도를 송악으로 옮기고, 철원을 동주로 고쳤다. 《新增東國輿地勝覽 卷47 江原道 鐵原都護府》

외재[422]가 문순 선생의 시에 차운하여 작별할 때 주었으므로 다시 그 운을 써서 뜻을 보여 주다

畏齋追步文純先生韻 以贈別 再用以見志

강물은 도도히 북으로 흐르는데	江水滔滔向北流
돌아가는 행장 어인 일로 다시 머물렀나	歸裝何事更淹留
그대는 떠나는 배 작다 하지 마오	憑君莫說行舟小
외로운 신하의 만 석 근심 싣고 있다네	載得孤臣萬斛愁

화양동(華陽洞)으로 돌아가는 나그네가 시고(詩稿)를 절하고 받고, 겸하여 치도(致道)[423] 형제와 자삼(子三),[424] 석미(錫美) 제현에게 사례하다.

422 외재(畏齋) : 이단하(李端夏, 1625～1689)의 호이다. 본관은 덕수(德水), 자는 계주(季周)이다. 택당(澤堂) 이식(李植)의 아들이다.

423 치도(致道) : 권상하(權尙夏, 1641～1721)의 자이다. 본관은 안동(安東), 호는 수암(遂庵)・한수재(寒水齋)이다. 송준길과 우암의 제자이다. 시호는 문순(文純)이다.

424 자삼(子三) : 이무(李堥, 1621～1703)의 자이다. 본관은 전주(全州), 호는 낙계(駱溪)이다. 이식의 문인이다.

앞의 시에 차운하여 이미숙[425] 수언 에게 주고 이어 문곡에게 나의 뜻을 부치다

次前韻 贈李美叔 秀彦 仍寄意文谷

천시가 장차 대화(大火)가 서쪽으로 흐르는 것[426]을 볼 것이니 天時將見火西流
남북으로 바삐 다니는 사이 세월이 멈추지 않네 南北棲遑歲不留
서글피 그대 보내며 기탁하는 말을 남기노니 怊悵送君憑寄語
강호와 조정의 근심 똑같은 것이라네 江湖廊廟一般愁

425 이미숙(李美叔) : 이수언(李秀彦, 1636~1697)으로, 본관은 한산(韓山), 자는 미숙, 호는 농계(聾溪)·취몽헌(醉夢軒)이다. 14세에 우암의 문하에 들어가 수학하였다.

426 대화(大火)가……것 : 대화는 이십팔수 가운데 하나인 심수(心宿)의 별칭이다. 《시경》〈빈풍(豳風) 칠월(七月)〉에 "7월에 대화가 서쪽으로 내려가거든, 9월에 옷을 만들어 주느니라.〔七月流火, 九月授衣.〕"라고 하였는데, 7월에는 대화성이 초저녁에 나타나는 위치가 서쪽으로 이동하여 더 낮아지므로 이렇게 읊은 것이다.

문곡에게 부치다

寄文谷

따뜻한 궁전 편안한 자리에서 덕음을 내리셨으니 岸幘溫宮賜德音
귀신도 응당 소신의 마음을 알리라 鬼神應識小臣心
문을 나서 두려움으로 두 눈의 눈물 훔쳤으니 出門怵惕揮雙[427]涕
마음속 근심에 한강 물 깊구나 方寸憂虞漢水深

회포를 묘사한 것일 뿐이니, 시라고 할 수 있겠는가.

427 揮雙 : 대본의 두주에 "'揮雙'은 다른 곳에는 '仍揮'로 되어 있다."라고 하였다.

문곡의 시에 차운하다 갑자년(1684, 숙종10)

次文谷韻 甲子

어느 해인가 지팡이 짚고 거친 시골 찾아갔을 때	何年杖履寄荒[428]村
들판의 끝없는 눈 위로 달빛만 비추었지	野雪蒼茫月一痕
그 당시 책상머리에는 계책이 있었으니	當日床前籌策在
정신이 온통 계성의 문에 들어가는 것이었지[429]	精神都入薊城門

428 寄荒 : 대본의 두주에 "'寄荒'은 다른 곳에는 '此孤'로 되어 있다."라고 하였다.

429 정신이……것이었지 : 계성(薊城)은 중국 순천부(順天府) 동쪽에 있으며, 옛날 연(燕)나라의 도읍이다. 주(周)나라 무왕(武王)이 상(商)을 이기고 제요(帝堯)의 후손을 계(薊)에 봉하였는데, 뒤에 연나라가 계지(薊地)를 합병하고서 여기에 도읍을 만들었다. 《讀史方輿紀要 卷11》 여기에서 계성의 문에 들어간다는 것은 청나라를 쳐들어간다는 의미로 사용되었다.

박계직[430] 정해 의 시에 차운하다
次朴季直 廷獬 韻

을축년 육십갑자 한 번 돌아왔으니[431]	乙丑之年周一甲
일찍이 오동과 대에 봉황새 왔었지	憶曾梧竹鳳來儀
그 당시 내가 옷자락을 연이었는데	當時陋我忝聯袂
오늘날 함께 파엽사를 읊는구나	此日同吟破葉詞

산곡(山谷)이 아내를 여의고 "서풍에 떨어진 나뭇잎을 보고 슬퍼한다.〔西風悲破葉〕"라는 시구를 지었으니, 쓸쓸함을 표현한 뜻이다.[432]

430 박계직(朴季直) : 박정해(朴廷獬)로, 본관은 밀양(密陽)이다. 박훈(朴薰)의 후손이며, 우암의 종동서(從同壻)이다. 《宋子大全隨箚 卷1》

431 을축년……돌아왔으니 : 을축년(1625, 인조3)은 우암이 결혼한 해이고 박정해는 우암의 종동서인데, 이 시를 살펴보면 두 동서가 모두 상처(喪妻)한 심정을 말한 듯하다. 《宋子大全隨箚 卷1》 우암은 1677년(숙종3) 부인 이씨(李氏)의 상을 당하였다.

432 산곡(山谷)이……뜻이다 : 산곡은 송(宋)나라 시인 황정견(黃庭堅)의 호이다. 그의 시 〈도왕(悼往)〉에 "서풍에 슬퍼하노니 낙엽이 쓸쓸하네, 묵은 뿌리에 빛을 비추니 가을 해가 지려 하네.〔西風悲兮敗葉索索, 照陳根兮秋日將落.〕"라는 시구가 있다. 《山谷集 外集 卷11 楚詞》 우암이 이 시구를 인용하여 죽은 아내를 그린 것이다.

심어촌[433]을 복관하는 은지 뒤에 쓰다 병인년(1686, 숙종12)
題沈漁村復官恩旨後 丙寅

당년에 마음과 일 서로 어긋났으니	當年心與事相違
사람을 알아보지 못해 큰 잘못을 빚었네[434]	眼不知人大嫁非
오늘 성조에서 은택을 새로 내리니	今日聖朝新雨露
저승에서 눈물로 옷 적시는 일 다시 없으리	九原無復泣沾衣

433 심어촌(沈漁村) : 심언광(沈彦光, 1487~1540)으로, 본관은 삼척(三陟), 자는 사형(士炯), 호는 어촌이다.

434 당년에……빚었네 : 심언광이 1530년(중종25) 대사간이 되어서는 형 심언경(沈彦慶)과 함께 김안로(金安老)의 등용을 적극 주장하여 실현시켰다. 그러나 김안로가 조정에서 실권을 장악하면서 붕당을 조직하고 큰 옥사를 일으켜 사림들을 모함하자, 비로소 지난날 자신이 그를 추천한 일을 후회하기에 이르렀다. 특히 김안로가 외손녀를 세자빈으로 삼으려 하자 이를 질책하였고, 이를 계기로 두 사람 사이에 틈이 생겼다. 1536년 이조 판서가 되고, 이어서 공조 판서를 역임하면서 김안로의 비행을 비판하다가 김안로의 미움을 받아 이듬해 함경도 관찰사로 좌천되었다.

화양의 산사에서 읊어 제군에게 보여 주다

華陽山寺 吟示諸君

여름밤 깊은 산에 두견새 우니	夏夜山深猶杜鵑
이불 얇아 잠 못 이루던 일 생각하네	仰思衾薄未成眠
슬기로움이 생지에 가까운 분이	如何明睿生知近
기연과 소이연에 어찌 괴로워하셨던가	却困其然所以然

주자(朱子)가 일찍이 산사(山寺)로 가다가 말 위에서 정자(程子)가 "그러한가, 그렇지 않은가?〔其然不然〕"라고 한 몇 조항을 사색하다 통하지 못한 채 산사에 이르렀는데 두견새 울고 이불도 얇아 잠을 이루지 못하고 밤새도록 사색하느라 매우 괴로웠었다. 그 후 두견새 소리만 들리면 그날 괴롭게 사색했던 일이 생각난다고 하였다.

곡운거사[435]의 〈열천〉 시에 차운하다

次谷雲居士冽泉詩韻

당시 사문(師門)에 소자가 의탁하고 있었는데　　當日門墻小子依
연원인 〈태극도설(太極圖說)〉을 강론하던 때였지　淵源太極講論時

송나라 때의 도학이 모두 이 한 편에 연원을 두기 때문에 말한 것이다.

지금은 단지 한천만 남아 있지만　　如今只有寒泉在
물속에 비친 달 모두 시 지을 만하네　　水月相涵摠可詩

435 곡운거사(谷雲居士) : 김수증(金壽增)의 호이다.

조정에 돌아가는 손자 주석을 전송하며

送疇錫還朝

늙은이는 더 이상 이별할 때가 아닌데 老夫非復別離時

너를 보내자니 남모르게 눈물 흐르는 것을 어찌 감당하리오 送爾那堪淚暗垂

부처의 은혜 어찌 갚을지 가장 두려우니 最怕佛恩何以報

몸과 마음으로 진찰을 받드는 것이 바로 보답하는 것이지[436] 身心塵刹是名爲

436 부처의……것이지 : 주희가 진량(陳亮)에게 보낸 편지에 "벼슬하지 못한 때에 홀로 그 몸을 선하게 하여 천하에 대의(大義)를 밝혀서 천하의 학자들이 모두 우리의 도가 바른 줄을 알아서 그것을 지켜서 임금이 부르기를 기다리게 하는 것이 곧 갚을 수 없는 은혜를 갚는 것이니, 어찌 반드시 벼슬에 나아가 세상을 다스릴 것이 있겠는가. 불자(佛者)의 말에 '이 몸과 마음을 가지고 진찰을 받든다면 이것이 부처의 은혜에 보답하는 일이다.〔將此身心奉塵刹, 是則名爲報佛恩.〕' 하였다."라고 한 내용을 우암이 인용하여 굳이 벼슬에 나아가지 않아도 임금의 은혜에 보답할 수 있는 길이 있음을 말한 것이다.《晦庵集 卷36 答陳同甫》

주석을 보내며 겸하여 중순[437] 정호 에게 보여 주다
送疇錫兼示仲淳 鄭澔

모진 바람 눈을 몰아 이별길에 날리고　　獰風吹雪別時飛
막막한 찬 구름 햇볕을 가렸네　　漠漠寒雲掩日暉

이날이 바로 그러했다.

가는 길 파촉의 잔도(棧道)[438]처럼 어려움을 누가 알까
行路誰知難蜀道
시름 속에 가는 말 마음껏 달리리　　愁邊征馬任騑騑

이날 작별하는 회보가 매우 좋지 않았고 겸하여 걱정이 있어 우두커니 서서 바라보다가 이 시를 지었다.

두 번째 其二

중순의 선조는 아옹[439]에게 욕을 당했는데　　仲淳先孍自鵝翁

437 중순(仲淳) : 정호(鄭澔, 1648~1736)의 자이다. 본관은 연일(延日), 호는 장암(丈巖)이다. 정철(鄭澈)의 현손으로, 우암의 문인이다.

438 파촉의 잔도(棧道) : 매우 험한 길을 말한다. 원래 옛날 촉 지방으로 통하는 잔도를 말하는데 그 길이 험하여 이백(李白)은 〈촉도난(蜀道難)〉에서 "아, 위태롭고도 높도다! 촉도의 험난함은 푸른 하늘에 오르기보다 더 어렵다네.〔噫吁嚱, 危乎高哉! 蜀道之難, 難於上靑天.〕"라고 읊었다. 《李太白文集 卷2》

439 아옹(鵝翁) : 이산해(李山海, 1539~1609)를 가리킨다. 본관은 한산(韓山), 자는 여수(汝受), 호는 아계(鵝溪)·종남수옹(終南睡翁)이다.

아옹의 꾀 이어 가는 재주 갈수록 더욱 공교로워　紹述翁謀世愈工

윤휴(尹鑴)와 허적(許積)이 득세한 시기가 참혹했으므로 영(令) 조여길(趙汝吉)[440]이 아니었다면 어려웠을 것이다. 듣건대 중순도 침해를 당했다고 하니 두렵기 그지없다.

들판은 절로 한가롭고 물가는 적막하니　野自寬閑濱寂寞

나아가는 때는 다르더라도 물러남은 같아야 하네　進時雖異退須同

옛말에 "군자는 나아감은 같지 않아도 물러감은 같게 하는데 이는 의리가 있기 때문이고, 소인은 나아감은 같아도 물러감은 같게 하지 못하는데 이는 이욕 때문이다." 하였다. 형숙(馨叔)[441]은 미약한데도 그때의 탄핵문은 차마 보지 못할 정도였다.

440 조여길(趙汝吉) : 조가석(趙嘉錫, 1634~1681)으로, 본관은 양주(楊州), 자는 여길, 호는 태촌(苔村)이다.

441 형숙(馨叔) : 정치(鄭治)의 자이다. 정치는 송강(松江) 정철(鄭澈)의 사손(祀孫)이다. 《宋子大全隨箚 卷1》

조군 정하 의 처 한씨에 대한 만사

趙君 正夏 內相韓氏挽

수많은 도자기 중에 하나의 붉은 도자기[442] 百千瓷器一紅瓷

송(宋)나라 태조가 주부(柱斧)로 깨 버린 것[443]이 곧 이 물건이다.

갑자기 손에 닿아 깨질 줄을 누가 알았으랴 誰料俄然觸手虧

원래 청명하여 혼탁한 세상을 떠난 것이니 自是淸明辭濁世

형제와 남편은 슬퍼할 것 없다네 弟兄夫壻不須悲

442 붉은 도자기 : 조정하(趙正夏)의 처 한씨를 가리킨다.

443 송(宋)나라……것 : 송 인종(宋仁宗)이 어느 날 장 귀비(張貴妃)에게 갔다가 정주(定州)에서 나는 홍자기(紅瓷器)를 보고 어디에서 얻었는지 물으니, 귀비가 왕공진(王拱辰)이 바친 것이라고 대답하였다. 이에 인종이 노하여 "일찍이 너에게 신료들이 바치는 것을 받지 말라고 했는데 듣지 않은 이유가 무엇이냐?" 하고는 가지고 있던 주부(柱斧)로 내리쳐서 깨 버렸다. 《宋名臣言行錄 後集 卷5》 주부는 수정으로 만든 작은 도끼인데 일반적으로 조관(朝官)이 조정에 나아갈 때 가지고 가는 것이다. 우암의 자주(自註)에 송 태조(宋太祖) 때의 일이라고 한 것은 오류이다.

수선화를 읊어 외재 이계주에게 보내다 정묘년(1687, 숙종13)
詠水仙花 寄示畏齋李季周 丁卯

수선화의 성품 봄의 -원문 1자 결락- 싫어하여　　水仙花性厭春缺
푸른 소매 찬 기운 빙설의 넋이로다　　翠袖寒凝氷雪魂
가엽구나 모진 바람에 다 떨어져도　　可惜獰飆吹落盡
온후한 성품에 말이 없음을 다시 보겠노라　　更看溫厚靜無言

강절(康節)의 시에 "가엽구나, 도리의 성품 온후하여 바람에 다 져도 한마디 말이 없구나.〔可憐桃李性溫厚 吹盡都無一句言〕"[444]라고 하였다. ○ 일찍이 수선화를 읊어 그대에게 보내고 문곡(文谷)에게도 올리려 했지만 문득 생각건대 좋은 시도 시가 없느니만 못하거든 하물며 좋지도 못한 데야 말할 것이 있겠는가. 그러나 이미 읊은 것이기에 감히 끝내 감추지 못하고 화답을 구하였다.

444 가엽구나……없구나 : 송나라 소옹(邵雍)이 지은 〈금연류제금병산하(禁煙留題錦屛山下)〉라는 시 4수 중 네 번째 시에 있는 내용이다. 《擊壤集 卷10》

용만[445] 윤 소망여 두산 에게 보내다
寄龍灣尹蘇望如 斗山

효종께서 구련성 밖에서 시 읊었는데[446] 九連城外孝宗詩
오늘 창오의 저녁 비 구슬프네 此日蒼梧暮雨悲
죽지 못한 외로운 신하 무한한 뜻을 未死孤臣無限意
요산과 압록강은 응당 알리라 遼山鴨水也應知

두 번째 其二

용만의 형세 예나 지금이나 같지만 龍灣形勝古猶今
한 올 붉은 구름 어느 곳에서 찾을까[447] 一縷紅雲底處尋

445 용만(龍灣) : 평안도 의주(義州)의 고려 때 이름이 용만현(龍灣縣)이다.

446 효종께서……읊었는데 : 효종이 북벌을 생각하며 시를 읊기를 "내 십만의 군병을 몰고 가서, 가을바람에 구련성에 웅대한 진을 치리라. 한 번 깃발 휘둘러 북쪽 오랑캐 모두 쓸어버리고, 노래하고 춤추며 돌아와 태평성대 아뢰리라.〔我願長驅十萬兵, 秋風雄陣九連城. 一麾掃盡天驕子, 歌舞歸來奏泰平.〕" 하였다. 《宋子大全隨箚 卷1》 구련성(九連城)은 만주 압록강 연안에 있는 옛 성으로, 의주 맞은편에 있다. 한나라 때는 안평구(安平口), 당나라 때는 박작성(泊灼城)이라 하였는데, 금(金)나라 때 아홉 개의 성을 이어 쌓고 구련성이라 불렀다.

447 한……찾을까 : 붉은 구름은 신선이나 옥황상제가 있는 곳에 항상 어려 있는 구름이다. 소식(蘇軾)의 시 〈상원일에 황제를 모시고 누각 위에서 술을 마시며 시 세 수를 지어 동료에게 드리다〔上元侍飮樓上三首呈同列〕〉에 "시종신이 따오기처럼 줄지어 선 통명전에, 한 떨기 붉은 구름이 옥황상제를 모셨어라.〔侍臣鵠立通明殿, 一朶紅雲捧玉

묻노니 누대 위에 칼을 보는 나그네 試問樓頭看劍客
달 밝은 긴긴 밤에 몇 번이나 슬피 탄식하였나 月明遙夜幾悲吟

皇.〕"라는 표현이 보인다. 《東坡詩集註 卷22》 여기에서는 죽은 효종이 신선이 되었거나 옥황상제 곁에 있을 것이라는 말로 사용되었다.

〈고산구곡가〉[448]를 읊어 권치도 상하 에게 보내다

詠高山九曲歌 寄示權致道 尙夏

오백 년 만에 하늘이 땅의 영기(靈氣)를 모았으니 五百天鍾地炳靈
율곡의 자품 빼어나고 맑도다 栗翁資稟秀而淸
고산의 아홉 굽이 그윽한 곳에 高山九曲幽深處
빠르게 흐르는 차가운 물소리 증점의 비파 소리[449]인 듯
汨瀧寒流點瑟聲

448 고산구곡가(高山九曲歌) : 황해도 해주 고산(高山)에 있는 석담(石潭)의 풍광이 뛰어나 1575년(선조8) 이이(李珥)가 그 아홉 굽이에 각각 이름을 붙이고 시를 지었다. 〈석담구곡가(石潭九曲歌)〉라고도 하는데 주희의 〈무이구곡가(武夷九曲가)〉를 본떴다. 《栗谷全書 卷2》 우암은 여기에서 주희의 〈무이구곡가〉의 수운(首韻)인 영(靈), 청(淸), 처(處), 성(聲) 자를 운으로 사용하였다.

449 증점(曾點)의 비파 소리 : 공자가 제자들과 대화하다가 각자의 포부를 말해 보라고 하였는데, 이때 증점이 비파를 타다가 내려놓고 대답하기를 "늦봄에 봄옷이 이루어지면 관(冠)을 쓴 어른 5, 6명과 동자(童子) 6, 7명과 함께 기수(沂水)에서 목욕하고 무우(舞雩)에서 바람 쐬고 노래하면서 돌아오겠습니다."라고 하니, 공자가 감탄하며 "나는 점(點)을 허여한다."라고 한 일을 가리킨다. 《論語 先進》

박계직에 대한 만사

朴季直挽

팔십 년을 살아서 너무도 지루한데	八旬於世太支離
그대는 내가 싫어 이미 세상 떠났구려	子已長辭我厭之
가소롭다 인정은 그래도 잊지 못해	可笑人情猶未忘
책 상자 속에서 옛날에 지은 시를 보고 우는구나	篋中還泣舊題詩

동지중추부사 홍순민에 대한 만사
洪同知 舜民 挽

삼십 년이 일 세가 되니 三十年斯爲一世
공은 삼 세토록 인간 세상에 살아 公爲三世世間人
슬프고 기쁜 무궁한 일 다 겪고 悲歡閱盡無窮事
돌아와 청산에 누웠으나 세속을 멀리하지 않았네 歸臥靑山不隔塵[450]

450 塵 : 대본의 두주에 "'塵'은 다른 곳에는 '眞'으로 되어 있다."라고 하였다.

진사 유제민[451]에 대한 만사

柳進士 濟民 挽

사람들은 친구 유제민이 시를 잘 짓는다고 하는데	人言柳友善爲詩
나는 그의 시가 그의 사람됨만 못하다고 생각한다	我謂其詩不若人
오늘 사람도 시도 모두 보이지 않으니	今日人詩皆不見
백발 늙은이 부질없이 눈물이 수건을 적시네	白頭空有淚沾巾

451 유제민(柳濟民) : 1603~1687. 본관은 문화(文化), 자는 원지(援之)이다. 김장생(金長生)의 문인이다.《沙溪全書 卷47 門人錄》

유원[452]의 시에 차운하다 무진년(1688, 숙종14)

次有源韻 戊辰

헛되이 직함만 가지고서 부임하지 않아	官名虛帶未排衙
맑은 못에 거꾸로 비친 꽃 그림자를 저버렸네	孤負淸潭倒影花
새로 지은 두 절구는 참으로 그림 같으니	兩絶新詩眞箇畫
마치 적성의 노을[453]을 대하고 있는 듯하네	怳然身對赤城霞

452 유원(有源) : 송유원(宋有源, 1671～1747)으로, 본관은 은진(恩津), 자는 무관(務觀), 호는 종암(宗庵)이다. 우암의 증손자로, 송주석(宋疇錫)의 아들이다.

453 적성(赤城)의 노을 : 적성은 중국 절강성(浙江省) 천태현(天台縣)에 있는 산이다. 산의 흙과 돌이 모두 붉은색이고 모양이 성(城)처럼 생겼기 때문에 적성이라고 부른다. 손작(孫綽)의 〈유천태산부(遊天台山賦)〉에 "적성산에 노을 일어나 표지를 세우네.〔赤城霞起而建標.〕"라는 구절이 있는데, 이선(李善)의 주에 "적성은 산 이름인데 산의 색이 모두 붉고, 모양은 노을 같다." 하였다. 《文選註 卷11》

유원에게 부쳐서 보이다
寄示有源

여러 젊은이와 〈무이도(武夷圖)〉를 펼쳐 놓고 감상하다가 몸이 조선에 매여 있어 회암(晦庵)의 유적을 한번 찾아보지 못하는 것을 개탄하였는데, 너의 시가 마침 이르렀기에 원운에 차운한다.

조용한 속에 대은병[454]을 즐겨 보노라니	靜裏耽看大隱屛
그 가운데 옥녀봉[455]이 가장 우뚝 솟아 있네	其中玉女最亭亭
조그마한 용담[456]은 오히려 막혀 있지만	龍潭尺地猶相阻
백월의 신령한 산[457]이 푸른 기운 보내옴에랴	百越仙山況送青

454 대은병(大隱屛) : 주희의 〈무이구곡가(武夷九曲歌)〉 중 제7곡에 나오는 지명이다.

455 옥녀봉(玉女峯) : 주희의 〈무이구곡가〉 중 제2곡에 나오는 지명이다.

456 용담(龍潭) : 여산(廬山)의 와룡담(臥龍潭)을 가리킨다. 주희가 송나라 효종(孝宗) 때 지남강군사(知南康軍事)로 있으면서 사재 10만 전(錢)을 내어 와룡담 옆에 와룡암을 중수하고, 와룡이라는 이름이 제갈량(諸葛亮)의 호(號)와 같다 하여 옆에 무후사(武侯祠)를 세워 제갈량의 화상을 안치하였다. 《朱子大全 卷79 臥龍菴記》

457 백월(百越)의 신령한 산 : 백월은 중국 남방에 사는 월인(越人)들의 총칭인데, 무이산이 백월 지역인 복건성(福建省)에 있기 때문에 그렇게 말한 것이다.

유덕선 준 에 대한 만사 무진년(1688, 숙종14) 3월 13일
柳德宣 浚 挽 戊辰三月十三日

오호라 나의 좋은 벗이 이 지경에 이르렀으니	嗟吾良友至於斯
신의 이치 아득하여 알 수가 없네	神理茫茫不可推
기억하건대 옛날 봉산에서 인의를 논할 적에[458]	記昔蓬山仁義說
흔쾌히 뜻이 있었는데 끝내 무슨 소용이랴	欣然有志竟何爲

458 옛날……적에 : 봉산(蓬山)은 우암이 유배 가 있던 장기(長鬐)의 다른 이름이다. 이때 유준(柳浚)이 우암을 찾아와 학문을 논한 듯하다.

버드나무의 녹음을 읊어 유원에게 보이다 무진년 6월
詠柳下綠陰示有源 戊辰六月

산간의 땅 습하니 버들이 많아	山間地濕多楊柳
유월의 짙은 그늘 참으로 좋구나	六月繁陰正可人
한가한 때 마음대로 푸를 수 있음을 일찍 알았으니	早識閑時隨意綠
매우에 봄을 다툴 필요 없다네	不須梅雨與爭春

오래도록 내리는 비를 읊어 유원에게 보이다 무진년 6월
詠久雨示有源 戊辰六月

열흘 내내 비가 내려 벽에 이끼가 끼니 一雨連旬壁蘚生
늙은이 침상에 기대어 시냇물 소리 듣는다네 老夫攲枕聽溪聲
곁에 있는 사람들 회산양릉(懷山襄陵)의 일[459] 말하지 마라 傍人莫說懷襄事
용문을 파지 않아도 땅이 절로 평평하지 않으니[460] 不鑿龍門地不平

459 회산양릉(懷山襄陵)의 일 : 중국 고대 요(堯) 임금 때 홍수가 나자 요 임금이 홍수를 다스릴 사람을 구하면서 "아, 사악(四岳)아. 넘실대는 홍수가 지금 백성들에게 해를 끼쳐서 광활하게 산을 에워싸고 언덕을 넘어 성대하게 하늘까지 닿아 백성들이 한탄하고 있으니, 유능한 사람이 있으면 그에게 다스리게 하리라.〔咨! 四岳, 湯湯洪水方割, 蕩蕩懷山襄陵, 浩浩滔天, 下民其咨, 有能俾乂.〕"라고 한 말을 인용한 것이다. 《書經 堯典》 여기에서는 열흘 동안 내리 비가 내렸다고 해서 큰 홍수가 날까 염려하지 말라는 의미로 사용되었다.

460 용문(龍門)을……않으니 : 중국 고대 순(舜) 임금 때 우(禹)가 홍수를 다스리면서 기주(冀州)의 호구산(壺口山)에서 시작하였는데, 호구산 아래에 용문이 있다. 이때 홍수가 난 것은 황하의 아래쪽이 막혀서 물이 역류하였기 때문인데, 우가 용문에서부터 물길을 터서 바다로 빠지게 하였다. 《書經 禹貢》 여기에서는 땅이 평평하지 않고 기울어져 있어서 굳이 물길을 트지 않아도 물이 아래로 흘러가므로 걱정할 것 없다는 뜻이다.

달밤에 잠이 안 와 권, 민, 이[461] 등 여러 친구를 생각하다

月夜無眠 懷權閔李諸友

청명한 산 위 달 나의 옷깃을 비추니	山月淸明照我襟
친구들 어느 곳에서 시를 읊고 있는가	故人何處短長吟
시냇가에서 함께 지내던 때를 생각하니	回思溪上連床日
함께 정자(程子)와 주자(朱子)의 천년 마음 찾았었지	共溯伊閩千載心

461 권(權), 민(閔), 이(李) : 권상하(權尙夏), 민태중(閔泰重), 이희조(李喜朝)이다. 《宋子大全隨箚 卷1》

퇴우당 김 상공에게 부치다 기사년(1689, 숙종15)

寄退憂金相公 己巳

어진(御眞)을 모시고 서울에 올라갔다 다시 남쪽으로 내려갔는데[462] 眞遊西上復南爲
작년과 올해는 누가 호종하였는가 去歲今年扈蹕誰
전상(殿上)에 기대어 계신 모습 또 위화도(威化島)에서 회군하던 때와 같으니 仗殿還如威化日
석실의 두 손자[463]를 다투어 말하는 것 마땅하다네 爭言石室二孫宜

462 어진(御眞)을……내려갔는데 : 전주(全州) 경기전(慶基殿)에 있는 태조(太祖)의 어진을 다시 모사(摹寫)할 때 퇴우당(退憂堂) 김수흥(金壽興)이 전주에 내려가 모시고 서울로 왔고, 1689년 1월 그의 동생 문곡(文谷) 김수항(金壽恒)이 모시고 내려가서 봉안하였다. 《宋子大全隨箚 卷1》

463 석실(石室)의 두 손자 : 석실은 호가 석실산인(石室山人)인 김상헌(金尙憲)을 말하고, 두 손자는 김상헌의 손자인 김수흥과 김수항이다. 《宋子大全隨箚 卷1》

무제

無題

정안소사에 영지가 자라던 날	淨安蕭寺靈芝日
담소하며 서로 바라볼 때 뜻이 태연자약하였는데[464]	談笑相看意自如
향교에 허리 잘린 선성의 초상 나뒹굴 때에[465]	及到芹宮腰膂處
기린 죽었을 때 남은 눈물 부질없이 옷자락 적시네[466]	泣麟餘淚謾沾裾

464 정안소사(淨安蕭寺)에……태연자약하였는데 : 남송 영종(南宋寧宗) 때에 경원당금(慶元黨禁)의 조치가 있었는데, 채원정(蔡元定)이 죄에 걸려 도주(道州)로 유배되었다. 주희가 정안사(淨安寺)에서 전별할 때 많은 사람들이 슬퍼하며 눈물을 흘렸으나 채원정은 평시와 조금도 다름이 없었다. 이를 보고 주희가 "붕우 간에 서로 사랑하는 정과 계통(季通)의 굳은 지조는 양득(兩得)이라 할 만하다."라고 하자, 채원정이 "손을 잡고 서로 웃으며 헤어질 것이요, 아녀자의 슬픔은 짓지 말아야 한다."라고 화답하였다. 계통은 채원정의 자이다. 《주자연보》에는 전별한 장소를 정안사라고 하였고, 《송사》에는 소사(蕭寺)라고 하였으며, 《송자대전수차(宋子大全隨箚)》에는 정안사와 소사를 모두 설명하고 있는 것으로 보아 정안사와 소사는 같은 절인 것으로 보인다. 《朱子年譜 卷4》《宋史 蔡元定列傳》《山堂肆考 卷133 字學》

465 향교에……때에 : 주희 만년에 한탁주(韓侂胄)가 용사(用事)할 때에 어떤 사람에게 보낸 편지에 "근자에 듣건대 향교가 절간이 되어 선성(先聖)의 초상이 허리가 절단되어 도로에 나뒹군다고 하니 사람으로 하여금 통곡하게 한다."라고 한 말을 인용한 것이다. 《宋子大全隨箚 卷1》

466 기린……적시네 : 춘추 시대 노나라 애공(哀公)이 서쪽에서 사냥을 하다가 기린을 잡았는데, 공자가 그 말을 듣고 "누구를 위해서 왔는가, 누구를 위해서 왔는가." 하고 소매를 뒤집어 얼굴을 닦았다고 한 고사를 인용한 것이다. 《公羊傳 哀公14年》 공자는 기린이 죽은 것을 보고 세도(世道)가 쇠퇴한 것을 슬퍼하였는데, 우암 역시 공자와 같은 마음으로 세도가 쇠퇴한 것을 보고 눈물을 흘린다는 뜻이다.

탐라로 가는 도중에 외재와 현석[467] 박세채 에게 보내다

耽羅道中寄示畏齋玄石 朴世采

기사년(1689, 숙종15) 2월 17일 정읍(井邑) 천원역(川原驛)에 이르러 짓다.

위로는 주자를 아래로는 율곡을 위해	上爲閩翁下栗翁
폐단을 제거코자 마음을 다했는데	要除弊事罄愚衷
이제 탐라를 향해 떠나면서	如今却向耽羅去
영릉 바라보고 효종 생각에 울었다네	回望寧陵泣孝宗

효종이 일찍이 하교하기를 "하늘의 이치를 밝히고 사람의 마음을 바로잡는 것이 나의 책임이다. 이제 나와 함께 이 일을 할 사람은 경이 아니면 누구이겠는가." 하였다.

467 현석(玄石) : 박세채(朴世采, 1631~1695)의 호이다. 본관은 반남(潘南), 자는 화숙(和叔)이며, 또 다른 호는 남계(南溪)이다. 김상헌(金尙憲)과 김집(金集)의 문하에서 수학하였다. 숙종 초기에는 송시열과 정치적 입장을 같이하였으나, 노・소 분열 이후에는 윤증(尹拯)을 두둔하고, 소론계 학자들과 학문적으로 교류하였다.

박사술[468]이 죽은 지 이미 여러 해가 되었으나 매번 봉산에서 정답게 얘기하던 일을 생각하면 슬픔에 목이 멘다. 지금 귀양길에 그가 살던 옛집을 들러 보니 내가 써 준 외성당 세 글자가 완연히 벽에 남아 있고, 그의 아들 박중회 수여[469] 또한 밖에 나가고 없으니, 죽은 친구를 그리는 마음 금할 수 없어 절구 한 수를 읊는다

朴士述之亡 已有年矣 每念蓬山款語 爲之酸噎 今行歷過其舊居 則余所寫畏省堂三字 宛然在壁 而其胤子重繪受汝 亦出往矣 不勝山陽之感 聊賦一絶

외성당 안에서 성현의 진전(眞傳)을 이을 듯하였는데 畏省堂中似續眞

객이 와서 봉 자를 쓰니[470] 남몰래 마음 아프네 客來題鳳暗傷神

평소 문곡이 그를 칭송하였는데 平生文谷存推奬

468 박사술(朴士述) : 박광후(朴光後, 1637~1678)로, 본관은 순천(順天), 자는 사술, 호는 안촌(安村)·외성당(畏省堂)이다.

469 박중회 수여(朴重繪受汝) : 1664~1691. 중회는 이름이고, 수여는 자이다. 호는 소은(素隱)이다. 박광후의 아들로, 우암의 문인이다.

470 봉(鳳) 자를 쓰니 : 진(晉)나라 때 죽림칠현의 한 사람인 혜강(嵇康)이 여안(呂安)과 매우 친하여 서로 생각만 나면 천 리 먼 길이라도 즉시 달려가 만나곤 했다. 한번은 여안이 혜강의 집을 찾았을 때, 마침 혜강은 출타 중이어서 그의 형인 혜희(嵇喜)가 나와서 여안을 맞았으나, 여안은 들어가지 않고 문 위에다 '봉' 자만 써 놓고 가 버렸다. '봉' 자를 파자(破字)하면 '범조(凡鳥)'가 되므로, 즉 혜희를 범인(凡人)이란 뜻으로 우롱한 것이다.《世說新語 卷下之上 簡傲》 전하여 후세에는 단지 친구의 집을 방문하는 뜻으로도 흔히 쓰인다. 여기에서는 우암이 박광후의 집에 찾아왔는데 박광후가 죽고 없어서 마음이 아프다는 뜻으로 인용하였다.

묻노니 남주에 다시 사람이 있는가 爲問南州更有人

문곡(文谷)이 사술(士述)이 죽었다는 소식을 듣고 편지를 보내 나를 위로하기를 "남주(南州)에 이제 사람이 없다."라고 하였다.

만덕사[471]에서 박생[472] 광일 의 시에 차운하다
萬德寺次朴生 光一 韻

당년의 장한 뜻 철갑을 옷으로 삼고	當年壯志鐵爲衣
창 잡아 해 향해 내두르려 했었지[473]	擬把金戈向日揮
임금께서 홀연 천상으로 가시니	龍馭忽然天上去
남기신 편지 지니고 울면서 고향으로 돌아갔네	泣將遺札故山歸

471 만덕사(萬德寺) : 전라남도 강진군 도암면 만덕리 만덕산(萬德山)에 있는 백련사(白蓮寺)를 가리킨다. 만덕산에 있기 때문에 만덕사라고 부르기도 한다.

472 박생(朴生) : 박광일(朴光一, 1655~1723)로, 본관은 순천(順天), 자는 사원(士元), 호는 손재(遜齋)이다. 우암의 문인이다.

473 창……했었지 : 춘추 시대 초(楚)나라 노양공(魯陽公)이 한(韓)나라와 싸우는데 해가 저물자 창을 잡아 휘두르니 해가 90리를 물러났다는 말이 있다. 《公是集 卷47》

만덕사에서 안생[474] 여해 의 시에 차운하다
萬德寺次安生 汝諧 韻

음은 탁하고 양은 맑아 함께할 수 없고 陰濁陽淸莫與俱
구름 속의 용과 진흙 속의 돼지 어찌 길이 같을 수 있겠는가 雲龍塗豕豈同途
선방의 창문 아래서 하룻밤 꿈 깨고 나니 禪窓一夢居然罷
가소롭구나 괴안이 수도가 되었네[475] 可笑槐安作上都

474 안생(安生) : 안여해(安汝諧, 1657~1691)로, 본관은 죽산(竹山), 자는 중화(仲和), 호는 이병재(理病齋)이다. 1689년(숙종15) 제주로 유배 가던 우암을 강진(康津) 만덕사(晩德寺)에서 배알하고 가르침을 받았다. 우암이 그의 재호(齋號)를 써 주었다.

475 괴안(槐安)이 수도(首都)가 되었네 : 인생은 꿈과 같고, 부귀와 득실은 무상하다는 뜻이다. 당나라 이공좌(李公佐)의 《남가태수전(南柯太守傳)》에 "순우분(淳于棼)이 괴목(槐木) 아래에서 술에 취해서 자다가 꿈에 괴안국(槐安國)에 갔는데 괴안국 왕이 그를 부마로 삼고 남가 태수(南柯太守)에 제수하였다. 30년간 부귀영화를 누리다가 깨어 보니 괴목 아래에 큰 개미굴이 하나 있고 남쪽 가지에 또 작은 굴이 하나 있었다."라고 한 고사에서 인용한 말이다.

봄날 선산(先山)을 생각하다

春日憶先壟

한라산 아래를 영주라 이름하니	漢拏山下號瀛洲
산 위에 아직도 한 길이나 눈이 쌓여 있네	山上猶看丈雪留
멀리서 생각건대 교산엔 꽃이 만발하고	緬憶橋山花爛熳
화전(花煎) 지져 부모님 산소에 올리리라	應隨油粉薦雙丘

기사년(1689, 숙종15) 윤3월 16일 밤 회석의 꿈을 꾸고 나서
己巳閏三月十六日夜 夢晦錫

지난해 시월에 세상을 떠났는데	去年十月嗟長逝
오늘 밤에 참으로 진면목을 보았네	此夜丁寧面目眞
세상사는 모두 잊었으나	爲說都忘人世事
오직 자녀만은 마음에 걸린다고 하네	惟於子女惱心神

잠을 깨고 나서 슬픔을 주체하지 못해 눈물을 섞어서 시를 이룬다.

주석의 시에 차운하여 옥주의 죽음에 곡하다

次疇韻 哭沃州

옥주(沃州)는 진도(珍島)의 별칭인데, 문곡(文谷) 김공(金公)이 이곳에 유배되었다.

인재가 어느 시대엔들 이보다 성할까	人材何代盛於斯
천지(川止)의 경륜[476] 지사가 슬퍼한다	川止經綸志士悲
옥도의 슬픈 바람 죽수[477]에 부니	沃島悲風吹竹樹
그동안 그가 지닌 충심은 하늘이 알리라	丹衷前後上天知

476 천지(川止)의 경륜 : 천지는 심정(沈貞)과 남곤(南袞)을 가리키는 듯하다. 심정의 봉호가 화천(花川)이고 남곤의 호가 지정(止亭)인데 이들이 조광조(趙光祖)를 모함했기 때문에 한 말이다. 《宋子大全隨箚 卷1》

477 죽수(竹樹) : 전라남도 능주(綾州)의 옛 이름이다. 조광조가 능주에서 사사(賜死)되었는데, 이때 문곡 김수항이 진도 유배지에서 사사되었기 때문에 언급한 것이다. 《宋子大全隨箚 卷1》

손자 주석의 시에 차운하다

次疇孫韻

당시에 사람들 다투어 청음을 죽이려고 하였으니　當時爭欲殺淸陰
세도와 인륜이 점점 무너져 내렸네　世道民彝轉陸沈
갑자기 현인의 손자가 사사(賜死)를 받았다는 소식을 들었으니[478]　忽聞賢孫終水劍
충군애민(忠君愛民)의 백 년 마음이 가련하구나　可憐忠愛百年心

정축년(1637, 인조15) 이후에 이원정(李元禎)[479]의 아버지 이도장(李道長)[480] 등이 오랑캐의 위세를 끼고서 청음(淸陰)에게 화를 입히려다 뜻을 이루지 못하였다. 흉적(凶賊) 이계(李烓)[481]가 또 오랑캐에게 참소하여 청

478 갑자기……들었으니 : 1689년(숙종15) 김상헌(金尙憲)의 손자 김수항(金壽恒)이 진도에서 사사된 일을 가리킨다.《肅宗實錄 15年 閏3月 28日》

479 이원정(李元禎) : 1622~1680. 본관은 광주(廣州), 자는 사징(士徵), 호는 귀암(歸巖)이다. 정구(鄭逑)의 문인이다. 1680년 이조 판서로 있을 때에 경신대출척(庚申大黜陟)으로 초산(楚山)에 유배 가던 도중에 불려 와 장살(杖殺)당하였다.

480 이도장(李道長) : 1603~1644. 본관은 광주(廣州), 자는 태시(泰始), 호는 낙촌(洛村)이다. 장현광(張顯光)의 문인이다.

481 이계(李烓) : 1603~1642. 본관은 전주(全州), 자는 희원(熙遠), 호는 명고(鳴皐)이다. 간관으로 있으면서 청나라와의 관계에서 주화파로서 척화파 김상헌 등을 공격하는 데에 앞장섰다. 1641년 말 선천 부사(宣川府使)로 있을 때에 명나라 상선과 밀무역하다가 청나라에 발각되어 의주에 구금되었다. 청나라 장군 용골대(龍骨大)의 심문으로 처형을 받게 되자, 구명책으로 최명길(崔鳴吉), 이경여(李敬輿), 신익성(申翊聖), 이명한(李明漢) 등이 명나라와 밀통한다는 사실과 또 우리나라의 음사(陰事) 12조를 고하였다. 청나라 장군은 이계를 국가와 왕을 배신한 자로 판단하고 우리나라에서 처단

음을 잡아갔고, 이계가 또 계미년에 율곡(栗谷)을 무함하였으니,[482] 그는 이경률(李景嵂)[483]의 증손자이다. 이때에 이르러 이도장의 손자 이담명(李聃命)[484]이 주장하여 마침내 문곡(文谷)을 죽였다. 아, 하늘은 어찌하여 이런 독종을 낳아서 대현의 집안에 화를 끼치는 것이 이 지경에 이르렀으며, 조종(祖宗)은 또한 그에게 무슨 저버린 것이 있기에 우리 어진 사람을 죽여서 나라를 텅 비게 만드는가. 곧바로 하늘에 호소하려 해도 할 수 없어, 그저 손자의 시에 차운하여 이렇게 쓴다.

하도록 연락하였고, 조정에서는 의금부 도사 정석문(鄭錫文)을 보내어 1642년에 참수하였다.

482 계미년에 율곡(栗谷)을 무함하였으니 : 사실이 분명치 않다. 이계는 임오년(1642, 인조20) 11월 의주에서 효시(梟示)되었으므로, 계미년(1643)에 율곡 이이를 무함하였다는 말은 성립할 수 없다. 《仁祖實錄 20年 11月 12日》

483 이경률(李景嵂) : 1537～? 본관은 전주, 자는 숙첨(叔瞻)이다.

484 이담명(李聃命) : 1646～1701. 본관은 광주(廣州), 자는 이로(耳老), 호는 정재(靜齋)이다. 허목(許穆)의 문인이다.

그냥 읊다

漫吟

참된 유현 출향되고 현신이 죽으니	眞儒黜享賢臣死
시인을 원망 않고 하늘만 원망하네	不怨時人只怨天
하늘이 주자(朱子)를 낳은 뜻이 있을 텐데	生出晦翁如有意
도리어 경원의 해를 만나게 했구려[485]	却令逢著慶元年

485 경원(慶元)의……했구려 : 경원은 남송 영종(南宋寧宗)의 연호이다. 주희(朱熹)의 학문을 위학(僞學)이라 하여 금단한 이른바 경원 당금(慶元黨禁)의 사건을 말한다. 경원 연간에 한탁주(韓侂胄)와 조여우(趙汝愚)가 권력 쟁탈전을 벌일 적에 주희 등이 조여우의 편을 들었는데, 한탁주가 득세한 뒤에 승상 조여우 이하 59인을 모조리 몰아내는 한편, 도학(道學)을 위학이라고 규정하고 일절 금지하도록 하였다.《宋史 蔡元定列傳, 韓侂胄列傳》

치도[486]를 생각하며

憶致道

헤어진 뒤 여름이 지났으니 마음 어떠한가　相離涉夏意何如

연전에 덕 있는 이는 외롭지 않다[487]는 외람된 말 하였지　猥說年前德不孤

만 리 바닷길에 소식이 끊겼으니　萬里滄溟消息斷

책상을 마주했던 옛일이 생각나는가　連床能憶舊時無

486 치도(致道) : 권상하(權尙夏)의 자이다.

487 덕……않다 : 《논어》 〈이인(里仁)〉에 "덕이 있는 자는 외롭지 않아서 반드시 이웃이 있다.〔德不孤, 必有隣.〕"라고 한 말에서 인용되었다.

화은정 정야수 응신 의 시에 차운하다 기사년(1689, 숙종15) 5월 28일

次花隱亭鄭野叟 應莘 韻 己巳五月二十八日

효열과 충신인 어머니 아들 손자 들　孝烈忠臣母子孫
나라 표창이 백 년 원통한 집안에 미치지 못하였네　天褒未及百年冤
세상이 이로부터 공도가 없어졌으니　世間由是無公道
삼강이 한 가문에 모두 있음을 누가 알겠나　誰識三綱竝一門

요부[488] 선생의 뜻을 써서 박수여 중회 의 시에 차운하다

用堯夫先生意 次朴受汝 重繪 韻

기사년(1689, 숙종15) 6월 3일 광주(光州) 선암역(仙巖驛)에 이르러 짓다.

어지러운 말세에 도가 참되지 못했는데　　紛紛末路道非眞

다른 곳에는 "갈림길 많아 길이 어지러운 것 모두 참이 아니네.〔岐多路惑摠非眞〕"로 되어 있다.

오직 주자께서 성인(聖人)을 이으셨네　　惟有閩翁繼聖神

물고기 뛰고 솔개 나는 이치 밝힌 후에　　魚躍鳶飛揮發後

천년 동안 사람 없었다 말하지 마오[489]　　莫言千載更無人

488 요부(堯夫) : 송(宋)나라의 학자인 소옹(邵雍)의 자이다.

489 물고기……마오 : 《시경》〈대아(大雅) 한록(旱麓)〉에 "솔개는 날아 하늘에 이르거늘 고기는 못에서 뛰놀도다.〔鳶飛戾天, 魚躍于淵.〕"라고 하였는데, 이에 대해 자사(子思)가 "상하에 이치가 밝게 드러남을 말한 것이다."라고 하여 《시경》의 뜻을 밝혀냈는데, 그로부터 1000여 년 후에 주희가 나와서 공자의 학문을 계승했다는 뜻이다. 《中庸章句 第12章》

지은이 **송시열(宋時烈)**

1607(선조40)~1689(숙종15). 자는 영보(英甫), 호는 우암(尤菴)·우재(尤齋)·파옹(巴翁)·화양동주(華陽洞主) 등이며, 시호는 문정(文正), 본관은 은진(恩津)이다. 부친은 송갑조(宋甲祚)이고, 모친은 선산 곽씨(善山郭氏)이다. 사계(沙溪) 김장생(金長生)과 신독재(愼獨齋) 김집(金集)을 사사하여 기호학파의 종장(宗匠)이자 노론의 영수로 활동하면서 조선 후기 학문과 정치에 큰 발자취를 남겼다. 효종의 즉위 이후 청나라에 대한 복수설치(復讎雪恥)를 역설한 <기축봉사(己丑封事)>를 올려 북벌론을 제시하였고, 학문적으로는 주자성리학을 정통으로 삼아 남인 학자인 윤휴(尹鑴)와 대립하였다. 이후 남인, 소론과 갈등이 깊어지다가 효종의 천릉(遷陵), 왕실 복제를 둘러싼 예송(禮訟)으로 논핵을 받아 삭탈관직되고 덕원(德源), 장기(長鬐), 거제도(巨濟島)에서 유배 생활을 하였다. 1689년 원자 책봉 문제로 제주(濟州)에 유배되었다가 서울로 압송되던 중 정읍(井邑)에서 사사(賜死)되었다. 1756년(영조32) 문묘(文廟)에 배향되고 영의정에 추증되었다. 저서로《송자대전》,《주자대전차의(朱子大全箚疑)》,《정서분류(程書分類)》,《주자어류소분(朱子語類小分)》,《논맹혹문정의통고(論孟或問精義通考)》 등이 있다.

선역

이성우(李性雨)

1947년 충남 공주에서 태어나 가학을 전수받았다. 초려역사공원 기념관장이자 한국국학진흥원 강사이다. 번역서로《익재집》,《상촌집》,《노서유고》,《고봉집》,《동국이상국집》(이상 공역) 등이 있다.

옮긴이

김성애(金成愛)

1964년 서울에서 태어났다. 고려대학교 사학과를 졸업하고 동 대학원 고전번역협동과정 박사과정을 수료하였다. 민족문화추진회 국역연수원 상임연구부를 졸업하였으며, 한국고전번역원에 재직 중이다. 번역서로《광해군일기》,《승정원일기》,《홍재전서》,《성호전집》,《대산집》,《향산집》(이상 공역) 등이 있다.

양기정(梁基正)

1969년 부산에서 태어났다. 고려대학교 한문학과를 졸업하고 성균관대학교에서 문헌정보학으로 석사 학위를 받았다. 민족문화추진회 국역연수원을 졸업하였고, 한국고전번역원에 재직 중이다. 한국문집총간 기획과 편찬, 《승정원일기》, 《명재유고》, 《성호전집》, 《번암집》(이상 공역) 번역에 참여하였다. 교주서로 《남명집교주》가 있고, 저서로 《생각, 세 번》, 《景, 자연을 노래하다》(이상 공저) 등이 있다.

홍기은(洪起殷)

전남 나주에서 태어났다. 송담(松潭) 이백순(李栢淳) 선생에게 한학을 수학하고, 성균관대학교 대학원에서 한국사학으로 석사 학위를 받았다. 민족문화추진회 국역연수원 상임연구부를 졸업하였고, 한국고전번역원에 재직 중이다. 번역서로 《갈암집》, 《홍재전서》, 《기언》, 《명재유고》, 《대산집》, 《성호전집》, 《번암집》, 《일성록》(이상 공역) 등이 있다.

송자대전 1
송시열 지음 | 김성애 양기정 홍기은 옮김

2019년 12월 20일 초판 1쇄 발행

발행인 신승운 | 발행처 한국고전번역원
등록 2008. 3. 12. 제25100-2018-000049호
주소 (03310) 서울시 은평구 진관1로 85
전화 02-350-4800 | 팩스 02-350-4994 | 홈페이지 www.itkc.or.kr

번역 김성애(범례, 권수) 양기정(제1권) 홍기은(제2권)
연구총괄 김성애 | 연구기획 정미경 | 자문 임정기 정선용

책임편집 이선주 | 편집진행 박정열 김지수
교정 송숙희 유정님 | 조판 김지현 | 제작 김형석
디자인 씨디자인 | 인쇄 (주)대신인쇄

값 20,000원
ISBN 978-89-284-0620-3 94810
978-89-284-0619-7 (세트)
* 이 책은 2019년도 교육부 고전번역사업비로 출간한 것임.